힘들지만, 반드시 성공해야 할 한국의 지방자치

육동일

도서출판 대영문화사

프롤로그(prologue)

고마워 충남대, 사랑해 제자들아!

1984년 9월 4일로 기억한다. 꽤나 무더운 늦 여름날 오후다. 아직도 그때의 가슴 설레고 떨렸던 마음을 지금도 잊지 못하고 있다. 새 학기가 시작되면서 행정학과 「재무행정론」 시간 강의를 맡아 충남대 법과대 강의실에서 첫 강의를 한 날이다. 긴장된 마음을 가라앉히기 위해서 우황청심환을 미리 먹고 들어갔는데도 무슨 내용을 강의했는지, 백여 명 학생들의 반응이 어땠는지 전혀 기억이 나지 않는다. 오로지 강의 후 얼굴이 땀에 범벅이 된 채 앞으로 한 학기를 어떻게 맡아야 할지 걱정을 태산같이 했던 기억만 뚜렷이 남아 있다.

그 후 눈 깜짝할 사이 대학 강단에서 강의를 맡은 지 30년 하고도 4년이 지났다. 언제 세월이 이렇게 빨리 가서 벌써 정년을 앞두게 됐는가 도저히 믿어지지 않는다. 세월이 정신없이 흘러간 지도 몰랐다는 사실은 그만큼 치열하게 살아왔다는 방증이기도 해서 아쉬움은 없다. 고마운 대학에서 좋은 제자들을 만난 행운이 크기 때문에 후회는 더더욱 없다. 단지 교수로서 살아온 지난 인생이 무슨 의미가 있었는지, 그리고 무엇을 남겼는지, 그리고 남은 인생의 여정에서 할 일이 남았다면 무엇인지를 정리해 봐야 할 시간은 된 것 같다.

교수활동을 갓 시작한 1980년대 중반의 대한민국은 격변의 시기였다. 당시 군부독재 정권과 대학생들과의 충돌은 캠퍼스 내의 일상이 돼 있었으며 연일 데모가 하루도 끊이질 않았다. 대학 캠퍼스는 민주화를 요구하는 소위 운동권 구호와 노래가 늘 귓전을 맴돌았고, 매캐한 최루탄 가스 냄새가 익숙한 나날이었다. 신임 교수들은 소위 운동권 학생 지도라는 의무가 부여돼 있었고 늘 감시의 눈초리가 있음을 감지할 수 있었다. 지금 교수들은 상상도 못할 상황이었다. 따라서, 그 당시에는 대학교수라는 직업이 그리 희망적이고 매력적인 것으로 생각되지 않았기에 미국 유학을 마치고 잠시 귀국해서 시간 강의만 한두 학기 하고 다시 미국으로 돌아갈 계획이었다.

세계적으로 유명한 미국 캘리포니아 샌타 모니카(Santa Monica)에 있는 랜드(RAND)의 RGI(Rand Graduate Institute) 연구소 그리고 워싱턴(Washington D.C.) 소재의 세계은행(World Bank)이 나를 기다리고 있었다. 그곳은 컬럼비아대학교(Columbia University) SIPA대학원 재학 시 톰슨(Fredrick Thompson) 교수가 나의 취업을 위해 추천해 준 세계적으로 유명한 기관으로 엄격한 심사 과정을 성공적으로 통과해서 졸업 후 입사 계획을 가지고 있었다. 다만 조건부로 1년간 한국을 잠시 다녀온 후 계약을 마무리하기로 한 것이다. 그런데 나는 1986년 2월, 충남대 행정학과 교수로 임용되면서 그 약속과 계획을 지키지 못한 채 교수로 인생의 대부분을 충남대에서 보내고 정년을 앞두고 있으니 계획된 대로 인생이 이뤄지는 것은 아닌 것 같다. 더욱이, 행정학을 전공한 것도 고등학교 친구가 대학입시 때 나와 상의 없이 임의로 대신 써 준 대학 지원 원서 때문이었다. 이 간단하지만 무서운 사실이 내 직업과 전공과목 등 운명을 결정했다는 점도 우연치고는 너무 기막힌 운명이 됐다. 게다가 교수가 내 인생의 목표가 아니었음에도 교수직을 자의든 타의든 중간에 떠나려 노력했음에도 불구하고 떠나지 못하고 직업으로 마무리까지 하게 됐다는 사실을 숙명으로 받아들이는 데 이제 거부감은 없다.

충남대를 떠나지 못하고 여기까지 오게 된 데에는 몇 가지 이유가 있었다. 처음 찾아온 시기는 1990년이다. 1986년 행정학과 교수가 된 후 미국에 다시 돌아갈 기회도 놓치고 혼란스런 사회상도 못마땅한 가운데 매너리즘에 빠지게 됐던 적이 있다. 충남대에서 교수로 인생을 보낸다고 생각하니 좀 답답한 생각도 들었다. 그런데 때마침 우리 대학에 사회과학대학이 신설되고 그 과정에서 자치행정학과가 전국 최초로 설립되는 행운이 만들어졌다. 1991년 지방자치의 부활을 앞두고 만들어진 뜻깊은 결실로서 나는 망설임 없이 행정학과에서 자치행정학과로 소속을 변경했다. 비록 신설 학과로서 해야 할 일은 많았지만, 보람과 성과가 있었다. 초창기 학과 학생들도 미래 지방자치와 지역 발전의 주체가 된다는 큰 희망과 자신감을 가지고 교수와 학생 간에 혼연일체가 돼 열심히 공부하고 미래를 준비해 왔다.

함께 노력한 결과, 전국 행정고시 수석 합격생도 배출했는가 하면 각계각층에 졸업생들이 전공을 살려 취업함으로써 전국에 자치행정학과의 명성을 높였을 뿐만 아니라 개인적으로도 한국지방자치학회 회장, 충남대 사회과학대 학장 및 행정대학원 원장, 대전발전연구원장, 그리고 대통령 소속 자치발전위원회위원 등을 역임함으로써 지방자치와 지역 발전에 관련된 각종 직책과 역할을 맡는 계기가 된 바 있다.

지역사회에 지방자치가 뿌리를 내려가면서 일반 시민들을 위한 시민 의식과 자치 의식의 향상을 목표로 매스컴과 지역 언론 활동도 사회적 요청으로 시작해서 지금까지 공을 들여 노력하고 있다. 아무튼 충남대학교와 행정대학원 그리고 자치행정학과는 내 평생에 너무 소중한 기회와 행복감 및 성취감을 안겨 준 고마운 존재들이다. 비록 받은 만큼의 사랑과 혜택에 충분히 보답하지 못하고 떠나지만, 앞으로도 그 고마움과 감사함을 잊지 않고 살아갈 생각이다. 지난 30여 년간 학내외에서 만난 수많은 제자와 청중 및 일반 시민들에게도 감사한 마음을 간직하고 있음과 동시에 함께 나눈 좋은 인연과 추억을 잊을 수 없다. 이것은 아마도 교수만이 느끼고 누릴 수 있는 최고의 보람과 행복일 것이다.

그동안 바쁜 와중에 다행스럽게도 단독으로 6권의 책을 냈다. 『행정도시가 희망이다』(2005)를 시작으로, 『육동일 교수와 함께 지방자치의 길을 찾다』(2009),

『국민행복시대 지방분권과 자치행정』(2013), 『지방자치와 국가지역 · 발전론』(2015), 『자치펀치』(2016), 『한국지방자치행정론』(2017)을 출간해서 독자들로부터 많은 사랑을 받았다. 이번에는 2016년 후반기부터 현재까지 지방자치와 지역 발전 관련 이슈와 발전 전략들에 대한 신문 칼럼, 학술 원고, 그리고 강의 자료를 재정리해서 『힘들지만, 반드시 성공해야 할 한국의 지방자치』라는 새 책을 충남대 재직 중 마지막으로 출간하게 됐다. 이 책의 내용은 한국의 지방자치 발전에 대한 전망과 과제, 직 · 간접으로 경험한 지방정치와 지방선거에 대한 소회와 기대, 국정의 변화를 촉구하는 이유와 방향, 대전과 세종시의 발전에 대한 미련과 희망, 충남대와 제자들에 대한 감사와 바람 그리고 향후 개인적 진로와 계획에 대해 장을 나눠 정리했다.

이 책이 나오기까지 많은 분의 도움이 있었다. 국가와 지역의 현안 이슈가 있을 때마다 내 의견을 기고할 수 있게 기회를 준 울산매일을 비롯한 대전일보, 중도일보, 충청투데이, 디트뉴스24, 굿모닝충청, 금강일보 등의 지방 언론사 그리고 중앙일보, 동아일보, 내일신문 등의 중앙언론사 사장님과 기자분들께 심심한 감사의 말씀을 드린다. 교수 재직 기간 동안 함께 지내면서 고락을 함께해 온 자치행정학과 강병수, 신희권, 최진혁, 김종성, 김찬동 교수님, 그리고 유지연 선생님께도 감사한 마음과 이별의 아쉬움을 미리 표한다. 그리고 무엇보다 가족들의 고마움을 잊을 수 없다. 대학에 있었던 30여 년 동안 한결같이 격려와 응원으로 배려해 준 아내 조선희를 비롯한 최형주 · 육제현, 이동근 · 육제은, 육심준, 래온 · 시온 손자들 그리고 항상 든든하게 지켜 주시는 아버지와 주기돈 · 육홍명, 육동원 · 이선화께도 이 책으로 그간의 고마움과 미안함을 대신하고자 한다. 특히, 이 책의 출간을 흔쾌히 허락해 주신 대영문화사 임춘환 사장님과 편집을 도와 주신 관계자 분들께도 감사한 마음을 전한다.

끝으로, 나는 평생 본 영화 중에 잊혀지지 않는 영화 대사 몇 개를 기억하고 있다. 나를 키워 주고 배려해 준 충남대에 대해서 영화 「이프 온리(If Only)」에 나오는 "나에게 사랑하는 법을 알게 해 줘서 고마워, 그리고 사랑받는 법도……(Thank you for teaching me how to be loved and how to love.)"란 명대사로 고

마음을 대신하고자 한다. 충남대 그리고 자치행정학과가 있었기에 내가 존재했고 또 발전할 수 있었기에 그저 고마울 뿐이다. 그리고 나를 보람있고 행복하게 만들어 준 제자들에게는 영화 「러브 스토리(Love Story)」에서 여자 친구 제니퍼가 남자 친구 올리버에게 그리고 올리버가 자기 아버지에게 "사랑은 미안하다는 말을 않는 거야(Love means never having to say you're sorry.)"라고 했던 가슴 뭉클한 명대사로 내 마음을 전하고 싶다. 나도 그 주인공들처럼 제자들에게 사랑하기 때문에 미안하다는 말을 하지 않겠다. 그러나 사랑한다는 말은 꼭 하고 싶다.

2018년 8월 정말 무더운 여름날
충남대 교수연구실에서 저자 씀

차 례

제 2 장 아쉽지만, 후회는 안 해! 정치야 그리고 선거야

제 3 장 싹 바뀌야만, 성공할 수 있어! 청와대야

제 4 장 어렵지만, 다시 일어나야 해! 대전시야

제 5 장 안타깝지만, 성공해야 해! 세종시야

제 1 장

힘들지만, 잘 가야 해! 지방자치야

1. 지방의회의 필요성을 국민들에게 보여 달라

2018년 7월 민선 7기 지방의회가 개원했다. 1991년 부활한 지방의회가 운영된 지 벌써 27년이 됐다. 지난 기간 지방의회가 우리 사회에서 이룩한 가장 큰 성과는 민주주의와 지방자치 발전에 기여했다는 점이다. 전국 대부분의 지방의회는 조례의 제·개정, 예산의 심의·의결, 행정사무 감사 및 조사, 민의 반영 등의 역할을 통해 자치단체의 투명성을 높이는 한편, 지역 주민을 존중하는 지역민주주의의 발전에 기여해 왔다는 데에 이론의 여지가 없다.

그러나, 지방의회 운영에서 가장 큰 문제점은 지방의회에 대한 주민의 무관심과 불신이다. 지방의회에 대한 주민들의 관심과 만족도는 지방의회가 구성된 이래 지금까지도 큰 변화 없이 바닥권에 머물고 있다. 일부 지방의회에서 의장단선거 때마다 반복되는 감투싸움과 파행적 의회 운영은 낯설지 않은 일상이 됐다.

게다가, 무리한 해외 연수와 지방의원 의정비 책정에서 나타난 주민과의 갈등은 언론 질타의 단골 메뉴가 된 바 있다. 더욱 심각한 문제는 집행기관의 인사와 예산 과정에 의원들의 무리한 개입과 청탁 그리고 이에 연루된 부조리와 비리 등이 근절되지 않았다는 사실이다. 이러한 사실들은 성년이 다 된 지방의회를 여전히 냉소적으로 보고 주민들이 불신하는 주 요인으로 작용하고 있다. 이 문제점의 근본 원인은 지방의회가 주민들에 대한 봉사 의식과 책임성을 망각하고 있기 때문이다.

필자의 지방의회에 대한 주민들의 의식조사 결과를 보면, 지난 27년간 지방의회에 대한 주민 만족도는 25% 내외에 머물고 있는 가운데 불만족도가 지속적으로 높게 나타나고 있다. 광역의회보다 기초의회에 대한 불만이 높고, 연령과 학력 수준이 높을수록 불만족도가 높은 결과도 전혀 달라지지 않고 있다. 이와 같은 주민들의 불만 요인에 대해 주민들은 지방의원의 전문성과 봉사 자세 결여, 지방의원들의 청렴성 상실, 그리고 정당의 개입과 간섭의 순위로 지적하고 있다. 따라서, 지방의원들의 전문성 제고와 봉사 자세 확립, 의원 비리와 부패의 근절 그리고 중앙정당과의 관계 재정립은 민선 7기의 과제가 되고 있다.

2018년 6 · 13 지방선거의 결과는 집권당인 더불어민주당이 전국의 지방 권력을 압도적으로 장악했다. 광역단체장은 17석 중 14석을, 기초단체장은 58.1%를 일당이 점유했을 뿐만 아니라 광역의회의 79.1% 그리고 기초의회의 55.6%까지 차지함으로써 전국 지자체의 집행기관과 의결기관을 모두 독점하게 된 것이다. 지방선거 역사상 초유의 일이다. 그 때문에 자치분권에 대한 효과를 크게 기대하게 된 긍정적인 측면은 있다. 즉, 현 정권의 안정적 국정 운영이 가능해짐과 동시에 문재인 정부가 의욕적으로 지향하는 자치분권도 더욱 탄력을 받게 됐다. 또한, 자치단체 간 협력과 대도시의 광역행정은 물론 권역별 초광역적 발전도 가능해진 계기가 된 점은 매우 긍정적이다.

그러나, 민선 7기에서 반드시 해결돼야 할 문제 또한 심각하다. 우선, 민선 7기에서는 민선자치 부활 이후 아직도 근절되지 못한 지방자치의 비리와 부패,

낭비와 비능률의 문제를 어떻게 해결할 것인지에 대해서 근본적인 혁신과 구체적인 방안이 마련돼야 할 것이다. 청와대조차 지방의 부정부패가 만연할 가능성을 우려하며 중앙정부와 중앙당이 지방 권력을 감찰하겠다는 경고를 보낼 정도니 그 문제의 심각성을 알 수 있다. 또한, 특정 정당의 지역 지배구조는 지방자치를 중앙정치에 종속시킬 가능성을 좀 더 크게 열어 놓고 있다. 따라서, 지방의회가 견제와 감시보다 거수기 역할에 그칠 가능성도 커졌다. 따라서, 중앙의 간섭과 통제보다는 건전한 지역 언론과 시민단체가 얼마만큼 지역 주민의 입장에서 지방행정을 감시·견제할 수 있느냐도 민선 7기의 숙제가 됐다.

요컨대, 민주주의 체제에서 가장 중요한 역할을 하는 지방의회가 지금 실망스럽다고 해서 지방의회를 포기할 수는 없다. 그러려면 지방의회의 그 기본적 역할이 되는 주민의 복리 향상, 지역 민원 해결, 지방행정의 감시 그리고 제반 갈등 해결을 제대로 해서 주민들에게 지방의회의 중요성과 필요성을 직접 알게 해 주는 일이 제일 시급하다. 민선 7기에서의 지방의원들은 "지방의회가 살아야 지방자치가 살고, 지방자치가 살아야 결국 국가도 산다"는 투철한 신념으로 각자 부여된 역사적 책무를 다함으로써 한국 지방자치사에 귀감으로 영원히 남기를 지역 주민들과 함께 기대해 본다.

2. 자치경찰제의 도입이 시급하다

대통령 소속 자치분권위원회가 2018년 5월 3일, '자치경찰제 도입 원칙과 바람직한 정책 방향을 주제'로 자치경찰제 도입 대토론회를 개최한 바 있다. 이번 토론회는 자치분권위가 자치분권 이념에 부합하는 자치경찰제 도입을 집중적으로 논의하고 있는 상황에서 국민과 치안 현장의 의견이 반영된 도입안을 마련하는 데 큰 의미가 있다. 앞으로 자치분권위는 자치경찰제 도입 방안을 심의·의결하고, 대통령에게 최종안을 보고해서 정부안을 확정지을 예정이라서 그 기대가 크다.

한국의 지방자치는 이제 건장한 성년이 됐다. 하지만, 그 생각과 행동은 여전히 유아기에 머물고 있다. 그 결과, 지역의 주인인 지역 주민들의 지방자치에 대한 무관심과 불신은 좀처럼 변하지 않고 있다. 가장 큰 이유로 볼 수 있는 것이 지방자치의 틀 속에서 지역의 교육과 치안문제가 본격적으로 다뤄지고 있지 않기 때문이다. 주민들이 일상생활을 하면서 지역 교육과 치안에 대해 가장 큰 관심과 요구를 가지고 있는데도 말이다.

노무현 정부 때부터 새 정부 출범 시마다 자치경찰제 도입을 약속해 왔다. 2004년부터 지방분권 관련 법률에서 자치경찰제 도입을 의무 사항으로 규정했을 뿐만 아니라 실시 모형도 만들었다. 그러나, 국회에서 제대로 다루지도 않은 채 관련법이 계속 자동 폐기되면서 전면 도입되지 못하고 있다. 2006년 이래 제주도에서만 제한적으로 시행 중일 뿐이다.

다행히, 강력한 분권 의지를 표명한 문재인 정부가 출범하면서 광역 단위 자치경찰제의 전국 확대 실시를 국정 과제로 발표한 바 있다. 금년 중에는 자치경찰법(가칭)과 관련 법령 제·개정을 마련하고, 2019년 시범 실시를 거쳐 2020년에 전면 실시한다는 계획에 따라 추진 로드맵을 작성 중에 있다. 제주지방경찰청에서도 자치경찰제 도입안이 마련되기 전까지 해당 법의 테두리 안에서 생활 안전·질서, 여성·청소년, 교통·외근 등 3개 분야 치안사무를 자치경찰에 시범적으로 이관한다고 발표했다. 따라서, 이번 정부에서만큼은 자치경찰제 실시에 대한 기대감을 한층 높여 주고 있다.

자치경찰제란 지방분권의 이념에 따라 지방자치단체에 경찰권을 부여하고 경찰의 설치·유지·운영에 관한 책임을 지방자치단체가 담당하는 제도다. 자치경찰제가 제대로 실시되면 지역 주민들에게 맞춤형·지역밀착형 치안 서비스 제공이 가능해짐으로써 친근한 경찰상이 확립되고 지역 치안에 대한 주민 만족도가 향상된다. 또한, 자치단체의 종합행정력이 제고되고, 치안 역량이 대폭 강화되기 때문에 지방자치에 대한 주민들의 관심과 신뢰가 회복될 것이다. 그러나 잘못 운영될 때 올 수 있는 부작용과 문제점도 간과해서는 안 될 것이다. 자치경찰이 정당 소속 단체장의 통제를 받게 됨에 따라 치안행정의 공정성과 정치적 중립성이 훼손될 수 있다. 국가의 종합적 치안활동이 제한을 받는 한편, 자치단체별 재정 격차에 따른 치안 서비스의 지역별 불균형도 우려된다.

따라서. 이번에 다시 시도되는 자치경찰제 도입이 현실화되는 동시에 제대로 실시되려면 우선 주민들의 참여와 통제가 보장되는 제도가 마련돼야 한다. 그리고 현 경찰 권력을 분권화된 구조로 개편하기 위해서는 국가경찰의 기득권과 정치권의 당리당략을 버려야 할 것이다. 이제 자치경찰제 도입은 강력한 자치분권을 추진하는 데 중요하고 시급한 국정 과제다. 더 이상 자치경찰제의 도입을 미뤄서는 안 된다.

3. 민선 7기 성공의 CVID 원칙

한국의 민선자치는 아직 자율적으로 생각하고 책임있게 행동하는 성년의 본모습은 아직 아니다. 전국이 모두 똑같은 자치제도의 옷을 입고 미숙한 행동을 보이고 있는 것이 현실이다. 성년으로 인정하고 보장해 줘야 할 권한도 충분히 주지 않고 있다. 하지만, 성년이 된 이상 그 책임을 더 이상 남에게 미룰 수는 없다. 앞으로의 지방자치는 과거와 달라야 한다. 남・북과 북・미 정상회담에서 북핵문제 해결의 원칙이 바로 'CVID(Complete, Verifiable, Irreversible Dismantlement)'다. CVID는 미국이 북한에 대해 요구하고 있는 '완전하고, 검증 가능하며, 불가역적인 비핵화' 원칙을 말한다. 이제 새로 시작하는 민선 7기의 지방자치도 이 CVID 원칙이 지켜져야 성공할 수 있을 것이다. 물론 CVID의 마지막 'D'는 비핵화(Dismantlement)의 D가 아니라 권한 이양(Devolution)의 D가 될 것이다.

완전한 지방자치체

완전한(Complete) 지방자치의 가장 기본은 자율성의 보장이다. 지방자치제는 지역 주민들의 의사를 수렴해서 지역 문제를 스스로의 역량과 책임 하에 풀어 나가기 위한 독립적인 제도다. 하지만, 독립적인 제도가 확보됐다고 해서 자율성이 보장되는 것은 아니다. 제도가 자율적으로 작동하려면 제도를 움직이는 권한이 있어야 한다. 지방자치권을 말하는 것으로서, 즉 지방이 스스로 법규와 조직을 만들 수 있어야 하고, 스스로 처리할 수 있는 행정사무도 있어야 한다. 그리고 필요한 돈을 스스로 조달하고 관리할 수 있어야 한다. 그러나 중앙정부는 권한, 돈, 사무, 인재들을 독점하면서 지방에 지방자치권을 획기적으로 부여하지 않고 있다. 그런가 하면, 지방선거도 아직 불완전하다. 지방선거의 의미와 기능은 실종되고 후보자의 자질과 공약 검증은 생략됐다. 왜곡된 정당공천제로 인한 선거 결과는 지방자치를 여전히 중앙정치에 예속시키고 있을 뿐만 아니라, 부패와 비리를 근절하지 못한 주요 요인이 되고 있다. 주민들의 관심이 높은 지역 치안과 교육의 문제는 지방자치 밖에 머물고 있다. 자치경찰제의 도입과 기형적인 교육자치제를 혁신해서 완전한 지방자치체를 만드는 것이 민선 7기의 과제다.

검증 가능한 지방자치행정

지방자치는 민주성과 능률성의 가치를 지역사회에 실현하기 위한 제도다. 따라서, 이 이념과 가치들이 수요자인 주민 입장에서 제대로 실현되고 있는지 주기적으로 검증 가능(Verifiable)해야 한다. 즉, 주민 참여과 통제는 제도적으로 보장돼 있는지 검증하고, 민선자치의 성과가 주민 복리의 증진과 지방행정에 대한 주민 만족도를 제고하고 있는지 확인할 수 있어야 한다. 동시에, 주민들에게 제공하는 행정 서비스가 과연 주민들의 적은 세금과 부담에도 더 많고, 더 질이 좋고, 더 빠르게 제공되고 있는지 검증이 필요하다. 지방의원의 의정활동도 주민에게 책임을 다해 봉사하고 있는지 검증 가능하고, 그 결과는 다음 지방선거에 반드시 반영돼 유권자들의 선택 기준이 돼야 한다.

불가역적인 자치분권

지방자치와 분권은 경제가 아무리 어렵더라도 미리 전향적이고 단계적으로 확대 · 강화해 나가는 것이 현명한 일이다. 문제는 그것을 실천해 내는 우리의 의지와 전략이다. 분권과 자치를 거부하는 세력을 극복하고, 또 분권과 자치를 두려워하는 집단을 설득해서 국민과 함께 자치분권의 길로 나서야 한다. 지방자치는 중앙과 지방 간, 지방자치단체 간, 그리고 집행기관과 지방의회 간의 경쟁을 바탕으로 한다. 그러나 경쟁은 반드시 갈등을 초래한다. 갈등은 사회를 변화시키는 계기를 마련하지만, 갈등을 제대로 풀지 못하면 이기주의적으로 표출돼 전체 사회에 상당한 진통과 혼란을 초래한다. 지금까지 지방자치를 하면서 갈등을 제대로 관리하지 못하고 있는 동시에 협력도 하지 못하고 있는 것이 우리 현주소다. 대한민국이 진정한 선진국이 되기 위해서 자치분권은 이제 거스를 수 없는 불가역적(Irreversible)인 시대정신이다. 과거의 중앙집권 체제로 다시 돌아갈 수는 없다. 어렵지만 반드시 가야 할 길이다.

권한 이양의 주민자치

민선 7기의 지방자치에서는 주민과 관련된 사안의 결정권을 '중앙에서 지방으로' 이양하는 지방분권화에만 그쳐서는 안 된다. 한 자치단체 내에서도 '위에서 아래로'의 권한 이양(Devolution)이 있어야 한다. 그렇지 않으면 지방 내 독재에 불과하다. 더 궁극적으로는 '관에서 민으로'의 권한 이양이 더욱 강화돼야 한다. 그래야 주민자치가 가능해진다. 그럼에도 불구하고 현재의 분권은 중앙과 지방자치단체 간에 그것도 사무 이양에 머물고 있기 때문에 주민들의 적극적인 지지를 끌어내지 못하고 있는 것이다.

요약컨대, 이 CVID 원칙이 지켜져야 지방자치의 성과가 주민들에게 체감돼 지방자치에 대한 주민들의 관심과 신뢰가 형성될 수 있을 것이다. 그것이 바로 지방자치 성공의 지름길이다.

4. 한국 자치분권 정책의 평가와 민선 7기의 과제

우리나라의 지방자치가 부활된 지 27년째를 맞으면서 그동안 지방자치와 분권을 활성화시키기 위한 다양한 정책을 추진해 왔다. 그 결과, 지역사회의 지방자치를 위한 제도적 장치는 최소한 마련된 것으로 보인다. 그 결과, 지난 기간 동안 지방자치는 짧은 역사에도 불구하고 우리 사회 전반에 엄청난 변화를 초래한 바 있다. 무엇보다 지방자치 실시로 나타난 큰 성과는 지역 주민들이 지역의 진정한 주인이 되기 시작했다는 사실이다. 이는 대한민국 5천 년의 역사를 송두리째 바꾼 혁명이었다. 오랫동안 대한민국을 다스리는 주인은 관(官)이었다. 민(民)은 늘 다스림의 대상(subject)에 불과했다. 이 일방적이고 주종적인 관·민 관계를 짧은 기간에 혁명적으로 바꿀 수 있었던 원동력은 지방자치제다. 아직은 갈 길이 멀지만, 이제 주민은 관의 고객(customer)으로서, 유권자(voter)로서, 협력자(partner)로서 그리고 주인(owner)으로서 지방자치 시대에 그 위상과 역할을 자리 매김 해 나가고 있다.

그에 못지않은 중대한 성과도 나타났다. IMF와 외환 위기 등의 경제문제, 북핵문제와 천안함 침몰, 연평도 포격사건 등의 남북 간 긴장 상태, 그리고 대통령 구속, 자살, 탄핵 등 전대미문의 정치적 혼란기에도 불구하고 지역사회가 안정을 유지할 수 있었다는 점이다. 즉, 지방자치를 통해 중앙 정국의 혼란과 불안이 지방으로까지 파급되는 현상을 최소화시키고, 여·야 간, 여·여 간 정권 교체를 가능케 함으로써 정치 발전을 이뤘다. 그 결과로 인해, 중앙정부와 자치단체들은 경제 위기 극복과 함께 주민 복지 향상 그리고 최근 남북 평화 분위기 조성에 매진할 수 있었던 것이다. 이 성과만으로도 지방자치 실시에 소요되는 총비용을 보전하고도 남을 만한 성과가 나타난 셈이다. 바로 국가 사회에 미치는 이 혜택 때문에 선진국들은 앞다퉈 지방자치를 지키고 또 강화시켜 나가고 있는 것이다. 그 밖에도, 지난 27년간 실시된 지방자치제는 지역 실정에 맞는 지역특성화 사업의 추진, 행정 서비스의 수준 향상, 지역적 특성을 고려한 지방자율과 창의행정의 실현, 그리고 개성있는 지역문화의 활성화의 가능성을 열었다고 볼 수 있다.

이상과 같은 긍정적 변화와 함께 지방자치제는 아직 실망스럽고 우려할 만한 문제들을 제기하고 있다는 점도 외면할 수 없는 사실이다. 즉, 비정상적인 지방선거의 제도와 관행, 일부 단체장과 지방의원들의 고질적인 비리와 부패문제, 여전히 주민들의 신뢰를 못 받고 있는 지방의회, 강력한 중앙집권적 제도와 관행, 형식적인 주민 참여, 지방공무원 자치 역량의 미흡 등은 민선 6기 지방자치에서도 여전히 풀지 못한 숙제로 남아 있다. 특히, 국정 운영의 기본 틀과 방식을 중앙집권적 통제 체제에서 지방분권적 협력 체제로 전환하지 못한 결과는 급기야 비선 실세들의 국정농단 사건을 초래했다. 그 결과, 대통령 탄핵과 구속이라는 불행한 결과로 나타난 바 있다.

그 밖에도 민선 지방자치의 시작과 끝이라고 할 수 있는 지방선거는 지난 6·13지방선거를 포함해서 총 일곱 번을 치르는 동안 그 본연의 기능과 역할을 못 한 가운데 정당 공천을 매개로 중앙정당 정치에 종속에서 풀려나지 못하고 있다. 더욱이, 전국 자치단체가 광역이든 기초단체든, 인구가 많든 적든, 도시든 농촌이든 모두 똑같이 획일적으로 시행하고 있는 자치와 분권제도들도 지역의 자율성과 창조성을 살리지 못하고 있어서 주민들에게 그 필요성과 중요성을 보여 주는 데 실패하고 있다. 그런가 하면, 중앙정부와 지방자치단체 간, 지방자치단체 상호 간 그리고 집행기관과 의결기관 간 경쟁과 협력을 제대로 못하고 있는 지금까지의 상황은 자치단체 간 통합이라는 결과만을 냈을 뿐, 지방자치 실시로 인한 낭비와 비효율의 문제를 해소하지 못하고 있다.

또한, 오래전부터 여러 정부를 거치면서 시행하고자 했던 지방일괄이양법의 제정, 지방재정의 확충, 특별지방행정기관의 정비 등 중앙 권한의 지방 이양을 비롯한 지방자치권의 보장은 민선 6기에서도 기대에 훨씬 미치지 못했다. 특히, 자치경찰제의 실시와 교육자치제의 개선이 이뤄지지 않은 채, 지역민들의 가장 큰 관심사인 지역의 교육과 치안문제가 지방자치의 큰 틀 속에 들어와서 주민 참여와 통제를 받고 있지 못한 현실은 주민들이 지방자치를 외면하는 결과를 초래하고 있다.

이와 같이 지방자치와 분권에 대한 강한 의지와 계획을 갖고 추진했던 정부들이 기대한 결과를 지금까지도 내지 못하고 있는 주 요인은 크게 세 가지로 볼 수 있다. 우선 정부마다 의욕을 가지고 추진했던 자치와 분권, 균형 발전 및 정부 개혁들을 그 본질적 개념과 목표의 정립, 상충하는 상호 관계 그리고 단계별 추진 전략에 대한 진지한 검토와 고민 없이 무리하게 한꺼번에 추진하고자 했기 때문이다. 또한, 자치와 분권은 국민들이 그 성과를 체감하는 가운데 계속해서 공감대를 형성해 가야 함에도 불구하고 오히려 누구를 위한 자치와 분권이고, 무엇을 위한 균형이고 개혁인지 그리고 지방분권과 자치가 수요자인 주민 입장에서 어떤 성과와 문제점으로 나타나고 있는지 제대로 파악해서 국민들에게 전달하지 못했다. 그 결과, 국민들은 지방자치와 분권에 대해서 무관심 내지 불신으로 일관했고, 이를 활성화시키는 추진 과정에 동참하지도 못하고 말았다. 그리고 자치와 분권의 추진에는 기득권층의 상당한 저항과 부작용이 반드시 뒤따르기 때문에 이에 대한 극복 방안이 전략적으로 마련된 다음 구체화해 가야 했는데 이에 소홀한 점도 문제다.

지난 민선 6기까지 지방자치와 분권을 위한 노력의 결과들은 우리에게 많은 교훈을 남겨 줬다. 짧은 기간 내 적지 않은 성과도 있었지만, 미흡한 점도 많았고 풀어야 할 과제도 던져 놨다. 무엇보다도 현 지방자치를 운영하는 데 가장 큰 문제점은 지방자치에 대한 지역 주민들의 이해 부족과 무관심이다. 지방자치가 지역사회에 미친 긍정적 또는 부정적 변화를 주민들이 정확하게 인식하고 공감할 때 비로소 지방자치가 지역사회에 정착할 수 있음에도 불구하고 아직도 그 긍정적 변화와 문제점들이 주민들에 의해 제대로 체감되지 못하고 있다. 결국, 지방자치의 원동력이 되는 주민들의 자치 의식이 확립되지 못한 점은 우리의 지방자치가 주민의, 주민에 의한, 주민을 위한 주민자치로 가는 데 큰 걸림돌이 되고 있는 것이다.

2017년 7월 19일, 문재인 정부 5년 동안 추진될 국정 운영 로드맵이 발표된 바 있다. 이 '국정운영 5개년계획'에는 국민이 주인인 정부, 더불어 잘사는 경제, 내 삶을 책임지는 국가, 고르게 발전하는 지역, 평화와 번영의 한반도라는

5대 국정 목표와 20대 국정 전략, 그리고 100대 국정 과제가 담겨 있다. 1987년 이후의 앞선 정부들이 국가 중심의 민주주의의 확장에 치중했다면, 문재인 정부는 '국민 중심의 민주주의'라는 촛불 시민혁명의 정신을 확고히 받들겠다는 국민에 대한 약속으로 볼 수 있다. 나아가, 이제는 더 이상 제왕적 대통령의 실패를 되풀이해서는 안 되겠다는 의지의 표현이기도 하다. 다행히 '고르게 발전하는 지역'의 국정 목표를 수행하기 위한 11개의 국정 과제와 53개의 실천 과제에는 획기적인 지방분권 추진과 주민 참여의 실질화, 지방재정 자립을 위한 강력한 재정분권, 교육자치의 강화, 제2국무회의 도입 등이 포함돼 있다. 연방제에 버금가는 자치분권 국가를 만들겠다는 문재인 정부의 높은 의지는 국민들의 기대와 관심을 받기에 충분하다.

게다가 지난 6·13지방선거의 결과는 자치분권에 대한 긍정적인 기대 효과를 더욱 증대시키고 있다. 현 정권의 안정적 국정 운영이 가능해짐과 동시에 정권이 지향하는 자치분권도 더욱 탄력을 받게 됐다. 또한, 집권당인 더불어민주당이 전국의 지방 권력을 장악했기 때문에 자치단체 간 협력과 대도시의 광역행정은 물론 권역별 초광역적 발전도 성공할 수 있는 계기가 된 점은 매우 긍정적이다.

그러나, 민선 7기에서 반드시 해결돼야 할 과제 또한 적지 않다.

첫째, 지난 지방선거에서는 중앙정치의 쟁점만 부각된 채, 지방 이슈가 없는 지방선거였다. 그 결과, 중요한 직책을 맡을 후보들의 자질과 리더십은 철저하게 검증되지 못했다. 그뿐만 아니라, 지역의 문제 해결을 위한 후보들의 공약이 공론화되거나 토론 과정도 없었기 때문에 향후 지역의 현안 문제를 해결을 위한 정책으로 숙성될 기회도 갖지 못했다. 따라서, 민선 7기에서는 민선자치 부활 이후 아직도 근절되지 못한 지방자치의 비리와 부패, 낭비와 비능률의 문제를 어떻게 해결할 것인지에 대해서 근본적인 혁신과 구체적인 방안이 마련돼야 할 것이다.

둘째, 지방정치에서 일당 지배구조가 더욱 심화됐다. 즉, 집권 여당은 일부 지역을 제외하고 광역과 기초단체장, 그리고 각 지방의회의 과반수를 석권함으로써 일당 독점적인 양상이 전국으로 확대된 점이다. 따라서, 특정 정당의 지역 지배구조는 지방자치를 중앙정치에 종속시킬 가능성을 더욱 크게 열어 놓고 있다. 더욱이 단체장과 의회 간의 기관대립형 제도를 취하고 있는 현 상황에서 일당 독점구조는 지방의회가 견제와 감시보다 거수기 역할에 그칠 가능성이 커졌다. 특히, 민선 7기에서 지방자치가 중앙정치에 종속된 가운데 다음의 총선이나 대선을 위한 당리당략적 수단으로 활용된다면 지방자치의 미래는 어두워질 것이다. 따라서, 건전한 언론과 시민단체가 얼마만큼 지역 주민의 입장에서 지방행정을 감시 · 견제할 수 있느냐도 큰 숙제가 됐으며, 이참에 지방감사원의 설치 등 지방감사제도의 근본적인 혁신이 필요하게 됐다.

선진국일수록 국가와 지역경쟁력의 강화를 위해서, 국정 운영의 민주성과 효율성의 실현을 위해서, 그리고 국민의 기본권이 된 자치권의 보장을 위해서 자치분권을 확대 · 강화해 가고 있다. 이러한 선진국의 추세와 우리나라의 국가 발전 단계, 그리고 국민 의식 수준으로 봐서 민선 7기에는 적극적으로 지방분권형 개헌도 추진해 결론을 내고 자치경찰제 도입도 서둘러야 한다. 지방재정의 획기적 확충과 지방이양일괄법도 통과시켜야 한다. 요컨대, 지방자치와 분권의 길은 힘들고 고단한 과정이지만 대한민국이 반드시 가야 할 길이다. 이것이 새로운 시대정신이며, 민선 7기 성공의 지름길이다.

5. 중앙정치의 완승은 지방자치 성공의 덫

2018년 6 · 13지방선거의 결과를 놓고 언론들은 대체로 집권 여당의 압승이자 야당과 보수의 몰락으로 평가했다. 맞는 말이다. 유권자들은 지방선거를 통해 무능한 보수 야당을 가혹하게 심판했다. 그러나, 이것은 이번 선거가 애초부터 중앙정당이 공천을 통해 전면 개입하는 가운데 정당의 대리전같이 치러진 결과 때문이다. 오히려 지방선거 본래의 의미와 기능을 놓고 볼 때, 이번 선거의 결과를 '중앙정치의 완승'이자 '지방자치의 완패'로 보는 것이 향후 민선 7기를 성공시키기 위해서 더 정확한 진단이 될 것이다.

이로써 한국의 민선자치는 성년이 됐음에도 불구하고, 지방선거는 여전히 제자리를 잡지 못했음을 여실히 보여 주고 있다. 그 결과로 인해 민선 7기 하에 지방자치도 향후 제기될 문제점과 부작용을 최소화하기 위해 각고의 노력을 하지 않으면 많은 시행착오를 각오해야 할 것이다. 즉, 견제와 균형이라는 지방자치 본질이 실종되고, 지방자치가 중앙정치의 종속에서 벗어나지 못하는 부작용이 심화되면 지방자치가 지역민들의 신뢰를 회복하기가 더 어려워지기 때문이다.

지방자치의 본질과 원칙에서 상당히 벗어난 이번 지방선거의 과정과 결과는 선거 전부터 이미 예견된 일이다. 지방선거는 지역 유권자들의 높은 관심 속에 지역의 후보들이 지역의 이슈를 제기하고 정책과 공약의 경쟁 과정을 반드시 거쳐야 한다. 그래야만 1조 원이 넘는 엄청난 선거비용 이상의 성과를 낼 수 있다. 그러나 이번 지방선거 역시 지방 이슈, 자질 검증, 공약 경쟁이 없는 소위 '3무 선거'를 떨치지 못했다. 그 때문에 '고비용 저효율'의 선거 관행은 되풀이될 수밖에 없었다. 물론 이번 선거의 긍정적인 효과도 크다. 현 정권의 안정적 국정 운영이 가능해짐과 동시에 정권이 지향하는 자치분권도 더욱 탄력을 받게 됐다.

그러나, 이번 선거 결과에서 나타난 문제점들은 반드시 해결돼야 한다.

첫째, '북핵 이슈'나 '북미 회담'과 같은 중앙정치의 쟁점만 부각된 채, 주로 대통령과 정당에 대한 지지도를 기준으로 선거가 치러졌기 때문에 지방 없는 지방선거였다. 따라서, 중요한 직책을 맡을 후보자들의 자질과 리더십은 철저하게 검증되지 못했을 뿐만 아니라 그들의 정치적 역량을 키워 줄 선거의 경쟁 과정도 생략되고 말았다. 지역의 문제 해결을 위한 후보들의 공약이 공론화되거나 토론 과정도 없었기 때문에 향후 민선 7기 정책으로 숙성될 기회도 갖지 못했다.

둘째, 이번 지방선거에서 정당이 과도하게 개입해서 드러난 부작용이 심각하다. 후보 공천을 둘러싼 비리와 부작용은 근절되지 않았다. 공무원들의 줄서기 관행도 정도를 넘었다고 한다. 비례대표제는 국회의원들에 대한 후보자들의 충성심만 더욱 공고히 했을 뿐이다.

셋째, 지방정치에서 일당 지배구조가 더욱 심화됐다. 즉, 집권 여당은 일부 지역을 제외하고 광역과 기초단체장, 그리고 각 지방의회의 과반수를 석권함으로써 일당 독점적인 양상이 전국으로 확대된 점이다. 따라서, 특정 정당의 지역 지배구조는 지방자치를 중앙정치에 종속시킬 가능성을 더욱 크게 열어 놓고 있다. 더욱이 단체장과 의회 간의 기관대립형 제도를 취하고 있는 현 상황에서 일당 독점구조는 지방의회가 견제보다 거수기 역할에 그칠 가능성이 커졌음을 부인하기 어렵다. 특히, 민선 7기에서 지방자치가 중앙정치에 종속돼 다음의 총선이나 대선을 위한 정략적 수단으로 활용된다면 지방자치의 미래는 어두워질 것이다.

지방선거는 지방자치의 시작이자 본질이기 때문에 지방자치의 성공 여부를 결정적으로 좌우한다. 한국의 지방자치가 바른 길을 향해 나가도록 정당 본위로 지나치게 편향된 지방선거를 바로잡아야 한다. 중앙정치의 완승은 지방자치 성공의 덫이 될 수 있기 때문이다.

6. 지방의회의 활성화와 주민에 대한 책임성 강화

민선 7기 지방의회에 대한 기대

문재인 정부가 5년 동안 추진할 국정 운영 로드맵이 2017년 말에 발표된 바 있다. 이 '국정운영 5개년계획'에는 5대 국정 목표와 20대 국정 전략, 그리고 100대 국정 과제가 담겨 있다. 다행히 '고르게 발전하는 지역'의 국정 목표와 풀뿌리 민주주의를 실현하는 자치분권의 국정 전략이 제시됐다. 그 실천을 위한 국정 과제에는 획기적인 지방분권 추진과 주민 참여의 실질화, 지방재정 자립을 위한 강력한 재정분권, 교육자치의 강화, 제주특별자치도 및 세종특별자치시 분권모델의 완성 등이 포함돼 있다. 현재 대통령 소속 자치분권위원회에서도 자치분권 로드맵을 작성 중에 있다. 5개 핵심 전략 중 하나인 '자치단체의 자치 역량 제고' 분야에서 지방의회 역량 및 권한 확대가 다뤄지고 있다.

문재인 정부는 임기 동안 지방분권형 국가 경영 체제의 전환을 위해 반드시 우리 사회에 지방분권과 자치를 확고히 정착시켜야 한다. 이를 위해서는 먼저 지방의회를 바로 세우고 그 위상과 역할을 재정립시키는 일이 가장 중요하다. 왜냐하면 자유민주주의의 확립은 국민들이 어느 정도의 민주 의식을 갖췄느냐 그리고 공식적인 대의제도를 어느 정도 정립시켜서 존중받고 있느냐의 여부에 달려 있기 때문이다. 이 대의제도의 핵심이 바로 지방의회다. 지방의회는 주민을 대표해서 주민의 일상생활과 관련된 지역 사안을 결정하는 최고 의사결정 기관이다. 지방자치제를 실시하고 있는 각국의 지방정부 구성 형태를 보면, 집행기관의 장은 주민 직선 이외에 중앙에서 임명하기도 하고 지방의회에서 간선으로 선출하기도 하는 등 다양한 방식을 취하고 있다. 그러나 지방의회만큼은 주민의 대표기관이기 때문에 반드시 주민 직선으로 선출된 지방의원으로만 구성한다. 즉, 지방의회는 선거에 의해서 구성되는 정통성을 갖는 지역의 유일한 합의체다.

1991년에 부활한 지방의회가 운영된 지난 기간 동안에 지방의회가 우리 사회에서 이룩한 가장 큰 성과는 민주주의와 지방자치 발전에 기여했다는 점이다. 전국 대부분의 지방의회는 조례의 제·개정, 예산의 심의·의결, 행정사무감사 및 조사, 민의 반영 등의 역할을 통해 자치단체의 투명성을 높이는 한편, 지역 주민을 존중하는 지역민주주의의 발전에 기여해 왔다는 데에 이론의 여지가 없다.

그러나, 지방의회 운영에서 가장 큰 문제점은 지방의회에 대한 주민의 무관심과 불신이다. 지방의회에 대한 주민들의 관심과 만족도는 지방의회가 구성된 이래 지금까지도 큰 변화 없이 바닥권에 머물고 있다. 매년 되풀이되고 있는 일부 지방의회에서의 무리한 해외 연수, 의장단 선거 때마다 반복되는 감투싸움과 파행적 의회 운영, 지방의원 의정비 책정에서 나타난 주민과의 갈등, 집행기관의 인사와 예산 과정에 의원들의 무리한 개입과 청탁 그리고 이에 연루된 부조리와 비리 등은 지방의회를 여전히 냉소적으로 외면하는 주 요인으로 작용하고 있다. 이 문제점의 근본 원인은 지방의회가 주민들에 대한 책임성을 결여하고 있기 때문이다.

따라서, 민선 7기 하의 지방의회는 주민 눈높이에 맞게 근본적인 개혁이 필요하다. 이를 위해 지방의회의 기본적 역할이 되는 조례의 제·개정, 예산의 심의·의결, 행정사무 감사 및 조사를 제대로 해서 주민들에게 지방의회의 필요성을 직접 보여 줌으로써 주민들에 대한 책임성을 확보하는 것이 지방의회의 위상과 권한 강화를 위한 선결 조건이 될 것이다.

지방의회의 활성화 과제

1. 지방의회의 자율성 강화

민선 7기에서의 지방의회와 의원들은 어느 때보다 그 역할이 중요시되고 있다. 특히 향후 4년은 지역 주민들의 합의에 근거한 바람직한 자치분권 개혁을 좀 더 강력히 구현해야 하는 책무를 특별히 부여받고 있다. 이러한 상황 속에 지방의회가 본연의 역할인 주민대표 역할, 정책 결정 역할을 충실히 수행하고 집행기관에 대한 견제와 통제 역할을 강화해 지방분권과 균형 발전을 이루는 데 기여해야 한다. 나아가, 저비용·고효율의 의정 성과를 거둘 수 있도록 하기 위해서는 다음과 같은 자율성 확대 방안이 모색돼야 할 것이다.

첫째, 자치권의 확대를 통한 지방의회의 권한이 강화돼야 한다. 지방의회의 위상과 지위를 가로막는 하나의 중요한 요인은 지방의회의 권한 부족이라고 할 수 있다. 지방자치와 분권을 도모하는 근본 목적은 지역정책을 좀 더 주민 가까운 곳에서 결정·시행함으로써 행정이 민주적, 효율적이 되도록 하려는 데 있으므로 중앙정부가 가일층 지방분권화를 촉진시키는 데 주저하지 말도록 지방의회가 앞장서야 한다. 무엇보다 우리의 지방자치가 그 본연의 의미를 다하기 위한 필수 조건으로서 지방의회의 권한과 위상이 강화돼야 한다면 자치권의 본질적인 요소인 자치입법권, 자치행정권, 자치조직권 및 자치재정권이 제 기능을 발휘할 수 있도록 법과 제도 그리고 운영 관행에 일대 혁신을 단행해야 한다.

둘째, 현재의 의장단 선출 방식을 바꿀 필요가 있다. 최근 전국의 여러 지방의회에서 종전의 교황식 의장단 선출 방법을 개선해 새로운 경선 방식을 도입하는 등 나름대로 노력을 기울이고 있다. 그럼에도 불구하고, 아직까지 의장단 선출 후 의원 간 갈등과 반목이 지속해서 발생하고 있다. 따라서, 지방의회 원구성 이후 나타나고 있는 의회 파행을 근본적으로 예방하기 위해서는 의장단 선거가 의원들의 이해관계에 따른 이합집산이 아니라 주민들의 민의를 반영하는 공론의 장으로 탈바꿈해야 한다. 또한, 외국과 같이 의장단에 대한 특혜를 폐지하거나 주어진 직책에 대한 성과평가 제도를 도입해서 직책수당과 연계할 필요도 있다. 책임정치를 내세우며 지방의원들의 공천권을 쥐고 있는 국회의원들도 잘못된 의장단 선출로 인한 의회 파행에 책임질 의무가 있다.

셋째, 민선 7기는 과거와 달리 단체장과 의회 간 견제와 균형의 경쟁 구도를 조성함으로써 지방의회의 단체장에 대한 감시와 견제가 실질적으로 가능해져야 한다. 지방의회의 권위와 신뢰가 회복돼야 양 기관의 관계가 제대로 정립할 수 있기 때문이다. 아직은 당적이 서로 다른 단체장과 지방의회 간 단상 점거, 재의 요구와 재의결, 본회의 출석 거부, 협의 중단, 대법원 제소로 이어지는 비정상적 행태가 빈번하게 나타나고 있다. 그러나, 이를 극복하지 않고는 지방자치의 정착도, 지역 발전도 기대하기 어렵다.

이 문제를 풀려면 먼저 단체장의 리더십 변화가 선행돼야 한다. 선진국의 경우, 지방정부의 수장의 권력은 설득하는 권력에서 나온다. 곧 단체장의 지방의회에 대한 소통과 설득 능력이 그 리더십의 성공 여부를 좌우한다는 것이다. 따라서, 의회와의 협의를 일방적으로 중단하거나 의회 출석을 거부하는 행위는 상상하기 어려운 자충수가 된다. 집행부의 최고 책임자는 의회의 협조를 끌어내기 위해 시(군구)정연설이나 예산안 설명 시에 늘 빠짐없이 출석해 성실히 보고하고, 다양한 채널을 통해 대화를 일상화해야 한다. 이런 점에서, 민선 7기

단체장의 당면한 과제는 지방정부의 수장으로서 지방의회에 대해 설득 능력을 어떻게 보여 주느냐는 것이다. 그런가 하면, 같은 당적이 주류를 이룬 지방의회의 경우, 양 기관은 실질적인 경쟁과 견제의 관계로 재정립돼 의회가 더 이상 거수기라는 불명예를 떨쳐 버려야 한다. 여기에 지방의원들이 쉽게 빠질 수 있는 권위주의와 도덕적 해이를 반드시 경계해야 한다. 특히, 지방의회는 시·군·구마다 엇갈린 이해와 갈등의 현안 문제들을 조정해서 합의를 끌어내는 지역 통합의 역할에 주력해야 할 것이다.

끝으로, 현재 지방의회제도의 실태나 지방의원들의 행태를 볼 때 지방의회가 자치분권 촉진을 위해 취할 수 있는 역할에는 상당한 한계와 제약이 있다. 그것은 현재의 지방의회는 의회제도와 선거제도 등 제도적 권한의 취약성과 함께 현실적으로도 집행기관과 중앙정부가 바라보는 지방의회에 대한 시각과 인식도 극히 취약하기 때문이다. 이처럼 지방의회와 의원에 대한 제도적·현실적 왜곡이 심할수록 자치분권 촉진을 위한 그들의 역할은 더 크고 막중해짐을 인식할 필요가 있다. 지방의회가 필요로 하는 제도 개선을 획기적으로 하기 위해서도 자치분권의 촉진이 전제돼야 한다. 특히, 지방의회의 자치분권 역할의 핵심은 무엇보다 분권을 통한 지역사회의 자율적 발전이다. 그 다음이 지역 주민과 지방정부의 자율과 자치의 확립이다. 이러한 관점에서 자치분권 촉진을 위한 지방의회의 역할을 크게 중앙정부에 대한 분권 촉진적 역할과 지방정부 내부에 대한 자치 주도적 역할로 나눠 노력해야 할 것이다.

2. 지방의회의 효율적 운영 방안

지금까지의 지방의회는 비효율적으로 운영돼 왔기 때문에 지방의회의 무용론(無用論)이 주민들에 의해서 꾸준히 제기돼 왔다. 지방의회 자체가 주민들의 눈으로는 낭비적이고 소모적이라서 불필요하다고 보고 있는 것이다. 게다가, 일부 지방의원들의 권위주의와 수준 이하의 일탈적 행태는 주민들의 불신만 가중시켜 왔다.

6 · 13지방선거에 의해 새롭게 출범할 지방의회가 효율적으로 운영되기 위해 가장 시급하게 해결해야 할 개선 과제들을 정리해 보면 다음과 같다.

1) 지방의회와 의원의 정보화 수준 제고

지방의회도 가능한 빨리 사이버(cyber) 시대에 대응해 나가야 한다. 그리하여 의회 내의 행정과 사무 처리에 컴퓨터 시스템을 좀 더 적극적으로 활용해야 한다. 의회 사무기구와 의정자료실을 전자정보화 장치로 보강하고, 의원 개인의 홈페이지 작성 및 활용 등을 생활화하도록 해야 한다. 전자정보 시스템을 통해 국내외적 각종 정보와 자료를 수집 · 처리 · 활용할 수 있어야 하며, 다른 지방의회나 집행기관 그리고 지역 주민들과 직접 정보나 자료를 교류할 수 있어야 한다.

지방의원들 역시 정보화를 통해 전문성을 제고할 수 있는 길을 찾아야 한다. 그리고 대의 기능을 강화하기 위해서도 의원 각자의 홈페이지를 통해 주민들과 대화할 수 있는 채널을 개설해야 할 것이다. 이런 실적을 주민들에게 공개하고 정당한 평가를 받아야 한다.

2) 상임위원회의 구조 · 기능적 전문성 제고

지방의회의 전문성은 상임위원회의 전문성을 의미하고, 상임위원회의 전문성은 소속 위원들의 전문성에 직결돼 있다. 그러나 지방의원은 선거에 의해 선출되는 정치인들이며 정치인들에게서 전문성을 기대한다는 것은 사실상 어렵다. 그럼에도 불구하고 상임위원회의 전문성 제고는 불가피한 과제다. 상임위원회의 전문성 제고는 우선적으로 선출된 소속 위원들이 스스로 연구나 연수를 통해 전문성을 높이는 것이 가장 최선의 길이다. 그러나 경험적으로 이것 또한 가능성이 높지 않았다. 따라서, 의원들의 전문성을 보완할 수 있는 외부 전문가의 협조와 협력을 동원하는 방법을 강구할 필요가 있다. 예컨대, 상임위원회별로 지역사회 내 해당 전문가들을 위원회별 자문위원으로 위촉해서 필요시 이들의 협조를 받을 수 있는 제도를 마련하는 것이다. 그 외 다른 지방의회의 동종 위원회와의 정보 교류 등도 필요하다.

3) 광역의회와 기초의회의 협력 관계 구축

시 · 군 · 구의원과 시 · 도의원의 상호 의존 관계를 통해 한층 더 긴밀해질 광역의회와 기초의회는 앞으로도 서로 협력해서 공동의 이해를 확대해 나갈 것이 기대된다. 우리의 지방자치법은 자치단체의 사무를 포괄적으로 예시하면서도 제39조에서 지방의회의 의결권을 구체적으로 열거함으로써 이를 크게 제한하고 있다. 다시 말해서, 지방의회는 자치단체의 사무 등에 관해 부분적으로 밖에 관여할 수 없으며 그 나머지는 단체장 등이 이를 처리하고 있다. 동 조항뿐만 아니라 수많은 개별 법령을 개정해서 자치단체의 장과 의회 사이에 권한 견제와 균형(checks and balances)이 실질적으로 이뤄질 수 있도록 당사자인 지방의회 스스로 의결권의 확대에 노력해야 되는데, 이를 위해서는 광역의회와 기초의회가 서로 협력하는 것이 절대적으로 필요하다.

특히, 예산 심의와 행정사무 조사를 비롯한 통상 연례적으로 이뤄지고 있는 행정사무 감사의 총체적인 효과를 높이기 위해서는 광역의회와 기초의회가 미리 역할을 분담하는 등 서로 협력하는 길을 넓혀 나가는 것이 필요하다. 정당정치를 통해 양자의 원활한 소통에 힘입어 앞으로 크게 기대되는 지방의회의 역할이라고 하지 않을 수 없다.

4) 정책 기능 관련 부서의 신설

지방의회가 정책 기능을 강화하기 위해서는 우선 의원들 개개인이 상임위에서 정확하고 심도있는 정책 결정을 할 수 있는 능력을 갖춰야 한다. 다음으로는 사무처의 관련 부서와 전문위원들의 의회의 정책 지원 · 보좌 기능을 효율적으로 발휘할 수 있는 시스템을 갖춰야 할 것이다. 의회의 여러 가지 정책을 연구 · 검토하고 이를 개발해 나가는 전담 부서를 강화할 필요가 있다. 여기서는 지방의회의 정책 개발과 집행기관의 정책을 평가 · 검증하는 기능을 부여함으로써 의회의 정책 기능을 강화시키는 데 직접적인 영향을 미치게 될 것이다. 이에 필요한 예산과 인력 그리고 정보 등은 집행기관에서 적극적으로 마련하는 것이 바람직하다.

5) 인사의 독립성 강화

의회가 본연의 책무를 효율적으로 책임있게 수행하기 위해서는 의회 사무처의 구성원을 스스로 조직하고 선발할 수 있어야 한다. 즉, 의회 사무처 직원에 대한 인사권의 독립성 내지 자주성이 최대한 보장돼야 한다. 의장이 의회 인사위원회 등의 중립적인 기구를 설치하고, 이를 통해 의회 사무처 직원을 직접 임면하게 함으로써 의회와 집행부 간의 견제와 균형이라는 기본 원리에 충실할 수 있다. 예를 들어, 시·도지방의회 인사위원회가 시·도의회 사무처 직원과 해당 지역 시·군·구의회 사무직원을 통합해 인사하는 방안이 있을 수 있다. 시·도 의회 의장과 시·군·구의회 의장들로 구성된 인사위원회는 의회 행정직 공무원의 교육훈련계획, 인사 교류, 근무성적평정의 기준 등을 담당하며, 해당 의회 안에서 직원 인사를 의장이 담당하게 하는 것이다.

지방의회의 주민에 대한 책임성 확보 과제

1. 지방의회 의정활동의 적극 공개

지방의회는 본회의, 상임위원회, 감사활동, 예·결산 심의활동, 특별활동 등 스스로 하는 활동을 적극적으로 공개하기 위해 노력하는 것이 바람직하다. 이는 지방자치에 대한 주민의 관심을 불러일으키는 것이 된다. 따라서, 전자정부 시대를 맞이해 지방의회의 회의록을 인터넷을 통해 공개함으로써 지방의회에 대한 주민의 관심을 촉진함은 물론 주민의 참여를 증대하고 지방의회 운영의 민주성과 책임성을 제고해야 할 것이다. 그리고 지방의회 공간은 주민들에게 늘 공개하는 동시에 지방자치에 필요한 교육의 기회를 꾸준히 제공함으로서 자치 의식 제고를 위한 교육의 장으로 만들어야 한다.

2. 지방의회에 대한 주민 참여의 활성화

지방의회와 시민단체의 관계는 상호 협력적이어야 한다. 물론 주민의 대표로 선출된 지방의회가 집행부 행정감사의 기능을 수행하고 있기는 하지만 지방의회의 자치입법권의 범위가 좁고, 단체장의 의회에 대한 견제권이 지방의회의 단체장에 대한 견제에 비해 지나치게 크기에 의정활동의 실효성은 그만큼 적다. 또한 지방의회 의원의 정책 개발 및 집행부의 통제 능력에도 한계가 있다. 이러한 한계점을 극복하기 위해서는 지방자치단체의 행정 집행 과정에서 적극적이고 공정하게 시민과 시민단체의 참여를 적극 보장해야 하며, 지방의회의 활동이 미치지 못하는 영역이나 부분을 시민단체가 보완할 수 있도록 해야 한다. 또한, 시민단체와 지방의회의 상호 협력을 통해 집행부를 견제하며 주민의사가 반영된 주민자치의 실현을 위한 노력이 필요하다. 이때 시민단체는 다양한 의사소통망을 통해 지방의회의 동반자가 될 수 있고, 참여와 소통의 주체로서 견고한 숙의민주주를 정착하는 데 기여하게 된다.

지방의회와 시민단체들은 지방자치에 대한 시민 참여의 활성화를 위해 협력할 필요가 있다. 이를 위해서 무엇보다 가장 중심을 둬야 할 활동은 지역 주민들을 대상으로 지방의회와 시민단체들이 공동으로 지역사회의 주요 문제를 다루는 공청회를 개최하는 것이다. 이는 지방자치에 대한 지역 주민들의 관심과 참여 의식을 불러일으키는 가장 적극적인 활동이다. 지방의회는 자치입법과 지방자치단체를 견제하는 활동 과정에서 많은 사안을 다루게 된다. 여러 가지 사안에 대한 공청회를 개최함으로써 지역사회 문제에 대한 시민의 관심과 참여를 유발할 수 있게 된다. 이러한 활동을 지방의회와 시민단체가 공동의 추진자가 돼 추진함으로써 효과적으로 일할 수 있고 서로가 서로에게 격려자가 될 수 있다. 다만, 시민단체가 시민들의 대표성과 신뢰성을 확보하기 위해서는 현실 정치에 너무 기울거나 개입하는 일은 경계해야 할 것이다.

지방의회가 살아야 지방자치가 산다

민주주의 체제에서 가장 중요한 역할을 하는 지방의회가 지금 실망스럽다고 해서 지방의회를 포기할 수는 없다. 어떻게든 위기에 빠진 지방의회를 구해

놓고 봐야 한다. 그러려면 지방의회의 그 기본적 역할이 되는 조례의 제·개정, 예산의 심의·의결, 행정사무 감사 및 조사를 제대로 해서 주민들에게 지방의회의 중요성과 필요성을 직접 보여 주는 일이 제일 중요하다. 이와 같이 지방의회가 주민에 대한 책임을 다할 수 있을 때 주민들은 지방의회를 신뢰하는 한편 지방의회의 위상을 강화하고 그 역할을 확대하기 위한 노력을 함께 해 줄 것이다.

이를 위해, 지방의원들의 시대적 사명감과 개혁 의지가 먼저 요구된다. 이전투구의 장으로 전락한 국회가 더 이상 지방의회의 본보기가 될 수 없으며, 오히려 국회의원이 본받는 지방의원상을 정립하고 실천해 나갈 때다. 향후 민선 7기 하에 지방 권력의 재편 과정에서 여러 갈등이 심화될 가능성도 높아졌다. 따라서, 자치분권을 촉진하고 주도해서 중앙정부와 지방자치단체 간, 광역과 기초자치단체 간 그리고 집행기관과 의회와의 관계를 경쟁과 협력의 관계로 재정립하는 일 역시 지방의회의 중요한 몫이 됐다.

끝으로, 국민들의 지방의회에 대한 관심과 성원이 절실히 필요하다. 지방의회는 민주주의의 핵심적 제도이자 지역의 최고 의사결정기관이다. 이제부터 지방의회를 바로 세우는 데 주력해야 한다. 그것이 지방자치와 국정을 바로 세우는 지름길이다. 2018년 7월부터 새로 시작되는 민선 7기에서의 지방의원들은 "지방의회가 살아야 지방자치가 살고, 지방자치가 살아야 결국 국가도 산다"는 투철한 신념으로 각자 부여된 역사적 책무를 다함으로써 한국 지방자치사에 귀감으로 영원히 남기를 지역 주민들과 함께 다시 한번 기대해 본다.

7. 정당공천제가 바로 서야 지방선거가 바로 선다

지방선거와 정당공천제

2018년 6·13지방선거를 포함해서 지난 지방선거들은 앞으로 지방선거가 어떻게 달라져야 하는지 또 법과 제도를 어떻게 바꿔야 하는지에 대해 계속해서 교훈을 주고 있다. 앞으로 치러질 지방선거가 지금까지 실시된 지방선거들과는 달리 그 본연의 기능과 역할을 제대로 수행하기 위해서는 지금이라도 제일 먼저 해야 할 일은 지방선거의 왜곡으로 인해 나타난 문제점과 그 원인을 정확하게 진단해서 해결 대안을 찾는 것이다. 그래야만 한국의 지방자치가 바른 길을 향해 나갈 수 있을 것이다. 그렇지 않으면, 또다시 선거에 임박해서 정치권의 당리당략이나 정략적 판단에 따라 국민들의 기대와 요구에 벗어나는 졸속적 결정을 되풀이할 가능성이 크기 때문이다.

지방선거와 정당공천제의 실태와 문제점

지난 지방선거 결과에서 정당 공천과 관련해 나타난 심각한 문제점들을 종합적으로 정리해 보면, 첫째, 지방선거에서 지역의 이슈는 실종되고 중앙정치의 쟁점만 부각된 채, 주로 정권의 중간평가적 의미로 치러졌기 때문에 지방선거는 본연의 역할을 다하지 못했다. 6 · 13지방선거도 결국 문재인 대통령의 지지 여부가 선거의 중요한 기준이 된 바 있다. 당초에는 정권 출범 1년여 만에 치러지고 문 대통령의 지지율이 높기 때문에 중간평가 프레임에 소극적이었으나, 남북과 북미 정상회담 이후 정권에 대한 지원론과 야당 심판론이 강하게 작용했다. 이와 같이 중앙정치의 과도한 개입으로 지방의제와 정책이 사라진 동시에 생활정치 영역에서의 정당 공천 폐해를 다시금 확인하는 선거였다는 평가가 공감을 얻고 있다. 따라서, 많은 유권자의 쌓여 왔던 불만들이 선거를 통해 다소 해소됐는지 몰라도 고비용 · 저효율의 고질적인 선거 관행은 되풀이되고 만 것이다.

둘째, 지방선거에서 정당이 과도하게 개입해서 드러난 부작용은 자못 심각하다. 정당공천제의 유지를 위한 명분으로 도입한 것이 상향식 공천이다. 그러나 공천을 둘러싼 비리와 부작용은 정도를 넘었다. 공천 부탁을 하기 위해 돈봉투를 건넨 예비 후보들이 곳곳에서 적발됐으며 국회의원들의 경선 개입 논란도 끊이질 않았다. 그 결과, 참신하고 유능한 정치 신인들의 진출은 기대할 수 없었다. 공무원의 줄서기 관행도 근절되지 않았다. 인물과 공약 중심의 정책 선거는 또다시 자리잡지 못했다. 비례대표제는 정당과 국회의원들에 대한 후보자들의 충성심만 더욱 공고히 했을 뿐이다. 기초의원 중선거구제도 당내 내부 갈등을 부추기고, 결국 지역 주민들의 혼란과 무관심만 부채질하고 말았다.

셋째, 지방정치에서 일당 지배구조가 더욱 심화됐다. 즉, 일부 지역을 제외하고 특정 정당이 광역단체장, 기초단체장, 그리고 각 지방의회 의석의 과반수를 점유해 일당 독점적인 양상을 계속 보인 점이다. 따라서, 중앙 정당정치의 지역 분할 구도는 지방자치를 중앙정치에 종속시킬 가능성을 좀 더 크게 열어놓고 있다. 더욱이 단체장과 의회 간의 기관대립형 제도를 취하고 있는 현 상황에서 일당 독점구조는 견제와 균형이라는 자치제도의 취지를 상실케 하고 있다.

넷째, 몇몇 지방선거에서 정당마다 새롭게 도입한 상향식 경선 방식의 공천은 여성이나 정치 신인에게는 대단히 불리하게 작용했다. 여성의 경선 승률은 40%에 지나지 않았다. 반면, 국회의원과 단체장 출신 후보들은 상향식 경선에서 남녀를 불문하고 매우 유리했다. 특히, 이들은 경선 과정에서 선거인명부에 접근하는 데서나 인지도 측면에서 유리한 점이 여론조사에서 그대로 반영됐다. 6·13지방선거에서 당선된 광역단체장 17명 중 전·현직 국회의원은 현직 4명을 포함 무려 6명, 현직 단체장은 7명이나 됐으며, 본선과 경선 과정에 참여한 전·현직 국회의원과 단체장까지 포함하면 훨씬 많아서 이들이 지방선거를 지배했다고 볼 수 있다. 여기에 여성과 정치 신인의 등장과 도전은 불가능할 수밖에 없었다.

또한, 후보 경선을 위한 선거인단 모집에 특정 후보에 대해 충성도가 높은 당원이나 지지자들이 편파적으로 많이 동원되는 심각한 문제점이 드러나기도 했다. 여론조사의 문제도 매우 심각해서 조사 결과에 대한 낮은 신뢰도, 오차 범위의 무시, 여론조사의 조작 가능성, 표본 추출의 오류 등의 문제를 제기했으며, 여론조사 실시와 관련한 높은 비용은 모두 후보자가 부담하게 함으로써 돈이 많이 드는 선거를 재현하고 말았다. 여론조사기관이 유선전화만 실시해서 표본의 대표성 문제가 발생했는가 하면, 조사 대상 지역 읍·면·동의 인구 비례에 따라 응답될 수 있게 해야 하나 대부분 무시했거나 역선택의 문제도 고려하지 않았다. 심지어, 특정 후보가 제출한 선거인명부를 중심으로 조사 대상자를 선정하는 경우조차 있었다고 한다.

따라서, 상향식 공천에 따른 진입 장벽의 문제, 전·현직 국회의원과 단체장 중심의 재공천, 여론조사의 한계, 진성 당원의 부재에 따른 편법 동원 선거, 높은 경선비용 문제 등은 비정상적인 정당 공천이 그 원인이 된 바 그 존폐 여부를 다시 결정해야 할 숙제로 남게 됐다. 지난 네 번의 지방선거에서 나타난 문제점들을 정리하면 <표 1-1>과 같다.

<표 1-1>에서 보는 바와 같이, 지난 지방선거들에 정당이 관여하고 개입해서 드러난 부작용과 문제점들은 심각하다. 그동안 각 정당은 공천제의 근본 문제를 개선하기보다는 국민경선제, 국민배심원제 등과 같은 공천 방식을 새롭게 도입함으로써 해결한다고 야단법석을 떨었지만, 전혀 달라지지도 개선되지도 않았음을 알 수 있다. 지방자치의 중앙정치 종속으로 인한 지방자치의 의미와 기능 왜곡, 지역주의의 심화와 일당독점 구도의 고착화, 단체장과 지방의원의

〈표 1-1〉 역대 지방선거의 문제점 비교 결과

선거 연도 / 문제점	2006	2010	2014	2018
① 중앙정치 이슈가 선거 쟁점	○	○	○	○
② 중앙정치에 예속	○	○	○	○
③ 유권자들의 불신과 무관심 초래	○	○	○	○
④ 일당 지역독점 구조	○	○	○	○
⑤ 후보자에 대한 인식 부족	○	○	○	○
⑥ 공천 과정의 폐쇄성과 비민주성	○	○	○	○
⑦ 공천 과정의 비리와 부패	○	○	○	○
⑧ 국민경선제 공천	X	X	X	X
⑨ 국민공천배심원제	X	○	X	X
⑩ 상향식 경선 방식	X	X	○	△

임기 중 업적을 무시한 정당 위주의 투표, 무리한 상향식 공천 등의 폐단이 계속해서 여지없이 노출됐다. 또한, 지방선거 때마다 정당 공천과 관련해서 공천권자에게 뇌물을 제공하고 공천을 받는 부패문제가 좀처럼 근절되지 않은 것으로 분석되고 있다.

게다가, 모든 지방선거는 예외 없이 중앙정치의 대리전이자 당시 정권의 중간평가적 의미로 시행됐기 때문에 지방의 이슈보다는 중앙정치의 이슈가 크게 부각됨으로써 지방선거 본래의 취지가 실종 내지 퇴색되고 말았다. 이는 결국 역대 지방선거가 본래의 기능과 역할을 제대로 하고 있지 못한다는 사실을 여실히 보여 주는 것이며, 지방선거에 대한 주민들의 불신과 외면 그리고 냉소주의를 초래하는 주 요인이 되고 있는 것이다. 따라서, 지방선거에서의 정당공천제 문제는 지방선거와 정당정치 그리고 지방자치의 정상화를 위해서 반드시 개선돼야 할 과제로 남아 있다.

지방선거 정당공천제의 개선 과제

앞서 분석한 역대 지방선거들의 결과를 놓고 볼 때, 국민들은 물론 각 정당들조차 이미 정당공천제의 폐해를 인정하고 있다. 그럼에도 불구하고, 제도의 유지가 불가피했다면 진작에 공천제도를 최소한의 정상 수준으로 바꿨어야 했다. 이를테면, 부패·비리 등 후보자나 당선자 과실로 인해 재·보궐선거를 할 경우 선거관리 비용을 원인자가 부담토록 해서 국민들의 쓸데없는 부담을 덜어 주고, 공천을 잘못한 정당은 해당 선거구에서 공천을 못 하도록 하는 엄격한 '정당책임관리제'를 도입하는 것이다.

그러나, 지난 지방선거 후에도 공천제를 혁명적으로 바꾸는 것은 고사하고, 잘못된 제도를 수정하는 것조차 각 정당은 철저히 외면하고 말았다. 즉, 기초지방선거에서 정당공천제를 한시적으로 배제하든지 아니면 정당 공천 절차와 제도를 개혁하든지 최소한 양자택일해서 국민들의 기대에 부응해야 할 것이다. 더욱이, 정당 참여가 책임정치를 보장한다는 논리도 설득력이 없어 보인다. 정책이나 이념 중심이 아닌 인물과 파벌 중심의 정당이 대부분이고, 이 당 저 당 옮겨 다니는 철새 정치인들의 이합집산이 대수롭지도 않은 현실에서 정당공천제를 통해 책임정치를 구현한다는 것은 애초부터 무리한 기대다.

지방선거가 끝난 현 시점에서, 정당공천제 문제는 지금부터 선거법 개정을 통해 반드시 풀어야 한다. 정당공천제로 나타난 심각한 폐해, 정당정치에 대한 불신, 그리고 국민들의 여론 등을 존중한다면, 정치권은 당리당략을 떠나 다시금 그 해결책을 찾아서 다음 지방선거가 임박하기 전에 미리 선거법과 제도를 개선해 놔야 한다.

선거법과 제도를 개선해야

정당공천제 문제는 20대 국회에서 선거법 개정을 통해 반드시 풀어야 한다. 상향식 정당공천제로 나타난 심각한 폐해, 지방자치의 성공적인 정착, 그리고 국민들의 지방선거에 대한 무관심과 불신을 해소하려 한다면, 정치권은 당리당략을 떠나 다시금 그 해결책을 찾아서 지방선거를 실시하기 훨씬 전부터 미리 선거법과 제도를 개선해 놔야 한다. 공정성과 객관성이 보장되지 않고 주민의 정치 불신만 조장했던 지방선거 정당공천제는 지난 일곱 번의 지방선거를 통해 그 한계와 폐해가 확실히 드러났기 때문에, 기초선거에서만큼은 한시적으로 폐지되는 것이 바람직하다. 그것이 지금 위기에 놓인 정당정치와 지방자치를 살리는 유일한 길이다.

지방선거 때마다 같은 문제를 반복한다면 참다운 민의를 대변하는 주민의 대표들을 선출해 내지 못할 것이다. 그뿐만 아니라, 지방자치를 정상화시킬 수 없다는 사실을 결코 잊어서는 안 된다. 이번 지방선거에서만큼은 우리 주민들이 깨어 있는 정치 의식과 판단력으로 냉철하게 선거에 임하는 동시에, 지방자치를 정상화시키는 계기로 삼아야 할 것이다. 민주주의 사회에서는 선거를 하는 것도 중요하지만, 어떻게 하느냐가 더 중요하다. 지방선거만 한다고 지방자치는 아니다.

8. 중앙집권적 정치 · 행정문화의 혁신적인 분권

문재인 정부와 지방분권

1987년 10월 29일 제6공화국 헌법이 제정됐다. '87 헌정 체제'는 국민이 국가의 주인임을 망각한 군사 독재정치를 종식시키기 위한 국민들의 희생과 열망에 따라 대통령 직선제를 골자로 한 헌법 개정으로 출범했다. 그러나 그 이후에도 정치권과 역대 대통령들은 여전히 국민의 여망을 무시하고 권력 분립과 국민기본권을 명시한 헌법을 존중하지 않는 가운데 청와대 중심의 중앙집권적 통제 방식의 국가 운영을 지속해 왔다. 그 결과는 정권과 국정의 실패로 나타났다. 세월호 사고와 메르스 사태는 종전의 국정 운영 방식이 더 이상 재난관리와 국가 위기에 통하지 않음을 보여 줬다. 그뿐만 아니라, 권력의 집중에서 비롯된 비선 실세들에 의한 국정농단은 급기야 대통령의 탄핵과 구속이라는 비정상적인 정권 종말의 불행한 결과를 초래했다.

2017년 7월 19일, 문재인 정부 5년 동안 추진될 국정 운영 로드맵이 발표됐다. 이 '국정운영 5개년계획'에는 5대 국정 목표와 20대 국정 전략, 그리고 100대 국정 과제가 담겨 있다. 1987년 이후의 앞선 정부들이 국가 중심의 민주주의의 확장에 치중했다면, 문재인 정부는 '국민 중심의 민주주의'라는 촛불 시민혁명의 정신을 확고히 받들겠다고 국민들에 대해 약속한 것이다. 나아가 이제는 더 이상 제왕적 대통령의 실패를 되풀이해서는 안 되겠다는 의지의 표현이기도 하다.

물론, 지난 30년간 민주화 과정을 거치면서 초집중화된 권력 체제를 꾸준히 완화시켜 온 것은 사실이다. 그러나 그 중심은 입법 · 사법 · 행정 등 중앙 권력의 수평적 분산에 한정됐다. 그 결과, 단임제 임기 초반에 대통령의 권력은 막강한 반면, 후반기 레임덕 현상이 나타나면서 리더십이 실종되는 현상이 되풀이됐다. 동시에 대통령과 행정권을 견제하기 위한 국회와 국회의원들의 특권과 특권 의식이 좀처럼 해소되지 않는 부작용을 여전히 안고 있다. 지금 우리의 헌정 체제가 직면한 중요하고 시급한 과제는 수평적 분권과 함께 중앙정부와 지방정부 간 그리고 관과 민 간의 수직적 권력 분립을 동시에 재정립하는 일이다. 다행히 고르게 발전하는 지역의 국정 목표를 수행하기 위한 11개의 국정과제와 53개의 실천 과제에는 획기적인 지방분권 추진과 주민 참여의 실질화, 지방재정 자립을 위한 강력한 재정분권, 교육자치의 강화, 제2국무회의 도입 등이 포함돼 있다.

그러나, 국민들은 자치분권을 향해서 여전히 배가 고프다. 문재인 정부가 국민 주권적 개헌과 자치분권을 이번에 국정 과제화했다지만, 지방자치와 분권을 가로막는 난관은 도처에 숨어 있다. 우선, 분권형 개헌을 명문화하지 못한 점이다. 가장 확고한 분권 의지, 지방분권 추진 로드맵의 제시, 지방분권특별법의 제정을 통해 적극적으로 노력한 노무현 정부에서도 지방분권은 국민과의 약속을 지키지 못한 채 기대에 미치지 못했다. 지방자치와 분권의 구체적인 국정 과제들이 헌법에서 세밀하게 보장되지 못한 결과 분권에 대한 논의는 탁상공론에 그쳤기 때문이다. 오히려 지방자치와 분권을 거부하거나 두려워하는 집권 선호 세력들의 저항과 반발에 굴복한 것이다. 지방선거로 중간평가를 받은 노무현 정부는 결국 분권과 균형보다 혁신에 주력하게 됨으로써 세 마리 토끼는 고사하고 한 마리 토끼마저 놓치는 성적표를 받고 말았다.

다행스러운 일은 지금의 헌정 체제에서 1991년 지방의회의 부활로 지방자치를 실시한 사실이다. 지난 기간의 지방자치 경험은 현재 우리 사회가 지방분권형 개헌을 지향하도록 만든 귀중한 바탕이 된다. 대한민국의 주인은 국민이라는 국민주권주의가 지방자치를 통해서 견고해졌기 때문이다. 헌법 제1조 2항 "대한민국의 주권은 국민에게 있고, 모든 권력은 국민으로부터 나온다"는 민주주의의 가장 중요한 가치가 지방자치를 통해서 더욱 공고해진 최대의 성과로 평가된다. 더욱이 촛불혁명의 정신이 평화적 정권 교체로 결실을 맺을 수 있었던 것도 지방자치라는 토대가 있었기 때문에 가능한 일이다.

지방자치와 분권의 길은 힘들고 고단한 과정이지만, 대한민국이 반드시 가야 할 길이다. 선진국일수록 국가와 지역경쟁력의 강화를 위해서, 국정 운영의 민주성과 효율성의 실현을 위해서, 그리고 국민의 기본권이 된 자치권의 보장을 위해서 헌법을 지방분권형 헌법으로 개정해 가고 있다. 이러한 선진국의 추세와 우리나라의 국가 발전 단계, 그리고 국민 의식 수준으로 봐서 내년의 개헌은 반드시 지방자치와 분권이 담보된 지방분권형 개헌으로 가야 한다. 여기에 국민들의 지방자치와 분권의 중요성과 필요성을 인식하고, 국민적 공감대를 형성해서 개헌 시 국민들의 의견을 적극 반영해야만 지방분권 개헌이 가능함을 놓쳐서는 안 될 것이다. 언론도 국민들의 공감을 끌어내는 데 앞장서 주기를 기대한다.

국회에서도 개헌 추진 로드맵을 제시했다. 2018년 3월 중 헌법개정안을 발의하고, 5월 국회 의결을 거쳐 6월 지방선거와 함께 국민투표로 매듭짓는다는 계획이다. 그러나 계획대로 추진되지는 못했다. 그러나, 향후 절호의 개헌 기회를 통해 국민이 주인이 되는 진정한 국민 주권 시대를 반드시 열어야 한다. 그것은 지방분권형 개헌이 이뤄질 때 가능한 일이기 때문이다.

지방분권형 헌법 개정의 필요성

국민이 체감하도록 '헌법 개정의 필요성'을 구체적으로 제시하면 다음과 같다.

> 오늘의 '글로벌(glocal) 시대'의 국가와 지방 발전은, 제4차 산업사회의 패러다임인 분업과 협업에 부응하는 지방자치제도가 정착되도록 지방분권형 헌법 개정이 선행돼야만 실현 가능할 것임.

1. 현행의 중앙집권적 '87년 헌법 체제'로는,

무한경쟁의 지구촌 시대, 세계화 · 지방화 · 정보화 · 다양화 시대의 제4차 산업사회가 당면한 국가적 현안 해결이 불가능함.

→ 현재 정치권이 중점을 두고 있는 중앙 권력의 '기능적 분산' 위주의 개헌

만으로는 중앙집권의 공고화를 조장할 뿐, 현행 체제의 폐해를 극복할 수 없으므로, 지방분권의 헌법적 제도화가 필수적인 국가적 현안 과제임.

2. 현행 헌법 체제에서의 비정상적 자치 현장의 실태와 폐해를 요약하면,

주민과 기업에게 불편 · 부담을 주고, 행정 효율을 저하시키며, 지방에 특유한 경쟁력, 나아가 국가경쟁력을 약화시켜, 국정 운영의 기초가 소리 없이 무너지고 있다는 것임.

1) 행 · 재정 권한 8 : 2의 구조로 '중앙은 비만증, 지방은 영양실조' 상태임.

이 때문에, 지방은 사실상 중앙의 하부기관의 지위이며, 거미줄 같은 획일적인 중앙통제 하에 지방의 특성과 역량을 살리는 자율과 창의력 발휘의 여지는 배제돼 지방의 '무권한, 무책임' 상태가 타성화된 지 오래임.

(1) 주민 밀착형 및 지역 특성 개발사무 등의 중앙 관장으로 주민생활과 기업 경영에 관한 행정 서비스 제공 시간과 비용 부담 및 절차 번잡 등의 불편을 야기함.

(2) 특히 권한의 중앙 집중으로 파생된 또 하나의 심각한 역기능은, 공간적으로 중앙 권력에 근접한 수도권의 과대화 · 과밀화와 중추 관리 기능의 수도권 집중(80%)이며, 이러한 현상은 비수도권의 인재 · 기업 · 금융 · 정보 · 기술력을 빨아들이는 '블랙홀'로 작용해, 비수도권의 공동화 · 피폐화 촉진은 물론 수도권 과밀화 폐해 해소용 투자 소요가 급증하는 등 비효율이 심화돼, 총체적으로 양극화의 가속화와 함께 국가 경쟁력을 약화시킴.

※ 선진국 중 20%대의 자치권에 인구 50% 이상이 수도권에 집중된 나라는 찾을 수 없음.

(3) 자치단체의 규모와 역량을 무시한 획일적인 사무 배분으로 인구 5만의 소도시와 인구 100만의 대도시 사이의 자치권은 대동소이함.

※ 일본의 경우 인구 규모에 따라 지정시, 중핵시, 특례시, 일반시로 분류해서 자치권을 차등 배분함.

2) 지방행정 체제는 '공급자' 중심으로 고착된 고비용·저효율 구조임.

정부 수립 이후 행정환경 및 여건과 교통·과학·정보·기술 등의 획기적 변화·발전에도 불구하고, 지방행정 체제의 골격은 시·도지사, 교육감이나 시장·군수 등 서비스 공급자 중심의 하향식 상명하복으로 고착돼, 풀뿌리 민주주의 구현에 반할 뿐 아니라 행정 효율은 저하되고 수요자인 주민과 기업에는 불편·부담을 가중시킴.

(1) 주민의 일상생활·경제권역은 지속적으로 확대돼 왔으나 시·군의 관할구역은 고착돼, 과거에는 하나였던 생활·경제권이 여러 개의 시·군으로 분할됨. 이에 따라, 대중교통·택시 이용, 도시계획·건축 관련 사무, 상·하수도, 교육·생활체육·의료·레저시설 활용 등 주민과 기업의 생활·경제활동에 비용·시간 부담과 불편이 가중됨.

(2) 동일한 주민 생활·경제권은 하나의 자치단체가 관할하는 것이 자치의 원칙(예: 1국가 1영토)임에도, ① 동일한 시·도 관할구역 내에 두 개의 자치단체 설치·운영(시·도지사와 교육감) 및 ② 하나의 생활·경제권을 인위적으로 분할해 여러 개의 자치단체 설치·운영(광역시 자치구·군)으로 자치단체 간의 마찰·갈등, 비효율, 중복 행정 및 낭비를 유발함.

※ 뉴욕, LA, 파리, 베를린, 오사카 등 세계의 대도시는 인구 규모에 상관없이 모두 자치계층은 단층구조임.

(3) '도와 광역시' 제도는 자치단체의 역할과 기능이 상이함에도 동격의 지위를 부여한 획일적 제도의 표본임.

※ 대도시인 창원·수원과 같은 인구 규모이나 울산이 광역시로 존치되고 있음.

3) 현재 한국의 자치제도는 전국이 획일적인 자치제도를 운영해 오고 있어서 지방자치의 자율성을 저해하고 있음.

(1) 인구가 많든 적든, 도시든 농어촌이든, 자치 역량이 있든 없든 전국이 획일적으로 실시해 온 자치제도는 앞으로 자율성을 보장해 줘야 함.

(2) 지방정부 구성 형태의 획일성과 함께 지방선거 전면 정당공천제, 전국

동시지방선거에도 지방의 자율성과 선택권을 보장해 줘야 함.

(3) 특히, 전면 공천제와 전국동시지방선거의 실시는 지방선거를 왜곡시켜 지방선거의 역할과 기능 대신 정권의 중간평가 의미로 실시되고 있으며, 지방선거 공천 과정과 선거 후의 후유증은 주민들의 지방자치에 대한 불신을 초래하는 주 요인으로 작용하고 있음. 게다가 지방자치에서 중요한 지방의회의 위상과 역할이 정립되지 못한 채 지방자치 전반에 대한 주민들의 불신과 냉소주의를 초래하고 있음. 결국 지방공천제가 위헌 판결의 소지가 있다면 지방정부 형태의 자율성을 확대하는 방향으로 해결해 나가야 함. 동시에 지방선거에서 '정당공천 책임제도'가 도입돼야 함.

(4) 지방자치가 행정구역에 갇혀서 자치단체 간 협력을 못 하기 때문에 낭비가 심하고 비효율적인 문제점이 상존함. 그 이유는 행정 단위 속에 자치 단위, 경제 단위, 교통 단위, 교육 단위, 환경 단위, 복지 단위 및 선거 단위를 일치시킨 채 지방자치를 폐쇄적, 획일적으로 운영되는 데서 비롯됨. 따라서 다양한 연합, 조합 등 특별자치단체를 도입하게 함으로써 좀 더 광역적이고 탄력적 그리고 다양하게 지방자치가 운영될 수 있도록 헌법에서 보장해야 함.

(5) 헌법 개정 시 자치단체의 종류를 구체적으로 명시하자는 의견은 지방자치제도의 다양성과 자율성 그리고 주민들의 선택권을 저해할 소지가 있으므로 신중을 기해야 함.

4) **'풀뿌리 주민자치'는 실종 상태임.**

흔히 말하는 풀뿌리 자치란 읍·면·동 권역의 주거 단위 주민이 직접 참여하는 근린자치 활동이나, 우리나라는 1~2년마다 바뀌는 읍·면·동 공무원이 주민 축제, 생활체육, 소규모 지역발전사업 등 주거 단위 근린 자치활동을 주관하며, 주민의 주도적인 참여가 배제됨.

3. 비정상적 지방자치 정상화의 본질적 처방은, 지방분권형 헌법 개정을 통해 '지방자치의 본질과 원칙의 기조'를 헌법 규정에 명문화하는 것임.

1) 지방자치의 본질

지방자치단체가 ① 관할구역 내의 ② 자기 일(자치사무)에 대해 ③자기 권한(자치권)과 ④ 부담(자치재원)으로 처리하는 활동 과정이며, 이를 통해서 주민 편익과 행정 효율을 높이고, 경쟁력을 강화하는 데 목표를 두고 있음.

2) 비정상적 지방자치와 그 폐해 유발 원인

지방자치의 본질과 구성 요소(위 4개항)별 기본 원칙에 어긋나는 자치제도 운영에 있고, 이의 정상화는 지방자치의 본질과 원칙을 분권형 헌법 개정 안에 반영해서 현행 헌법의 한계를 극복할 수 있게 하는 것임.

(1) 현행 헌법의 전반적 한계는 자치와 분권의 이념적 지향 원칙 부재, 주민자치권 무시, 풀뿌리 민주정치의 실종, 국회 입법권 독점의 정당화, 조세의 중앙독점 보장, 국가-자치단체, 자치단체 상호간 협력·조정제도 불비 등을 지적할 수 있음.

(2) 이에 따라 헌법 개정 범위는 국정 운영의 조화와 균형 및 효율성, 국민적 합의 등 실현 가능성을 고려해서, ① 자치와 분권의 이념적 지향 원칙과 자치기본권 등을 헌법에 명문화, ② 자주행·재정권, 자치입법권 등 고유 권한 강화, ③ 수요자(주민) 위주의 체제 개편, ④ 국정 참여제도 보완 등에 역점을 둠.

(3) 집행기관은 이원화돼 있는 반면, 의결기관은 일원화돼 있는 기형적인 지방교육자치제도를 재정립해야 함.

※ 다만, 양원제(兩院制) 채택 문제는 통치구조 개편과 연계 및 국회의원의 특권 폐지와 연계해 검토하며, 지방정부 등 용어 정리 문제는 추가 논의가 필요함.

헌법 개정의 방향과 과제: 오랜 중앙집권적 정치·행정문화 바탕 위에서 혁신적 분권의 실현을 위해서는, 좀 더 명료하고 구체적인 원칙과 방향의 명문화가 요구됨.

1. 분권과 자치의 이념적 지향 원칙의 반영과 기본권 신설이 요구됨.

1) 헌법 전문의 자유민주적 기본 질서는 풀뿌리 민주주의인 지방분권을 이념적 토대로 삼아야 한다.

헌법 전문 중 "________자율과 조화를 바탕으로 자유민주적 기본 질서를________"은 "________자율·조화·분권을 바탕으로 자유민주적 기본 질서를________"로 수정한다.

2) 대한민국 국민은 국가의 국민인 동시에 지방자치단체의 주민이므로 주민으로서의 자치기본권에 관한 조항을 신설해야 한다.

3) 자치기본권 속에는 주민들의 자치 의식을 고양시키는 자치교육이 포함돼야 한다.

2. 지방자치의 본질과 기본 원칙의 반영으로 변칙적 제도 운영을 방지함.

1) 지방자치단체의 조직과 운영의 정상화를 위해 다음 사항을 헌법에 명문화한다.

(1) 지방자치단체는 지방자치의 본질에 기초하여 교육과 주민 복리에 관한 사무를 처리하고, 재산을 관리하며, 법률에 위반되지 않는 범위 내에서 조례를 제정할 수 있도록 자치입법권을 강화한다.

(2) 지방자치단체의 종류는 주민 편익을 기준으로 광역과 기초지방자치단체로 구분하되 법률이 정하는 바에 따라 주민이 원하는 지방자치제를 자율적, 선택적으로 실시할 수 있도록 한다.

(3) 국가와 지방자치단체 간 역할 분담과 협력 강화를 명문화하고, 지방자치단체에 대한 합목적성의 감독은 할 수 없도록 한다.

(4) 주거 단위의 주민이 참여하는 근린자치의 활성화로 풀뿌리 자치를 실현

하도록 기초자치단체의 장에게 권한과 책임을 부여한다.

(5) 중앙정부에서 지방자치단체로의 분권(官·官 분권)뿐 아니라 '위에서 아래로의 분권'과 '관(官)에서 민(民)으로의 분권'이 장기적인 분권의 방향으로 헌법에서 천명돼야 주민자주 관리의 지방자치 궁극적인 목표에 도달할 수 있음.

2) 권한 및 사무 배분 원칙을 명시해 권한과 책임 한계를 명확히 하고, 자치권을 대폭 확대하도록 제도화한다.

(1) 권한과 사무의 배분은 지방자치단체가 종합적·자율적·효율적으로 행정을 수행할 수 있도록, 국가와 지방자치단체 간 또는 지방자치단체 상호간 중복 배분을 금지한다.

(2) 권한과 사무의 배분은, 기준을 정해 포괄적·일괄적으로 배분해야 하며, 지역 주민과 밀접한 관련이 있는 사무를 기초지방자치단체에 우선 배분하되 그 규모와 역량 및 지역 특성 등을 고려하도록 한다.

(3) 지방에 배분된 국가사무는 사무를 포괄적·일괄적으로 지방에 이양하고, 국가 또는 광역지방자치단체 사무로서 광역자치단체의 장 또는 기초지방자치단체의 장에게 위임된 사무는 원칙적으로 폐지하고 법정 수임 사무화한다.

3) 재정 자치권 확충과 국가의 재정 조정 책임을 명시한다.

(1) 지방자치단체에 자주세원 징수와 집행 권한을 부여하고, 일정 범위 내에서 조례로 지방세목과 세율을 정할 수 있도록 재정자치권을 보장한다.

(2) 지방자치단체 간 세원의 불균형 해소를 위한 지방재정 조정제도의 효율적 운영 책임을 국가에 부여한다.

(3) 국가사무의 지방 일괄 이양에 수반되는 모든 소요재원은 동시에 이양하도록 명문화한다.

※ 지방의회 권한 강화는 "법률에 위반되지 않은 범위 내"의 조례제정권 관철에 주력하며, 현행 헌법 제118조 ①②항은 존치함.

4) 시 · 도지사를 대상으로 하는 제2국무회의는 지방자치단체가 중앙행정청의 하급 행정청임을 전제로 한다는 오해를 불러일으킬 수 있으므로 제도의 도입을 심사숙고하거나 명칭의 변경을 고려해야 함.

3. "세종시=행정수도"로 헌법에 명문화해서 종전의 위헌 판결(서울이 수도라는 관습헌법)에 대한 더 이상의 논란과 갈등을 종식시키고 세종시가 수도권 과밀 해소와 국토 균형 발전의 거점도시로 역할을 하도록 해야 함.

1) 세종시는 국정의 이원화로 인해서 부득이 낭비와 비효율이 발생하지만, 대한민국의 국가와 지역경쟁력 강화, 그리고 수도권과 비수도권의 상생 발전을 위해서는 당분간 불가피하다는 사실을 국민들에게 설득해서 공감대를 얻어야 한다.

2) 세종시를 제주도와 더불어 분권 모델로 완성시키기고, 행안부와 미래부의 추가 이전, 국회 분원 설치, 서울-세종 간 고속도로 조기 구축 등의 문재인 정부 국정 과제가 현실화되려면 세종시가 행정수도임을 헌법적으로 보장해야 한다.

9. 종편방송이 지방자치에 대한 인식을 바꿔야

지방자치가 우리 사회에 부활된 지 27년이 지났다. 그동안, 지방자치는 짧은 역사에도 불구하고 우리 사회 전반에 엄청난 변화를 가져왔다. 괄목할 만한 성과도 나타난 반면, 문제점도 적지 않았다. 가장 크게 나타난 문제점은 지방자치에 대한 국민들의 무관심과 불신이다. 헌법 개정을 위한 국민토론회가 2017년 9월 12일 대전에서 열렸음에도 시민들은 관심이 없었다. 관심은 고사하고 지방자치에 대한 불신과 비판이 쏟아져 나왔다. 지방자치제는 그동안 제왕적 단체장들만 탄생시켰을 뿐만 아니라, 낭비적이고 비효율적이어서 아직 우리 사회에 불필요하다는 위험한 주장도 제기된 바 있다. 여기까지 이르게 된 데에는 바로 언론의 역할과 그 영향력이 깊숙이 관련돼 있다고 본다. 특히, 지역민들이 많이 시청하는 종편방송이, 지방자치에 대한 관심과 인식이 대단히 소극적이거나 왜곡돼 있다는 점에서 그 문제의 심각성이 있다.

종편방송이 시작된 지 벌써 만 7년이 돼 간다. 지금까지 종편방송은 방송구조환경에 대단한 변화를 가져왔다. 지역사회에 끼친 영향 또한 막중하다. 무엇보다, 지방자치와 분권에는 긍정적인 영향을 주지 못한 것으로 평가된다. 세상에 종편이 생기기 전, 시청자들에게 시사 프로그램이라 하면 탐사보도 프로그램이 주류를 이뤘다. 하지만 종편은 시사 프로그램의 새 장을 열었다. 진행자와 초대 손님 몇 명이 스튜디오에 모여 시사를 논하는 시사 토크쇼가 등장한 것이다. 시사 토크쇼는 완성도가 높아야 하는 다큐멘터리에 비해 제작비가 적게 든다. 이런 프로그램이 우후죽순처럼 늘어나면서 종편은 종합편성 채널이 아니라 시사 토크 채널로 시청자에게 다가갔다. 일단 볼 만한 시사 프로그램이라면 시청자 입장에서는 열광한다.

그래서 지역의 주민들, 그중에도 50대 이상 장·노년층은 종편 시사 프로그램을 많이 보고 있다. 그 이유는 한마디로 이해하기 쉽다는 것이다. 이들은 "지상파 시사 프로그램은 2, 30분 봐야 그 내용을 파악할 수 있다. 왜냐하면 출연자들이 말을 돌려서 하니까 그 얘기를 곱씹어봐야 하기 때문이다. 하지만 종편은 5분만 보면 딱 안다"고 말한다. 지상파만큼 신뢰하지 않고, 정부와 여당 편만 든다고 생각하면서도 이들은 종편 시사 토크 프로그램을 애청한다. 그리고 그 소감과 논평이 지역민들 일상 대화의 대부분을 차지한다. "막장 드라마처럼 욕하면서도, 그 시간이 되면 텔레비전 앞에 앉아 있게 된다"고 실토한다.

문제는 이렇게 종편방송이 시사 토크 프로그램에 치중해 시청률을 높이면서 지역에 깊숙이 영향력을 행사하고 있는데도 불구하고, 그 주제 선정에서 지역의 이슈, 특히 지방자치와 분권 및 지역 균형 발전에 관계된 이슈는 전무하다는 사실이다. 작년, 「한겨레21」과 「민언련」이 종편 시사 토크 프로그램을 전수조사한 결과를 보면, 패널 한 명이 종편 3사에 50여 회 이상 출연하는 등 겹치기 출연자가 눈에 띄게 많고, 전문성 없는 전문가들이 닥치는 대로 백화점식 토론을 한다는 점도 드러났다. 그에 따라 지방자치 관련 전문가가 종편방송 패널로 출연하는 경우는 아직까지 유례가 없다. 오직 중앙의 이슈들만을 선정해서 중앙의 논리와 시각에서 중앙에서 활동하는 특정 분야 전문가들이 비전문 지역 분야까지 독점하고 있는 셈이다. 결국, 지역민들은 유익하고 공정하며, 지역성에 충실한 방송 프로그램을 향유할 권리를 크게 위협받고 있다.

더욱이, 종편방송의 선거 보도 경향을 보면, 지난 지방선거가 대통령선거나 총선으로 착각될 정도로 그간의 선거 보도 관행을 그래도 답습하고 있어 지방선거의 본래 의미를 퇴색시킨 것으로 평가된다. 즉, 각 지역의 단체장이나 지방의원 후보 경합 상황까지 상세히 보도함으로써 정작 해당 지역 언론들의 보도 및 여론조사의 결과를 지역 유권자들이 신뢰하지 않는 기현상마저 나타났다. 심지어, 선거방송에서 지역의 이슈나 후보자의 공약에 초점을 맞추기보다는 후보자 간의 인지도 순위에만 흥미 위주로 일관함으로써 이른바 '경마 저널리즘'에서 벗어나지 못했다는 평가를 받기도 한다. 결국, 지방자치 활성화에 종편방송이 현재 제일 큰 걸림돌이 되고 있음을 부인할 수 없게 됐다. 이러한 문제를 극복하기 위해서는 언론전문가와 지역언론인 그리고 시청자들이 하루속히 협업 체제를 구축해서 지방자치에 대한 종편방송의 역할을 재점검하고, 그 개선을 강력히 촉구해야 할 것이다.

지방자치는 현재의 제도와 수준으로는 문제점과 부작용이 나타난게 사실이다. 그렇다고 지방자치를 포기하거나 축소시켜서 해결하려고 해서는 안 될 것이다. 우리 사회가 다시 중앙집권적 통제 체제로 돌아가서는 안 되기 때문이다. 내년의 헌법 개정에서 지방자치제가 정상화되도록 지방자치와 분권의 강화와 확대 내용을 담는 이른바 '지방분권형 개헌'이 국민들에 의해서 완성돼야 한다. 그러려면 지방자치와 종편방송의 관계가 우선 정상적으로 자리 잡아야 할 것이다.

10. 성년이 된 지방자치, 주민자치 시대 열어야

문재인 정부가 국민 주권적 개헌과 자치분권을 국정 과제로 정리해서 제시했지만, 지방자치와 분권을 가로막는 악마는 디테일에 숨어 있다. 가장 확고한 분권 의지, 지방분권 추진 로드맵의 제시, 지방분권특별법의 제정을 통해 적극적으로 노력한 노무현 정부에서도 지방분권은 국민들의 높은 기대에 미치지 못했다. 지방자치와 분권의 구체적인 국정 과제들이 헌법에 보장되지 못한 결과, 분권에 대한 논의는 대부분 탁상공론으로 끝났기 때문이다. 오히려 지방자치와 분권을 거부하거나 두려워하는 집권 선호 세력들의 저항과 반발에 굴복하고 말았다.

지방자치와 분권의 길은 힘들고 험난한 과정이다. 하지만, 대한민국이 반드시 가야 할 길이다. 선진국일수록 국가와 지역경쟁력의 강화를 위해서, 국정 운영의 민주성과 효율성의 실현을 위해서, 그리고 국민의 기본권이 된 자치권의 보장을 위해서 헌법을 지방분권형 헌법으로 개정해 가고 있다. 이러한 선진국의 추세와 우리나라의 국가 발전 단계, 그리고 국민 의식 수준으로 봐서 내년의 개헌은 반드시 지방자치와 분권이 담보된 지방분권형 개헌으로 가야 한다.

특히, 한국의 지방자치는 지금부터 주민자치가 실질화돼서 지역사회의 원동력이 돼야 한다. 견고한 지역사회를 건설해서 개개인이 자율적이고 책임감있는 삶을 추구하는 좋은 사회를 이룩해야 할 때가 됐기 때문이다. 이를 위해서 지역의 현안 문제들은 지역사회가 자조적(self-help)으로 해결하도록 정부가 지원하는 것이 가장 효과적이다. 그래서 지방자치 선진국 정부들은 공공 서비스에 대한 소유권이나 통제권을 관료나 전문가의 손에서 지역사회로 그 이양을 확대해 나가고 있는 것이다. 영국은 2011년 「지역주권법(Localism Act of 2010)」을 제정해 토지 개발이나 공영주택 등에 관한 결정권을 중앙정부에서 지방정부를 건너뛰고 지역사회나 지역 주민까지 넘겨 줌으로써 '주민자치 시대'를 출범시킨 바 있다.

1998년 동(洞) 기능 전환과 함께 주민자치센터가 도입됐지만, 지금까지도 주민자치의 본질을 구현하지 못한 채 문화·여가활동의 공간으로 활용되고 있어서 주민자치위원들과 주민들의 기대에 부응하지 못하고 있다. 현재, 지역 주민 중심의 근린자치 활성화와 지역 공동체 의식 및 민주적 참여 의식을 고양시킨다는 취지로 주민자치회의 모델을 개발하고, 49개 읍면동에서 시범 실시 중에 있다. 그러나 많은 지역과 주민이 주민자치회의 제도, 기능, 재정 그리고 주민자치위원들의 선임과 읍면동과의 관계 설정을 놓고 기대보다 우려가 높다고 한다.

따라서, 주민자치회의 제도적 다양성, 주민자치회 회원의 개념 정립, 주민자치위원들의 대표성 확보, 읍면동과의 관계 정립, 주민들의 자치활동 강화, 주민자치회의 사업 자율권 보장 등이 충분히 검토돼 주민자치센터와는 근본적으로 다른 실질적인 주민자치가 이뤄지도록 해야 한다. 이제 성년이 된 한국의 지방자치는 주민의, 주민에 의한, 주민을 위한, 자치가 이뤄지는 '주민자치 시대'를 열어야 한다.

11. 지방 소멸 위기에 따른 지방행정 체제 개편의 방향과 과제

현실화된 지방소멸론

'지방 소멸'의 위기가 처음 제기된 것은 마스다 히로야(增田寬也) 일본 창성회 대표가 2014년 『인구소멸』이라는 저서를 출간하면서부터다. 마스다 대표는 이 책에서 재생산력이 있는 20~39세의 여성과 65세 이상의 노인 인구를 비교·분석한 결과, 지속적인 인구 감소가 결국 지역의 축소와 일본 전체의 파멸로 이어질 것이라 경고했다. 이는 곧 저출산 상황에서 한 세대 30년이 지나면 해당 지역 산업과 생활 기반이 붕괴될 수 있다는 충격적인 의미를 지닌다.

우리나라도 예외가 아니어서 지방 소멸과 인구 소멸의 과정에 진입하고 있다는 것이 전문가들의 공통적인 분석이다. 영국 옥스퍼드대학의 데이비드 콜먼

(David Coleman) 교수는 2006년 저출산으로 인한 인구 소멸 국가 1호는 한국이 될 것이라는 전망을 내놓기도 한 바 있다. 실제로 국내 출생 아동은 1955년 84만 명에서 2015년 42만 명으로 60년 만에 절반으로 줄어들었다. 이대로 가면 2075년에는 21만 명까지 떨어질 것으로 예측되고 있는 실정이다. 지난 11년 동안 65세 이상 고령 인구와 20~39세 여성 인구의 비율은 거의 1:1로 감소했다. 2004년 우리나라의 20~39세 여성 인구의 비중은 16.9%로 65세 이상 고령 인구 8.3%보다 2배 정도 많았다. 그런데 지난 11년 동안 여성 인구는 2015년 전체 인구의 13.4% 수준으로 줄어든 반면, 65세 이상 고령 인구는 2015년 기준 13.1%를 차지한 것이다.

결국, 고령 인구 대비 가임여성 인구 비율로 측정되는 '소멸위험지수'가 지난해 처음으로 1.0 미만으로 떨어진 것이다. 수치가 1.0 미만으로 떨어지면 인구학적인 쇠퇴 위험 단계에 진입한 것으로 해석한다. 심지어 지수가 0.5 미만으로 나타나 소멸 위험 단계에 달한 시·군은 전국적으로 2014년 79곳에서 2016년 84곳으로 증가했다. 226개 시·군·구 중에서 36.9%가 소멸 위험지역인 것이다. 그뿐만 아니라, 전국 3,483개 읍면동 중 2,242개(64.4%)가 1.0을 밑돌았고, 소멸 위험 직전까지 떨어진 0.5 미만인 곳은 1,383개(39.7%)로 나타났다. 행정안전부도 2016년 주민등록인구 자료에서 지난해 1월부터 10월까지 신생아 출생신고가 1명도 없는 읍·면·동이 15곳, 1명에 불과한 곳이 34곳으로 집계됐다고 발표한 바 있어서 지방과 인구 소멸의 심각성이 발등의 불이 된 것이다.

이와 같이 우리나라에서 수행된 인구통계적 또는 경제학적 변화에 대한 분석과 예측 결과는 한국이 전례 없던 인구 감소의 위기에 직면하고 있음을 경고하고 있다. 이른바 '인구 절벽(demographic cliff)'으로 회자되고 있는 현상은 유효 수요 부족이나 노동 인구의 감소 등과 같이 국가적인 충격을 초래할 뿐만 아니라, 낙후지역의 소멸과 함께 중심지역의 쇠퇴를 동반해 지역의 지속가능성에 큰 영향을 미치는 위기로 귀결된다. 따라서, 향후 새 정부와 지방정부는 이에 대비하는 정책을 어떻게 마련할 것인가에 대해 좀 더 진지한 검토와 고민이 있어야 할 것이다.

일본의 지방창생 전략과 시사점

최근에 일본에서 주목할 만한 국가 전략은 '마을 · 사람 · 일자리 창생 종합 전략'이다. 아베(安倍晋三) 정부는 인구 감소와 수도권 집중 문제를 해결하고자 지방창생 전략을 주요 국가 전략 과제로 선정했다. 지난 2014년 일본의 생산성 본부에서 향후 일본에서 소멸 가능성이 있는 기초자치단체를 발표하는 것을 계기로 지방 소멸 또는 지자체 소멸론이 급속히 확산되고 있다. 아베 정부는 이러한 심각한 사회분위기를 인식하고, 2015년부터 지방창생 전략을 본격적으로 추진하고 있다.

지방창생 전략의 기본 방향은 마을 · 사람 · 일자리의 창생과 선순환의 확립이다. 즉, 일자리가 사람을 부르고, 사람이 다시 일자리를 부르는 선순환 구조를 확립하고, 그 선순환을 지탱하는 지역에 활력을 되찾도록 하는 것이다. 2014년에 수립한 지방창생의 장기 비전은 2060년까지 약 1억 명의 인구를 확보해 인구 안정과 생산력을 향상시키는 것이고, 궁극적으로 2050년까지 GDP 성장률을 1.5~2%로 유지하는 것이다. 이를 위해 5개년 종합 전략을 수립했는데 크게 네 가지 정책 목표를 설정하고, 목표 달성을 위한 13개 주요 시책과 평가 및 지원 방안을 확정했다.

첫 번째 목표는 지방에 안정된 일자리의 창출이다. 2020년까지 지방에 젊은 세대를 위한 30만 명분의 일자리를 창출하는 것이다. 두 번째 목표는 지방으로 새로운 사람의 이주를 늘리는 것이다. 2020년까지 도쿄 지역에서 지방으로의 진출을 4만 명 늘리고, 지방에서 도쿄 지역으로의 진입은 6만 명 감소시켜 도쿄권에서 지방의 전출입을 균형있게 맞추도록 한다. 세 번째 목표는 젊은 세대의 결혼 · 출산 · 육아의 희망을 실현시키는 것이다. 그리고 네 번째 목표는 시대의 흐름에 부합하는 지역을 만들기 위해 지역 간의 지방행정 체제 개편(시정촌 합병)과 함께 광역 연계를 추진하는 것이다. 이를 위해 지역의 소규모 거점(다세대 교류 · 다기능형)의 형성, 주변 도시와의 네트워크 강화 등을 통해 지방도시 내에서의 경제생활권 형성, 대도시권에서의 안전한 생활 확보 등을 추진하는 것이다.

일본 정부의 지방창생 전략은 2015년부터 본격적으로 추진되고 있는 가운데, 출생률은 다소 증가한 반면 수도권의 인구 유입은 계속되는 등 그 사업 효과는 아직 미지수다. 그러나 일본의 지방창생 전략이 우리나라에 주는 시사점은 크다. 우선 급속한 인구 감소와 지역 쇠퇴의 문제를 겪고 있는 우리나라도 문제의 심각성을 인정하고 지역활성화 정책을 종합적이고 장기적인 시각에서 국가 비전으로 수립할 필요가 있다. 그리고, 일본이 지방창생 전략을 수립하고 체계적으로 집행하기 위해 총리 직속의 '지방창생본부'를 별도 신설해 콘트롤타워 역할을 맡기듯이 우리나라도 향후 국가 미래 전략으로서 지역활성화 정책을 추진하려면 권한과 책임을 실질적으로 부여한 총괄적 지원기구를 마련할 필요가 있다.

특히, 일본의 지방창생 전략은 중앙 주도의 국민 통합을 재구축하려는 시도라는 점에서 한계가 있다. 지방창생 전략의 성공 여부는 결국 지방의 노력에 달려 있으므로 지자체가 자율적으로 지역에 맞는 정책을 수립·집행하도록 해야 한다. 따라서, 분권과 자치의 강화를 통해 다핵적인 지역거점 공간의 거버넌스 체계를 구축하는 것이 중요하다. 이러한 체계 구축은 인구 감소와 저성장 시대의 변화에 대응하는 최적 전략으로서 사회경제적 회복력을 제고할 수 있을 것이다. 나아가, 인구 감소의 원인과 유형에 따라 대도시와 지방 중소도시 및 농산어촌 등에서 차별적으로 정책이 수행돼야 하는 동시에 지역 특성에 맞는 주민공동체와 주민조직을 육성할 필요가 있다.

지방행정 체제 개편의 방향과 과제

인구 감소와 지방 소멸을 해결하기 위해 해당 지자체들이 시군 통합 같은 지방행정 체제 개편을 다시금 논의하고 있다. 이미 2010년 10월 1일 제정된 「지방행정 체제 개편에 관한 특별법」은 2011년 1월에 출범할 '지방행정체제개편추진위원회'로 하여금 2012년 6월 30일까지 개편안을 마련해 다음 지방선거가 실시되는 2014년까지 지방행정 체제 개편을 완료하도록 규정한 바 있다. 그러나, 이명박 정부는 미래 지방행정의 큰 그림도 없이, 개편 추진의 원칙과 기준도 마련하지 않고, 게다가 국민 여론의 수렴도 충분히 거치지 않은 채, 땜질식 처방으로 마련한 특별법이어서 큰 성과도 없이 사라졌다.

지난 정부 지방자치발전위원회는 '시·군·구 통합 및 통합 지자체 특례 발굴'을 20개 정책 과제 중의 하나로 책정하고 다양한 추진 계획과 방안을 마련한 바 있다. 2013년 5월, 「지방분권 및 지방행정 체제 개편에 관한 특별법」이 공포·시행됨에 따라 기존의 지방분권촉진위원회와 지방행정체제개편추진위원회가 지방자치발전위원회로 통합·출범한 것이다. 이 법에 명시한 일정에 따라 지방행정 체제 개편작업을 진행하도록 돼 있었지만 이 또한 현실화되지 못한 채 새 정부가 출범했다.

지방행정 체제는 아무리 지방 소멸과 관련해서 그 필요성이 시급하다 해도 결코 일거에 변경할 수 있는 단순한 제도가 아니다. 새로운 행정 체제를 설계하는 데에는 작금의 통치를 효율화하고 국가 경제적인 차원에서 성과를 내는 것을 중요한 변수로 다뤄야만 한다. 하지만, 현 행정 체제에는 대한민국의 역사가 녹아 있고, 지역의 정서가 스며 있으며, 나아가 주민들의 생활양식이 담겨 있는 사회적 및 문화적 그릇이기도 하다. 그래서, 지방행정 체제를 개편할 경우에는 국민들의 합의와 지역 전체의 동의가 반드시 전제돼야 한다.

특별법의 내용에는 도의 지위와 기능 재정립, 광역시 자치구 개편, 시·군·구의 통합과 그에 따른 지원특례 마련, 그리고 읍·면·동의 자치화 등이 포함돼 있어서 지역의 미래 발전은 물론 권력 구조 및 지역 주민의 삶의 변화와 직결돼 있다. 특히, 도청 신도시로 이전한 전남, 충남, 경북도, 창원 통합 대도시의 등장과 함께 자치구의 존폐가 걸린 광역시들, 그리고 지원특례에 따라 자족 기능의 성패가 달린 세종시는 행정 개편의 결과에 따라 지역의 명운이 바뀔 수 있다. 따라서, 향후 통합과 개편을 추진하려는 지자체들은 좀 더 적극적인 관심과 참여를 통해 주민의, 주민에 의한, 주민을 위한 방향으로 개편이 이뤄지도록 다음 사항들을 주시할 필요가 있다.

먼저, 지방행정 체제의 개편은 미래 지향적이어야 한다. 지방자치가 부활된 지난 기간 동안 지방 환경은 급변하고 있다. 인구 감소와 저출산, 급격한 고령화와 도시화, 여성의 사회 진출 확대와 기존 세대와 다른 특성을 갖는 신세대의 등장은 새로운 소통 방식을 요구하고 있다. 과거 우리의 역사성을 중시하고 선진국의 전통적인 자치 모델을 참조하는 것도 물론 중요하지만, 저출산 등 급격히 맞이하는 미래의 새로운 환경도 내다보는 창조적 안목이 필요하다.

그리고, 개편안을 확정하는 과정에서 주민 의견 및 관련 단체의 견해를 다양하게 그리고 정확하게 수렴하는 노력은 물론 수렴된 의견의 반영률이 제고될 수 있도록 노력하는 것이 중요한 점이다. 또한, 지금의 행정구역의 물리적인 통합보다는 기존 자치단체 간 광역적으로 협력해 나갈 수 있는 다양한 제도의 도입과 시도가 요구되고 있다. 현행 지방자치의 문제점은 자치단체 간 협력이 거의 활성화되지 못하고 있다는 사실이다. 협력이 전제되지 않는 지방자치는 낙후와 비효율만을 초래할 뿐이다. 그렇다고 통합이 되면 저절로 협력이 이뤄지는 것도 아니다. 지금부터 지역의 쇠퇴를 막고 활성화를 위해서는 '선 협력 후 통합'의 원칙에 따라 지역 간 협력을 위한 다양한 제도, 운영 방식 및 협력 문화를 정착시켜 나가야 할 것이다.

끝으로, 다양성이다. 그간의 지방자치는 지나치게 획일적인 제도 하에 갇혀 있었다. 획일화된 틀 속에서의 자치는 지역의 창의성과 자율성을 보장할 수 없다. 전국이 동일한 제도 하에서는 선의의 경쟁을 통한 지역의 경쟁력 제고와 주민의 삶의 질 향상이 제한적일 수밖에 없다. 행정 체제의 개편은 지역 실정에 적합한 표준 모델의 개발과 시범적 실시를 통한 미비책 보완 등을 통해 실용적이고 전략적으로 접근해야 지방 소멸의 문제를 성공적으로 해결할 수 있을 것이다.

12. 지방자치는 헌법으로 보장해야

성년기를 맞이한 한국의 지방자치는 지난 기간 적지 않은 시행착오를 겪어 왔지만, 우리 사회 전반에 엄청난 변화도 가져왔다. 제일 큰 변화는 국민들이 주인 의식을 갖기 시작한 일이다. 앞으로도 지방자치는 글로벌화, 민주화, 지방재정의 궁핍, 그리고 지역 간 불균형과 격차라는 급격한 환경 변화가 지속될 것이다. 이 새로운 환경 변화와 함께 국민들의 요구와 기대도 더욱 달라질 것이다. 이에 따라 지역사회가 당면한 문제들을 풀어 가기 위한 새로운 국정관리 시스템과 지방행정 서비스 전달 체계의 정비, 주민 참여와 소통 방식의 전환, 나아가 이것들을 올바르게 이끌어 갈 확고한 미래 비전과 리더십 정립이 무엇보다 요구되고 있다.

지방자치는 자율성과 책임성 및 다양성이 본질이요, 그 성공의 조건이다. 이 지방자치가 성공하기 위해서는 무엇보다 지방의 자율성이 확보돼야 한다. 지방자치단체는 더 이상 중앙정부의 결정을 단순히 집행하는 하부 행정기관이 아니기 때문이다. 지역 주민들의 의사를 수렴해서 지역문제를 스스로의 역량과 책임 하에 풀어 나가기 위해서는 먼저 독립적인 제도가 마련돼야 한다. 그럼에도 불구하고 그간 중앙정치와 정부는 지방의 자치 역량이 미흡하다는 명분으로 지방의 제도적 자율성을 크게 훼손해 왔다.

설령 독립적인 제도가 확보됐다고 해도 자율성이 보장되는 것은 결코 아니다. 제도가 자율적으로 작동하려면 제도를 움직이는 권한이 있어야 한다. 즉, 지방이 스스로 법규와 조직을 만들 수 있어야 하고, 스스로 처리할 수 있는 자치사무도 있어야 한다. 그리고 필요한 돈을 스스로 조달하고 관리할 수 있어야 한다. 그러나 중앙정부는 권한, 돈, 인재, 정보들을 여전히 독점하면서 자치권을 지방에 부여하지 않고 있다. 오히려 중앙통제로 회귀하려는 움직임을 지속적으로 반복해 왔다. 따라서, 지방자치의 근간을 흔드는 뿌리 깊은 중앙집권의 유혹을 뿌리치고 지방분권적 국가 운영의 틀을 정립하기 위해서는 현행 헌법을 보완해서 지방의 자율성을 보호하는 헌법 개정이 대단히 중요한 국가 어젠다로 부상하고 있다.

헌법은 국가의 모든 구성원이 따라야 하는 국가공동체 최고의 강제적인 가치규범이다. 특히 한국의 경우 헌법 개정을 위해서는 엄격한 절차를 요구하고 있다. 즉, 국회에서 의결은 재적 2/3 이상의 찬성을 요하고 국민투표를 거쳐야 한다. 그렇기 때문에 일시적인 다수를 차지한 정치 세력이 지방자치제도를 시대에 역행해서 자의적으로 변화시키려 하는 경우에 헌법이 안전장치로서의 기능을 수행해 줄 것이다.

2003년 프랑스는 헌법 제1조를 수정해 프랑스가 '분권에 기초한 국가'임을 천명하고 있다. 이와 같이 민주주의 선진국일수록 자치와 분권은 이제 국민의 기본권 내지 지역의 주권으로 인정하는 경향을 보이고 있다. 반면, "지방자치단체는 법령의 범위 안에서 자치에 관한 규정을 둘 수 있다"는 우리나라 헌법 제117조와 "지방자치단체에 의회를 둔다"는 제118조의 조항만으로 지방자치가 국민들 품 속에 자리 잡을 수 없다. "대한민국의 주권은 국민에게 있고, 모든 권력은 국민으로부터 나온다"는 헌법 제2조 1항도 지방자치의 성공을 통해 지역의 주민이 주인이 되지 않는 이상 유명무실한 조항이 될 수밖에 없다. 우리 사회가 자유민주주의를 확고히 하기 위해서 그리고 국민들이 정부로부터 개나 돼지 취급을 받는 수모를 근본적으로 차단하기 위해서는 획일적 지방자치제도를 지양하고, 지역 특색에 맞는 다양한 지방자치제도를 추진하는 것이 필요하다. 이를 보장하기 위해서는 헌법을 개정할 때 자치입법권을 비롯한 지방자치단체의 종류와 기관 구성, 기능과 지방재정 그리고 주민의 위상과 참여 등이 헌법에 명시돼야 한다. 그래야만 주민들에게 가장 가까운 곳에서 자신들에게 관련된 사안에 대한 정책결정권과 자율선택권이 보장된다. 종국에 가서는 주민의 자주관리가 존중되는 풀뿌리 지방민주주의가 확실하게 정착할 수 있을 것이다. 즉, 국민은 국가의 주인이요, 주민은 지역의 실질적인 주인이 되는 것이다.

13. 지방의회 의장단 선출이 주목되는 이유

지방의회의 위기와 의장단 선출

전국 243개의 지방의회들은 한국 지방자치의 당당한 주역으로 왕성한 활동을 해오면서 벌써 성년을 맞이하고 있다. 성년기를 맞이한 지방의회가 그동안 이룩한 성과도 대단하다. 가장 큰 성과는 민주주의 발전과 지방자치 발전에 기여했다는 점이다. 지방의회가 존재하지 않았을 때에는 예산의 편성과 심의 · 결정, 행정사무 감사, 정책 결정이 공무원에 의해 이뤄졌기 때문에 지역 주민들은 지방행정 정보를 얻는 것이 불가능했다. 동시에 지방행정 정보의 부재 속에서 지역 주민들이 지방행정을 감시 · 감독하는 것도 원천적으로 불가능했다. 그러나 의회가 활동하면서부터 예산을 심의 · 결정하고, 행정사무 감사를 통해 지방행정을 감시 · 감독하며, 의회가 지역의 중요 정책 결정을 담당함으로써 지방행정의 목표와 내용이 근본적으로 달라진 것은 큰 성과라고 할 수 있다.

이러한 지방의회의 긍정적 성과는 주로 비가시적인 것들이었기 때문에 주민들의 피부에 직접 와 닿지 못한 결과 호의적인 평가로 연계되지 못한 아쉬움이 있다. 구체적으로 지방의회 활동에 대한 주민들의 무관심, 중앙과 지방 간의 불합리한 권한 배분, 지방의원의 전문성 문제, 의회 내부에서의 불필요한 갈등, 지방선거에서의 중앙정당의 당리당략적 개입, 각급 의회 간의 유기적 연계 활동의 결여 등 많은 문제점이 가시적으로 나타나서 지방의회에 대한 불신과 부정적인 태도를 초래했다고 볼 수 있다.

특히, 지방의회 운영 사반세기 동안, 지역 주민들의 의정활동에 대한 만족도는 좀처럼 개선되지 않고 있다는 사실이 이를 확인시켜 주고 있다. 임기 내내 되풀이됐던 의원들의 무분별한 해외 연수, 지방의원 보수의 무리한 인상 시도 그리고 의장단선거 때마다 등장하는 파벌과 감투싸움 등은 국민들이 지방의회를 냉소적으로 보는 주 요인이었다. 지방의회에 대한 주민들의 관심과 인지도는 지방의회가 구성된 이래 지금까지 바닥권에 머물고 있기 때문에 의정활동을 활성화시키는 데 심각한 저해 요인으로 작용했다.

이 중에서 당장 해결해야 할 문제가 바로 지방의회 의장단 선출 문제다. 지난 기간, 수많은 지방의회가 의장단 선출을 둘러싸고 상당한 진통과 내분을 겪은 결과, 의회의 권위를 스스로 실추시킨 것은 물론 지방자치에 대한 주민들의 거센 비판과 불신을 초래하고 있다. 그 갈등의 원인으로는 일찍이 의원들의 저급한 자질과 도덕성, 지방선거에 정당의 지나친 개입, 그리고 불합리한 의장단 선출 제도와 관행이 지적된 바 있다.

이에 따라, 원 구성 때마다 불거지고 있는 의장단 선출의 갈등 사례와 그 원인을 살펴본 후, 현행 제도의 문제점과 한계를 검토해서 향후의 개선 과제를 강구하는 일은 지방의회의 위상을 제고하고, 나아가 지방자치에 대한 주민들의 신뢰를 회복하는 데 중요한 과제가 되고 있다.

의장단 선출에서의 갈등 사례와 원인

전국 지방의회의 의장단 선출 과정에서 나타난 후보군 난립, 금품 살포, 정당의 지나친 간섭 등 고질적 폐해와 갈등이 심각한 수준에 이르고 있지만, 그 근본적인 해결 방안을 찾지 못하고 있다는 것이 지자체 안팎의 분석이다. 의장단은 집행부 인사권 등 암암리에 막강한 영향력을 행사하는 것은 물론, 의전상 예우와 연간 수천만 원의 판공비를 활용하고, 특히 각종 예산 배정에서의 권한과 차기 선거 출마 등 정치적 교두보를 확보하기 쉽기 때문에 부정한 거래나 밀실 담합 등 의원들의 도덕적 해이가 심각하다는 것이다. 금품 제공 의혹을 받은 지방의원의 구속과 자살, 의장단 자리를 빼앗기 위한 의원들의 단식 농성과 몸싸움은 낯설지 않은 일그러진 지방의회의 자화상이다. 몇몇 의회의 사례가 이를 잘 말해 주고 있다.

대부분의 지방의회가 개원하면서부터 의장단과 상임위원장 배분을 놓고 파행을 겪은 바 있다. 지방의회 의장단과 상임위 구성이 전문성보다는 정당의 의석 수에 따른 배분에 치중하면서 나타난 현상이다. 다수당이 의장단을 독점하는 이른바 '승자 독식(勝者獨食)의 방식(winner-take-all-system)'은 파벌 간 극한 대립으로 인해 의회가 볼썽사나운 이전투구장으로 주민들 앞에 자주 등장하곤 했다.

게다가 지방의회 의장단 선출을 두고 정당의 입김과 국회의원들의 개인적 의향이 작동하면서 나타난 갈등들도 만만치 않았다. 이와 같이 의장단선거에서조차 정당의 지나친 개입은 자치단체의 집행기관을 견제하고 지역 주민들의 이익을 보호해야 할 지방의회 의원들이 출범부터 당내 역학 관계에만 몰두한 채, 소속 정당의 이익을 앞세우고 나아가 대통령과 국회의원선거 그리고 지방선거 때마다 당 지지율을 높이고 같은 당 후보들의 당선을 위해 동원되는 폐해를 낳고 있는 것이다.

지방의회 의장단은 의정활동을 수행하는 길목마다 행·재정은 물론 인사문제에 막강한 영향력을 미친다는 것이 정설이다. 의회 후반기에 의장단에 선출되면 다음 지방선거에서 당선에 절대적으로 유리하다는 사실도 의장단선거를 과열시키는 요인이 되고 있다. 그뿐만 아니라, 의장단에게는 일반 의원들에게 지급되는 의정비와는 별도로 업무추진비라는 만만치 않은 보수도 주어진다. 지방의회 의장단은 연간 최고 5천만 원에서 768만 원까지 업무추진비를 사용할 수 있다.

실례로, 충북도의회 의장은 연간 5천만 원을 사용할 수 있고, 부의장 2명은 연간 2천 5백만 원, 상임위원장은 연간 1천 5백만 원을 사용할 수 있다. 기초의회의 경우 인구 규모와 재정 수준에 따라 가, 나, 다로 등급이 구분된다. 가급인 청주·충주시의회 의장, 부의장, 상임위원장의 경우 각각 연간 3천 144만 원, 1천 512만 원, 1천 32만 원을 쓴다. 의장에게는 운전기사와 전용차도 배정되는 것은 물론 비서실장, 비서, 여직원이 배속된다. 부의장과 상임위원장도 추가적인 보수에다 전용사무실과 여직원이 배치된다. 행사 때마다 의전적 예우가 주어지고 사회적 명성도 뒤따른다. 이와 같이 권한과 부와 명예를 한꺼번에 누릴 수 있는 매력적인 의장단 자리를 놓고 선거 때마다 감투싸움에 휘말리는 현상은 어찌 보면 지극히 당연한 일일 것이다.

의장단 권한과 구성 실태

1. 의장단 권한과 구성

의장은 그 지방의회의 사무 처리에 있어 최고책임자로서 의회 내의 사무를 감독하는 권한을 가진다. 따라서, 의장은 의회의 사무 처리를 위해 두는 사무기구의 업무와 소속 공무원을 지휘 · 감독한다. 의장은 지방의회를 대표하는 중요한 직위로서 여러 가지 권한을 가지고 있는데 가장 중요한 권한은 '의사정리권'이라 할 수 있다. 의사정리권은 회의를 원활하게 진행시키고, 회의의 계획부터 마무리 단계까지 모두 정리하기 위해 필요한 권한을 말한다. 이를 다른 말로 회의진행권이라고도 한다.

의장의 의사정리권은 원활한 회의 진행을 위해 필요한 권한으로서, 구체적으로는 의사일정 작성권, 의원의 발언허가권, 표결 및 심의 순서 결정권, 본회의의 개의(시작) 및 산회(끝) · 정회(중단)할 수 있는 권한, 회의에서 결정된 안건에 대한 자구(字句) 정리 등 정리권, 회의록 서명권 등을 포함하고 있다.

또한 의장은 그 지방의회를 대표하는 '의회대표권'을 가진다. 그 지방의회가 외부 기관이나 개인에게 공문을 보내거나 어떤 의견을 표시할 때에는 의장의 이름으로 보내야 하며, 외부에서 지방의회에 공문이나 진정 등을 보낼 경우에도 의장 앞으로 보내게 된다. 부의장은 의장을 도와서 지방의회의 사무를 처리한다. 특히 의장이 사직 · 퇴직 등으로 없게 되거나, 특별한 사고로 유고시 부의장이 의장 직무를 대리해서 의장의 권한을 행사한다.

의장과 부의장은 지방의원 총선거 후에 당선된 의원들의 최초 회의에서 의원들에 의해 선출된다. 지방의회를 대표하고 의회를 진행하기 위해서는 의장이 있어야 하기 때문이다. 광역의회는 부의장 2명을 선출 운영하는 반면, 시 · 군 · 구의회에는 의장과 부의장을 각각 1인씩 둔다. 의장과 부의장의 임기는 2년이다. 일반적으로 의장과 부의장은 같은 날 선출한다. 그러나 지방의회 사정에 따라 의장 선출과 부의장 선출을 달리하는 경우도 발생한다. 부의장이 의장보다 늦게 선출된 경우라도 부의장의 임기는 의장의 임기와 같은 날에 끝나도록 함으로써 의장과 부의장의 임기가 동시에 끝나고 동시에 다시 시작되도록 돼 있다.

의장과 부의장은 해당 의회에 소속된 의원 중에서 의원들의 선거로 선출하는데, 선출 방법은 후보자 없이 소속 의원 중에서 의장이나 부의장으로 선출하고자 하는 의원 성명을 투표용지에 기록하는 무기명투표 방식에 의해 선출해 왔다. 그러나 최근에는 의장과 부의장을 선출하는 방식이 여러 가지 형태로 변하고 있다. 종전의 교황식 선출 방식에서 나타난 문제점들을 보완하기 위해 지방의회별로 회의 규칙을 개정해 시행하고 있는 의회가 늘어나고 있다. 즉, 의회의 의장 또는 부의장이 되고자 하는 의원은 당해 선거 1일 전 서면으로 후보자 등록을 하도록 명문화했으며, 또는 임의 규정으로 선거일 본회의장에서 10분 이내의 소견을 발표할 수 있도록 하고 있다.

2. 지방의회 의장단선거 운영 실태

그동안 시민사회단체와 언론의 끊임없는 건의와 지적에 따라 상당수 지방의회에서는 의장단선거에서 교황 선출 방식의 투표제도를 폐지하고, 후보 등록과 정견 발표제(이하 “경선제”)를 도입해서 시행하고 있다. 지난 민선 6기에 광역의회의 경우는 전국 17개 시 · 도의회 가운데 7개 시 · 도의회가 이 제도를 시행하고 있는데, 이 중 광주광역시의회의 경우는 의회 기본조례에, 여타 의회는 회의규칙에 규정해 시행하고 있다. 다만, 충청북도의회는 후보 등록제 없이 정견 발표제만 운영하고 있다. 기초의회의 경우도 전국 226개 기초의회 중 서울의 강동구의회를 비롯해 48개 의회에서 의장단선거 시 경선제를, 3개 의회가 후보 등록제만을, 그리고 24개 의회는 정견 발표제만을 도입해 시행하고 있으며, 나머지 151개 의회는 아직도 ‘교황 선출 방식’을 그대로 운영하고 있다. 그러나 상당수 지방의회가 후보 등록 또는 정견 발표 신청 시기를 너무 촉박하게 정해 현실적으로 경선제의 취지를 제대로 살리지 못하고 있는 점은 앞으로 개선해 나가야 할 과제로 남아 있다.

3. 의장단 선출 방식의 문제점

1) 현행 교황 선출 방식의 문제점

지방의회의 조직으로서 의장단과 관련해 그간의 운영 과정에서 가장 논쟁점으로 부각된 것은 이들의 선출 방법에 관한 것이다. 또한 이들의 선출 과정에서 중앙정당의 영향력에 관한 논란도 지속돼 왔다. 먼저 현행 의장단 선출 방법의 문제점이 크다. 의장과 부의장은 그 당선 요건으로 재적의원 과반수의 출석과 출석의원 과반수의 득표를 얻어야 한다. 선거의 방식은 무기명투표로 재적의원 과반수의 출석과 출석의원 과반수의 득표로 당선된다. 이 조건을 충족시키기 위해 선거는 1차, 2차, 그리고 결선투표까지 할 수 있게 돼 있다. 소위 교황 선출식 방식을 택하고 있는 것이다.

그러나 이 과정에서 출마 희망자가 공식적으로 출마 의사를 밝히지도 않고, 후보 등록과 정견 발표 등 공식적인 선거운동 또한 금지하고 있다. 교황 선출식 방식은 사회적으로 존경받고 도덕적으로 검증된 추기경들의 회의에서 교황을 선출하는 제도다. 이 제도를 도덕성 면에서나 사회적 배경 측면에서 성직자들과 달리하는 우리나라 지방의회 의장단 선출 방법에 적용하고 있는 데에 일차적인 문제가 있다고 할 수 있다. 즉, 현재의 선출 방식에서는 투표권자인 의원들 간에 비공식적인 접촉을 통해서 출마를 알리고 개별적으로 비밀리에 선거운동을 하고 있는데, 이 과정에서 여러 가지 비리가 발생하고 있는 것이다. 이러한 과정을 통해서 의장단을 선출하다 보니 이들이 자치단체 의결기관의 장으로서의 능력에 대한 충분한 검증 절차를 밟지 않고 당선될 뿐만 아니라, 당선 후 의회의 운영을 전문적 정책성에 초점을 두고 운영하기가 쉽지 않다는 것이다.

의장단의 선출 과정과 관련해 쟁점이 됐던 또 다른 부분은 정당 공천을 허용하고 있는 광역의회의 경우 중앙정당의 시·도지부에서 지방의회의 의장단과 상임위원장단 구성에 대해 영향력을 행사해 온 점이다. 즉, 시·도의회의 다수를 차지하는 정당의 시·도지부가 의장을 비롯한 의회 간부들의 선출에 영향을 미쳐 이들이 후보를 내정하거나, 다수를 차지한 정당이 의장단과 상임위원장단을 석권하는 데 따른 문제가 제기돼 온 것이다.

2) 현행 경선제의 문제점

교황 선출 방식에도 문제점이 있지만, 일부 지방의회에서 도입·운영하고 있는 현행 경선제에도 문제가 없는 것은 아니다. 경선제를 도입하기는 했으나, 대다수 지방의회가 설정한 후보 등록일과 정견 발표 신청 시기가 의장단 선거일과 너무 임박해 있기 때문이다. 지방의회에 따라서는 선거일 6~7일 전까지 후보 등록을 하도록 하여 소속 의원들이 충분한 시간을 갖고 후보자에 대한 자질과 자격을 검증할 수 있는 기간을 확보해 주고 있는 지방의회도 있지만, 상당수 지방의회는 당일 또는 회의 시작 전까지 후보 등록이나 정견 발표를 신청하도록 하는 규정을 두어 형식에 그치고 있다.

또한, 현재 상당수 지방의회가 정견 발표제를 도입하면서 의장단선거의 경우 정견 발표 시간을 5분 이내로 제한한다. 여기에서 특이한 것은 기초의회의 경우 절반 이상이 10분 이내의 정견 발표를 하도록 정하고 있는 데 반해 광역의회는 절반 이상이 5분 이내로 기초의회의 절반 시간만을 허용하고 있다는 점이다. 어쨌든 5분 이내의 정견 발표 시간은 다소 부족한 감이 없지 않다. 후보자가 자신의 소신과 의지를 좀 더 소상하게 설명하고, 유권자인 의원들에게 충분한 검증 자료를 제공하기 위해서도 그 발표 시간은 연장할 필요성이 있다.

의장단 구성의 개선 과제

지방의회는 해당 지역 전체의 이익을 대변하고 지방자치단체의 집행기관을 감시·견제하는 중요한 기능을 수행해야 한다는 점에서 지방의회 구성 시 민주성과 합리성을 확보하는 것이 대단히 중요한 과제가 아닐 수 없다. 그럼에도 불구하고 앞서 제시했듯이 지방의회 의장단과 위원회 구성이 이뤄지는 시점마다 매번 의원들 간의 갈등과 합종연횡, 심지어 부패와 비리로 얼룩진 부정선거

문제가 지역사회의 주요 갈등 사안으로 부각돼 온 것이 우리의 현실이다. 따라서 향후 지방의회 자체의 권위와 위상 재정립, 그리고 주민들에 대한 신뢰성과 책임성 강화를 위해 반드시 해결돼야 할 과제임에 틀림없다.

이를 위해 우선 현재 대부분의 지방의회에서 채택하고 있는 의장단 선출 방식인 교황 선출식 방식을 전면 바꿀 필요가 있다. 즉, 지금까지와는 달리 후보등록을 받고 출마를 공론화해서 공개적으로 선거운동을 하게 하는 것이다. 이 과정에서 후보자로 하여금 출마 취지를 밝히게 하고, 이를 통해 지방의회를 대표하는 의장과 부의장으로서의 자질과 능력에 대해 투표권을 가진 동료 의원들뿐만 아니라, 언론과 유권자들의 공개된 검증 과정을 충분히 거치게 하는 것이 오히려 현재의 문제를 상당 부분 줄일 것으로 보인다.

그러나 더 근본적으로 보면, 현행의 지방의회 조직 구성의 여러 가지 한계가 누적돼 이러한 문제점을 고착화시키는 측면이 있음을 간과하지 말아야 한다. 즉, 현재의 수당제와 막강한 권한, 그리고 공식적 · 비공식적으로 정당 공천과 정당 관여를 허용하는 구조 하에서는 지방의원의 절대 다수가 자영업을 하는 지역 유지로 채워지고, 반면에 각 분야의 전문직과 고학력자는 공천과 당선의 가능성이 희박해서 아예 입후보 자체를 기피하고 있는 근원적 문제점이 해결돼야 한다. 따라서, 현재의 의장단 선출에서 나타나는 문제를 좀 더 근본적으로 개선하기 위해서는 지방의원의 보수, 지방의원 선거에서의 정당 공천문제와 의장단 권한 조정 등의 제도가 근본적으로 개선돼야 할 것이다.

1. 과거 의장단 선출 방식의 개선 방안

지방의회의 의장단 선출 방식과 관련한 현행 제도란 앞에서 기술한 대로 지난 20여 년간 정부의 회의규칙 표준안에 의한 교황 선출 방식과 현재 일부 지방의회에서 도입 · 시행하고 있는 경선제 또는 정견 발표제를 모두 망라한 제도를 말한다. 종래의 교황 선출 방식이나, 일부 지방의회에서 도입 · 운영하고 있는 경선제에도 여전히 문제점이 내재돼 있기 때문에 그 개선 방안을 모색해야 한다. 과거 의장단 선출 방식을 개선하기 위한 다양한 대안들이 있었는데, 대표적인 것으로는 ① 의장 선출 방식의 폐단 극복, ② 지방의회 의장선거와 관련한 규정 개선 등이 있다.

1) 의장 선출 방식의 폐단 극복

의장 선출에 의해 발생되는 각종 폐단으로 인해 일부에서는 의장단 선출 방법을 개선하고 있다. 예를 들어, 대전광역시 서구의회, 부산광역시의회·강원도의회에선 후보 등록제와 정견 발표제를 도입하고 있으며, 충북도의회 등에선 정견 발표제를 실시하고 있다.

2) 지방의회 의장선거와 관련한 규정 개선

의장단 선출 방식을 사전에 후보 등록을 하고 공개적인 선거운동을 하도록 회의 규칙을 변경하는 방법이 있다. 예를 들어, 민주적 절차의 의해 선거를 치른다면 후보 등록과 정견 발표 등의 공개적인 과정을 통해 언론과 유권자의 공개 검증 과정을 거치게 되면서 주민들의 눈치를 보게 될 것이고, 그 결과로 주민들의 의사가 반영되는 효과를 얻을 수 있을 것이다. 의장은 일반 의원들에 비해 월등히 높은 대우를 받고, 그 대우의 비용은 주민들의 세금으로 메운다. 그렇다면 주민들의 의사가 조금이라도 개입될 수 있는 방향으로 가능성을 열어 놓는 것이 필요하다는 관점에서 진행되고 있다.

3) 지방의회 회의규칙 개정

의장·부의장선거에서 소견 발표를 할 수 있도록 하기 위해 의장 또는 부의장이 되고자 하는 의원은 당해 선거 전일 업무 종료 시간 내에 의회 사무국에 서면으로 소견 발표 의사를 신청할 수 있도록 하고, 소견 발표 의사를 신청한 의원은 선거 당일 본회의장에서 10분 이내의 소견을 발표할 수 있으며, 발표는 신청 순서로 했다. 소견 발표 중 다른 의원을 지지하거나 비방하는 발언을 할 수 없고, 회의록의 공개는 의회 홈페이지에 게시하는 것으로 하며 회의록의 배부는 생략할 수 있도록 한다.

전술한 현행 경선제에서 제기된 문제점에 대한 개선 방안은 먼저 의장단선거든 상임위원장선거든 후보 등록 시기를 조정할 필요성이 있다. 우선 의장단 선거의 경우 후보 등록 마감일을 전라남도 의회와 경기도 시흥시의회의 경우와 같이 의장단 선거일 7일 또는 6일 전으로 설정하거나, 최소 4~5일 전에 마감하도록 하여 소속 의원은 물론 그 후보자들을 선출한 주민들과 시민사회단체, 나아가 언론기관에까지 객관적인 사전 검증의 기회를 제공해야 한다.

광역의회든 기초의회든 별다른 문제점이 없다면, 광주광역시 북구의회의 경우와 같이 전체 의원과 외부 인사를 초청해 의장단 후보자를 상대로 하는 토론회 도입도 적극 검토해 볼 필요가 있다. 광주광역시 북구의회는 의장·부의장 선거규정에 토론회 조항을 신설해 전체 의원과 3명에서 5명의 외부 인사를 초청해 의장단 후보자를 상대로 한 토론회를 개최할 수 있도록 정하고 있다.

의장단 또는 상임위원장 선거에 경선제를 도입했거나, 도입을 추진 중인 지방의회는 후보 등록에서 후보자 추천제도를 도입해 예비적 검증을 거치게 하는 방안을 강구하는 것도 바람직하다. 이 제도를 도입하면 후보자의 난립을 예방하는 효과는 물론, 소속 의원 또는 당해 상임위원들에게 일정 부분 간접 검증 기회를 제공할 수 있으리라고 본다. 그리고 의장, 부의장선거에 출마한 자는 상임위원회 위원장으로 출마할 수 없도록 하고 있으며, 원 구성 과정에서도 의장단 선출 방식을 준용해서 선출토록 한다.

4) 의장단 선출의 합리적 대안 제시

의장단 선출을 위한 합리적 대안들로 대전시 서구의회가 개발한 내용을 참고로 소개하고자 한다.

(1) 제1안 : 정당 추천 시스템

가. 의장은 의회 내 다수당의 추천을 받은 자로 한다.

나. 부의장은 의회 내 제2당의 추천을 받은 자로 한다.

다. 당의 추천을 받을 시에는 당의 직인이 포함된 추천장을 제출해야 한다.

(1) 조례, 규칙 발의 건수
(2) 구정 질의 횟수
(3) 개별 의원 주관 정책 토론회 횟수
(4) 본회의 및 상임위원회 출석
※ 평가 기준 = 후보자의 의회 재직기간 평균 점수가 같은 기간 전체 의원 평균 점수를 상회한 자

라. 당은 후보자를 선정 시, 위의 표의 평가 결과를 충족한 자로 해야 한다.

마. 전반기–후반기 재임 여부는 정당이 결정한다.

바. 의회 내 다수당, 제2당의 구분이 안 될 경우, 다선자 원칙(다선자 1당 인정)으로 하며, 이를 충족시키지 못할 경우에는 연장자로 한다.

(2) 제2안 : 내부 결정 시스템

가. 의장은 의회 내 다수당, 최다선자, 연장자를 원칙으로 한다.

나. 부의장은 의회 내 제2당, 최다선자, 연장자를 원칙으로 한다.

다. 단, 재직 기간 의정활동이 다음 표의 평가 결과를 충족한 자에 한다.

(1) 조례, 규칙 발의 건수
(2) 구정 질의 횟수
(3) 개별 의원 주관 정책 토론회 횟수
(4) 본회의 및 상임위원회 출석
※ 평가 기준 = 후보자의 의회 재직기간 평균 점수가 같은 기간 전체 의원 평균 점수를 상회한 자

라. 전반기, 후반기 적용: 기 수혜자는 배제라는 것을 원칙으로 한다.

마. 의회 내 다수당의 구분이 안 될 경우 다선자 원칙(다선자 1당 인정)으로 하며, 이를 충족시키지 못할 경우에는 연장자로 한다.

2. 지방의회 성과감사제도와 의정평가제도가 도입

지방의회의 의장단은 일반 의원에 비해 월등히 높은 대우를 받고, 그 대우

의 비용은 주민들의 세금으로 부담한다는 점을 간과해서는 안 된다. 지방의회의 의장단은 광역의회 의장의 경우 개인적으로 수령하는 의정비 외에 최고 1급 공무원 17호봉의 기본급에 상당하는 판공비(기관운영업무추진비)를 매월 지급받고 있기 때문이다. 사정이 이렇다면 지방의회 스스로가 의장단선거에서 주민들의 의사가 조금이라도 개입될 수 있는 방향으로 그 가능성을 열어 놓는 것이 주민에 대한 최소한의 의무라 할 수 있다. 또 이렇게 해야만 의장단선거에서 유능한 유자격자를 선출할 수 있을 뿐 아니라, 후보자들 간의 합종연횡이나 밀실 거래 등의 고질적 폐해를 최소한 척결할 수 있을 것이다.

그리고, 지방의회의 책임성을 확보할 수 있는 방안도 마련돼야 한다. 이를 위해 지방의회에도 성과감사제도와 같은 의정평가제도가 도입돼야 한다. 의정평가제도는 집행부서에 대한 성과감사와 더불어 의장단을 포함한 의정평가 결과를 지역 주민에게 공개하는 공시제도의 도입과 동시에 이뤄질 필요가 있다.

〈표 1-2〉 광역의회 의장단의 판공비(기관운영업무추진비) 지급 기준

(단위: 천 원/월)

구분	의장	부의장(1인당)	상임위원장(1인당)
서울・경기	5,300	2,600	1,600
기타 시・도	4,200	2,100	1,300

3. 지방의회의 주민 참여 활성화

지방의회가 활성화되기 위해서는 다음과 같은 노력이 필요하다. 먼저 지방민주주의의 실현과 주민 복지 향상에 사실상의 주체가 되는 지방의회가 그간 실망스럽다고 해서 주민이 외면해서는 안 된다. 지방의회를 바로 세우려면 지방의회의 위상을 높이고 권한을 강화시키는 제도의 보완이 필수적이다. 자치권의 본질적인 요소인 자치입법권, 자치행정권, 자치조직권 및 자치재정권을 헌법적으로 보장하는 것이 현재로선 급선무다.

지방의원 유급제 도입에 따라 의원 겸업을 금지 혹은 제한하는 문제도 신중한 검토가 필요하다. 겸업의 범위 설정에 따른 애로점은 이미 국회의원에의 경

우에도 그 문제점이 드러난 바 있다. 따라서 법률적 차원에서 지방의원의 겸업을 금지하도록 일률적으로 적용하는 것은 현실적으로 어렵다고 판단된다. 그보다 겸업의 범위 및 규정은 해당 자치단체의 지역 사정을 고려해서 조례로 정하는 것이 합리적일 것이므로, 이에 대해 철저한 정비와 함께 계속적으로 재정비를 해둬야만 주민들의 신뢰를 받을 수 있을 것이다.

그리고 지방의회에 시민 참여가 활성화돼야 한다. 물론 주민의 대표로 선출된 지방의회가 집행부 행정감시의 기능을 수행하고 있기는 하다. 그러나 지방의회의 자치권의 범위가 좁고, 단체장의 의회에 대한 견제권이 지방의회의 단체장에 대한 견제에 비해 지나치게 크기 때문에 의정활동의 실효성은 그만큼 적다. 또한, 지방의회 의원의 정책 개발 및 집행부의 통제 능력에도 한계가 있다. 이러한 한계점을 극복하려면 지방자치단체의 행정 집행 과정에서 적극적이고 공정하게 시민과 시민단체의 참여를 보장해야 할 것이다.

4. 정당공천제의 개선

지난 6·13지방선거에서도 정당이 과도하게 개입해서 드러난 부작용은 심각했다. 정당 공천을 둘러싼 비리와 부패는 여전했고, 참신하고 유능한 정치 신인과 여성들의 진출은 기대에 미치지 못했다. 정당과 국회의원들에 대한 지방의원들의 줄서기 관행도 근절되지 않았으며, 인물과 공약 중심의 정책선거는 자리 잡지 못했다. 지방선거는 지방자치의 본질로서 그 성패를 결정적으로 좌우한다. 6·4지방선거를 비롯한 역대 지방선거는 앞으로 지방선거가 어떻게 달라져야 하는지 또 법과 제도를 어떻게 바꿔야 하는지에 대해서 다시 한번 정치권에 경종을 울려 주고 있다.

이제는 지방선거가 달라져야 한다. 먼저 정당공천제의 폐해를 극복하고 지역별 일당 독점 현상을 개선하기 위해서는 기초의원은 물론 기초단체장까지 정당 공천을 재검토해야 한다. 그리고 광역선거와 기초선거는 분리 실시돼야 한다. 동시선거로 선거관리 비용을 다소 줄일지 모르지만 그 부작용으로 주민들이 지불해야 할 정치적 비용은 너무 크기 때문이다. 결국, 정당공천제를 통한 중앙정치의 지방자치에 대한 인한 지나친 간섭은 지방의회 의장단선거를 바람직하게 정립하는 데도 큰 걸림돌로 작용하고 있어서 이에 대한 개선이 중요하고 시급하다.

지방의회를 바로 세우는 데 주력해야

지방의회 활동에 대한 주민들의 불신은 여전히 높아져 가고 있다. 그 이유로는 다양한 원인이 있겠으나 그중에서 의회의장단 선출 방식에서 나타난 부작용과 갈등 문제가 크게 작용하고 있다는 의견이 지배적이다. 지방의회가 개원되고 2년마다 되풀이되는 의장단 선출 및 원 구성을 둘러싼 갈등과 반목이 민의 대변자로서의 권한과 도를 넘어 지방자치의 주인인 주민에 대한 도전으로까지 비쳐지고 있는 실정이다. 이런 관점에서 열심히 일하는 의회, 신뢰받는 의회, 시민들과 소통하는 의회로 발전해서 지방의회가 그 위상과 권위를 회복하기 위해 지방의회 의장단 선출 방식을 개선하는 것이 중요하고 시급하다.

최근 전국의 여러 지방의회에서 종전의 교황식 의장단 선출 방법을 개선해 새로운 경선 방식을 도입하는 등 개선 노력을 기울이고 있다. 그럼에도 불구하고, 아직까지 의장단 선출 후 의원 간 갈등과 반목이 지속해 발생하기 때문에 지방의회 원 구성 이후 의회 파행을 근본적으로 예방하기 위한 제도적 개선 방법을 강구해야 할 필요성이 있다. 앞으로 의장단선거는 의원들의 이해관계에 따른 이합집산이 아니라 주민들의 민의를 반영하는 공론의 장으로 탈바꿈해야 하며, 투명하고 객관적인 의장단 선거를 통해 의회의 위상을 새롭게 정립함으로써 지방의회의 중요성과 필요성을 주민들에게 가시적으로 보여 줘야 한다.

민선 7기를 책임질 지방의회 의원들은 의장단과 위원회 위원장 선출과 관련해서 의식과 행태를 획기적으로 변화시켜야 한다. 즉, 의장을 비롯한 부의장이나 위원장의 직을 통해 사익을 극대화하거나 권한을 행사하는 감투자리로 보기보다는 주민들에게 봉사하는 명예로운 자리로 인식해야 한다. 지방의원들은 모든 권력적·경제적 특권을 내려놓고, 지역 주민들의 심부름꾼으로서 역할을 다함으로써 주민들로부터 받는 존경과 신뢰라는 더 큰 행복한 특권을 누린다는 생각과 자세로 고된 의정활동을 수행하는 것이 좀 더 현명할 것이다.

또한, 역대 지방선거들을 볼 때 지방선거에서의 정당공천제의 전면 허용이 지방의원 줄세우기, 공천 장사, 의장단 선출 파행 등으로 이어져서 성과보다는 그 폐해가 훨씬 크다는 것이 분명히 입증됐다. 총선과 대선 때마다 상당수 지방의원이 유력 대선과 총선 주자 줄서기에 나서고 있어서 중앙정치의 하수인 노릇을 자처함으로써 지방의회의 위상과 권위를 실추시키고 있는 실정이다. 따라서 선거법에 규정된 기초의원과 기초단체장의 정당공천제 폐지를 적극 검토해야 한다.

결론적으로, 지방의회는 민주주의의 핵심적 제도이자 지역의 최고 의사결정기관이다. 이토록 중요한 지방의회를 지금까지 실망스럽다고 해서 포기할 수는 없다. 이제부터 지방의회를 바로 세우는 데 주력해야 한다. 그러려면, "지방의회가 바로 서야 지방자치가 바로 서고, 지방자치가 바로 서야 결국 국가도 바로 선다"는 신념을 확고히 하면서 민선 7기 지방의회 후반기 의장단선거에서는 지금까지 나타난 문제점들이 반복되지 않도록 획기적인 변화가 일어나야 할 것이다. 그 변화를 기대하고 촉구한다.

14. 한국의 지방자치는 이제 주민자치로 가야

앞으로 우리 사회는 글로벌화, 지식정보화, 지방화와 민주화, 불균형과 격차라는 급격한 환경 변화가 지속될 것이다. 새로운 변화와 함께 더욱 달라질 국민들의 다양한 요구와 기대 그리고 사회 제반 문제를 풀어 가기 위한 새로운 국정관리 시스템, 새로운 지방행정 서비스 전달 체계의 정비, 주민 참여와 소통 방식의 전환, 그리고 이것들을 올바르게 이끌어 갈 확고한 미래 비전과 리더십 정립이 무엇보다 요구되고 있다.

따라서, 급격한 환경에 부합하는 새로운 틀, 새로운 사고, 새로운 리더십을 어떻게 설정하느냐가 민선 7기의 화두이자, 국가와 지역이 생존하기 위한 전제조건이 되고 있다. 특히 지방의 경쟁력이 곧 국가의 경쟁력으로 되는 지방자치시대가 본격화되고, 주민의 복지 실현이 지방에서 본격적으로 시작될 수밖에 없는 시기가 될 것이다.

이러한 일련의 변화들에 대해 주민들은 종래의 국가 또는 지방자치단체의 기능과 역할에 모든 것을 의존하던 수동적 자세에서 벗어나서 자치 역량의 회복을 통해 국가와 지역사회의 발전은 물론 개인적 삶의 의미를 부여코자 하는 풀뿌리 혁명을 기대하고 있다. 이에 따라 선진국에서 일어나고 있는 현상으로 "우리는 이러한 대접을 받을 바에야 더 이상 세금을 내지 않겠다"는 유권자들의 분노의 목소리는 정부 개혁을 하지 않을 수 없는 근원이 되고 있다. 앞으로 더 많은 정부가 같은 상황에 직면하게 될 것이다.

지방자치 선진국에서 추구하는 정부 개혁의 방향과 전략에 의하면, 개혁은 뿌리로부터 상향적으로 나와야 한다고 전제한다. 개혁의 궁극적인 목적을 정부의 효율성 향상이나 능력 증진에 두는 것이 아니라, 더 좋은 사회의 건설에 두고 있다. 즉, 효율적 정부는 좋은 사회를 위한 필요 조건이지 충분 조건은 아니라는 것이다. 그런 전제하에 전체적으로 좋은 사회에 접근하기 위해 개인, 가족, 이웃 및 지역의 자발적 주민조직들이 지역문제를 스스로 해결하도록 정부(중앙정부든 지방정부든)는 그에 따른 권한과 책임을 지역사회에 이양해야 한다. 그리고 좀 더 견고한 지역사회의 재건을 위해 다양한 노력을 기울이고 있다. 결국, 주민들의 참여와 협동에 의해 자주적 관리가 이뤄지는 '주민자주관리의 사회'를 지향하고 있는 것이다.

한국의 지방자치도 지금부터 견고한 지역사회를 건설해서 개개인이 자율적이고 책임감있는 삶을 추구하는 좋은 사회를 이룩하는 것을 목표로 해야 한다. 그러려면 무엇보다도 주민자치의 실질화가 그 원동력이 돼야 한다. 특히, 지역의 현안 문제들은 지역사회가 자조적으로 해결하도록 정부가 지원할 때 가장 효과적이 될 수 있다는 사실도 받아들여야 한다. 그래서 지방자치 선진국 정부들은 공공 서비스에 대한 통제권이나 소유권을 관료나 전문가의 손에서 지역사회로 그 이양을 점차 확대해 나가고 있다. 중앙정부에 의해 제공되는 서비스도 그 정당성과 효율성이 상실되면, 지방정부에 넘길 필요 없이 바로 민간 부문에 이양시키는 사례도 계속해서 늘어나고 있는 실정이다. 권한 이양이 빠를수록 주민과 더 가까운 민주적 정부, 그리고 더 효율적인 정부를 창조해 낼 수 있다고 보기 때문이다.

지방자치의 궁극적인 목표는 주민자치에 있다. 행정이 추구하는 행정 목표도 주민들을 규제하고 가르치는 것이 아니라, 좀 더 편안하고 안전한 삶을 영위할 수 있도록 지원하는 방향으로 전환되고 있다. 한국도 이제 지역사회의 영역, 곧 자조적 메커니즘이 작용하는 영역을 존중하고 그 영역을 구성할 개인과 단체를 건전하게 육성하고 그 능력을 개발시켜 나가야 하는 중대한 출발점에 놓여 있다. 주민은 이제 일방적인 정부의 통치 대상자도, 그리고 정부가 만족을 시켜 주는 단순 고객으로 머무는 것이 아니다. 그보다도 주체적이고 자조적인 주인으로서의 역할을 해 나가야 할 것이다. 그래야 정부로부터 주민들이 개나 돼지 취급을 받는 작금의 수모를 근본적으로 차단할 수 있을 것이다.

15. 지역 언론이 살아야 지방자치가 산다

지방자치는 지역사회에 미친 긍정적 변화와 한계 그리고 개선점들을 지역 주민들이 정확하게 인식하고 지지할 때 비로소 지방자치가 지역사회에 정착할 수 있다. 그럼에도 불구하고, 지방자치 실시에 따른 제반의 변화가 언론을 통해 아직도 주민들에 의해 제대로 전달·체감되지 못하고 있는 것이 사실이다. 여기에 무엇보다 지역 언론의 지방자치에 대한 인식과 그 활성화를 위한 역할과 관련해서 많은 문제점이 깊숙이 연결돼 있다.

지방 언론은 언론 환경의 심각한 구조적 변화라는 그 어려운 현실에도 불구하고, 올바른 지역사회의 발전과 지방자치의 정착을 위해서는 무엇보다 지방

언론이 본연의 역할에 충실해야 한다. 지역 언론은 무엇보다 지역민들의 취향에 맞게 지역사회의 문제나 관심사를 심층 보도하고, 애향심의 고취를 통해서 지역민들의 여론을 대변하고 합의를 도출해 내야 할 것이다. 또한, 지역사회의 개발에 주민의 참여를 유도하고, 지역문화를 발굴·보존·전승시키며, 지방의 정치나 행정을 감시·비판하는 역할을 충실히 수행해야 한다. 나아가 주민들의 자치 의식을 함양시키는 일에도 게을리하지 말아야 한다.

지방자치와 분권화 시대에 지역 언론이 지향해야 할 바를 한마디로 강조하면, '지역 언론이 좀 더 지역 언론다워지는 것'이다. 그러려면 지역 언론은 신문과 방송을 막론하고 지역 주민들에게 좀 더 철저하게 밀착해서, 지역사회 내의 사소한 일에 이르기까지 관심을 기울여야 한다. 지역 언론의 미래는 지역 언론 스스로가 지역사회 발전이라든가 지역 주민의 이익 대변과 같은 본연의 목적을 이탈하지 않은 채, 자생력을 가지고 그 역할을 얼마나 충실히 수행하느냐에 달려 있다고 할 수 있다. 그것이 바로 지방자치와 분권을 활성화시키는 지름길이기도 한 것이다.

현재 지역 언론이 접하고 있는 위기적 환경 조건을 극복해서 새로운 희망을 찾는 길은 지역 언론들이 과감한 변신을 통해 내부 역량을 키우고 치밀한 생존 전략을 구비하는 것밖에 달리 방법이 없다. 먼저, 지역 언론사들은 기존 사업의 정리와 신사업 투자가 조화를 이룰 수 있도록 과감한 기업 변신을 시도해야 한다. 프랑스 「르몽드」의 경우처럼 사원지주제 도입도 수용해 보고, 언론사 간 M&A도 검토할 필요가 있다. 먼저 버리지 않으면 버림받기 때문이다.

다음으로 중요한 과제는 지역 기자들의 안목과 실력을 높이는 일이다. 이제 지역 기자들은 국제적인 안목과 전문성으로 전국적 수준의 뉴스를 지역과 지역민의 관점에서 소신있게 소화해 낼 수 있어야 한다. 그러려면, 기자 재교육을 위한 투자를 확대하고, 지금부터라도 밀도 높은 학습을 시작해야 한다. 또한, 지역 언론인들이 아직도 버리지 못하고 있는 중앙 의존적 의식과 태도는 과감히 청산하고, 지방자치 시대를 지역 언론이 주도해 나가야 한다. 요컨대, "지역 언론이 살아야 지방자치가 살고, 지방자치가 살아야 지역 언론이 산다."

16. 울산매일이 바로 서야 지역이 바로 선다

동남권의 유력 언론기관인 울산매일 신문사가 창간 25주년을 맞이했다. 지난 기간, 많은 독자와 지역민은 울산매일 신문이 신뢰받는 언론, 지역민과 함께 호흡하며 소통하는 지역 신문으로 거듭나기를 기대하면서 그 변화와 발전에 주목해 왔다. 지방자치가 실시된 지도 25년이 지난 지금, 지역민들이 지역 언론과 지역 발전에 대해서 갖는 관심은 그 어느 때보다 높다. 그래서, 창간 사반세기를 맞이한 울산매일이 앞으로도 주어진 사명과 역할은 한층 더 막중해지지 않을 수 없을 것이다.

울산매일은 1992년에 창간한 이래, 동남권 지역민들과 애환을 함께해 온 울산의 대표 신문이다. 울산은 1962년 특정공업지구로 지정된 이후 석유화학, 자동차, 조선산업을 중심으로 우리나라 경제를 선도해 왔다. 과거 인구 8만 명에 불과했던 한적한 농어촌 지역에서 이제는 인구 120만 명에 이르는 명실상부한 대한민국 대표 산업도시로 자리 매김 했다. 당시에 궁핍했던 생활 여건 하에서도 국가와 지역 그리고 지역 언론에 높은 관심을 보였던 지역민들의 의식 수준이 그 원동력이 됐기에 자랑스럽기만 하다.

울산매일도 울산시와 지역민들의 큰 관심 속에 희망찬 도약을 해오고 있어서 이제 누구도 인정하지 않을 수 없는 동남권의 자존심이 됐다. 이렇게 울산매일이 동남권 최대의 정론지로 우뚝 서기까지 우연과 행운만이 있었던 것은 아니다. 지난 기간, 한시도 지역민들의 기대를 저버리지 않으면서 성실히 보답하기 위해 최선을 다했기 때문에 가능한 일이다.

구체적으로 보면, 울산의 잠재력과 창의력을 발휘하는 데 이바지하고자 창간 이듬해부터 울산 출신 난계 오영수 선생을 기리는 '오영수 문학상'을 제정해 지금까지 해마다 시상하고 있다. 그 결과 지역의 문화 수준을 한 단계 끌어올리는 데 기여했다는 평가를 받고 있다. 그 밖에도 '태화강 국제마라톤대회'를 비롯해 환경 콘서트, '고헌 방상진 의사 추모 글짓기대회' 등 지역민과 함께 하기 위한 지역 언론으로서의 역할에 주력하고 있다.

울산매일이 1992년 창간호에서 진실, 신속, 공정을 통한 언론 직필을 최고의 가치로 밝혔듯이 환경 감시, 부패와 비리 고발, 미담 발굴 등의 사회적 역할과 지역 언론 문화 창달에 계속 힘쓰는 한 동남권은 물론 전국적으로 인정받는 튼튼한 언론사가 될 것을 믿어 의심치 않는다.

그러나, 앞으로 지방 신문사의 발전이 순탄치만은 않을 전망이다. 급변하는 언론 환경의 구조적 변화 속에 어려움에 빠진 지역의 산업구조에 따른 광고문제 등으로 대다수 신문사의 경영 자체가 심각한 어려움에 놓여 있는 실정이다. 게다가 중앙 신문사는 물론 인터넷 신문 같은 뉴미디어산업과 생존을 담보로 무한경쟁을 벌여야만 한다. 이 때문에 울산매일도 끊임없는 변화와 개혁은 이제 필수적인 일상이 됐다.

울산매일은 지금부터 새로운 사반세기를 향해 역사적으로 부여된 무거운 사명과 소명 의식을 대표와 사원들이 혼연일체가 돼 반드시 구현해 주길 바란다. 이를 위해 가장 먼저 해야 할 일은 회사의 창간 이념과 철학을 되새기면서, 지역의 비전과 울산매일의 역할을 새로운 환경에 맞게 재정립해서 독자와 지역민에게 제시하는 것이다. 지역 언론인 울산매일이 바로 서야 지역이 바로 서기 때문이다.

지금 울산은 중대한 전환기에 놓여 있다. 그간 날로 성장하고 증가하는 데만 익숙해 있었지만 지금은 상황이 급변하고 있다. 현대중공업에 이어 조선업이 침체에 빠지면서 지역민들의 소비심리지수가 악화되고 급기야 인구가 계속 유출되고 있다. 건설, 토목, 건축 등 지역경제는 빨간불이 켜지고 있어서 지역민들의 불안감은 가중되고 있는 상황이다.

미국의 경제 대공황을 극복케 한 루스벨트(Franklin D. Roosevelt)는 "희망이 없는 국민은 반드시 멸망한다"고 했다. 울산매일은 꿈과 희망을 점점 상실해 가고 있는 요즈음의 지역민들에게 미래를 향해 다시 뛸 수 있도록 용기와 힘을 북돋워 줘야 한다. 즉, 울산매일이 갖은 고난과 역경을 딛고 명품 신문이 됐듯이, 이제 곤경과 실의에 빠진 지역민들에게 희망찬 새로운 길을 보여 줘야만 한다. 그것이 그간 보내 준 뜨거운 성원들에 보답하는 도리이자, 창간 25주년을 맞는 울산매일에 다시금 거는 우리 모두의 기대다.

17. 지방자치는 생활자치가 핵심이다

성년이 된 한국의 지방자치는 정부 개혁을 통해 새 길을 찾아 나서야 한다. 지방자치 선진국에서 추구하는 정부 개혁의 방향과 전략에 의하면, 개혁은 뿌리로부터 상향적(bottom－up)으로 나와야 한다고 전제하면서 개혁의 궁극적인 목적을 정부의 효율성 향상이나 능력 증진에 두는 것이 아니라, 더 좋은 사회(good society)의 건설에 두고 있다.

즉, 효율적 정부는 좋은 사회를 위한 필요 조건이지 충분 조건은 아니다. 따라서, 좋은 사회에 접근하기 위해 개인, 가족, 이웃 및 지역의 자발적 주민조직들이 지역문제를 스스로 해결하도록 정부(중앙정부든 지방정부든)는 그에 따른 권한과 책임을 지역사회에 이양하고, 좀 더 견고한 지역사회(community)의 재건을 위해 분권과 자치를 더욱 강화해 가고 있다. 결국 시민들의 참여와 협동에 의해 자주적 관리가 이뤄지는 '시민자주관리의 사회'를 지향하고 있는 것이다. 견고한 지역사회를 건설해서 개개인이 자율적이고 책임감있는 삶을 추구하는 좋은 사회를 이룩하기 위해서 한국의 지방자치는 무엇보다도 생활자치의 실질화가 그 원동력이 돼야 한다.

지역의 현안 문제들은 지역사회가 자조적(self－help)으로 해결하도록 정부가 지원할 때 가장 효과적이 될 수 있다는 사실도 경험을 통해 입증되고 있다. 그래서 지방자치 선진국 정부들은 공공 서비스에 대한 통제권이나 소유권을 관료나 전문가의 손에서 지역사회와 지역 주민으로 그 이양을 확대해 나가고 있다. 중앙정부에 의해 제공되는 서비스도 그 정당성과 효율성이 상실되면, 지방정부에 넘길 필요 없이 바로 민간 부문에 이양시키는 사례도 계속해서 늘어나고 있는 실정이다. 2011년, 영국은 「지역주권법(Localism Act 2011)」을 제정해 중앙의 권한을 지방자치단체에 이양하는 데 그치지 않고 지역사회와 지역 주민에까지 그 이양선을 획기적으로 확대해 가고 있는 것이 대표적인 사례다. 권한 이양은 빠를수록 그리고 주민과 더 가까울수록 민주적 정부는 물론 더 효율적인 정부를 만들 수 있기 때문이다.

주민들은 이제 더 가까운 근린정부와 함께 생활자치를 통해 그들의 삶에 대한 자율적 책임감, 개인적 삶과 활동에 대한 정부 간섭의 배제, 세금 부담에 상응하는 대접 등 종전과는 다른 지방자치의 변화를 원한다. 지역사회의 자발적 주민조직들(voluntary community groups)은 비록 비전문가로 구성되지만 지역의 인적·물적 자원을 토대로 해서 정부와 시장이 결코 제공할 수 없는 사랑과 애정이 배어 있는, 자조적이면서 개개인에 대한 세심한 배려에 입각한 서비스의 제공을 가능케 해 준다. 주민들은 이제 단순한 거주자도 그리고 수동적으로 만족을 충족시키는 고객(clienthood)으로 머무는 것이 아니라, 주체적이고 자조적인 인간(human being)으로 생활자치의 주역으로 거듭나야 한다. 정부는 지역사회가 자조적이 되도록 지원하는 가운데 능력있는 주민이 견고한 지역사회를 스스로 만들어 가도록 도와 줘야 할 것이다.

지방자치의 궁극적인 목표는 주민자치에 있고, 주민자치는 생활자치를 핵심으로 한다. 앞으로 새롭게 탄생할 주민자치회는 주민의 커뮤니티 활동을 적극 지원해 생활자치의 실질화를 선도해 나감으로써 지방자치를 우리 사회에 정착하는 데 값진 밑거름이 돼야 할 것이다.

제2장

아쉽지만, 후회는 안 해! 정치야 그리고 선거야

1. 보수가 살아나려면 필요한 새 역할이 필요

한국의 보수당과 보수 세력들은 지난 6·13지방선거에서 국민들로부터 냉혐한 심판을 받았다. 이미 예견했던 일이지만 실제로 나타난 선거 결과는 참담하다. 선거 직전 유권자들에게 표를 달라고 읍소도 해보고 뒤늦은 반성과 사과도 했다. 그러나 보수당과 그 세력들을 보는 국민의 시선은 싸늘하기만 했다.

지금은 시대가 바뀌었다. 특권과 반칙은 더 이상 통하지 않는 세상이다. 지난 박근혜·이명박 대통령들이 구속되고 문재인 정권이 등장하게 된 결정적인 요인도 지난 정권의 반칙과 특권에 대한 국민적 분노와 저항 때문이다. 그동안 모든 게 변했는데 보수당과 보수 세력들만 변하지 않았다. 국민들은 보수가 스스로 특권을 내려놓지 못하니까 지방선거에 직접 나서서 끌어내린 셈이 아니고 무엇이겠는가. 이 급격한 세상의 변화를 읽지 못하거나 계속 외면한다면 국민들로부터 더 따끔한 매를 맞을지 모른다. 늦었지만, 지금부터 새로 시작해야 한다. 무엇보다 보수가 그간 내려놓지 못하고 그렇다고 비우지도 못한 기득권과 특권을 모두 버려야 한다. 그래야 새로 채워진다. 그리고 나야 보수가 가야 할 새 길이 열릴 것이다. 보수는 지금 망했지만, 그래도 솟아날 구멍과 역할은 분명히 있다. 보수가 살아나기 위해서 해야 할 중요한 새로운 역할을 제시하고자 한다.

지속 가능한 성장과 복지를 위한 새 역할

경제문제를 보는 시각을 바꿔야 한다. 진보가 대체로 강조하는 경제민주화, 무상복지, 평등한 분배를 싫어하는 사람은 없다. 모든 인류가 가고 싶은 유토피아다. 그러나 진보적 경제정책들은 경제 성장과 일자리 창출과 반드시 상충한다. 문재인 정부의 지난 1년간의 경제성적표는 아직 초라하다. 최저임금의 무리한 인상, 일관성 없는 비정규직의 정규직화, 근로시간의 단축 등 노동자와 자영업자 등 서민을 위한 정책들이 오히려 실업률을 증가시키고 계층 간 소득 격차를 확대시키는 등 그들의 삶을 더 힘들게 하고 있다. 그만큼 경제 회복과 복지사회의 조화와 실현이 생각만큼 쉽지 않기 때문이다. 무상복지 중심의 정부 주도 경제정책에 주력한 베네수엘라와 아르헨티나의 경제는 최근 최악으로 치달아 자국 국민들을 굶주리게 하고 있을 뿐만 아니라 IMF 지원에 목을 메는 신세로 전락하고 있다. 그 국가들은 한때 경제대국이었다. 시장경제의 메커니즘을 외면하고 일자리를 창출하는 기업을 적대시한다면 그 결과가 끔찍함을 보여 주고 있다.

복지 선진 국가인 북유럽 국가들도 단순하게 무상복지가 우선시되는 것이 아니라 기업과 자유주의 시장경제 토대 위에 쌓은 경제력을 복지로 연결하고 있다. 1980년대 영국에서도 입증됐듯이 복지재정 확충을 위해서는 자유시장경제 외에는 아직 새로운 대안이 없다. 복지 모델국가 스웨덴도 강한 기업과 보편적 복지에 대한 국민적 합의가 이뤄졌기 때문에 경제 발전과 복지 발전을 동시에 달성할 수 있었다. 여기에 스웨덴 보수당의 역할이 크다. 이같이 경제문제는 보수와 진보가 대립하고 한 진영의 일방적인 정책의 선택만으로 해결되지 않는다. 진보와 보수 양 진영의 상호 협력하에 정치적·정책적 노력이 필요하다. 여기에 우리 보수당과 보수 진영이 국민들에게 새로운 경제적 길과 역할을 제시해야 한다.

자치분권과 균형 발전을 위한 새 역할

이번 지방선거는 지방 이슈, 자질 검증, 공약 경쟁이 없는 소위 3무 선거에서 벗어나지 못했다. 그 때문에 고비용 저효율의 선거 관행은 되풀이될 수밖에 없었다. 이로써 한국의 민선자치는 건장한 성년이 됐음에도 불구하고, 지방선거는 여전히 제자리를 잡지 못했음을 여실히 보여 주고 있다. 그 결과로 인해 민선 7기 하에 지방자치도 향후 제기될 문제점과 부작용을 최소화시키기 위해 각고의 노력을 하지 않으면 많은 시행착오를 각오해야 할 것이다. 즉, 견제와 균형이라는 지방자치 본질이 실종되고, 지방자치가 중앙정치의 종속에서 벗어나지 못하는 부작용이 심화되면 지방자치가 지역민들의 신뢰를 회복하기가 더 어려워지기 때문이다. 물론 이번 선거의 긍정적인 효과도 크다. 현 정권의 안정적 국정 운영이 가능해짐과 동시에 정권이 힘주어 지향하는 자치분권도 더욱 탄력을 받게 됐다. 그리고 지방 권력이 집권여당 일색이기 때문에 권역별 광역 행정의 장점도 살릴 수 있게 됐다.

보수는 그동안 자치분권에 대해 적극적인 인식을 갖지 않았다. 기득권 중심의 중앙 논리에 익숙했기 때문이다. 그러나 지방자치와 분권의 길은 힘들고 고단한 과정이지만 대한민국이 반드시 가야 할 길이다. 선진국일수록 국가와 지역경쟁력의 강화를 위해서, 국정 운영의 민주성과 효율성의 실현을 위해서, 그리고 국민의 기본권이 된 자치권의 보장을 위해서 헌법을 지방분권형 헌법으로 개정해 가고 있다. 이러한 선진국의 추세와 우리나라의 국가 발전 단계, 그리고 국민 의식 수준으로 봐서 보수는 좀 더 적극적으로 자치분권에 주도적 역할을 해야 한다. 지방분권형 개헌에 협력하고 자치경찰제 도입에도 협조해야 한다. 지방재정의 획기적 확충과 지방이양일괄법도 통과시켜야 한다. 아울러 국가 균형 발전을 위해 거점도시로 만든 세종시도 그 본연의 목적이 실현되도록 행정수도로 만드는 데 좀 더 적극적이어야 한다. 이것이 새로운 시대정신이고 지역이 원하는 것이다.

버려야 새로 오고, 비워야 채워진다

영국의 보수당은 300년 이상 위기 때마다 이념과 기득권 대신 실용과 개혁을 내세우며 살아남았다. 지난 지방선거에서 궤멸 수준까지 참패한 대한민국의 보수는 지금 절박하다. 한동안 힘찬 날갯짓을 잃어버린 보수는 이제 낡은 이념을 버리고 기득권을 비움으로써 실용과 개혁을 위한 새 길과 새 역할을 찾아 나서야 할 때다. 진보 진영도 보수를 적폐 세력으로만 보지 말고 국가를 위해 해야 할 새 역할과 능력이 필요함을 인정해 줘야 한다. 대한민국이 평화와 통일, 성장과 복지 그리고 자치와 균형을 향해서 올바른 방향으로 높게 날 수 있도록 양 진영이 서로 함께 협력해 나가길 국민들은 간절히 기대하고 있다.

2. 보수, 솟아날 구멍은 있다

지난 6 · 13지방선거의 결과를 보면, 샤이(shy) 보수는 없었다. 화난 앵그리(angry) 보수만 있었을 뿐이다. 지금은 시대가 바뀌었다. 평화와 통일의 물꼬가 터지고 있다. 냉전과 수구의 논리는 더 이상 통하지 않는다. 이 급격한 세상의 변화를 읽지 못하면 국민들의 신뢰를 다시 얻기는커녕 더 따끔한 회초리로 맞을지 모른다. 그동안 모든게 변했는데 보수당과 보수 세력만 변하지 않았다는 것이 국민의 판단이다. 오죽하면 기존 보수가 폭삭 망해야 정신 차리고 새로운 보수가 나올 수 있다고 보수 진영 스스로가 한탄했겠는가. 늦었지만, 지금부터 새로 시작해야 한다. 당명을 바꾸거나 보수 대통합만 가지고는 안 된다. 무엇보다 보수가 그간 스스로 가둬 버린 낡은 정치 이념과 사회 인식의 틀에서 벗어나 새로운 비전과 가치 그리고 정책적 대안을 제시함으로써 국민들의 공감을 받아야 한다. 보수가 가야 할 새 길과 새 역할은 분명히 있다.

무엇보다, 최근의 중요한 이슈로 부각한 남북 평화와 통일을 향한 인식의 대전환이 필요하다. 동시에 남북 간 화해와 통일에 대한 대한민국의 새 비전과 추진 전략을 제시하고 보수의 역할을 정립하는 일이다. 지난 6월 12일 싱가포르 북미 정상회담은 우리의 기대를 충족시키지 못하고 비핵화의 길이 순탄치 않음을 보여 줬다. 그러나, 지난 70년간 적대 관계 속에 전쟁 발발 위기의 직전까지 치달은 위기의 순간을 넘기고 대화와 협상의 물꼬를 텄다는 점에서 그 역사적 의미는 크다. 지금까지의 결과를 만들어 내는 데 기여한 문재인 정권의 공도 인정해 줘야 한다. 다만, 북한의 비핵화에 너무 낮은 수준의 북미 간 합의 내용에 대한 보완과 한국 안보 상황 약화에 대한 대비책 마련, 그리고 북한 체제 지원에 대한 비용 부담의 문제 해결은 정권이 독단적으로 해결하는 것은 바람직하지 않다. 안보와 경제는 경험있는 보수와 협력해야 한다.

같은 분단국가였던 독일도 1969년 동·서독 간 평화와 화해의 물꼬를 튼 주체는 1969년 사민당(진보당)의 브란트(Willy Brandt) 총리다. 그 후 20년간 진보와 보수가 이념을 뛰어넘어 균형성과 일관성을 가지고 통일정책을 협력적으로 끌고 갔다. 그 결과 1990년 기민당(보수당) 콜(Helmut Kohl) 총리가 통일을 완성하게 된다. 통독의 교훈은 우리 남북 간 관계 개선과 통일 과정에서 필요한 것이 진보와 보수 간 이념적 대립과 갈등이 아니라 상호 정책적 역할 분담이라는 사실이다. 앞으로 보수는 경제적 힘의 우위를 기반으로 하는 '자석이론'에 입각해서 안보 공백과 비용 부담의 문제를 조화롭게 풀도록 그 역량을 발휘할 새 대안을 제시해 줘야 한다. 남북 간 화해와 평화의 분위기를 무조건 부정하고 반대만 하는 것은 더 이상 국민들에게 안 먹힐 것이다.

어떤 체제든지 어떤 국가든지 멀리 그리고 바르게 날기 위해서는 좌우 양 날개가 있어야 함은 물론 힘차게 양 날갯짓을 해야 한다. 지금 우리 사회는 좌는 우를 적폐 세력으로, 우는 좌를 박멸 세력으로만 보고 날개 하나로만 날겠다는 망상을 가진 사람들이 여전히 많다. 새는 아무리 날개가 크고 힘이 있어도 날개 하나로는 얼마 날지 못하거나 제자리를 맴돌다가 죽고 만다. 지금 우리나라는 한동안 날갯짓을 잘 못해 그 역할을 잃어 버린 보수가 이제 환골탈태해서 새 길을 찾아 나서야 할 때다. 진보 또한 보수의 새 역할과 능력이 필요함을 통 크게 인정해 줘야 한다. 그래야 대한민국이 남북 화해와 통일을 향해 힘찬 양 날갯짓으로 높이 멀리 날 수 있을 것이다. 그것이 6·13지방선거의 교훈이자, 보수가 가야 할 길이다.

3. 보수가 먼저 내려놔야 새로 채워진다

지금은 시대가 바뀌고 있다. 그동안 모든 게 변했는데 보수당과 보수 세력만 변하지 않았다. 국민들은 보수가 스스로 특권을 내려놓지 못하니까 지방선거에 직접 나서서 끌어내린 셈이 아니고 무엇이겠는가. 이 급격한 세상의 변화를 읽지 못하거나 계속 외면한다면 국민들의 신뢰를 다시 얻기는커녕 더 따끔한 매를 맞을지 모른다. 늦었지만, 지금부터 새로 시작해야 한다. 무엇보다 보수가 그간 내려놓지 못하고 그렇다고 나누지도 못한 기득권과 특권을 모두 버려야 한다. 그래야 새로 채워진다. 그리고 보수가 가야 할 새 길이 열릴 것이다. 보수는 지금 망했지만, 그래도 솟아날 구멍과 역할은 분명히 있다.

현재까지 한국에서 최고 정점의 직업은 국회의원이다. 정치지망생들은 물론 재벌도 의사도 변호사도 교수도 심지어 성공한 연예인, 운동선수들까지도 국회의원이 되려고 혈안이 돼 있다. 게다가 장관은 물론 행정부 수장까지 지낸 국무총리와 사법부 대법관들조차도 국회의원이 되려고 눈에 불을 켜고 뛰어다닌다. 그들은 대중 앞에서 한번도 해 보지 못했던 어설픈 춤도 추어 보고, 스스럼없이 무릎까지 꿇어가면서 표를 읍소한다. 그들을 그렇게까지 만든 이유는 바로 대한민국 국회의원들에게 주어지는 2백여 가지의 어마어마한 특권이 당선 후 그들을 기다리고 있기 때문이다.

대한민국 국민이라면 어느 직업을 갖든 국회의원들에게 보장된 정치·경제·사회·사무적 특권들이 부럽지 않을 수 없다. 우선, 그들의 정치적 특권은 막강하다. 다른 국회의원의 동의 없이 체포되거나 구금되지 않는 불체포 특권이 있다. 체포돼 마땅한 동료 의원을 지키기 위해 '방탄 임시국회'를 상습적으로 활용한다. 국회 내 직무 관련 발언에 대해선 법적 책임을 지지 않는 면책 특권도 있다. 그 결과 국회의원들의 막말은 익숙한 일상이 됐으며, 그들의 도를 넘는 호통과 훈계는 슈퍼갑을 지키는 또 다른 무기다. 특히, 지방선거에서 대부분의 지방의원과 단체장들을 선거운동원으로 만든 국회의원들의 공천권은 이번 지방선거에서도 그 위력을 발휘한 바 있다. 내후년이면 벌써 총선이 있다.

앞으로 정치개혁의 첫 출발은 진보와 보수를 떠나 국회의원 특권 내려놓기가 돼야 할 것이다. 이 일에 궤멸 직전에 처해 있는 보수가 앞장설 때 돌아선 국민들의 마음을 바꾸는 계기가 될 것이다. 국회의원의 막강한 특권이 사라지지 않는다면 정당 개혁도 그리고 국민들의 신뢰 회복도 불가능하기 때문이다. 의회 민주주의 선진국들의 국회의원들은 모든 권력적 특권과 경제적 특혜를 내려놓고, 국민들의 심부름꾼으로서 기꺼이 봉사한다. 국민들로부터 받는 존경과 신뢰라는 더 크고 더 행복한 특권을 누리기 위해 고된 임무를 깨끗하게 수행하는 것이다. 제왕적 금배지를 달고 특권을 누리는 국회의원은 우리나라밖에 남지 않았다. 우리 국민들은 이제 국민의 행복을 위해 희생하고 봉사하는 국회의원을 간절히 원하고 있다.

요컨대, 국회의원의 특권을 보수가 먼저 과감하게 내려놓을 때 국민들이 보수를 보는 눈이 달라질 것이다. 그 길이 보수가 사는 길이다. 특권을 내려놓기가 싫다면 당장 국회를 떠나 주길 국민들은 요구한다. "떠나야 새로 오고, 비워야 채워진다." 그만큼 보수는 지금 절박하다.

4. 대선 후보 TV토론의 허와 실

현대 선거의 꽃이라는 TV토론이 막을 올렸다. TV토론은 20세기 후반부터 어느 나라든 선거 결과에 가장 강력한 영향력을 미치는 요소로 꼽힌다. 지금까지의 사례를 보면, TV토론의 영향은 지지 후보를 바꾸는 전환 효과보다는 기존 지지 후보를 굳히는 강화 효과가 더 큰 것으로 나타난다. TV토론 문화가 잘 정립된 미국의 대통령 선거 사례들을 살펴본다.

존 F. 케네디 대 리처드 닉슨

미국 역사상 첫 TV토론이었던 1960년 두 후보 간 대결은 현대 선거전에서 영상 미디어가 영향력을 미친 대표적인 사례다. 당시 부통령인 닉슨(Richard M. Nixson)은 달변가이자 정치적 경험이 훨씬 앞서 있었다. 라디오 토론에서도 닉슨이 앞섰으나 TV토론 후에 판세가 뒤바뀐다. 정치 신예 케네디(John F. Kennedy)의 외모와 패기 그리고 자신감이 토론 내내 창백한 얼굴에 땀 흘리는 모습의 닉슨을 압도했다. "미국은 훌륭한 나라지만 나는 더 훌륭하게 만들 수 있다"는 그의 대사는 시청자들의 마음을 빼앗는 결정타였다고 한다. TV토론이 대선 승패를 가른 첫 사례다.

로널드 레이건 대 월터 먼데일

영화배우 출신의 레이건(Ronald W. Reagan)은 1980년 TV토론에서 승기를 잡고 당시 카터(James E. Carter, Jr.) 대통령을 이겼다. 초조한 모습의 카터 공격에 여유있는 모습으로 "또 그 얘기군요"라며 받아쳤고, 시청자들에게 "도대체 살림살이가 나아졌습니까"고 물어서 경기 침체에 시름하던 유권자들의 마음을 움직여 성공했다. 재선에서도 상대 후보 먼데일(Walter F. Mondale)이 레이건의 고령을 문제시하자 "나는 상대방 후보가 너무 어려서 경험이 부족하지만, 이를 정치적 목적으로 이용하지 않겠다"는 유명한 말로 제압해서 승리했다.

아버지 부시 대 마이클 듀카키스

1988년 미국 대선에선 TV토론 사회자가 승패를 갈랐다. 여론조사에서 부시(George H. W. Bush)를 크게 앞선 듀카키스(Michael S. Dukakis)에게 사회자는 "당신 아내를 성폭행하고 살해한 범인도 사형시켜선 안 됩니까?"라고 물었다. 사형제에 반대하던 듀카키스는 잠시 당황했으나 기존 입장을 고수하겠다고 답했다. 그 후 그는 시청자들에게 냉혈한으로 비쳐졌고 계속 수세에 몰리다 결국 패했다. 그러나 듀카키스를 넉아웃시킨 부시 대통령도 재선 도전 시 TV토론에서 연신 시계를 흘끗거리는 초조한 모습을 보이다가 끝내 클린턴(Bill Clinton)에게 졌다.

앨 고어 대 아들 부시

고어(Al Gore)는 클린턴 대통령 시절 부통령을 8년 지내며 미국 역사상 가장 뛰어난 부통령이란 평가를 받은 바 있다. 2000년 대선 TV토론에서 고어는 해박한 국정 지식과 경험으로 아들 부시를 압도했다. 부시(George W. Bush)는 국정 현안도 잘 이해하지 못하고 말싸움도 서툴 뿐만 아니라 허둥대는 모습이었다. 고어는 그런 부시를 놀리듯이 질문하는가 하면, 부시가 답변하는 동안 한눈을 팔기도 했다. 토론 후 여론조사도 고어의 긍정 평가가 압도적이었다. 그러나 정작 선거가 본격화되자 부시의 지지율이 급상승하기 시작했다. 잘난 고어가 우둔한 부시를 놀려먹는 듯한 태도에서 고어의 인격이 야비하다고 비춰지면서 역전이 일어난 것이다.

2016년, 미 대선 TV토론에서 후보자들의 발언에 대해 SNS를 이용해 실시간으로 사실 여부를 확인해서 자막으로 보여 주며 진행하는 방식이 돋보인 바 있다. 한국 대선 TV토론회는 아직도 미국과 같이 활발하고 즉각적인 토론에 비해 다양한 주제들을 정확하고 심도있게 다루지 못하고 있다. 그 때문에 후보자 간 차이점을 확연히 알기가 쉽지 않다. 그래도 유권자들 100명 중 8명은 TV토론 후 마음을 바꾼다고 하니 다음 TV토론에 더욱 관심이 간다.

5. 네 가지가 대선 승부 가른다

대세론 대 대체론

선거에서 가장 위험한 전략이 대세론이다. 선거 초반에 대세론이 선거를 주도하면 유리하게 보일지 모르지만, 선가가 막판으로 가면 대세론은 반드시 꺾인다. 대세론에 자만하는 후보의 진영은 어느새 담을 치고 추가 지지자들의 진입을 차단하기 때문이다. 오랜 기간 대세론으로 앞서 가던 문재인 후보가 최근 대체론을 내세운 안철수 후보의 추격으로 양강 구도가 형성되면서 새 국면을 맞고 있다. 후보들이 난립하고 있는 다자 구도가 끝까지 가면서도 실질적인 양강 구도가 유지될 가능성이 크다. 결국은 갈 길 잃은 보수표가 최종적으로 어떤 선택을 하느냐에 승부가 달려 있다.

적폐 청산 대 국민 통합

각 후보들마다 이번 선거에서 내세운 슬로건이 적폐 청산과 국민 통합이다. 이 두 목표는 동시에 달성되기가 매우 어려운 과제다. 특히 적폐 청산의 목표가 인적 청산에 국한될 경우에 두 목표는 충돌할 것이고 선거 승패에도 영향을 주게 될 것이다. 보수 정당들은 이 문제에 여전히 딜레마에 빠져 있어서 지지율을 높이지 못하고 있다. 민주당과 국민의 당도 남은 기간 이 문제를 어떻게 정리해서 국민 앞에 제시하느냐에 따라 승부가 갈릴 것이다. 보수층의 지지를 기대하는 안철수 후보의 고민은 상대적으로 더 깊어질 수밖에 없다.

보수 대 15%

이번 대통령 선거에서 후보자가 합법적으로 쓸 수 있는 공식 선거비용이 509억 9,400만 원이다. 큰돈이다. 선거에서 후보자가 총 유효 득표 수의 15% 이상을 얻어야 선거비용 전액을 돌려받는다. 10%에 미치지 못하면 한푼도 건질 수 없다. 최근 여론조사들에 의하면, 보수 진영 후보들은 모두 10%를 넘지 못하고 있다. 짧은 대선 기간에서 승패를 결정짓는 강력한 무기는 광고와 홍보다. 지지율이 낮은 후보들은 각종 광고 제작과 언론 홍보, 유세를 위한 차량과 운동원 그리고 선거사무원 인건비 등에서 열세를 면치 못할 것이다. 그래서 지지율의 격차는 더욱 벌어질 것이다. 후보들 간의 연대와 완주 여부도 선거비용 보전과 연관돼 있다는 데 주목할 필요가 있다.

충청대망론 대 충청무망론

이번 대선에서 충청지역에서의 대망론에 대한 기대가 컸다. 선거 초반에 반기문, 안희정, 이인제, 정운찬 등 충청지역 출신들이 크게 부각됐기 때문이다. 그러나 각 정당의 후보가 확정된 결과, 충청에서의 대망론은 사라지고 다시금 무망론에 빠지고 말았다. 시작은 창대했으나 그 끝은 미약했다. 이제 이 허탈해진 충청권의 표심이 과연 어디로 가느냐가 이번 대선의 승부를 결정지을 전망이다.

6. 대통령의 리더십을 재조명한다

박근혜 전 대통령이 급기야 구속 수감됐다. 개인적으로나 국가적으로 참 불행한 일이다. 그는 2012년 대선에서 유권자 과반수 이상의 지지를 받아 당선된 대한민국의 대통령이었다. 앞으로 재판을 통해 진실이 규명되겠지만, 대선에서 승리한 '대통령의 저주'가 5년마다 되풀이되고 있는 이 마법(魔法)을 우리는 여전히 풀지 못하고 있다.

이번의 저주는 대통령 비선 실세의 국정농단에서 비롯됐다. 하지만 그 본질은 대통령 리더십의 실패다. 2012년 당시 우리나라 상황에서 국민들이 대통령에게 요구하고 기대했던 리더십은 대체로 네 가지였다.

첫째, 미래 지향적 리더십이다. 한 국가의 최고 리더가 반드시 가져야 할 최우선 리더십은 국가와 국민의 미래 비전을 제시하고 공감을 얻어서 그 길로 인도하는 것이다. 그러나 박 전 대통령은 대선 당시 '국민행복'과 '100% 대한민국'을 만들 것을 약속했지만, 대부분의 정책과 인사(人事)는 미래로 가지 않고 과거로 회귀했다. 국정 운영의 틀과 방식은 미래는커녕 현재의 달라진 환경에도 맞지 않는 구태의연한 것이었다. 세월호 사건, 메르스 사태, 정윤회 사건 때 이미 문제가 드러났는데도 해결할 의지가 없었다. 필자는 언론 기고와 집필한 책을 통해 누차 문제점을 지적하고 시정을 촉구한 바 있는데도 그 골든 타임을 놓친 것이 아쉽기만 하다.

둘째, 국민과 소통하고 각료들과 끊임없이 토론해서 합의를 이끌어 내는 의사소통의 리더십이다. 박 대통령은 이를 소홀히 했다. 그 중요성을 간과한 것이다. 대면 보고를 외면하고 측근 몇몇이 작성해 준 문서와 자료들을 보는 것으로 숱한 밤을 새웠다고 한다. 그렇게 해서는 올바른 결정이 이뤄질 수가 없는데도 말이다. 위안부 문제를 해결한다고 당사자와의 소통과 사전 동의도 없이 전격적으로 처리한 한·일협정이 그 대표적인 사례다. 역사교과서 문제도 의사소통이 미흡한 건 마찬가지다.

셋째, 국민 화합과 통합의 리더십이다. 지역 갈등, 이념 갈등, 세대 갈등 등 온갖 갈등에 지친 국민들은 100%는 아니어도 최소한 50% 대한민국은 되리라 기대했다. 그러나 박 대통령은 포용력과 탕평의 용인술을 보여 주지 못했다.

넷째, 청렴의 리더십이다. 박 전 대통령에게 가장 기대했던 리더십이다. 그러나 그는 최순실이라는 사사로운 인연을 끊지 못하고 엄중한 국정을 그르침과 동시에 국민들을 실망시키고 말았다. 공과 사를 구분하지 못해 나타난 예고

된 리더십 실패다.

이제 우리는 새 리더십을 갖춘 대통령을 또 뽑아야 한다. 지난 대통령들의 리더십 실패를 교훈으로 삼아 다시는 대선 승자의 저주가 되풀이되지 않도록 후보들의 철저한 자기 성찰과 유권자들의 현명한 판단을 다시금 촉구한다.

7. 네 가지를 보면 대선 판세가 보인다

코앞으로 다가온 대선이 어떤 결과를 낼지 아직 아무도 모른다. 다만 역대 대선의 주요 승부처가 된 네 가지 포인트를 통해 이번 대선을 전망해 보면 답이 보일 수 있다.

첫째, 역대 대선 때마다 선거에 영향을 미친 주요 이슈가 있었다. 1987년과 1992년 그리고 1997년 대선에서 선거를 강타한 최대 이슈는 지역 감정이다. 당시 대선에서 당선된 노태우(3김 등장), 김영삼(초원복집 사건), 김대중 대통령(DJP 연합)은 모두 지역 감정 이슈의 수혜자들이다. 이번 대선에서도 영·호남 간 지역 감정이 작용할 가능성은 여전히 상존한다. 특히, 호남에서 민주당과 국민의당 간의 치열한 경쟁 결과와 영남의 특정 후보에 대한 결집력 여부와 충청권 표쏠림 현상이 관건이 될 전망이다.

둘째, 2002년과 2007년 그리고 2012년의 대선에서는 후보들이 내세운 공약과 정책이 표심을 자극했다. 2002년 노무현 후보의 행정수도 이전, 2007년 이명박 후보의 한반도 대운하와 747 공약을 통한 경제 회생, 2012년 박근혜 후보의 경제민주화 공약은 표심을 공략하는 데 성공했다. 이번 대선에서도 후보들의 공약과 정책은 중요한 포인트다. 특히, 이번 대선은 박근혜 전 대통령의 탄핵으로 인해 졸지에 치러지기 때문에 원만한 정권 교체를 위한 인수위원회 활동 없이 다음 대통령이 바로 국정을 다루게 된다. 따라서, 후보들이 제시한 공약이 선거 과정에서 숙성되지 않고 바로 국정 어젠다가 될 가능성이 크다. 그만큼 지금의 공약들은 무게감을 갖는다는 의미다.

셋째, 지역별 표심이다. 13대에서 18대 대선에 나온 주요 후보자들의 전국 득표율과 지역별 득표율의 차이를 비교 분석해 보면, 인천, 경기, 서울, 제주, 대전 순으로 민심을 제대로 반영하고 있다. 특히 19대 대선 결과, 인천에서 박근혜 후보와 문재인 후보 득표율이 51.6% 대 48.0%로 나타났는데 이는 전국의 양 후보 간 득표율과 정확히 일치했다. 또한, 전체 유권자의 3%밖에 안 되는 충북에서 패배한 후보는 한 명도 대통령이 되지 못한 사실도 눈여겨볼 만하다. 이번에도 인천과 충북의 판세를 보면 대선 결과를 알 수 있을지 관심사다.

넷째, 세대 간 투표율과 성향이다. 지난 대선에서 20대와 30대의 투표율은 각각 65%와 73%인 반면, 50대와 60대의 투표율은 90%와 79%였다. 이는 박근혜 후보 당선에 결정적 영향을 미쳤다. 그러나 대통령 탄핵 정국을 거치면서 최근 조사에 따르면 2030세대의 투표 의지는 90%를 넘고 있는 반면, 5060세대는 80%를 밑돌고 있어서 보수 후보에게 불리하게 작용할 공산이 크다. 결론적으로, 지난 대선의 결과와 특징들은 이번 선거에도 반영될 것이다. 그러나, 이번 대선은 대통령 탄핵과 함께 짧은 기간에 치러지기 때문에 종전과는 전혀 다른 결과가 나올 수도 있다. 어찌 되든 민주적 선거를 통해 참다운 대통령이 뽑히길 기대한다.

8. 사이비 민주주의를 탄핵시키자

한 국가가 선거를 어떻게 치르고 있느냐에 따라 그 국가의 정치·사회 체제를 세 가지 부류로 나눌 수 있다. 즉, 선거를 하지 않는 권위주의 독제 체제, 민주적 선거를 하는 진정한 민주주의 체제 그리고 선거는 하는 데 엉터리 선거를 하는 사이비 민주주의 체제다. 이 세 체제 중 가장 체제 유지비용이 들지 않는 체제가 진정한 민주주의 체제다. 선거비용은 들지만 그 성과가 크기 때문이다. 그 다음이 독체 체제다. 물론 독제 체제는 선거를 하지 않기 때문에 선거비용은 안 들지만 반민주적 체제를 억지로 유지하기 위해서는 비밀경찰과 막강한 정보기관을 필요로 한다. 이들 기관의 관리를 위해서는 천문학적 비용이 들 수 밖에 없다.

그러나 독제 체제보다 더 많은 유지비용을 필요로 하는 체제가 바로 사이비 민주주의 체제라고 한다. 이 체제는 고비용 · 저효율의 선거를 하기 때문에 막대한 선거비용이 들어가는 데 비해 선거의 기능은 거의 작동하지 않기 때문에 그 성과는 미미하다. 대단히 비효율적이다. 선거의 결과는 늘 국민주권주의와 법치주의를 충족시키지 못하기 때문에 선거에서 승리한 지도자와 정권들은 계속 실패로 끝난다. 그럼에도 정치권은 선거 때마다 지도자와 정권만 바꾸면 문제가 해결되고 정치와 사회는 달라진다고 국민들을 속인다. 국민들은 선거 후 잘못 선택한 손가락을 자른다고 다짐하지만, 그들의 달콤한 말에 계속 속아 넘어간다. 얼치기 선거는 사이비 민주 체제의 필요 조건이다.

선거는 다양한 기능을 수행해 줄 때만이 진정한 민주주의 체제를 향해 갈 수 있다. 우선 선거에서 대표를 선출하는 기능이 가장 기본적이다. 민주주의를 지키고 위기와 혼돈에 빠진 국가를 이끌 올바른 리더십을 갖춘 후보를 선택할 수 있으려면 철저한 인물 검증과 정책과 공약 경쟁이 필요하다. 우리는 이 기본적 선거 기능조차 제대로 작동이 안 돼 왔다. 이보다는 진영 논리가 후보 선택의 절대적 기준으로 자리 잡고 있기 때문이다. 그 밖에 국민 화합과 통합의 기능이다. 선거는 경쟁과 갈등의 과정을 반드시 겪는 까닭에 선거 후에는 대국민 화해와 단합을 통해 새로운 국가 발전의 에너지로 만들어 내야 한다. 이를 위해 탕평의 인재 등용이나 정책적 대연정이 필요한 것이다.

나아가, 우리가 아직도 간과하고 있는 기능이 후보 육성의 기능이다. 후보들이 엄격한 선거 과정을 통해 당선 후 그 직책을 성공적으로 맡을 수 있도록 리더의 역량을 높여 주는 기능이다. 민주 체제에서 대단히 중요한 기능으로 후보 간 철저한 검증과 경쟁 그리고 후보와 유권자들과의 소통을 통해 만들어지는 것이다. 하지만, 이번 대선에서도 후보 육성은커녕 퇴보의 기능이 작동하고 있지 않나 싶다. 결국, 코앞으로 다가온 이번 선거에서 앞서의 기능들이 제대로 작동될 가능성은 크지 않다. 이 기능들이 최소한이라도 작동되지 않으면 사이비 민주주의를 탄핵시킬 수 없다. 그렇다고 포기할 수는 없고, 기본적인 기능만이라고 작동되도록 유권자들은 정신을 바짝 차리고 매의 눈으로 후보자들을 지켜봐야 할 것이다.

9. 선거만 한다고 민주주의는 아니다

1934년 독일 국민들은 선거를 통해 투표율 95.7%, 득표율 88.1%로 히틀러(Adolf Hitler) 총리를 대통령직까지 할 수 있는 총통으로 뽑았다. 그들은 직접 선거로 지도자를 뽑았기 때문에 독일을 민주주의 국가라고 자부했다. 그리고, 정통성을 갖춘 지도자의 명령에 따라 전쟁과 학살의 범죄를 스스럼없이 저질렀다. 참혹한 제2차 세계대전으로 수많은 국민이 죽고 6백만 명의 유대인이 희생된 후 독일은 패전한다. 그리고 나서야 국민들이 직접선거만 한다고 민주국가가 되는 것이 아니라는 사실을 뒤늦게 깨닫는다. 그들은 그때부터 국민들의 정치 의식을 높이기 위한 교육에 공을 들이게 된다. 즉, 국민들의 올바른 판단력이 전제되지 않은 채 아무리 선거를 한들 바람직한 지도자의 선출과 민주주의의 정착이 불가능하다가 판단했기 때문이다. 그 결과 독일은 오늘날 정당정치와 지방자치의 선진국으로 평가받는다.

박근혜 전 대통령이 탄핵돼 대통령직에서 물러났다. 그도 2012년 대선에서 국민들의 과반수 이상(51.6%)의 지지로 대통령에 선출됐다. 그는 직접선거를 통해 민주적 정당성까지 확보했지만, 재임 중 국민주권주의와 법치주의를 훼손하고 이를 지킬 의지를 보이지 못한 결과 불행한 결과를 자초한 것이다. 1987년 민주화 이후, 선거로 선출된 역대 대통령들은 임기 말과 퇴임 후는 하나같이 불행한 일에 닥치거나 각종 비리와 부패 게이트로 국민들을 실망시킨 바 있다. 이와 같은 공통적인 현상의 원인에는 우리의 선거제도와 풍토 그리고 유권자들의 정치 의식이 깊숙이 자리 잡고 있다.

한국 정치권은 그동안 오로지 선거 승리에만 몰두한 채, 유권자들의 정치

의식을 높이고 판단력을 키우는 공정하고 객관적인 정치교육을 외면해 왔다. 유권자들을 그저 진보와 보수, 영남과 호남, 20·30세대와 50·60세대로 이분화시켜서 득표 전략으로만 활용했을 뿐이다. 대부분의 유권자는 지역 감정과 색깔 논쟁에 현혹돼 자신의 정치 의사를 제대로 표현하지 못하고 지내 온 것이다. 선거 후에도 국민 화합과 통합을 위한 노력을 하지 않은 채 자기 지지 세력 결집에만 주력해 왔을 뿐이다.

이제 60일 이내에 다시 대통령선거를 해야 한다. 이번에도 역대 대선과 같은 선거를 반복한다면 참다운 민의(民意)를 대변하는 대통령을 선출해 내지 못할 것이다. 그뿐만 아니라, 대통령 구속, 자살, 탄핵 등의 불행한 결과를 또다시 되풀이할 수 있다는 사실을 결코 잊어서는 안 될 것이다. 이번 대선에서만큼은 우리 국민들이 깨어 있는 정치 의식과 판단력으로 냉철하게 선거에 임하는 동시에, 탄핵으로 비롯된 이 국가적 혼돈을 극복하는 계기로 삼아야 할 것이다. 민주주의 사회에서는 선거를 하는 것도 중요하지만, 어떻게 하느냐가 더 중요하다.

10. 정당 개혁이 정치 발전의 핵심

대통령선거가 닷새밖에 남지 않았지만, 한국의 정당들은 후보 단일화, 탈당 등 여전히 요동치고 있다. 정부 수립 이후 현재까지 우리나라에 설립된 정당이 300개가 넘는다. 창당 준비위원회는 400개보다 더 많다. 현재 대선이 진행 중인데도 국민들은 잘 모르겠지만, 30개나 되는 정당이 활동하고 있다. 정당 수가 많은 게 문제는 아니다. 문제는 정당이 존재하는 기간이다.

잦은 이합집산 속에 존속 기간이 몇 개월도 안 되는 정당은 셀 수 없을 정도로 많다. 대통령선거를 겨냥, 대선 주자 중심으로 잠시 만들어졌다 사라진 정당들이 대부분이다. 선거용으로 보름 또는 4일간 만 존속한 정당도 있다. 존속 기간 10년을 넘긴 정당은 1963에서 1980년까지 17년 5개월의 최장수 민주공화당, 14년 3개월의 한나라당, 그리고 민노당(142개월), 자민련(129개월)이 전부다. 현존하는 정당은 하나도 없다.

중앙선거관리위원회에 따르면, 1987년 민주화 당시부터 현재까지 선관위에 중앙당 등록이 됐던 정당은 총 140개 이상이다. 이들 중 선거 때 잠시 만들어 졌다가 사라진 정당들을 제외하고 국회의원을 보유했던 원내 정당은 40개이며, 이들의 평균 존속 기간은 44.1개월이었다. 40개 정당 중 국회의원의 임기를 넘긴 정당은 13개(32.5%)에 불과했다. 원내 정당 10개 중 7개 정당에서 국회의원의 임기 중 소속 정당이 바뀌었다는 의미다. 정당의 공천을 받아 선출되는 대통령직 60개월은 물론 국회의원과 단체장 및 지방의원들의 임기 48개월에도 미치지 못하니 정당에 의한 책임정치는 말도 꺼낼 수 없는 형편이다. 선거 때마다 책임을 물을 정당은 사라지거나 어느새 새 간판으로 신장 개업을 하는 현실에서 책임정당은 존재할 수 없다.

미국의 경우, 민주당은 1792년부터, 공화당은 1854년부터, 그리고 영국의 보수당은 1867년부터, 노동당은 1906년부터 현재까지 모두 100년, 200년 넘게까지 생명력을 이어오고 있다. 이에 비해 한국의 정당들은 부침이 심한 가운데 정책이나 정강 중심이 아닌 인물과 파벌 중심의 급조 정당인데다, 이 당 저 당 옮겨 다니는 철새 정치인들의 이합집산이 대수롭지 않은 현실이 정치 발전을 가로막고 있다. 따라서, 정당의 공천제를 통해 책임정치의 구현, 당내 민주주의의 확립, 상향식 국민경선제의 정착 등을 기대하는 것은 지금까지의 선거들을 통해 볼 때 무리라고 여겨진다.

이번 대선에서도 창당과 당명 개정 등이 예외 없이 이뤄진 바 있고, 창당 100일도 안 된 바른정당도 분당 위기에 놓여 있다. 앞으로도 대선 결과에 따라 정계 개편이 이뤄진다면 많은 정당이 또다시 사라질 것이다. 결국, 한국 정치의 발전은 오로지 선거 승리 지상주의를 목적으로 하고 있는 현 정당들을 어떻게 개혁하느냐에 달려 있다.

11. 대통령선거와 선거 징크스

징크스(jinx)란 사람의 힘으로는 어찌할 수 없는 운명적인 일을 말한다. 선거에도 징크스가 있다. 동・서양 선거에 영향을 미친 그간의 징크스를 살펴보고 이번 대선에서는 이 징크스들이 유지될지 아니면 깨질지를 보는 것도 유권자들의 관심사가 될 것이다.

▲ 밴드웨건 대 언더독 효과

선거 기간 동안 어떤 후보를 선택해야 할지 미처 결정을 내리지 못하는 경우, 여론 조사의 결과에 따라 지지율이 높은 후보를 선택하는 현상을 밴드웨건(band wagon) 효과라고 한다. 내 표가 사표(死票)가 되지 않도록 유력 후보에게 표를 몰아 주는 것이다. 반대로, 언더독(under dog) 효과는 여론조사 결과 지지도가 낮은 후보에게 동정표를 주는 현상이다. 한국 선거판의 단골 메뉴로 약세 후보의 지지도가 올라 선거 판세가 종종 바뀌는 현상이 발생한다. 이번 대선에서도 초반부터 형성된 문제인 후보의 대세가 그대로 갈지, 아니면 안철수 후보나 홍준표 후보의 역전이 일어날지 초미의 관심사가 됐다.

▲ 악마의 피 대 승자의 저주

힘과 권력을 좇아 정치에 나서는 사람은 악마와 계약을 맺는다고 한다. 선거에서 큰 변화는 후보의 카리스마적 리더십을 통해 일어나기 때문이다. 즉, 악마의 피가 많은 후보가 선거에서 이긴다는 속설이 있다. 트럼프 대통령 당선과 반기문 전 총장의 후보 사퇴가 그 대표적 사례가 될 것이다. 어떠한 역경에도 굴하지 않는 권력욕, 그리고 웬만한 여론의 뭇매에도 끄떡하지 않는 두둑한 맷집을 소유한 후보가 끝까지 살아남아 권력을 누린다. 그런 자들이 우리 정치사에 많다. 그러나 뻔뻔함과 교활함으로 뭉쳐진 악마의 피는 선거에서 승리를 가져올지 모르지만, 결국 승자의 저주로 실패한 대통령이 될 수 있음을 잊어서는 안 될 것이다.

▲ 얼큰이 대 안경 쓴 후보

선거 벽보에 후보자 얼굴이 작게 나온 후보가 지난 대선에서 모두 승리했다. 박근혜, 이명박, 노무현, 김대중, 김영삼, 노태우 대통령의 선거 벽보 사진의 얼굴은 다른 얼큰이 후보들에 비해 모두 작았다. 어느 광고 천재가 만들었다는 안철수 후보 선거 벽보는 이 속설까지 염두에 두고 파격적으로 만들었다고 하니 과연 그대로 맞아떨어질지 궁금하다. 한편, 후보자가 정면을 응시하지 않으면 대선에서 진다는 속설에 의하면 안철수 후보와 심상정 후보가 불리하다. 그 밖에도 지금까지 국민직선제로 당선된 대통령 중에 선거 기간 중에 안경 쓴 사람이 없다. 안경을 쓰면 카리스마가 떨어진다는 속설이 있기 때문이다. 기존 대선 후보 중 안철수와 심상정 후보만 안경을 안 썼다.

선거에는 수많은 속설이 있고 징크스가 만들어진다. 그러나 속설은 속설에 불과하고 징크스는 깨지기 위해서 존재한다. 이번 선거에서는 기존의 속설과 징크스가 깨지더라도 위기의 대한민국을 이끌 능력 있는 좋은 후보가 당선되기를 기대한다.

12. 대전 · 충청민들의 고민 깊어져

대통령 탄핵심판이 헌재에서 결정되면 대선이 본격적으로 시작된다. 지난 14대, 15대, 16대 대통령선거에서 김영삼, 김대중, 노무현 대통령이 당선되는 데에는 충청권의 표가 결정적인 역할을 했다. 15대 대선 시 김대중 대통령은 39만 표 차로 이회창 후보를 이겼는데 충청권에서의 표차가 25만 표였다. 16대에서 노무현 대통령은 충청권에서 이긴 38만 표 차가 전체 표차의 70%를 차지해서 당선에 결정적으로 기여했다. 지난 대선 때마다 3당 합당, DJP연합 그리고 신행정수도 건설 공약 등이 선거 승패를 좌우한 첨예한 이슈였는데 이는 모두 충청권 발전과 관련이 있는 것이었다. 충청권이 이번 19대 대선에서 주목을 받는 이유도 여기에 있다. 게다가, 2013년부터 충청 인구 수가 호남을 추월해서 그 차이가 현재 18만 명에 이르고 있으니 대선주자들이 충청 지역에 어필하고 싶은 유혹은 더욱 커질 수밖에 없을 것이다.

그러나, 역대 대통령 선거에서 충청의 지지를 얻고 승리한 정권은 하나같이 충청권 유권자들의 기대에 부응하지 못했다. 선거 승리에 기여한 충청권 역시 정권의 보조자였을 뿐 제대로 대우받지 못했다. 충청권 대선공약들은 선거 후 대부분 예산을 확보하지 못한 채 표류하거나 변질됐는가 하면, 개각과 권력기관의 인사 때마다 주요 자리에 충청 출신 인사가 등용됐다는 소식은 가뭄에 콩나듯 하고 말았다. 겨우 영·호남 인사들 기용 시 지역 안배용 들러리 정도에 불과했다. 김영삼 정부에서 박근혜 정부에 이르기까지 역대 정부에서 장·차관과 정치 엘리트의 출신 지역을 보면, 영·호남이 주거니 받거니 절반 이상을 차지해 온 반면, 충청권은 12%에서 17% 사이를 오갔을 뿐이다. 최근 2년간 지역별 SOC 관련 정부 예산도 영·호남이 52%를 차지한 가운데 충청권은 8.6%에 그쳤다.

한국 정치는 오랫동안 영·호남이 쥐락펴락하면서 주요 자리와 정부재정을 돌아가며 독차지해 온 것이다. 그 결과 지역 감정이 심화됐을 뿐만 아니라 지역패권주의는 더욱 고착화됐다. 특정 집단과 지역의 기득권과 특권은 공고화되는 동시에 부정과 부패는 근절되지 못했다. 수도권과 비수도권, 도시와 농촌 간 격차와 불균형은 그 간격이 최대로 벌어져서 이제 손쓰기가 불가능할 정도다. 이에 따라, 대전·충청민들의 고민은 점점 깊어지고 있다. 지금 시대가 요구하고 있는 민주주의의 구현, 국가경쟁력의 강화, 특권과 격차의 타파, 그리고 분권과 자치를 실현시키는 것은 물론 지역의 차별과 배제를 시정할 수 있는 안목과 역량있는 지도자를 대전·충청권이 앞장서서 올바르게 선택해야 하기 때문이다.

13. 대선주자들의 의사소통 능력이 관건

미국 대선 과정에서 트럼프(Donald J. Trump)가 했던 연설은 많은 사람에게 충격과 여러 일화를 남긴 바 있다. 그러나 역설적으로 그의 연설은 경쟁자인 힐러리(Hilary R. Clinton)를 이기는 가장 큰 무기였다. 트럼프 연설의 가장 큰 특징은 바로 직설적인 화법으로 꾸밈이 없다는 점이다. 품위있고 격조 높은 스토리 텔링(story telling)에 익숙한 미국민들에겐 막말로 비춰졌지만, 오바마 대통령과 힐러리의 점잖은 연설에 유권자들은 지쳐 있었다. 더욱이 미국민들이 겪고 있는 냉혐한 경제적 현실과 불평등의 문제들은 우아하고 이상적인 연설의 내용과는 상당한 거리감이 있었다.

그런 와중에 트럼프가 미국 보수층의 문제 의식을 직접 대놓고 거칠게 한 연설은 듣는 이들로 하여금 대리 만족을 느낄 수 있게 해 줬다는 평가다. 그의 연설 내용(스토리)은 무질서하고, 연설 방법(텔링)은 까칠했지만, 그 속에는 진정성과 열정이 있다고 점수를 준 것이다. 결국 그는 선거 타깃팅을 분명히 하고 자국의 이익을 우선하겠다는 자기만의 신념을 유권자들에게 강력히 전달했다. 결국, 의사소통 능력을 유감없이 발휘한 그의 전략은 성공했다.

우리의 유력 대선주자들의 의사소통 능력은 어떤지 비교해 보자. 우선 문재인 전 대표의 의사소통 능력은 전에 비해 일취월장했다는 평가다. 그의 텔링은 간결해지고 설득력이 향상됐다고 한다. 그러나 스토리는 풍부하지만 여전히 취약하다고 얘기한다. 물론 수많은 전문가가 다양한 스토리를 만들어 그에게 전달하고 있다 해도 아직은 자기 철학과 소신으로 완전히 소화하지 못하고 있기 때문일 것이다. 안희정 지사의 텔링은 매우 뛰어나다. 그의 대중연설은 대중의 마음을 움직이고 있다. 그러나 스토리가 탄탄하지 못하고 모호하다고 평가한다. 물론 대연정과 보수의 지지를 염두에 두는 발언들 때문이라 이해는 가지만, 시간이 갈수록 그의 주장 속에 다소의 모순과 균열이 드러난다.

반면, 안철수 의원과 이재명 시장의 의사소통에는 공통점이 있다. 우선 텔링 면에서 두 사람은 신선하다. 안 의원이 정치권에 등장한 사실과 그의 주장은 사이다만큼 시원하고 청량했다. 최근 혼란한 시국에서 이 시장의 발언 역시 시원하고 명쾌했다는 평가를 받은 바 있다. 그러나 그들의 스토리가 더욱 진화하지 못하고 늘 거기서 맴돌고 있다는 지적이 많다. 안 의원은 과학과 기술에, 이 시장은 탄핵 시국에 주로 집중돼 그 신선감과 기대감이 확장되지 못하는 한계를 보이고 있다. 다시 말해서 새 스토리가 필요하다는 것이다.

또한, 유승민 의원 스토리는 논리적이고 체계적이다. 그런데 그에 대한 텔링이 유권자들에게는 잘 체감되지 않는다는 평가를 받는다. 홍준표 지사의 의사소통은 늘 거침이 없다. 경쟁 상대의 약점을 찾아 선제 공격함으로써 의사소통을 자기 중심으로 만드는 뛰어난 능력도 있다. 마치 트럼프를 보는 듯하다. 이번 선거에 그러한 스토리 텔링이 유권자들의 점수를 딸 수 있을지는 아직 미지수다.

완벽한 의사소통 능력을 구비한 지도자는 이 세상에 없다. 설령 그 능력이 완벽하게 구비돼 있다 해도 그 시대적 상황과 당시 국민들에게 공감되지 않으면 성공하지 못한다. 역사적으로 보면, 리더들에게 요구되는 의사소통의 성공 조건은 대체로 네 가지다.

첫째가 진정성이다. 아무리 좋은 스토리와 뛰어난 텔링을 한다고 할지라도 진정성이 뒷받침되지 않으면 모래 위에 성을 쌓는 것에 불과하다. 탄핵의 위기에 직면했던 미국의 닉슨과 클린턴 전 대통령도 진실을 감추려는 거짓 때문에 곤혹을 치르고 가까스로 탄핵을 모면한 바 있다. 둘째는 광청(廣聽)이다. 즉, 말하는 것보다 듣는 능력이 더 중요하다는 것이다. 셋째가 눈높이다. 스토리 텔링의 대상에 따라 그 내용과 방법은 달라져야 한다. 그리고 네 번째가 타이밍이다. 적절한 시기에 의사소통이 결여되면 앞의 세 조건이 충족되도 실패한다.

그렇다면 우리 국민들은 이번 대선에서 어떤 후보의 스토리 텔링에 열광할지 정말 궁금하다. 대선주자들은 이제 어떤 의사소통 능력을 가지고 유권자들에게 어떻게 어필할지에 대해 치밀하게 준비해야 선거에서 승리할 것이다. 후보들의 의사소통 능력이 대선 승리의 관건이다.

14. 충청권의 현명한 판단과 결단이 필요

최근 충청 출신 대통령 잠룡들이 이른바 충청대망론을 경계하는 발언을 잇달아 쏟아내는 바람에 충청민들의 자존심에 큰 상처를 주고 있다고 한다. 그것은 충청대망론이 마치 신지역주의를 표방하는 양 해석돼 왔기 때문이다. 이참에 충청대망론의 진정한 시대적 의미와 과제에 대해서 올바른 이해와 인식의 정립이 필요하다.

지금 대한민국은 아직도 어두운 터널에서 벗어나지 못한 채 최순실 문제로 해가 뜨고 해가 진다. 빛이 어둠을 이기고, 참은 거짓을 물리쳐 줄 것이라는 희망의 끈만을 겨우 붙잡고 있는 동안 어느새 우리 국가의 위상과 품격은 이미 나락으로 떨어져 있음을 절감하고 있다.

일본은 부산 소녀상 설치를 항의하며 주한 일본대사와 총영사를 귀국시켜 버렸다. 한·일 위안부 합의를 파기했다며 통화 스와프 협상도 중단을 선언했다. 협상을 해도 한국은 돈을 돌려받지 못할 수 있는 대단히 성가신 이웃이라는 막말도 서슴지 않고 있다. 심지어 "독도는 일본땅"이라는 말도 스스럼없이 되뇌고 있다. 사드 배치 결정으로 갈등을 겪고 있는 중국도 한류 금지령을 포함해서 화장품 수입 불허, 전세기 운항 중단 등 경제 통상 보복을 노골적으로 하고 있다. 심지어 핵무기 탑재가 가능한 전략폭격기를 띄워 우리 항공구역에서 무력 시위까지 했다.

사실상 대통령이 부재한 우리로서는 속수무책이자 독립국가로서의 체면이 말이 아니게 됐다. 미국의 새 대통령이 될 트럼프조차 주한미군 철수를 앞세워 방위비 분담을 크게 요구하고 있다. 그야말로 주변 국제 관계가 구한말을 방불케 하고 있는 실정이다. 국민들의 자존심은 차치하고라도 우리나라가 놓인 상황은 사면초가의 위기라 아니할 수 없다.

2016년은 대한민국이 선진국 클럽이라는 OECD에 29번째 회원국이 된 지 20년이 되는 해였다. 지난 기간 국가총생산(GDP) 규모는 세계 11위, 무역 규모 1조 달러로 세계 8위의 경제대국이 되기도 했지만, 이제는 빠르게 내리막길을 걷고 있다. 일인당 국민소득이 2만 달러에서 3만 달러로 10년째 가지 못한 유일한 나라가 됐다. 세계 5위의 자동차 산업은 인도에 추월당했고, 한때 세계 제일의 조선산업은 17년 만에 일본에 다시 뒤지게 됐다. 국가경쟁력은 2007년 11위까지 진입하기도 했지만 작년 4년째 26위에 머물고 말았다. 오직 자살률, 저출산율, 이혼율, 해외입양률, 사교육비, 노인빈곤율 등이 세계 1, 2위를 굳건히 지키고 있을 뿐이다.

이런 총체적 위기 속에 대통령선거가 본격적으로 시작됐다. 얼마 전 귀국한 반기문 전 유엔사무총장은 본격적인 대선 행보에 나서고 있다. 특히, 반 전 총장과 안희정 충남지사 그리고 정운찬 전 총리 등의 출신지가 충청권이기 때문에 충청대망론이 크게 주목받기 시작했다. 지난 13대, 14대, 15대 대통령선거에서 김영삼, 김대중, 노무현 대통령이 당선되는 데에는 충청권의 표가 결정적인 역할을 했다. 3당 합당, DJP연합 그리고 신행정수도 건설 공약이 선거 승패를 좌우한 전략과 정책이었는데 이는 모두 충청권과 관련이 있는 것이었다. 충청대망론이 여전히 힘을 받는 이유이기도 하다.

그러나 역대 선거에서 충청의 지지를 얻고 승리한 정권들은 하나같이 결과가 기대만큼 성공적이지 못했다. 선거 승리에 기여한 충청도 역시 정권의 보조자였을 뿐 대우받지 못했다. 충청권 대선공약들은 선거 후 대부분 예산을 확보하지 못한 채 표류 또는 변질됐는가 하면, 개각과 권력기관의 인사 때마다 주요 자리에 충청 출신 인사가 등용됐다는 소식은 가뭄에 콩 나듯 하고 말았다.

오히려 한국 정치는 영·호남이 취락펴락하면서 주요 자리는 돌아가며 독차지했다. 그 결과 지역 감정은 심화됐을 뿐만 아니라 지역패권주의는 더욱 고착화됐다. 특정 집단과 지역의 기득권과 특권은 공고화되고 부정과 부패는 근절되지 못했다. 집단과 지역 간은 물론 세대 간, 계층 간 격차와 불균형은 그 간격이 최대로 벌어져서 손쓰기가 불가능할 정도다. 더욱이 그 격차는 대를 이어 세습되고 있는 상황이다. 작년 실업자는 역대 최초로 100만 명을 넘어섰다. 청년실업률은 9.8%를 기록해서 사상 최악이었다고 한다. 청년들은 더 이상 포기할 것이 없다고 절규하고 있다.

따라서, 이번 대선에서 우리는 더 이상 지역, 이념, 세대의 진영 논리에 갇혀 있을 상황이 아니다. 대선에 출마하려는 후보들은 올바른 리더십을 가지고 지금의 혼란과 위기를 극복해서 대한민국을 재도약시키고 국민들에게 새로운 꿈과 희망을 가질 수 있도록 미래 비전과 정책 및 실행 전략을 내놓고 철저한 검증을 받아야 한다. 2013년부터 충청 인구 수가 호남을 추월해서 그 차이가 현재 17만 명에 이르고 있으니 충청 지역에 어필하고 싶은 유혹은 커질 수밖에 없을 것이다. 그러나 충청민들은 지역 출신 후보라 해서 무조건 표를 주지는 않을 것이다. 그보다도 지금 시대가 요구하고 있는 민주주의의 구현, 국가경쟁력의 강화, 특권과 격차의 타파, 그리고 분권과 자치를 실현시킬 수 있는 안목과 역량있는 지도자를 충청권이 앞장서서 선택할 것이 분명하다. 또 그렇게 돼야 한다. 이것이 이 시대 진정한 충청대망론의 의미이자 숙제가 될 것이다.

충청권은 역사적으로 고려시대 신분 해방 운동을 주도한 망이·망소이 형제를 비롯해서 조선시대 성삼문, 박팽년의 충정 절개과 예론의 대가 송준길, 송시열 선생 그리고 유관순, 윤봉길 의사, 한용운, 김좌진 장군 및 김복한, 안병찬, 이설 등 의병장을 배출해서 조국의 독립을 찾고 병든 사회를 개혁하는 데 앞장서 온 명예와 자존심을 이번 대선에서도 잊지 말아야 할 것이다. 충청권의 현명한 판단과 실행으로 백척간두에 서 있는 대한민국을 구해야 한다.

15. 국회의원 특권 먼저 내려놔야

지금 한국에서 최고 정점의 직업은 국회의원이다. 정치 지망생들은 물론 재벌도 의사도 변호사도 교수도 심지어 성공한 연예인, 운동선수, 벤처기업인들까지도 국회의원이 되려고 혈안이 돼 있다. 게다가 장관은 물론 행정부 수장까지 지낸 국무총리와 사법부 대법관들조차도 국회의원이 되려고 눈에 불을 켜고 뛰어다닌다. 그들은 대중 앞에서 한번도 해 보지 못했던 어설픈 춤도 추어보고, 스스럼없이 무릎까지 꿇어가면서 표를 읍소한다. 그들을 그렇게까지 변화시킬 수 있는 이유는 바로 대한민국 국회의원들에게 주어지는 200여 가지의 어마어마한 특권이 그들을 기다리고 있기 때문이다. 선거 기간 동안만 잠시 뒤바뀐 유권자들과 국회의원과의 갑을 관계는 선거 후 즉시 본래대로 돌아간다. 국회의원이 돼 슈퍼갑의 지위를 회복하면 다시 주권을 잃은 국민들은 을이나 병이 돼 그들에게 머리를 깊이 숙이고 자신들의 미래 운명을 기꺼이 내맡긴다.

대한민국 국민이라면 어느 직업을 갖든 국회의원들에게 보장된 정치·경제·사회·사무적 특권들이 부럽지 않을 수 없다. 우선, 그들의 정치적 특권은 막강하다. 다른 국회의원의 동의 없이 체포되거나 구금되지 않는 불체포 특권이 있다. 체포돼야 마땅한 동료 의원을 지키기 위해 '방탄 임시국회'를 상습적으로 활용한다. 국회 내 직무 관련 발언에 대해선 법적 책임을 지지 않는 면책특권도 있다. 그 결과 국회의원들의 막말은 익숙한 일상이 됐으며, 그들의 도를 넘는 호통과 훈계는 슈퍼갑을 지키는 또 다른 무기다. 특히, 지방선거에서 대부분의 지방의원과 단체장들을 선거운동원으로 만든 국회의원들의 공천권은 이번 총선에서도 그 위력을 발휘한 바 있다. 지방의원들은 국회의원 후보들의 사무실과 유세장에서 온갖 궂은 일을 도맡아 해야만 했다. 특히, 공천 과정에서 패한 후보를 지지한 지방의원들은 줄 잘못 선 괘씸죄를 만회하기 위해 눈물겨운 노력이 뒤따라야만 했다.

경제적 특권은 이미 알려진 대로다. 국회의원은 급여에 해당하는 세비를 월평균 1천 150여만 원 받는데 연봉으로 따지면 1억 4천만 원 정도다. 회기 중에는 하루 3만 1,360원씩 특별활동비가 더해지고 보너스 격으로 연간 646만 4천원의 정기수당과 775만 6,800원의 명절휴가비가 나온다. 장관실과 비슷한 규모의 의원실과 사무실 운영비는 물론 통신비와 차량유지비, 철도·항공요금과 정책자료발간비도 지원된다. 정치후원금도 1년에 1억 5천만 원(선거가 있는 해에는 3억 원)까지 거둘 수 있다.

특히, 금배지의 사회적 특권은 해외 출장길에 빛을 발한다. 출국할 때 공항 귀빈실을 이용할 수 있다. 현지에 도착하면 재외공관에서 영접 후 현안 브리핑과 공식 일정을 주선하고, 교통 편의 등을 지원한다. 항공기는 비즈니스석, 철도 · 선박은 최상등급 좌석이 제공된다. 국회의원의 사무를 돕기 위해 총 9명에 달하는 보좌진을 채용할 수 있는 임면권을 가진다. 보좌관(4급 상당 별정직)과 비서관(5급) 각각 2명, 비서 3명(6 · 7 · 9급)에 인턴 2명까지 둘 수 있다. 그간 의원들의 가족이 보좌진에 기용되기도 한다. 그들은 4년 임기 내내 다음 선거를 위해 직 · 간접으로 지역구에서 활동한다. 최대 연 3억 7천만 원에 이르는 이들의 급여는 당연히 국민 세금으로 충당된다.

제20대 국회는 이제 달라져야 한다. 달라져도 철저히 달라져야 한다. 그 개혁의 첫 출발은 국회의원 특권 내려놓기가 돼야 할 것이다. 그것이 4 · 13총선에서 나타난 준엄한 유권자들의 명령이다. 여대야소에서 야대여소의 국회가 돼도 국회의원의 막강한 특권이 사라지지 않는다면 국회 개혁도 정치 개혁도 그리고 국민들의 신뢰 회복도 불가능하다. 국회의원직이 모든 직업의 최정점에 우뚝 서 있는 현재 한국의 왜곡된 직업관도 달라지지 않는다. 의회 민주주의 선진국들은 이미 국회의원들의 특권과 특혜를 인정하지 않은 지 오래다.

스웨덴과 덴마크에서는 국회의원들이 개인 보좌관이나 비서관 없이 주당 80시간 일년 내내 일하지만 세비는 우리의 절반밖에 되지 않는다. 결근하거나 회의와 표결에 불참하면 당연히 세비에서 제외한다. 제공된 숙소에서 주로 대중교통을 이용하거나 자전거로 출퇴근한다. 의정 자문은 45명 정도의 변호사, 교수 등으로 구성된 의회 사무국이 지원한다. 해외출장비는 하루 6만 원에 불과하다. 해외 출장 시 식사 대접을 받으면 수령한 식비를 반납해야 한다. 국내 · 외에서 대접받은 내용과 업무는 반드시 공개해야 한다. 특히, 우리나라에서는 무능한 국회와 형편없는 국회의원들을 소환하거나 제재할 방법이 없다. 그러나, 이들 국가는 제 할 일 하지 않는 국회는 해산할 수 있을 뿐만 아니라, 범법행위를 한 국회의원은 보호할 수 없도록 하고 있다. 그래서 그 나라 국민들은 특권 없이 봉사하는 자신들의 대표를 자랑스럽게 여기고 고맙게 생각한다. 그들은 모든 권력적 특권과 경제적 특혜를 내려놓고, 국민들의 심부름꾼으로서 기꺼이 봉사한다. 국민들로부터 받는 존경과 신뢰라는 더 크고 행복한 특권을 누리기 위해 고된 임무를 깨끗하게 수행하는 것이다.

19대 국회를 위한 2012년 총선과 대선에서 여야 정당은 모두 세비 30%를 삭감하고, '무노동 무임금 원칙'을 적용하며, 면책 특권과 불체포 특권을 포기하겠다고 이미 약속한 바 있다. 그러나 어느 것 하나 지켜지지 않았다. 오히려 국회의원들은 국민을 위해 봉사하기보다는 특권과 특혜를 누리는 최고 직업인으로 자리 잡았고, 국민들은 국회의원을 위한 들러리로 전락했다. 이번 20대 국회에서만큼은 그런 모습을 더 이상 보지 않았으면 좋겠다. 이제부터는 정책을 연구하느라 시간을 쪼개 공부하고, 자신의 이익을 포기하더라도 국민의 행복을 위해 법을 만드는 데 보람과 자부심을 느끼는 국회의원들의 모습을 우리도 한번쯤 보고 싶다.

요컨대, 국회의원들이 특권을 과감하게 내려놓으면 국민들은 행복해질 수 있다. 그렇게 될 때 국회의원들은 더 행복해질 것이다. 지난 총선에서 국민들로부터 외면받은 새누리당이 천막 당사의 정신으로 돌아가서 이 일에 앞장서 주기를 희망해 본다.

16. 을들의 한 표가 세상을 바꾼다

2016년 4·13총선에서는 더욱 힘이 세져서 '슈퍼 울트라 갑'이 된 국회의원과 유권자인 국민 간 고착화된 갑을 관계에 엄청난 변화가 예상되고 있다. 그렇지만, 국민들을 향한 국회의원들의 총체적 갑질은 지금 이 시점까지 계속되고 있다. 아마도 결국은 유권자인 을들의 반란을 불러일으키고 나서야 끝나지 않을까 싶다.

국회는 총선 선거구 획정을 지금까지 미루고 있어서 전국 246개 선거구는 이미 사라졌다. 선거구 실종은 헌정 사상 초유의 사태다. 이를 해결하기 위한 정치도 실종됐다. 법을 만드는 입법기관 국회에 의해 대한민국은 무법천지가 된 것이다. 선관위가 예비후보들의 불법 선거운동을 눈감아 주고 있다는 작금의 현실도 코미디가 아닐 수 없다. 이와 같이 19대 국회는 무책임한 정치의 극치를 보여 주고 있지만, 현역 국회의원들은 급할 게 없다. 정치 신인들의 입과 발을 묶어 놓고 있으니 내심 즐기고 있는지도 모른다. 그렇기 때문에 차라리 국회를 해산하고 국회의원을 뽑지 말자는 얘기도 나온다. 정치 신인은 물론 기성 정치인들조차 총선을 연기하자는 주장도 나온다. 이번 선거를 억지로 끝낸다 해도, 향후 선거 무효 소송이 이어져서 더 큰 혼란이 일어날 것이라는 우려의 소리도 있다.

북한은 벌써 네 번째 핵실험을 하면서 국민들의 생명을 벼랑 끝으로 내몰고 있다. 그래도 그들은 분당 · 창당 · 통합만을 반복하며 당리당략과 세력 확장에만 골몰하고 있다. 경제가 곤두박질치고 서민들은 빚에 허덕이며 빈사 상태에서 헤어나지 못하고 있다. 그런데도 그들은 어디에 줄을 서야 금배지를 한번 더 달 수 있는가에만 관심이 있을 뿐이다. 정부도 국회도 국민들도 그저 결과를 알 수도 없는 벼랑 끝을 향해 치닫고 있을 뿐이다.

이번 4 · 13 총선은 한국 정치의 개혁을 이뤄내야 하는 큰 역사적 의미가 부여돼 있다. 즉, 국회를 식물화시킨 동물적 정치제도와 진보와 보수의 낡은 틀에 갇혀 기득권 유지에만 급급한 정치 낭인들을 동시에 교체하는 일이 핵심이다. 정치 개혁 없이는 국회 개혁이 어렵고, 국회 개혁 없이는 정치 개혁이 공허한 것임을 19대 국회의 실상을 통해 뼈저리게 경험했기 때문이다. 정치 개혁과 국회 개혁의 가장 중요한 목표는 정상적인 정치를 불가능하게 했던 이분법적 진영 중심의 정치를 뿌리부터 해체하는 것이다. 오직 적과 동지만이 존재하는 현 정치를 탈피하기 위해서는 정당민주화를 통해서 계파와 파벌을 해체해야 하고, 선거혁명을 통해서 극단적 이념정치에만 몰두하는 구태 정치인들을 교체하는 것이다.

이제 공은 유권자인 을들에게 넘어간다. 국민들에 대한 19대 국회의 갑질 만행은 충분히 입증되고도 남았다. 뾰족한 수도 없지만, 이대로 간다면 을들의 반란은 불가피할 전망이다. 소비자가 일그러진 기업가들의 불손한 갑질에 불매운동을 통해 심판하듯이 정치인들의 무책임한 갑질은 유권자들이 표로써 심판할 것이다.

유권자의 한 표가 역사를 바꾼 예는 허다하다. 수천 년 전 그리스에서는 종교회의 모임 전체가 한 가지 문제에 몰두해 있었던 적이 있었다고 한다. 그것은 '여성이 인간인가, 아니면 동물인가'를 결정하는 문제였다. 그 결과는 마침내 단 한 표의 차이로 끝이 났는데 여성도 진정 인간에 속한다는 것이었다. 어처구니없는 일이지만 한 표의 위력은 실감할 수 있다. 1776년 미국의 국어를 독어가 아닌 영어로 결정한 것도 한 표 차이였다고 한다. 만일 독일어가 미국의 국어가 됐다면 세계사가 바뀌었을 것이다. 1923년 아돌프 히틀러도 한 표차로 나치당의 당수가 됐다. 한 표가 참혹한 세계대전을 초래했고, 6백만 명의 유대인을 학살한 결과로 나타난 것이다. 요컨대, 한국 정치의 미래는 물론 유권자이면서도 유권자가 아닌 을들의 권위는 이제 내가 행사할 한 표에 달려 있다. 한 표가 우리 세상을 바꿀 수 있다.

4월 13일, 내 소중한 한 표로 사회 전체가 겪고 있는 총체적 위기를 슬기롭게 극복하면서 사회를 좀 더 민주적으로, 미래를 좀 더 희망적으로 바꿔 나가는 계기로 삼아야 할 것이다.

17. 갑에 대한 을들의 반란을 주목하라

몇 년 전부터 발생한 라면 상무, 빵 회장, 조폭 우유, 땅콩 회항에 이어 작년 말 터진 간장 회장에 이르기까지 갑질 만행이 끊이질 않고 있다. 돈과 힘을 움켜쥔 '갑'들이 우월한 지위와 봉건적 권위주의를 바탕으로, 힘없고 돈없는 사회적 약자인 '을'들을 폭행, 착취하는 사건들이 잇따르면서 사회적 공분을 불러일으키고 있는 것이다.

그러나 '갑의 횡포'에 맞서는 '을의 분노'가 이제 단순한 의사 표출에만 그치지 않고 있다. 해당 기업 제품에 대한 불매운동 같은 집단행동으로 이어짐에 따라 여태까지 끄떡 않던 갑들을 초긴장시키고 있다. 그도 그럴 것이, 종전 같으면 일회성 해프닝으로 끝날 일들이 라면 상무의 퇴직, 빵 회장 회사의 폐쇄,

조폭 우유의 퇴출 위기 그리고 해당 회사의 막대한 손실로 나타나면서 을들의 반란이 위력을 발휘하고 있기 때문이다. 이 사건들을 통해 기존의 상하 관계를 넘어 주종 관계에까지 이른 대기업과 중소기업, 본사와 대리점, 고용주와 고용인 간 초법적 갑을 관계가 법적 계약 관계로 바뀌어 가고 있음을 알 수 있다. 가히 혁명적인 변화가 시작된 것이다. 이 변화에 주목하는 이유는 세 가지다.

첫째, 우리 사회도 기업들이 생산자와 소비자의 이익만을 극대화하는 '생산관리 또는 마케팅 시대'에서 '윤리경영 시대'로 진입했음을 의미한다. 우리나라의 기업들은 지난 50년간 압축 성장을 하는 사이에 약육강식의 천박한 시장 논리에 따라 생산 확대와 이윤 추구에만 몰두해 왔을 뿐이다. 자본주의 사회일수록 더욱 중요한 기업과 기업가의 도덕성과 윤리 의식, 사회공헌 활동, 공정거래 등 오늘날 강조하고 있는 경제민주화는 뒷전에 물러나 있었던게 사실이다. 그 결과, 기업은 재화와 서비스 생산을 통한 이윤 극대화라는 경제적 책임은 다했는지 모르지만, 법률과 규정을 준수하는 법적 책임, 공정과 정의에 따라 기업을 운영하는 윤리적 책임에 대해서는 소홀히 한 것이다.

미국의 경우, 20세기 들어 세계 시장을 지배하던 초우량 기업 46개 중 40개가 1980·90년대에 도산했다. 윤리적 시장과 공정무역이라는 새로운 환경 변화에 적응하지 못한 까닭이다. 그들은 일찍이 축적된 부를 지금의 우리처럼 2세, 3세에게 물려줬었다. 그러나 그 결과는 참담했다. 불로소득의 막대한 재산을 상속받은 후손들은 타락했고 집안은 몰락했다. 그 기업들은 경쟁력을 잃고 당연히 시장에서 퇴출된 것이다. 삼성을 비롯한 국내 굴지의 대기업들의 경우에도 그들은 일자리를 창출하고 국익에 크게 기여했음에도 불구하고 국민들로부터 존경과 신뢰를 받지 못하고 있다. 그 이유는 기업들이 법적, 사회적, 윤리적, 환경적 책임을 다하지 않고 있다고 보기 때문이다. 게다가 막대한 부(富)를 2, 3세들에게 무조건 세습하고 있기 때문이다. 미국의 부자 빌 게이츠(Bill Gates)나 워렌 버핏(Warren Buffett) 그리고 최근의 저커버그(Mark E. Zuckerberg) 등은 개인이 축적한 부를 사회에 환원하려고 애쓴다. 그것은 바로 집안을 살리는 동시에 기업도 살리기 위한 불가피한 선택이다.

둘째, 인터넷과 스마트폰으로 무장한 똑똑한 을들이 이제 그 영향력을 발휘하기 시작했음을 의미한다. 이는 기존의 소수 강자의 시대가 물러가고 다수 약자의 시대가 도래했음을 선언한 것이다. 지금까지의 역사는 소수 강자들이 좌지우지해 왔다. 하지만, 지금부터는 다수의 평범한 군중의 힘이 세상을 바꾸고 역사의 주역이 될 것이다. 약자에 대한 배려에 무관심하고 오만했던 강자들은 이제 이들을 존중하고 더불어 살아가는 노력을 해야만, 달라진 환경에서 살아남게 된다. 이제 약자들의 작은 목소리는 사이버 공간에 집결해서 어마어마한 파급력을 갖게 됐다. 뒤이은 집단 불매운동은 강자 기업들까지도 무너뜨릴 수 있음을 과시했다. 통쾌하기도 한 반면, 두렵기까지 한 현상이다.

셋째, 작금의 변화는 기업에만 국한된 것이 아니라 정부로까지 비화될 수 있음을 의미한다. 최대 경제 주체인 정부는 전형적인 '슈퍼 갑'이다. 정부는 그동안 강자와 약자 간의 전 근대적 주종 관계를 청산하게 하지 못하고, 강자에 치우친 불공정한 관계를 바로잡지 못한 데서 갑을 관계는 악화될 대로 악화돼 왔다. 정부가 생산 주체 간 공정한 경쟁과 분배가 이뤄지는 시스템과 환경을 만드는 데 계속해서 소홀히 한다면, 을의 분노와 저항은 정부를 향하게 될 것이다. 선진국에서는 이미 1970년대 말 그 반란이 조세 저항으로 나타난 바 있다.

앞으로 그동안 침묵했던 약자들의 목소리는 지금보다 더 크고 강하게 나타날 것이다. 기업과 정부는 이 새롭고 가공할 을들의 목소리와 운동을 주목해야만 생존이 가능할 것이다.

18. 국무총리가 명심해야 할 국민의 뜻

천신만고 끝에 국회 인준 관문을 통과한 이완구 국무총리가 2015년 2월 17일 업무를 시작했다. 대한민국 제43대 총리이자 박근혜 정부 하에서는 두 번째 총리다. 이 총리는 취임 일성으로 "국민의 뜻을 받들어 열심히 일하겠다"고 짧고 굵게 포부를 밝힌 바 있다. 그렇다면 국민의 뜻은 무엇일까. 그것은 바로 혁신·화합·소통의 리더십을 발휘하는 총리가 돼 달라는 것이 틀림없다.

이완구 총리의 인준 과정에서 여·야는 물론 국민 여론은 크게 엇갈린 바 있다. 그러나, 총리가 임명된 지금, 총리 인준의 결과를 놓고 각 정당이 그 이해 득실을 따질 만큼 대한민국이 한가한 상황이 아니다. 작년에 우리나라가 세계 8번째로 무역 1조 달러 시대를 3년 연속 달성했다. 1인당 국민소득이 2만 6천 달러를 넘어 3만 달러에 육박하는 결과도 냈다. 그럼에도 대다수 국민의 삶은 여전히 고단하다. OECD 국가 중 자살률 1위, 최저 출산율, 세계 최장 노동시간, 최고의 사교육비 부담 등의 지표는 세계 15위권의 경제 규모에 걸맞지 않게 우리 국민들의 삶이 얼마나 불안하고 버거운지를 여실히 보여 주고 있다.

국가경쟁력도 다시 곤두박질치고 있다. 얼마 전 세계경제포럼(WEF)이 발표한 2014~2015년 국가경쟁력 평가에서 한국은 144개 국가 중 26위를 차지했다. 지난 2007년에 11위를 기록하는 등 지난 20년 동안 한번도 20위권을 벗어나지 않았었다. 그렇기 때문에 이번에 추락한 순위는 매우 심각하다. 그중에서 정부제도의 효율성이 8계단 내려와 82위, 노동시장 효율성 역시 8위를 더 하락해 86위다. 심지어 정부 정책 결정의 투명성은 133위로 최하위권이다. 현재 정부가 얼마나 비효율적이며 동시에 비민주적인가를 단적으로 보여 주는 수치다.

우리가 여기에 이르게 된 이유는 많지만 한 가지는 분명하다. 그동안 국정 전반이 제 역할을 못 하고 정부가 국민의 뜻에 따라 막중한 도리를 다하지 않았기 때문이다. 다산 정약용의 『목민심서』를 보면, 참으로 소박하게 국정의 바른 길을 제시하고 있다. 즉, "정자(程子)라는 재상은 나라를 다스리면서 시민여상(視民如傷)이라는 네 글자를 써놓고 날마다 부끄러움을 느낀다"고 했다. 모든 백성은 상처를 입은 사람으로 여기고, 그들을 어루만지고 보살펴 주는 심정으로 국정을 수행해야 한다는 뜻이다. 백성들을 상처 입은 환자로 보지 않고, 제멋대로 취급하는 사람, 법(法)도 의(義)도 두려워하지 않고, 청렴하지도 신중하지도 그렇다고 부지런하지도 않은 그런 사람들은 절대 지도자가 돼서는 안 된다는 것이 다산의 정신이다.

따라서, 임기를 시작한 이완구 총리가 주도하는 국정 운영은 지금부터 달라져야 한다. 철저히 혁신해서 지난 국정과는 달라도 아주 달라져야 한다. 그렇기 위해서는 우선 국정의 혁신을 통해 국민의 아픔과 함께하는 착한 국정, 그리고 국민과 소통하는 좋은 국정을 통해 원칙과 상식이 통하는 사회를 만들어야 한다. 이것이 바로 국민의 뜻이자 바람이다.

박근혜 정부 국정 운영의 기본 틀은 중앙집권 그것도 청와대 중심에서 크게 변하지 않고 있다. 모든 권력이 청와대로 집중될수록 그로 인해 나타날 국정 실패와 실수는 모두 대통령 혼자 떠안을 수밖에 없었다. 그럴 때마다 정권은 혼돈과 위기로 치닫고 있다. 따라서, 박근혜 정부가 성공하기 위해서는 더 늦기 전에 국정을 개조해야 한다. 여기에 이완구 총리가 혁신적 리더십으로 그 중심에 서서 국정 운영의 틀과 방식을 과감하게 바꿔야 한다. 국정 운영의 틀은 청와대 중심의 중앙집권적 통제 체제에서 지방분권형 협력 체제로 바꿔야 한다. 그리고 그 운영 방식은 투명과 공개, 소통과 협력 중심이 돼야 할 것이다. 그래야만 인사 혁신도 가능해진다. 지금부터 이 총리는 지사직을 던지면서까지 지켜 내고자 했던 세종시에 상주하면서 행정 각부를 제대로 통괄해야 국정이 바로잡힌다. 그것이 세종시가 행정수도로 자리 잡는 최선책이기도 하다.

그 다음으로 중요한 과제가 사회 화합과 통합이다. 이완구 총리는 충청권 출신이다. 총리 인준 과정에서 충청권의 지역 감정을 자극했다는 오해를 받기도 했다. 이는 충청권의 정서를 몰라도 한참 모르고 하는 말이다. 한 번도 정권을 잡아 보지 못한 충청권은 역대 정권마다 영·호남에 비해 인사, 예산, 정책면에서 소외와 홀대를 지속적으로 받아 온 사실을 외면한 데서 비롯된 것이다. "총리는 반드시 호남에서 나와야 한다"고 대놓고 하는 어느 정치인의 얘기가 오히려 지역 감정을 자극하는 데도 그 피해는 늘 충청권이 보고 있다. 아무튼 이 총리의 어깨는 무거워졌다. 당장 KTX 호남선, 과학벨트 문제 등 충청권이 받아 온 역차별을 시정해야 하는 부담도 안고 있다. 그러나 재임 기간 중에는 충청권만을 의식해서 국정을 운영해서는 안 될 것이다. 좌·우와 여·야를 모두 끌어안는 동시에 영·호남 간의 화합을 그리고 수도권·비수도권 간의 상생을 추구하는 포용의 리더십을 발휘하는 총리가 돼야 한다. 그래야만 경제활성화를 포함해서 증세와 복지문제, 경제민주화의 과제를 해결하는 동시에 남북통일의 기반을 조성할 수 있다.

그 다음이 소통과 협력의 리더십이다. 이제는 제왕적 리더가 혼자 국정을 끌고 가던 시대는 지났다. 급속한 고령화, 여성의 사회 진출 확대, 그리고 기존 세대와 다른 특성을 지닌 신세대의 부상은 상호 신뢰를 바탕으로 한 협력과 새로운 소통 방식을 요구하고 있다. 이 총리는 각계각층의 국민과 눈높이를 맞추고 그들의 고민과 생각을 경청해야 한다. 국민의 입장에서 문제 해결의 실마리를 찾고, 이해와 설득으로 국민과 가까이 있어야 한다. 지금 국민은 말하는 리더보다 듣는 리더를 원하고 있다. 국정혁신을 통해 사회를 변화시키는 힘은 입이 아니라 귀다. 이 총리는 국정 현안들을 이제 언론기자나 전문가의 의견을 모으는 데만 치중할 것이 아니라, 일반 국민들의 의견과 판단에 직접 귀 기울이는 것이 훨씬 지혜로운 결과를 가져올 것이다. 일반 국민의 의견이 존중될 때 국민들은 아낌없는 지원과 협력을 보내 주기 때문이다.

지금 대한민국은 열강들의 각축장이 돼 버린 약육강식의 냉엄한 국제무대에서 힘겨운 사투를 벌이고 있다. 국내·외적으로 큰 어려움이 놓여 있는 대한민국이 꼭 120년 전 명성황후가 왜적들에 의해 참혹하게 시해당하는 을미사변 같은 치욕적인 역사를 두 번 다시 되풀이하지 않기 위해서라도 이 총리는 막중한 역할과 책임을 다해야 한다.

해결해야 할 국정 과제는 산적해 있고, 정치권의 협조와 범국민적 지원을 끌어 내기도 녹록치는 않다. 그러나 이 총리는 충남도지사 시절 강한 추진력과 소신을 보여 줬다. 집권여당 원내대표로서 여·야 간의 합의를 도출해 내는 소통 능력도 지켜봤다. 지금부터 지혜와 경륜을 발휘해서 탁월한 국정 수행 능력을 보여 줘야 청문회 과정에서 나타난 부정적인 평가를 극복할 수 있다. 나아가, 혁신·화합·소통의 리더십을 갖춘 국무총리로서 대한민국 국정의 패러다임을 혁명적으로 바꿔야 한다. 동시에 큰 실의에 빠진 국민들을 편하게 잘살도록 해 주는 데 앞장서 줄 것으로 기대한다. 그것이 국민의 뜻이자, 충청인의 긍지와 자부심을 지켜 주는 길이기도 하다.

19. 교육감 선거제도 개선으로 교육자치 바로 세워야

우리 대한민국은 지난 100년간, 망국과 전쟁과 혁명의 소용돌이를 슬기롭게 극복하고 산업화와 민주화를 동시에 성공시킨 세계 유일 국가로 각국의 찬사와 부러움을 받고 있다. 우리 민족의 저력이 자랑스럽기만 하다.

그 성공의 신화는 역시 교육을 통한 인재 양성에서 비롯됐음을 세계가 인정하고 있다. 이제 대한민국이 선진 민주국가로 발돋움하고, 민족 통일의 대과업을 이루기 위해서는 획기적인 교육개혁을 통해 우리 국민의 지적(知的) 역량을 다시 한번 업그레이드시키는 일 이외에는 달리 방법이 없다. 100년 전이나 지금이나 '작은 국토, 적은 인구'의 여건은 크게 달라진 것이 없는 상황이기 때문이다.

교육개혁은 무엇보다, 국민 대다수가 자녀의 교육을 위해 짊어진 고통을 과감히 덜어 주고, 날로 추락하고 있는 교육경쟁력의 하락과 지역 간 격차 문제를 해결해야만, 대한민국이 미래를 향해 새로운 도전을 시작할 수 있다. 지금 우리의 교육은 개개인의 꿈과 가정의 행복을 막고 있는 동시에 국가와 지역의 발전에 희망을 주지 못하고 있다. 학교 교실의 붕괴, 공교육 실패와 사교육 확대, 입시지옥, 인성 피폐, 지방교육 탈출, 기러기 아빠 등으로 인한 고통이 더 이상 인내할 수 없는 한계 상황에 이르게 됐다.

인구 감소와 고령화, 글로벌화, 지방화, 다민족·다문화 시대 등으로 표현되는 미래 교육환경의 변화는 지방교육 전반에도 예외 없이 새로운 개혁을 요구하고 있다. 지역이 필요로 하는 다양한 인재를 차별 없이 양성하고 활용해서 지역 발전의 주역이 되도록 하는 일은 지역경쟁력을 강화시키는 지름길이다. 그뿐만 아니라, 지역민의 삶의 질을 증진시키고, 삶의 기회를 확대하기 위한 전제 조건이다. 그러나 지금까지의 지방교육은 국내·외적 환경 변화에 부합하지 못한 채, 집권화된 교육의 틀, 그리고 획일적인 교육의 내용과 방법에서 크게 벗어나지 못하고 있는 것이 사실이다. 교육자치는 지방교육의 다양한 발전을 도모하고, 나아가 주민들에게 자신들의 교육문제를 스스로 결정하고 통제할 수 있는 권리를 보장하는 제도다. 따라서 '교육자 자치' 내지 '교육관료 자치'로 잘못 이해·운영되고 있는 현 교육자치제를 과감히 청산해야 한다. 이제는 지방교육이 '교육의 주민자치'의 기본 틀로 완전히 새로 태어나야 할 때다. 문제 해결의 출발은 지방교육의 토대가 되는 현 지방교육 자치의 제도를 근본적으로 개선하는 것이다. 그리고 그 중심에 교육감 선거제도의 개선이 있다.

현 교육행정의 의사결정기구는 지방의회로 통합됐지만, 집행기구는 시·도지사와 별도로 주민 직선으로 선출된 교육감이 담당하는 현 제도로는 지방교육에 대한 주민의 책임성 확보도, 지방교육재정의 자주성 달성도, 그리고 일반행정과 교육행정 간의 협력을 통한 교육 서비스의 향상도 기대하기가 어렵다. 게다가, 중앙정치의 대리전으로 전락한 지방선거를 통해 선출하는 교육감 직선제는 정치의 개입, 막대한 선거비용, 유권자들의 낮은 관심도 등의 심각한 문제점들이 이미 드러난 바 있다.

몇 년 전 서울시 교육감이 당선 무효형에 해당되는 판결을 받으면서 서울시 교육이 또다시 혼란을 겪은 바 있다. 서울시 교육감을 직선제로 선출한 2008년 이후, 서울 교육감들이 잇따라 낙마하면서 교육감 선거제도 개선을 요구하는 목소리가 다시금 높아지고 있는 것도 사실이다. 그러나, 민선 교육감들의 선거부정과 도덕적 해이는 이미 한 지역에 국한된 문제가 아니다. 전 시·도교육감 17명 중 8명이 비리에 연루돼 처벌을 받았거나 재판 내지 수사를 받은 바 있다.

교육계의 부정선거와 비리·부조리의 범위와 수준이 이 정도에 이르게 됐다면, 이것은 단순한 문제가 아니다. 즉, 문제의 원인이 교육감 개인 차원을 넘어 교육계 전반의 고질적이고 구조적인 원인에서 비롯된 것으로 볼 수 있다. 그래서 교육감 직선제를 개선해야 한다는 목소리가 다시 높아지고 있는 것이다. 직선제 이후, 전국 교육계에서 불거진 비리와 편법 인사 문제의 중심에는 잘못된 현 교육감 선거제도가 갈숙이 자리 잡고 있기 때문이다.

지난 2014년과 2018년 지방선거를 통해 정당 관여를 배제한 가운데 교육감들을 모두 주민 직선으로 선출했다. 그러나, 지방선거가 끝나자 마자 교육감선거에 대한 제도상의 문제와 함께 선거 관리상의 문제점이 심각하게 드러난 바 있다. 무엇보다 선거비용이 지나치게 많이 소요되는 부작용이 심각했다. 지난 선거에서 후보들은 많게는 30억 원이 넘는 선거비용을 썼다고 선거관리위원회에 신고했는가 하면, 후보 1인당 평균 4억 6천만 원씩 선거빚을 졌다고 한다. 지금까지도 선거비용을 감당하지 못해 신용불량자로 전락하거나 행방불명된 낙선자들이 수두룩하다니 심각한 문제가 아닐 수 없다. 물론 당선된 상당수의 교육감도 교육감직을 공정하고 투명하게 수행하지 못하는 원인이 과도한 선거비용 때문이라는 것이 피할 수 없는 현실이다.

문제는 여기서 그치지 않는다. 선거 과정에서 교육정책과 공약 중심의 경쟁은커녕 색깔론과 상호 비방전이 두드러지면서 유권자의 무관심과 불신만 증폭시켰다. 결국, 교육감 및 교육의원 선거는 누가 누군지 모른 채 마구잡이로 찍는 이른바 '묻지 마 투표' 혹은 후보 이름 게재 순서를 정당 순서로 착각해 찍는 '일자 투표'가 됐다는 부끄러운 평가를 받은 바 있다. 2014년 6·4지방선거부터는 교호순번제를 도입했으나 그 효과는 그렇게 크지 않은 것으로 평가되고 있다. 가장 교육적이어야 할 교육감선거가 가장 비교육적으로 실시되고 있는게 작금의 현실이다.

더욱이, 교육감선거가 단체장 및 지방의원선거와 동시선거로 치러짐에 따라 중앙정치의 중간평가로 전락해 정치적 중립성은 처음부터 훼손됐다. 정당공천까지 배제돼 있는 교육감선거를 지방선거와 동시에 치르는 나라는 우리밖에 없다. 심지어 광역단체장과 교육감이 당선 후 교육 이념이 다를 경우 심한 갈등으로 이어져 결국 교육 수요자에게 피해를 고스란히 떠넘겨 주는 근본적인 문제에 직면하게 했다.

지난 선거는 앞으로 교육감선거가 왜 달라져야 하는지, 어떻게 제도를 바꿔야 하는지에 대해서 다시 한번 경종을 울려 주고도 남았다. 그리고 최근에 드러난 교육계의 부정과 비리는 이제 더 이상 현 선거제도를 지킬 명분도 없어지게 했다. 국민들이 실망하고 대노한 상황에서 진보와 보수가 대안을 따로 생각할 만큼 한가롭지도 않다. 현 선거제도를 계속 유지한다고 해서 나아질 것 같지도 않다. 진보 교육감들을 많이 당선시켰기 때문에 현 직선제를 바꾸려 한다는 오해와 편협한 인식에서도 벗어나야 한다. 현 교육감 선거제도는 지난 선거 이전부터 이미 심각한 문제 제기와 함께 그 개선 방안들이 구체적으로 제시된 바 있다.

이제는 돈이 덜 들면서 일반행정과 교육행정 간 정책과 재정의 실질적인 연계가 될 수 있어서 결국 지방교육 자치에 충실할 수 있으려면 교육감선거가 근본적으로 달라져야 한다. 대통령 소속 자치분권위원회 등 위원회에서는 그동안 '교육자치제도의 개선'을 주요 분권 과제로 선정하는 한편, 교육계 전문가의 참여 속에 심도있는 연구와 토론회를 통해 교육감선거 개선 대안을 마련한 바 있다.

연구 결과, 많은 개선 대안 가운데 위원회가 제시한 방법은 크게 세 가지다. 첫째, 직선제를 유지하는 대안이다. 그러려면 현 동시지방선거를 분리해야 한다. 즉, 기초단체장과 기초의원의 정당 공천을 배제하고 교육감선거와 함께 별도로 실시해야만 정치적 중립성이 보장될 것이다. 둘째는 교육감선거를 단체장과 러닝메이트로 치르는 대안이다. 암암리에 간섭하는 정당 참여의 문제를 차라리 합법적으로 드러내고 하자는 것이다. 지금도 기형적으로 운영되고 있는 교육자치와 지방자치를 연계시키는 차원에서는 현 제도보다 훨씬 낫다. 그리고 시・도지사가 청문회 등을 거쳐 지방의회의 동의를 받아 임명하는 대안이 있다. 교육분권과 교육자치를 활성화하는 유용한 대안으로 외국에서 많이 활용하고 있다. 모든 대안은 각각 장・단점이 있다. 그러나 이상과 현실의 괴리가 적은 대안 그리고 제도의 단점 때문에 나타날 수 있는 불법・편법의 유혹을 최소화시키는 대안을 찾아야 한다.

선진국의 경우, 나라마다 제도가 다르지만 교육감 선출 방식은 교육의 지방분권을 강화하는 방향으로 그리고 교육자치가 지방자치의 큰 틀 속에 자리 잡는 방향으로 그 개선이 이뤄져 왔음을 참고해야 한다. 결국, 실질적인 교육자치를 통해 다양하고 창의적인 지방교육을 정립하는 데는 교육감 직선제만이 능사가 아님을 알 수 있다. 아무리 이상적인 제도라 하더라도 잘못 운영되고 있는 현 교육감 직선제는 학생들에게 피해를 고스란히 떠넘기는 가해자들과 제도의 피해자들만 지역 교육계에서 양산할 뿐이다. 지금까지 공직선거법 위반으로 줄줄이 낙마한 지난 교육감들을 지켜본 것만으로도 충분하다. 우리의 교육자들을 더 이상 교도소 담장 안을 걷게 해서는 안 된다.

이제 교육감 선거제도를 재정비하는 일은 부정과 비리로 얼룩진 교육감들 때문에 위기에 놓인 교육자치를 바로잡고, 지방교육에 대한 지역민들의 신뢰를 회복하는 차원에서 현 정부가 반드시 해결해야 할 대단히 중요하고 시급한 국정 과제가 됐다.

제3장

싹 바꿔야만, 성공할 수 있어! 청와대야

1. 새 정부 성공 여부 90일 이내에 판가름난다

2017년 5월 10일, 문재인 정부가 조기 대선을 거쳐 역사적인 출범을 했다. 문재인 선장은 국정을 마비시킨 난파선을 정리하고, 새 배에 희망의 돛을 달면서 힘차게 항해를 시작한 것이다. 문재인 호(號)는 출항부터 험난한 파고를 넘어 국민과 약속한 '나라다운 나라, 새로운 대한민국의 건설'이라는 종착지에 반드시 입항해야 하는 막중한 임무를 안고 있다.

정부 출범 한 달여 동안 정권 인수와 내각 구성 과정에서 역대 정부와 달리 인수위 없이 진행되다 보니 인선 파동 등의 문제가 불거져서 국민들의 우려를 자아내고 있지만, 그것은 시작에 불과하다. 내각이 정식 출범하면 국내·외적으로 더 큰 풍랑과 시련에 직면할지 모른다.

지난 이명박과 박근혜 정부 집권 초기에 맞이했던 쇠고기 파동과 국정원 댓글사건 같은 위기를 겪지 않을 것이라는 보장도 없다. 국민들의 압도적인 지지로 당선돼 의기양양했던 이명박과 박근혜 전 대통령은 정권 출범 불과 100일도 안 돼 국민들한테 고개 숙여 사과해야만 했다. 그로 인해 국정은 초반부터 꼬이기 시작했고, 그 후유증은 임기 내내 지속됐다. 급기야 대통령과 정부의 독선과 무능, 국민과의 소통 부재가 종국에는 국민들의 저항을 초래하고 만 것이다. 결국 이 임기 초반의 문제들로 말미암아 정권의 실패는 물론 대통령 탄핵과 구속까지 초래한 최대 걸림돌이었기 때문에 문재인 정부는 이를 교훈으로 삼아 실패를 절대 되풀이해서는 안 될 것이다.

작년 미국에서 중앙정부든 지방정부든 새 정부가 출범해서 일정한 기간이 경과한 후 그 성공과 실패를 분석한 세 권의 책이 출간돼 큰 화제가 된 적이 있다. 다시 한번 꼼꼼히 읽어 보니 선진국도 새 정부 출범 초기에 이미 숱한 어려움을 겪었고, 그 문제에 대해 많은 고민과 연구를 통해 해결 방법을 찾아가고 있음을 재확인하게 됐다. 물론 그 방법들은 정부가 새롭게 출범할 때마다 실제 활용되고 있다. 이 세 권의 책에서 밝힌 요지를 정리해서 소개하면 새 정부가 출범할 때마다 우리도 큰 도움을 얻을 수 있을 것이다.

『왜 정부는 자주 실패하는가』

슈크(Peter H. Schuck)가 쓴 『왜 정부는 자주 실패하는가(*Why Government Fails So Often*)』라는 책에서는 정부가 모든 문제에 간섭해서 직접 해결해 가려 할수록 오히려 사태를 악화시켜 더 깊은 늪에 빠지게 되는데 국민들은 깨닫지 못하고 있다고 경고한다. 국민들은 새 대통령을 마법사 그리고 정부의 힘을 신앙처럼 믿고 그들이야말로 이번에는 그간에 쌓인 적폐와 경제적 불평등의 문제들을 끝장내 줄 것으로 기대하지만, 늘 새로운 문제들만 다시 만들어 낸 채 실패했다는 것이다.

"우리가 모두 해결해 줄 수 있다"는 구호를 외친 정치가가 영웅으로 추앙받는 시대에 살고 있지만, 진정한 영웅은 오히려 국민들이고, 우리 개개인들이 문제를 스스로 해결할 수 있도록 정부가 나서야 한다는 사실이다. 문재인 정부도 지난 선거 과정에서 수많은 공약을 제시했고, 할 수 있다고 약속했다. 그러나, 정부가 모든 일을 다 할 수도 없고, 또 해서도 안 된다는 인식이 앞서야 한다. 국민들은 대통령과 정부를 '슈퍼맨'으로 보고 일방적으로 기대하는 것도 금물이다. 멀지 않아 그 생각과 기대는 실망과 분노로 끝난다고 저자는 강조한다.

『정부의 첫 90일』

왓킨스(Michael Watkins), 리비스(Cate Reavis), 데일리(Peter H. Daly)가 쓴 『정부의 첫 90일(*The First 90 Days in Government: Critical Success Strategies for New Public Managers at All Levels*)』이라는 책에서는 모든 정부는 출범한 첫 90일이 그 성패를 좌우한다고 강조한다. 정부 각 부처의 책임자들은 이 기간 내에 부처의 목표 정립과 일체감 형성, 팀워크와 네트워크의 구축 등을 분명히 해야 한다. 그리고 나서 가급적 국민들이 현장에서 체감할 수 있는 성과물을 빨리 만들어 내는 일이 중요하다. 여기에는 국민들과의 다양한 소통을 통한 공감과 지지의 확대, 그리고 꾸준한 자기학습과 자기혁신이 반드시 전제돼야 한다. 이 점을 소홀히 한 것이 지난 정부 실패의 가장 큰 이유다.

『낡아빠진 국가』

돈, 시간, 정보가 부족한 결핍의 시대에는 현재의 자원으로부터 더 많은 지능과 능력을 끌어내는 리더가 필요하다는 것이 샘스(Gregory Sams)가 쓴 『낡아빠진 국가(*The State is Out of Date: We can Do It Better*)』라는 책의 결론이다. 그 리더는 바로 멀티플레이어로서 스스로가 천재가 아니라 천재들을 만들어 내는 사람이다. 여기에 느낌과 본능만으로 독단적 결정을 내렸던 부시(George W. Bush) 전 미국 대통령과 현 트럼프(Donald J. Trump) 대통령, 그리고 참모들과의 격렬한 토론을 통해 합의를 유도해 가는 오바마(Barack H. Obama) 전 대통령이 비교된다. 정부가 독단적인 결정에 빠지거나, 대통령의 생각에 비판 없이 동의해 버리는 치명적 오류를 방지하기 위해서는 당연히 멀티플레이어 오바마가 정답이다.

새롭게 출범한 문재인 정부도 우리보다 앞서 경험한 외국 정부들의 시행착오와 교훈을 통해, 반드시 성공하는 정부가 되기를 국민들과 함께 기대해 본다. 지금까지 문 대통령이 5·18 기념식, 고(故) 노무현 대통령 추도식, 그리고 현충일 추념식에서 국민들에게 전달한 국민 통합의 메시지는 감동적이다. 대통령이 보여 준 겸손과 배려, 경청과 소통의 리더십도 국민들의 마음을 사기에 충분했다. 지금부터는 "기회는 평등하게, 과정은 공정하게, 결과는 정의롭게" 이뤄지는 나라다운 나라를 만들기 위해서 무엇보다 출범 90일 이내에 새로운 국정 운영의 틀과 방식을 구축하는 일이 제일 중요하고 시급하다.

2. 수도권과 비수도권 간 격차 시정해야

수도권과 비수도권 간 격차 심화

작년, 정부가 국회에 제출한 자료에 따르면, 지방으로 옮기는 수도권 기업이 빠르게 감소하는 추세로 나타나고 있다. 정부가 지방으로 이전하는 기업에 지원하던 입지보조금을 대폭 줄이면서 빚어진 결과다. 게다가 정부가 내놓은 공장 신·증설 및 산업단지 활성화를 위한 개선 대책도 수도권 규제 완화 정책으로 비춰지면서 기업들의 지방 이전이 끊기고 있다. 이 같은 여파로 기업들의 지역 투자는 대폭 삭감되고 있다. 결국, 일자리가 없어서 수도권으로 떠나는 비수도권 청년들은 대폭 늘어나고 있는 실정이다.

지난 2008년, 이명박 정부는 과밀 억제 및 성장관리권역 내 기존 공장 증설과 첨단업종 입지 규제를 크게 완화시킨 바 있다. 그런가 하면, 박근혜 정부도 기업 이전 시 필요한 설비투자보조금을 조금 늘리는 대신, 지원 금액이 큰 입지보조금을 줄이면서 수도권 기업들은 지방 이전의 필요성을 전혀 느끼지 못했다. 물류비용과 인력 수급 문제를 감수하면서까지 지방에 내려올 이유가 없기 때문이다. 경제자유구역 내 공장총량제 적용 배제와 항만공항 배후지 개발 제한 완화 등의 정책도 마찬가지다. 특히, 지방에서 수도권으로 U턴하는 기업에 인센티브를 제공하겠다는 발상은 비수도권 지역을 포기한다는 뜻으로 봐도 지나치지 않다. 더 큰 문제는 수도권 규제 완화가 획기적으로 바뀌지 않으면 앞으로도 이 같은 상황이 지속된다는 사실이다. 수도권과 비수도권의 공생은 이미 잊혀져 가고 있는 셈이다.

박근혜 정부는 새로운 지역발전정책으로 지역 주민의 삶의 질 개선 중심의 '지역 희망(HOPE) 프로젝트'를 제시한 바 있다. 이후 지역행복생활권을 확정했고, 지역 주도로 지역별 발전 전략을 수립해 사업을 발굴했다. 정부는 지역 요구가 높고 주민 불편 해소와 삶의 질 개선 효과가 높은 사업을 중점 지원해 왔다. 또한, 지역 주민이 체감할 수 있는 사업을 중심으로 지역 발전의 비전과 정책을 중앙부처와 시·도의 실천계획으로 구체화한 '지역발전 5개년계획'을 수립한 바도 있다.

그러나, 지난 정부는 그 임기가 다할 때까지 수도권과 비수도권 간의 격차와 불균형은 더욱 심화된 채 공생의 길을 찾지 못하고 말았다. 오히려, 이 문제 해결에 대해 국민의 기대와 신뢰를 크게 얻지 못한 가운데 대통령의 의지와 정부가 내놓은 정책들에 대한 평가는 대단히 부정적이다. 그렇다고 어지러운 국제환경으로 그 탓을 돌리기에는 국민들 눈에 궁색할 수밖에 없다는 평가를 받고 있다.

세종시의 성과와 문제점

2012년 7월 1일, 세종특별자치시로 출범한 세종시가 계획대로 정부청사 이전과 각종 부대시설이 속속 들어서면서 드디어 인구 25만을 넘어섰다. 세종시는 2020년에 30만, 그리고 2030년에 50만의 인구를 목표로 하고 있기 때문에 일단 규모면에서는 순탄하게 진행되는 것처럼 보인다. 그러나 세종시는 신행정수도에서 행정중심복합도시 그리고 현재의 세종특별자치시에 이르기까지 그 숱한 우여곡절과 난관 속에서 분명한 목표와 역할을 부여받고 태어난 도시다. 즉, 세종시는 수도권의 과도한 집중에 따른 부작용을 시정하고, 국가 균형 발전 및 국가경쟁력 강화에 이바지하는 것을 목적으로 건설되는 인위적 도시다. 신행정수도가 위헌 판결을 받음으로써 할 수 없이 서울과 세종시 간 중앙정부 부처를 나눠 분산, 배치시키는 어려운 결단을 국회와 국민들이 내린 것이다. 그 이유도 뚜렷하다. 그것은 국가경쟁력을 강화하기 위해 국정 운영의 비효율성보다 수도권 과밀 해소 및 수도권과 비수도권 간의 상생 발전이 더욱 중요하다고 판단했기 때문이다.

그렇다면 출범 5년을 맞는 세종시가 애초부터 부여받은 도시 목적을 구현하면서, 국민적 열망을 담아내고 있는가를 지금쯤은 물어보지 않을 수 없다. 지금까지의 진행 상황을 놓고 본다면, 유감스럽게도 세종시가 국민들이 기대한 대로 제 길을 못 가고 있다고 볼 수밖에 없다. 구체적으로 보자. 세종시 전체 인구는 2012년 말, 10만 3천여 명에서 2017년 3월 말 현재 25만 3천여 명으로 5년 사이 약 150% 증가했다. 그러나 세종시 유입 인구의 전출지를 분석해 보면, 대전·충북·충남이 전체 유입 인구의 60%를 차지하고 있다. 출범 초기인 2013년에는 수도권이 50.7%로 가장 많았지만 2014년 충청권이 57.3%로 수도권 33.9%를 처음 앞지른 뒤 그 격차는 계속 커지고 있다. 앞으로 2017년 말까지 세종시에 2만 이상의 신규 아파트가 공급되면 인근 지역 주민 유입이 더욱 가속화될 전망이다. 세종시가 충청권 인구를 속속 빨아들이는 빨대 현상이 나타나고 있는 것이다.

최근 서울시의 인구는 다행히 줄고 있다. 환영할 만한 일이지만, 세종시 건설로 나타난 효과는 전혀 아니다. 최근 3년간 서울을 떠난 인구는 30만 명을 넘어섰지만, 그 인구는 세종시로 가지 않고 경기도와 인천으로 거주지를 옮긴 것으로 나타났다. 그 결과, 같은 기간에 경기도는 25만 2천 명, 인천은 6만 4천 명이 증가했다. 서울의 전월세 가격이 폭등하고 수도권의 교통 인프라가 더욱 확장되면서 서울의 인구가 경기, 인천으로 빠져나간 결과다. 세종시로 이전한 관련 부처 일부 공무원과 가족 이외의 서울 시민들이 세종시로 이전할 움직임은 아직까지 전혀 감지되지 않고 있다.

만일, 아무런 정책적 조치가 없이 이대로 간다면 세종시 건설이 수도권 과밀 해소는커녕 수도권과 비수도권 간의 격차와 갈등은 더욱 심각해질 것이다. 나아가 충청권은 동반 공멸의 길로 치닫게 될 가능성도 배제할 수 없다. 이런 상황에서 서울-세종 간 고속도로가 연결되면 오히려 주거지는 수도권에 두고 세종시로 출·퇴근하는 수요가 증가하는 등 수도권으로의 집중화는 더욱 심화될 가능성도 고려해야 한다. 세종시 건설은 수도권과 비수도권 간의 격차 문제 해결을 위한 가장 강력하고 효과가 큰 정책이다. 또 그렇게 되도록 해야 한다. 그동안 그렇게 많은 국민적 에너지와 건설비용을 들여 여기까지 온 이상 결코 포기해서는 안 될 것이다. 지금은 세종시가 가야 할 올바른 길을 찾아야 할 때다.

수도권과 비수도권 상생 방안

그동안 정부는 1960년대 이후 '수도권 집중 억제 및 지역 균형 발전'을 위해 수백 가지의 정책을 시도했으나 일관성을 유지하지 못한 채, 언 발에 오줌 누는 격으로 별다른 효과를 보지 못하고 오늘에 이르렀다. 지역 간·계층 간·도농 간 불균형 문제를 하루속히 시정하지 않으면 지역의 분노가 폭발하는 절박한 국면에 접어들고 있다.

물론, 오늘날 다양한 이해관계가 첨예하게 대립되는 어려운 사회환경 속에서 정부의 정책들이 기대하는 만큼 성공적인 성과를 내기란 쉽지가 않다. 그래서 정책의 파급 효과가 전국에 미칠 뿐 아니라, 찬성과 반대가 극명하게 대립되는 정책일수록 계획 단계부터 철저한 분석과 준비가 요구된다. 그러나, 정부가 계속 추진하고자 하는 '수도권 규제 완화정책'들은 충분한 검토와 소통 과정에서 고뇌의 흔적이 보이지 않아 정책의 타당성과 일관성 및 실행가능성을 여전히 확보하지 못하고 있다는 것이 전문가들의 공통된 지적이다.

지역발전정책이 성공하기 위해서는 지방정부와 지역사회가 상당한 독립성과 자율성을 보장받는 이른바 '지방분권형 국가 경영 체제'의 구축이 반드시 선행돼야 한다. 분권형 선진국가 건설을 국정의 최우선 과제로 삼고 분권과 자치에 높은 의욕을 보인 바 있는 지난 정부들도 결국 '중앙집권형 국가관리 체제'에서 벗어나지 못했기 때문에 대부분의 지역정책은 실패하고 말았다. 따라서, 새 정부가 아무리 바람직한 지역정책의 목표와 방향을 설정해도 그것을 경영하는 방식이 지난 정부들과 획기적으로 다르지 않다면 지난 정부와 똑같은 과오를 되풀이할 수밖에 없음을 직시해야 한다.

정부의 지역발전정책이 효과도 내기 전에 또다시 수도권 규제 완화를 추진한다면 수도권과 비수도권 간의 갈등은 국가 발전을 저해할 만큼 심각해질지 모른다. 국가의 주요 정책은 정치 논리로 해결해서는 절대 안 된다. 모든 정책은 추진 시점이 생명이다. 무리한 수준에 이르는 수도권 규제 완화는 아직 시기상조다. 저성장 시대에 수도권 규제 완화가 제2의 투자라는 주장은 득보다 실이 훨씬 많다. 수도권 규제 완화는 비수도권 자립 기반 붕괴와 직결된다. 따라서, 당장은 아사 직전의 지방과 지역부터 살려 내야 한다.

더욱이, 지역균형정책은 중앙정부가 그 내용을 결정하고 관리해 나가는 종전의 방식에서 지방정부가 주체가 돼 결정하고 추진하는 가운데, 중앙정부는 지원하고 조정하는 방식으로 전환해야만 성공을 거둘 수 있다. 새 정부는 수도권과 비수도권 간 갈등 해소를 위해 비수도권이 수용할 수 있는 종합적이고 실현 가능한 지역발전정책을 제시하고, 적극적인 입장에서 양자 간 대타협을 시도하는 것이 바람직하다. 수도권 규제 완화를 획기적인 지방분권정책과 상호 교환하는 것도 그 대안이 될 수 있다. 서로 평행선을 달리고 있는 수도권과 비수도권의 합의를 이끌어 낼 수 있기 때문이다.

특히, 지난 정부들에서 지역 균형 발전과 지방분권을 병렬적으로 추진하는 것이 한계가 있다는 것이 입증된 만큼 앞으로는 양 정책이 순환적이고 통합적 관계가 유지될 수 있도록 새 정부의 추진 체계는 재정립돼야 한다. 이를 위한 콘트롤 타워로 대통령 직속 '지방분권 · 균형발전추진위원회'의 설치가 바람직하다. 현 지방자치발전위원회나 지역발전위원회는 대통령 자문기구이기 때문에 그 권한과 역할에 한계가 있다. 향후 지방분권・균형발전추진위원회가 지방분권과 지역 균형 발전을 체계적이고 효과적으로 추진하려면 실질적인 책임과 권한을 부여하는 한편, 총괄적 지원 기능을 보완하거나 관련 조직을 재정비해야 할 것이다.

요컨대, 지역발전정책은 중앙부처 중심의 집권적・시혜적 정책에서 지역 중심의 자율적・분권적・종합적 정책으로 전환돼야 한다. 새 정부 지역발전정책의 목표이자 수단은 지역 인재 육성과 인적 자원의 개발에 둬야 함은 물론이다. 문재인 정부는 지역의 균형 발전을 위해 수도권과 비수도권이 어떻게든 상생의 해법을 찾아야 한다. 1960년대 이래 좀처럼 달라지지 않는 수도권 중심 지역발전정책의 적폐를 풀어가야 한다. 그것이 바로 국민 화합과 통합의 길이요, 정부의 지역정책에 대한 지역민들의 기대와 신뢰를 회복하는 지름길이기 때문이다. 수도권과 비수도권의 격차를 반드시 시정하겠다는 대통령의 강력한 의지와 정부의 현명한 판단과 진정한 지역균형정책을 다시 한번 기대한다.

3. 지방자치와 분권 강화로 새 국정 열어야

짧은 기간 숱한 우여곡절 끝에 대통령선거가 대단원의 막을 내리고 2017년 5월 10일, 문재인 정부가 국민들의 큰 기대 속에 출범했다. 한동안 대한민국은 대통령이 부재한 가운데 국정은 혼돈에 빠져 있었고, 안보와 경제는 암흑 속에서 갈 길을 잃고 지내 온 실정이었다. 그야말로 국가의 총체적 위기 속에 드디어 새 정부가 출범한 것이다. 정권 초반 국민들에게 보여 준 문 대통령의 대국민 통합의 메시지 그리고 겸손과 배려, 경청과 소통의 리더십은 국민들의 지지를 얻기에 충분했다. 그러나 이제 시작일 뿐 숱한 난제들이 새 정부를 기다리고 있는 상황이다. 따라서, 임기를 시작한 새 대통령은 빠른 시일 내에 종전의 국정 운영을 뜯어고쳐야 한다. 그래서 국민의 아픔과 함께하는 착한 국정, 국민에게 희망을 주는 좋은 국정, 그리고 국민과 소통하는 강한 국정을 통해 원칙과 상식이 통하는 사회를 만들어야 한다. 이것이 곧 지난 대선 과정에서 보여준 국민의 준엄한 뜻이다.

1987년 민주화 이후에도 국정 운영의 기본 틀은 중앙집권 그것도 청와대 중심에서 크게 변하지 않아 왔다. 그동안 청와대가 중심이 돼 추진해 온 경제 혁신, 국민 안전, 공공 개혁들은 모두 중앙집권만을 더욱 공고히 하고 말았다. 모든 권력이 청와대로 집중될수록 그 결과는 국정실패와 국가 위기로 나타났다. 따라서, 문재인 정부가 성공하기 위해서는 국정 의제를 본격적으로 시행하기에 앞서서 국정 운영의 틀과 방식을 과감하게 바꿔야 한다. 국정 운영의 틀은 청와대 중심의 중앙집권적 통제 체제에서 지방분권형 협력 체제로 바뀌야 한다. 그리고 그 운영 방식은 투명과 공개, 소통과 협치 중심이 돼야 할 것이다.

문 정부에서도 지방자치와 분권은 이제 피할 수 없는 시대적 소명이자 어렵지만 가야 할 길이다. 분권화를 향한 선진국의 공통적인 추세, 산업화와 민주화를 넘어 선진국으로 가야 하는 한국의 국가 발전 단계, 그리고 성숙해진 국민들의 민주시민 의식 수준을 놓고 볼 때, 아직도 극복하지 못하고 있는 '중앙집권형 국정관리 체제'를 이제는 과감히 타파해야 한다. 그래야만이 지역의 경쟁력을 강화시켜서 소외와 격차 없이 국가의 경쟁력 강화와 함께 국민 통합의 꿈이 실현 가능해질 것이다. 더욱이, 문 정부의 자치와 분권 및 균형을 위한 지역정책이 성공하기 위해서는 지방정부와 지역사회가 상당한 독립성과 자율성을 보장받는 이른바 '지방분권형 국정 경영 체제'의 구축이 반드시 선행돼야 한다.

이 목표를 이루기 위해 무엇보다 중요한 것은 대통령과 중앙정부 공무원 및 중앙정치인들의 강력한 자치와 분권 의지를 재인식하는 일이다. 그리고 지역주민 모두는 지방자치의 중요성과 필요성을 다시금 되새기면서 지방자치를 우리 사회에 뿌리내린다는 확고한 신념을 확립하는 동시에 대내·외적으로 지방자치의 성실한 이행을 다짐해야 하는 중요한 시점에 놓여 있다. 이러한 여건 속에서 앞으로 지방자치와 분권 및 균형 발전이 문 정부에서 반드시 성공을 거두기 위해 우선 다음과 같은 준비와 노력을 기울여 줄 것을 제안한다.

첫째, 미래 지역사회의 창의성과 자율성을 기초로 한 지역 발전의 비전과 목표를 명확히 정립해서 지역 주민들과 공유해야 한다. 지역 주민들이 지방자치와 분권을 통해 좀 더 활력있는 지역사회에 대한 확실한 기대와 의지가 전제돼야만 지방자치와 분권은 더욱 촉진될 수 있기 때문이다. 이를 위해 주민들의 직접참정제도가 더욱 활성화돼야 하기 때문에 현행 주민투표제, 주민소환제, 주민소송제를 현실에 맞게 개선해야 한다. 주민들의 자치 의식 제고를 위한 주민교육도 실질적으로 확대·강화시켜야 한다. 지방자치단체도 지방정부로 그 용어와 기능을 전면 개편해야 할 것이다.

둘째, 기로에 선 한국 지방자치와 분권이 바른 길을 가기 위해서 헌법적 길잡이를 요구하고 있다. 우리나라의 지방분권 논리는 연방국가 체제가 아닌 자유민주주의 체제를 기본으로 하는 단일 국가 체제의 틀 속에서 제시해야 한다. 자유민주주의를 확고히 하기 위해서는 우리 사회도 획일적 지방자치제도를 지양하고, 지역 특색에 맞는 다양한 지방자치제도를 추진하는 것이 필요하다. 이를 보장하기 위해서는 헌법을 개정해서 지방자치와 분권의 정신을 헌법 전문과 제1조에 천명하는 동시에 자치입법권을 비롯한 지방자치단체의 종류, 기관구성과 기능, 지방재정 그리고 주민의 위상과 참여 등이 헌법에 명시돼야 한다.

셋째, 일반자치와 교육자치의 연계 및 자치경찰제의 실시를 위해서는 체계적이고 단계적인 접근이 필요하다. 현실적으로 자치단체장의 교육 권한이 없는 상황에서 일반자치와 교육자치의 연계는 쉬운 일이 아니다. 따라서, 지방자치단체와 교육청 간의 인사 교류를 확대하고 교육사업의 운영 및 지원과 관련해야 기관 간에 사전 협의가 필요하다. 특히 지방자치단체의 교육청에 대한 재정지원과 관련된 사무와 권한은 자치단체장에게 이양하는 방안을 우선적으로 고려해야 할 것이다. 근본적으로는 교육자치의 틀을 재정비하고 주민직선제의 교육감선거도 재검토가 필요하다. 또한, 시군구 주민생활 서비스 중심의 자치경찰제는 법안 마련 등 실무 준비를 오래전에 완료했으나, 국회에서 법안 심의 지연으로 그 실시가 이뤄지지 못하고 있다. 새 정부에서는 자치경찰제의 도입을 통해 지역 밀착형 치안 서비스가 제공되도록 해야 한다. 그래서 지방교육과 치안이 주민들의 참여와 통제 하에 들어와야 명실상부한 지방자치가 이뤄질 것이다.

대체로 집권 100일 내에 새 정부의 성패가 결정난다고 한다. 문 정부에서 안보와 경제 위기 극복, 적폐 청산 그리고 국민 통합을 이루기 위해서는 지방자치와 분권의 강화를 중심으로 한 국정의 틀과 방식을 근본적으로 개조하는 일부터 시작해야 성공으로 시작해서 성공으로 끝나는 정부가 될 것이다.

4. 분권과 자치로 국정의 틀을 개조해야

2014년 4월에 발생한 세월호 참사의 엄청난 희생, 그리고 2015년 전국을 위험과 혼란으로 내몬 메르스 사태를 통해 우리 국민은 정부라는 집단 자체가 무능하다는 사실을 비로소 알게 됐다. 게다가 국가와 사회의 모든 문제를 관료들끼리만 해결하도록 맡겨서는 안 된다는 사실도 뒤늦게 깨달았다. 선진국에서는 벌써 문제가 생길 때마다 정부가 나서서 해결할 수 있다는 정설이 안 통한 지 오래됐다. 왜냐하면, 현대 사회에서 모든 문제를 정부가 간섭해서 혼자 해결하려 할수록 오히려 사태를 악화시켜서 더 깊은 늪에 빠지게 됨을 알았기 때문이다.

정부의 관리 시스템 그리고 이를 운영하는 관료들의 전문성과 능력은 이미 오래전부터 민간 부문에 뒤지기 시작했다. 즉, 집단지성으로 무장한 기업과 시민사회가 정부를 앞선 것이다. 그럼에도 관료들은 낡은 법과 제도로 그리고 '관피아'라는 탄탄한 부조리 구조를 통해 억지로 국민을 규제하고 통제해 왔다. 게다가 국정 시스템을 개조하지도 활용하지도 못하는 대통령과 그를 둘러싼 삼류도 안 되는 비선 실세들이 국정을 좌지우지했다 하니 더 말할 나위가 없다.

정부는 공권력이다. 그리고 정부는 비효율 그 자체다. 이 공권력을 공식 라인을 무시하고 비선 중심으로 비효율적, 비정상적으로 사용할 때 문제는 심각해진다. 따라서, 정부가 모든 문제를 해결해야 하고, 또 할 수 있다는 오만한 관료주의 발상은 이제 과감히 버려야 한다. 더욱이 검증도 되지 않은 형편없는 비선(秘線)들이 공권력을 사유화해 버린 이 기막힌 적폐들은 이제라도 청산해야 한다. 정부는 스스로의 무능과 한계를 인정하고, 정부보다 훨씬 똑똑해진 민간 부문과 어떻게 협력해야 할지에 대한 고민을 진지하게 시작할 때가 됐다.

지난 정부들의 국정 운영의 기본 틀은 중앙집권, 그것도 청와대 중심에서 크게 벗어나지 못했다. 그동안 청와대가 중심이 돼 추진하고 있는 국민 안전, 경제 혁신, 공공 개혁들은 모두 중앙집권을 더욱 공고히 하고 말았다. 모든 권력이 청와대로 집중될수록 고인 물이 썩듯이 반드시 썩는다. 절대 권력은 절대 부패하기 때문이다. 그로 인해 나타난 국정실패와 마비의 책임은 모두 대통령 개인이 져야 한다. 그리고 그 폐해는 국민 모두에게 돌아간다. 그럴 때마다 국정과 국가는 혼돈과 위기로 치닫는다. 아무리 뛰어난 리더라고 하더라도 1인이 국가조직을 통제하고 관리하는 시대는 지났다. 정부 내 옥상옥의 조직을 아무리 만들어 감시해도 소용없다. 하물며, 터무니없는 비선 실세까지 설친 상황에서 썩을 대로 썩고 낡을 대로 낡은 대통령과 청와대 중심의 국정 운영 방식은 이미 언젠가는 터질 참사의 원인을 잉태하고 있었던 것이다.

관료주의의 반대는 민주주의다. 이 전대미문의 사건을 계기로 대통령과 관료가 주인이 아니라 국민이 진정한 대한민국의 주인이 되는 민주주의를 회복해야만 국민들의 실망과 분노가 가라앉을 것이고, 국가는 정상을 찾을 것이다. 이를 위해 국회 주도 하의 거국중립내각을 구성해서 더 늦기 전에 대한민국의 국정을 개조해야 한다. 그저 총리와 청와대 참모진과 비서진만을 교체한다고 해결될 일은 결코 아니다. 대통령만 새로 뽑는다고 달라질 일도 더더욱 아니다. 무엇보다 중요한 일은 현 국정 운영의 틀과 방식을 과감하게 바꾸는 일이다. 국정 운영의 틀은 청와대 중심의 중앙집권적 통제 체제에서 지방분권형 협력 체제로 바꿔야 한다. 그리고 그 운영 방식은 투명과 공개, 소통과 협력 중심이 돼야 할 것이다.

이번의 충격적인 사건에서 두 가지를 얻은 실익은 있다. 하나는 바로 지방자치의 필요성을 확인한 성과다. 즉, 이 중앙 정국의 혼란과 위기 속에서도 그나마 우리 사회가 안정을 유지하면서 해결 방안을 찾을 수 있는 분위기가 형성돼 있는 것은 지방자치라는 토대가 있기 때문이다. 만일 지방자치를 하지 않은 채 대통령으로부터 임명된 지방행정기관의 장으로 국정이 운영됐다면 아마도 국가 전체가 마비됐을 것이다. 그것이 바로 지방자치를 실시하는 이유다. 중앙 정국의 혼란과 불안 발생 시 이를 최소화해서 민주주의의 틀을 지킬 수 있는 것이 바로 지방자치다. 물론 지방자치는 많은 비용과 에너지를 소요하지만 이를 외면하거나 축소할 때 나중에 치러야 할 위기관리 비용은 감당이 안 되거나 엄청나게 크게 불어날 것이라는 사실을 이번 기회에 인식하는 계기가 됐다. 동시에, 대한민국의 주인은 국민이라는 인식도 지방자치를 통해 더욱 견고해졌음을 촛불 시위를 통해 토해 낸 민중의 함성에서 확인한 점도 절망 속에서 건진 또 다른 값진 소득이 아닐 수 없다.

강조컨대, 민주주의와 지방분권과 자치에 기초한 국정 개조가 이번만큼은 반드시 이뤄질 때, 비로소 제2의 세월호와 메르스 사건도, 그리고 청와대 속에서의 비선 실세의 국정농단도 사라지게 될 것이다.

5. 재난 위기에는 예방행정이 필수

지난 2014년에 발생한 세월호 사고와 2015년의 메르스 사태에 이어 2016년의 경주, 그리고 2016년 10월 태풍 차바로 울산에서, 2017년의 포항에서 지진 등 재난사고들이 잇달아 발생했다. 그 결과 귀중한 인명 피해와 엄청난 재산상의 손실을 초래한 바 있다. 앞으로도 우리가 예상하지 못한 큰 재난들이 자주 발생할 것이다. 즉, 사회구조가 점점 복합적인 양상을 띠면서 대형사고나 자연재해 같은 전통적인 재난 위기와 더불어 21세기형 신종 위기들이 우리 사회에 나타나고 있어서 위기관리를 더욱 어렵게 하고 있는 실정이다. 그럼에도 정부는 재난 위기에 제대로 대처하지 못하고 있어서 국민들의 불안감은 커지고 있다. 최순실 사건으로 잠시 잊고 있을 뿐 결코 소홀히 할 수 없는 중대한 국가 문제다.

우리 모두에게 엄청난 충격과 슬픔을 안겨 주는 대형 재난의 원인은 여러 가지가 복합적으로 연계돼 있다. 그럼에도 불구하고 개발 논리에 밀려 체계적인 위기관리 시스템을 구축하지 못한 중앙정부와 지방자치단체에 일차적인 책임이 있다. 이와 함께 위기관리를 확보하기 위해서는 '불편하고 돈이 드는 것'이라는 기본 상식을 무시해 온 사회구성원 모두의 책임이기도 하다. 이제는 효과적인 위기관리가 없으면 어느 누구도 더 이상 살아남을 수 없다. 위기관리는 곧 사회구성원 모두의 생존 전략이 된 것이다.

일반적으로 위기 상황은 시간, 지식과 정보 그리고 돈이 부족할 때 발생한다. 특히 현대 사회에서 이 세 가지는 늘 부족하다. 그래서, 사회는 늘 위기 상황에 놓여 있을 수밖에 없다. 그만큼 위기를 예측해서 대비하는 일이 일상화돼야 함을 의미한다. 특히 오늘날의 재난은 이 세 가지 요건을 다 포함하고 있는 만큼 더욱 철저히 예방하는 것이 기본 전제가 되고 있다. 위기는 예측 가능한 위기와 전혀 예측 불가능한 위기로 나뉜다. 대부분의 위기는 예측 가능한 위기로서 사전에 준비를 철저히 해 두면 그 피해를 극소화시킬 수 있다. 미래에 일어날 수 있는 위기를 예측하고, 초기에 가능한 범위까지 완화시키는 데 가장 필수적인 위기관리 전략이 바로 위기관리 매뉴얼을 만들고 계속 수정·보완해 나가는 것이다.

즉, 위기관리 전략의 핵심은 위기관리 매뉴얼에 입각한 예방행정이다. 예방행정은 현대 행정에서 제일 강조하는 것으로서 미래를 대비하는 행정이다. 그것은 여러 시나리오에 따라 발생할 위기와 문제를 극소화시키는 대안과 행동지침을 마련하는 것이다. 설령 가상적인 시나리오가 현실로 나타나지 않아서 준비된 계획과 전략들이 실행되지 않는다 하더라도 그것은 쓸모없는 낭비가 되는 것이 전혀 아니다. 오히려 미래를 대비하는 행정의 모습은 추후 행정에 대한 주민들의 신뢰성 확보는 물론, 앞으로 발생할지 모르는 다양하고 복잡한 위기에 대처하는 데 모범적인 사례와 교훈이 될 것이다.

따라서, 우리 사회에 재난·재해 없는 안전한 도시를 만들기 위해 무엇보다 시급한 것은 위기 유형별 시나리오에 근거한 위기관리 매뉴얼을 만들고, 그것에 따라 정기적인 모의훈련을 계속함으로써 완벽한 준비 상태를 갖추는 것이다. 무조건적인 반복 훈련이 아니라 실습 효과를 극대화할 수 있는 교육 시스템을 통해 위기관리 능력을 제고해 나가야 함을 말한다. 이것이 바로 위기관리의 3P다. 3P는 재난 예방행정의 3요소로서 준비된(Prepared), 사전 대응적(Pro-active), 그리고 모의훈련(Practice)을 반복하는 행정을 일컫는다. 여기서 중요한 것이 신속한 복구와 부흥을 위한 위기관리 계획을 수립하는 동시에, 사고대책본부의 설치, 구호 및 구조활동, 응급의료 시스템, 대피시설 및 구호물자의 비축 시스템 등 재난관리에 대한 중앙정부와 지방자치단체가 상호 역할 분담 체제와 기능을 합리적으로 재정립하는 일이다. 나아가 지금까지 관(官)이 주도한 재난관리를 국민 모두가 동참하는 민 · 관 협력적인 위기관리 체제로 전환해야 효과적인 재난 예방행정이 구축되는 것이다.

이제는 재난 · 재해를 더 이상 피할 수 없는 천재나 우연의 사고로 인식해서는 안 된다. 일본 고베(神戶) 시가 지진 발생을 교훈으로 새로운 도시 만들기에 성공했을 뿐만 아니라, 미국 뉴욕 시도 9 · 11 테러 이후 안전한 도시 만들기에 총력을 기울이고 있다. 우리도 위기관리와 예방행정의 구축으로 21세기 한국형 첨단 안전도시를 가꾸는 데 지금부터 최선을 다해야 할 것이다.

6. 국가와 지역을 이끌 새 리더십

대통령선거는 정치적으로 두 가지 큰 특징이 있다. 첫째는 진보 또는 보수 정권이 10년을 넘어 정권을 재창출하느냐, 아니면 야당이 정권을 뺏어 올 수 있느냐는 점이다. 그리고 지난 정치에서는 여전히 정립하지 못한 대통령의 새 리더십을 과연 창출해 낼 수 있느냐는 점이다.

이러한 상황 속에서 지금 우리 국가 사회는 안보적 위기, 정치적 혼돈, 경제적 어려움, 사회적 분열 그리고 지도자들의 도덕적 해이로 인해 국민들은 신뢰할 만한 리더의 출현을 다시 한번 간절히 기대하고 있다. 유능한 리더가 나와서 국민들에게 꿈과 희망을 주고 급변하는 국내외의 환경에 슬기롭게 대처하기를 갈망하고 있는 것이다.

전국의 지역사회도 마찬가지다. 지난 몇 번의 선거로 인해서 지역은 지역마다 갈라지고 흩어져서 발전의 동력을 잃은 지 오래됐다. 중앙정부는 국책사업의 선정이나 예산 유치 과정에서 지역끼리 사생결단의 경합을 벌이게 함으로써 지역 간 협력의 분위기는 상실되고 말았다. 더욱이, 자기 지역·집단 출신 인사들을 중앙 요직에 심기 위한 계파 중심의 노골적인 지역·집단이기주의는 더욱 기승을 부리고 있는 실정이다.

그럼에도 불구하고, 그간 리더들은 국가 전체는 물론 지역의 화합과 통합에 대해서 제대로 시도조차 하지 않은 가운데 자기 계파와 지지 세력의 결속만을 다지면서 다음 선거에 임하고 있다. 유권자들에 대한 긴장감이 사라진 결과다. 그저 줄 잘 서고 바람 타서 선거에서 승리하면 그만이지 국가와 지역의 발전과 국민의 미래는 관심 밖이 되고 말았다. 그러나, 이제는 다르다. 국가와 지역 모두 새로운 리더십을 갖춘 리더가 우리들을 이끌기를 국민들은 간절히 원하고 있다. 국가와 지역은 변하고 있고, 또 변해야 한다고 믿기 때문이다.

그동안 국가마다 지역마다 위기는 수도 없이 많았고, 오뚝이처럼 다시 일어선 곳은 강한 나라와 선진 지역이 됐다. 그 위기를 극복한 가장 큰 힘의 원천은 구시대의 낡은 사고방식과 관행을 과감히 타파하고, 새 시대의 질서를 만들어낸 리더들의 빛나는 지혜와 용기였다. 그것이 바로 새로운 리더십을 요구하는 이유다. 리더가 아무리 바뀌어도 리더십이 달라지지 않으면 정치도 사회도 결코 바뀌지 않는다는 사실에 이제 더 많은 시행착오가 필요하지 않다.

우리 국가와 지역이 공통적으로 요구하고 있는 새로운 리더십은 첫째, 미래의 비전을 제시하고 공유하는 리더십이다. 뭐니뭐니 해도 지도자의 제일 큰 역량은 미래를 보는 혜안, 그리고 그 미래상에 대한 국민적 공감대 형성이다. 미국의 루스벨트(Franklin D. Roosevelt) 대통령, 싱가포르의 리콴유(李光耀) 총리 모두 국가와 민족의 미래를 제시하고, 국민적 공감대 형성에 성공함으로써 국가위기를 극복했다. 우리 국가 지도자는 기껏해야 5년, 지역의 지도자도 겨우 4년 후 선거만 보려는 데서 벗어나 최소한 10년 내지 20년 후의 미래를 보고 국가와 지역을 끌어 나가야 한다.

둘째, 포용의 리더십이다. 한국의 다음 대통령은 기존 세대와 신세대 간의 통합을, 영·호남 간의 화합을 그리고 수도권·비수도권 간의 상생을 이끌 리더십이 없다면 지도자로서의 자격이 없다. 지역 역시 분열과 대립에서 화합과 통합을 끌어낼 포용의 리더십이 없는 사람은 더 이상 선거에 나서지 말아야 한다. 자기의 정적은 물론 원수까지 가장 중요한 보직에 임용시켜 국민을 화합시킨 제갈공명이나 링컨(Abraham Lincoln) 대통령을 귀감으로 삼기 바란다.

셋째, 협력과 소통의 리더십이다. 중앙정부든 지방정부든 제왕적 리더가 혼자 끌고 가던 시대는 이제 끝났다. 급속한 고령화, 여성의 사회 진출 확대, 그리고 기존 세대와 다른 특성을 지닌 신세대의 부상은 상호 신뢰을 바탕으로 한 협력과 새로운 소통 방식을 요구하고 있다. 역사는 영국을 위기에서 구한 처칠(Winston L. S. Churchill) 수상과 독일 국민들을 무참히 희생시킨 히틀러(Adolf Hitler) 리더십의 성패를 가른 요인을 소통과 공감으로 정리하고 있음을 직시해야 한다.

새로운 리더와 리더십은 하루아침에 만들어지는 것이 아니다. 지금은 선거에 뜻을 둔 후보들이 선거 지략이나 지지율에만 몰두할 것이 아니라, 새로운 리더십을 갖춘 신뢰받는 지도자로 거듭나기 위한 자기성찰과 학습에 매진해야 할 때다.

7. 정부가 성공하려면 미래를 봐야

몇 년 전, 세계적인 미래학자 앨빈 토플러(Alvin Toffler)는 "한국은 이미 선진국이지만, 미래에 대한 준비가 소홀하다"고 따끔하게 지적한 바 있다. 게다가 "한국 학생들은 하루 10시간 이상 열심히 공부하고 있지만, 미래에 필요치 않을 지식과 존재하지 않을 직업을 위해 시간을 허비하고 있다"고도 했다. 우리가 당면하고 있는 현실을 제대로 보고 던진 경고가 아닐 수 없다.

미래는 항상 미래에 있지 않고 금방 현실로 다가온다. 따라서, 미래를 잘 예측하고 준비하는 사람이 승자가 되는 것은 당연하다. 반대로 미래에 대한 준비를 소홀히 하면서도 더 나은 미래를 기대하는 사람은 절대로 승자가 될 수 없다. 이것은 개인뿐 아니라 조직, 정부 그리고 국가도 마찬가지다.

역사를 뒤돌아볼 때, 미래를 잘못 예측해서 우를 범한 사례가 너무 많다. "비행기는 장난감일 뿐 군사적인 가치가 전혀 없다"고 전망한 제1차 세계대전 당시 프랑스 사령관은 그 후 참혹한 패전을 초래한 장본인이 됐다. 전화가 통신 수단으로 생각하기에는 너무 결점이 많다고 전화를 발명한 대니얼 벨(Daniel Bell)의 대량 생산 제안을 거부했던 웨스턴유니온 회사(Western Union Company), 그리고 개인적으로 집에 컴퓨터를 가질 이유가 없다고 예측한 올센 디지털 이퀴프먼트(Olsen Digital Equipment)사는 대박의 기회를 놓치고 결국 쪽박을 찼다고 역사에 기록돼 있다.

정부도 다르지 않다. 어느 정부든 "국정 운영을 잘해서 좋은 나라를 만들겠다"고 공언하는 것은 동서고금을 통해서 똑같다. 그럼에도 불구하고 대부분의 정부는 이 약속을 지키지 못한다. 오히려 국민에게 혹독한 욕을 먹고 끝난다. 지난 총선에서 나타났듯이 현 정부와 여당에 대한 국민의 불만은 극에 달해 있다. 이와 같은 상황에 이르게 된 데에는 여러 가지 원인이 있다. 무엇보다 정부가 미래를 보는 눈이 부족했기 때문이다. 국민들의 미래 변화에 대한 열망은 가히 폭발적이다. 국민들은 답답한 현실에서 벗어나 희망찬 미래로 가기 위한 변화를 지속적으로 촉구해 왔다. 그것은 안전한 나라, 특권을 없애는 정치, 불평등을 줄이는 경제 그리고 정의가 살아 있는 사회 구현으로 그 이상도 그 이하도 아니다.

정부가 성공하려면 이러한 사회로 가기 위한 국정 운영이 필요하다. 최소한 그런 노력이 국민들에게 체감돼야 한다. 이를 위해서 국민들이 무엇을 원하는지, 왜 특정 정책에 기를 쓰고 반대하는지를 간파해야 한다. 한마디로 국민들의 마음이 어디에 있는지 잘 살펴야 한다. 현 대통령과 정부는 그간 이 변화에 대한 간절한 염원을 간과했거나 외면하고 말았다. 미래를 보지 않고 과거의 국정 운영 형태를 답습하려 했기 때문이다.

요즘 사람들은 저마다 똑똑하다. 인터넷과 휴대폰으로 무장한 스마트한 대중들은 서로 소통하며 활동 영역을 넓혀 나가고 있다. 자기 의사를 표현하는 데 거침이 없다. 정부가 하는 일마다 시시비비를 가리려고 한다. 이들이 무리지어 집단행동을 시작하면 그 위력은 대단하다. 능력있는 정부라면 이 변화를 예측함과 동시에 이들을 끌어안고 가는 지혜와 전략이 필요하다. 정부의 정책마다 국민들의 의견을 모으는 한편, 반대 의견도 받아들일 건 받아들이고, 받아들이기 어려운 건 그들을 꾸준히 설득해야 한다. 결국, 어떤 지역이나 어느 집단의 특권도 거부하는 신세대 그리고 똑똑하게 변해 버린 고령 세대들과 함께 동반자로 가지 않는 정권은 결국 실패할 수밖에 없을 것이다.

다가오는 미래 사회는 감성사회다. 냉철한 이성이 지배했던 과거와는 달리 따뜻한 가슴이 없이는 누구도 살아남기가 어렵다. 그래서 미래 사회를 인간과 인간 간의 소통과 유대가 강화되고 상대방을 설득하고 배려하는 '아바타의 시대'라 일컫는다. 지금이라도 정부는 좀 더 자유롭고 평등한 세상을 갈구하는 국민들의 마음을 제대로 헤아려야 한다. 그리고 나서 현실에 대해 불만이 많은 국민들을 향해서 무엇부터 해결해 줘야 할지에 대해 진지한 성찰을 다시 해야 할 것이다.

8. 알파고와 현명한 정부

21세기 알파고 시대에는 주어진 모든 일을 무조건 다 처리하려고 하는 '성실한' 정부보다, 국민들이 자발적으로 일하게 하고, 정부가 국민과 같이 공동으로 결정하고 협력해 가는 '현명한' 정부가 최선의 정부가 될 것이다.

옛날 중국 어느 지방에 의욕이 넘치는 군수가 부임해 왔다. 매사에 적극적이고 의욕이 넘치는 이 관리는 부임하자마자 정사에는 뜻이 없고, 오로지 취미인 음악에만 몰두해 낮이나 밤이나 악기를 연주하고 노래를 부르면서 지내다가 임기를 마치게 된다. 지역민들로부터 이런 이야기를 전해 들은 신임 군수는 전임 군수 재임 동안 정부의 기능이 제대로 돌아갈 리 없어서 경제와 치안이 나빠졌을 것이 틀림없다고 생각했다. 그래서 이제부터 자신이 주도해 적극적으로 업무를 보기 시작하면, 경제와 치안이 획기적으로 개선이 돼 자신의 우수함이 여실히 드러날 것으로 기대했다. 그래서 신임 군수는 밤잠을 자지 않고 마을을 돌며 치안을 살피고, 지역의 경제를 살리기 위해서 여러 가지 새로운 정책을 과감하게 도입하는 등 열성적으로 최선을 다해서 일했다고 한다.

그러나, 당연히 나아질 줄 알았던 지역의 치안과 경제가 전임 군수 시절보다 오히려 악화됐다. 절도범은 늘어나고 지역민들의 생활은 더 궁핍해졌다고 한다. 이런 예상치 못한 일이 왜 일어난 것인지 신임 군수 자신은 물론, 하부 관리들조차도 알 수가 없었다. 결국, 신임 군수는 수소문 끝에 공직을 떠난 전임 군수를 만나 그 답을 듣게 된다.

신임 군수로부터 질문을 받은 전임 군수는 빙그레 웃으며 "내가 군수를 맡았던 시절에는 음악에만 심취한 나를 보고, 지역의 사람들이 군수를 믿을 수 없으니 스스로 문단속을 잘하고 자발적으로 열심히 일했다. 반면, 신임 군수인 당신은 모든 일을 알아서 전부 해 주려 하는 것을 보고는 아마도 많은 사람이 군수만 믿고 문단속을 게을리하거나, 전보다도 일을 열심히 하지 않았기 때문일 것이다"라고 대답한다. 다소 과장된 얘기 같지만, 여기에는 오늘날 국가를 이끌어 가는 대통령과 지방정부를 책임지는 지역의 단체장들이 반드시 새겨들어야 할 중요한 교훈이 담겨 있다. 그 이유는 이렇다.

과거의 중국이든 현재의 한국이든, 한 나라의 대통령이든 지방의 군수든, 지도자들은 모두 국민을 최우선으로 하고 국민이 좀 더 안전하고 행복한 삶을 살도록 열과 성을 다해 최선의 노력을 다한다. 그러나, 아무리 국민을 위하고 싶은 마음이 급하고 간절해도, 또 아무리 선거 과정에서 국민에게 약속을 했다 하더라도 정부가 할 수 있는 일이 있는가 하면, 할 수 없는 일이 너무나 많다. 정부가 국민의 모든 문제에 대해 일일이 간섭해서 해결하려 들면, 오히려 사태를 악화시키고, 쓸데없는 일들을 계속 벌이게 되는 깊은 늪에 빠져들게 된다.

다시 말해서, 정부가 할 수 없는 일까지 무리하게 하면 할수록 실질적으로 국민은 물론 기업과 시민사회 활동이 무력해짐으로써 결국 실패와 큰 부담만 안겨 주고 만다는 것이다. 더욱이, 국민이 대통령과 정부를 늘 전지전능한 슈퍼맨으로만 보고 모든 일을 알아서 해 줄 것으로 기대하고 스스로 노력하지 않는다면, 아무리 좋은 정부도 그리고 그곳에서 나오는 아무리 좋은 정책들도 성공을 거둘 수가 없다.

최근 우리 사회에서도 집단지성의 위력을 실감하고 있다. 프로 기사 이세돌과 세기의 대결로 관심을 끈 알파고(AlphaGo)가 집단지성의 힘을 보여 준 극적인 예다. 모두 1,200대의 컴퓨터를 연결한 알파고는 딥 마인드 회사(DeepMind Technologies Limited)가 집단지성을 활용해서 만든 인공지능이다. 알파고의 등장은 집단 내의 가장 우수한 개체보다 집단 전체가 좀 더 지능적이라는 명제를 입증시킨 것이다.

따라서, 국가와 지역 발전의 진정한 주체는 국민이기 때문에 정부는 집단지성을 갖춘 국민과 미래 비전과 발전 목표를 공유하고 상호 소통하며 함께 협력해 나가야만 국민도, 정부도, 정책도 성공할 수가 있는 것이다. 이제 대통령과 정부는 집단지성의 힘을 통해 똑똑해진 다수의 국민이 알파고의 새 시대를 열어 가고 있음을 직시하고 현명해져야 할 것이다.

9. 불평등은 북한 핵만큼 위험하다

대한민국은 지난 반세기 동안 눈부신 성장을 해 왔다. 경제 성장이 부국강병의 토대요, 국민 행복의 지름길이라 믿었다. 그 결과, 1960년 1인당 국민소득 79달러의 최빈국에서 3만 달러 달성을 목전(2만 8,338달러, 세계 28위)에 둔 경제 중진국(GDP 1조 4,351억 달러, 세계 11위)으로 성장했다. 국민소득 3만 달러, 인구 5천만이 가입한다는 '3050 선진국 클럽'에 세계 7번째 주인공이 될 날도 결코 불가능하지는 않다. 대한민국은 정말 거침이 없었고, 세계적인 찬사와 부러움에 한동안 취해 있었다. 그런데 이 성장의 과실(果實)을 온 국민, 특히 서민들이 함께 나누지 못하고 있는 것이 서글픈 현실이다. 최근 성장마저 곤두박질치고 있으니 더 말할 나위가 없다.

오히려, 단군 이래 가장 많이 공부시켜서 제일 똑똑하고 유능한 2·30대 청년, 그중에서 대학 졸업생들의 태반은 백수가 되서 세상을 원망하고 있다. 청년 실업률이 10%를 넘기면서 시간이 갈수록 최고 기록을 경신하고 있다. 그러니까 청년 고용률은 현재 40%대에 머물고 있어서 '이태백'에다 오죽하면 청년 고용시장이 얼어붙은 '고용빙하기' 시대에 들어갔다는 탄식어가 만들어질 정도다. 취업을 포기한 청년들은 연애, 결혼, 출산은 물론 취업, 인간관계와 내집 마련 그리고 꿈과 희망까지 포기한 '7포 세대'라고 스스로를 한탄하며 기성 세대들을 향해 분노한다. 그들은 북한 핵보다 그들의 미래를 더 두려워하고 있다. 그런가 하면, 한참 가족을 부양해야 하는 4·50대 가장들은 실직과 폐업을 걱정하면서 매일 밤 잠을 못 이루고 있다. 그간 허리띠를 졸라매고 국가와 가족을 위해 평생을 바친 6·70대 이상의 노인들은 노인자살률, 노인빈곤율 세계 1위에 노출된 채, 하루하루 힘겹게 보내고 있다고 하니 도대체 뭐가 잘못된 것일까.

지금 선진국들은 계층 간 불평등과 격차 문제가 최대의 이슈로 부각되고 있다. 지난 미국에서 진행된 대통령선거에서도 최대 쟁점은 1%가 독점하고 있는 부(富)의 불평등 문제에 대한 99%의 분노와 저항이었다. "많이 먹었으니 이제 그만 먹어라(Enough is enough)"고 외치는 샌더스(Bernie Sanders) 후보의 돌풍이 이를 말해 주고 있다. 우리나라도 예외가 아니다. 상위 1%의 부자가 전체 부의 3분의 1을 차지하고 있고, 그 부는 금수저를 물고 태어난 자신들의 자녀들에게 거리낌없이 세습된다. 고소득층의 교육비는 저소득층의 8배를 넘기 때문에 가난은 흑수저 아이들에게 그대로 대물림되고 있다. 이제 가난한 부모들은 아무리 발버둥쳐도 개천에서 용을 키울 수가 없다. 도대체 그동안의 경제 성장이 '누구를 위한 성장이었는가'라는 그들의 물음에 우리 체제와 정치권은 답을 내놓지 못하고 있다.

그러면 우리 사회에 이제 희망은 없는가. 그렇지는 않다. 우리는 뒤늦게나마 경제의 양적 성장만으로 국민 개개인이 결코 행복해지지 않는다는 사실을 깨닫기 시작했다. 성장이 저절로 불평등을 시정해 주지 않는다는 사실도 알았으니 그것만도 다행이다. 지금부터는 성장제일주의 집착에서 벗어나 열심히 일한 만큼 대접받는 공정한 사회, 경쟁하다 실패해도 기회를 다시 주는 복지사회, 격차와 소외가 없는 균형사회를 만드는 데 주력해야 한다. 이 중요한 목표가 분명하게 재정립되고, 그 실현을 위한 정치·경제·사회의 개혁이 이뤄지지 않는다면 북한의 핵보다도 더 위험한 상황들이 우리 사회와 체제를 총체적 위기로 몰아넣을 수 있다.

선거 때마다 각 정당들은 격차 해소, 경제민주화와 포용적 성장, 공정 성장의 구호를 내세우면서 관련 공약들을 내놓고 있다. 그러나, 아무리 근사한 수식어로 포장한다 해도 갈수록 악화되고 있는 불평등과 격차를 해소하고, 복지정책을 강화해 몰락하는 서민과 중산층을 재건하는 데 실질적인 효력이 없다면 대한민국은 안보는 물론 성장까지 한꺼번에 다 잃을 수 있다. 정치권은 계층 간, 지역 간, 세대 간 기회의 평등을 높이고, 결과의 불평등은 줄이는 근본적인 대책을 내놓고 국민의 심판을 받아야 한다. 선거는 불평등 문제의 심각성과 그 해결 방안에 대해 국민의 공감대를 얻는 절호의 기회가 돼야 한다.

10. 스웨덴의 총리와 한국의 총리

1860년대까지 스웨덴은 극심한 빈곤에 시달리는 농업국가였다. 동절기가 유난히 길고 추워 농사철은 상대적으로 짧았다. 작황이 안 좋은 해에는 굶어 죽는 사람이 속출했다. 그래서 1860년대부터 1930년대까지 배고픔을 해결하겠다고 미국으로 떠난 이민자가 스웨덴 인구의 3분의 1인 150만 명에 이르렀다고 한다. 그렇게도 못살던 나라가 50년이 채 안 되서 세계에서 가장 잘사는 나라로 우뚝 섰다. 1970년대 초에 산유국을 제외하고 1인당 GDP가 세계에서 가장 높은 나라가 됐으니 천지개벽이 일어났다고 해고 과언이 아니다.

그 스웨덴을 우리는 주목하지 않을 수 없다. 춥고, 배고프고, 가난한 나라에서 삶의 질이 국민 모두에게 골고루 보장된 행복국가로, 철저한 농경 귀족사회에서 세계 최고의 양성 평등국가로, 부의 세습에서 벗어나 아무 낙오자 없이 성공할 수 있는 사회로, 고등학교만 졸업해도 잘살 수 있는 사회로, 특정 장애를 가지고 태어나도 교육제도를 통해 창의력을 발휘할 수 있는 사회로, 모든 공공행위가 투명하게 공개되는 깨끗한 사회로, 그리고 일이 고되서 국회의원을 포기하는 탓에 정치인 구하기가 하늘의 별따기만큼 어렵다는 나라로 바뀌었기 때문이다.

반면, 대한민국은 지금 국민의 불쾌지수를 끌어올리는 부패와 비리로 얼룩진 정치, 갈등과 불신의 사회, 서로 소통할 줄 모르는 닫힌 사회, 잘사는 사람과 소외된 사람들 간에 골이 깊어지는 양극화 사회, 대물림되고 있는 가난에서 쉽게 벗어나지 못하게 하는 교육, 꿈과 희망을 잃고 방황하는 젊은이들을 양산하는 사회, 물질적으로는 풍요로워졌지만 행복을 느끼지 못하게 하는 사회에 살고 있다. 그래서 우리는 스웨덴이 부럽다. 더더욱 그들의 정치와 정치가가 부럽다.

스웨덴을 선진국으로 이끈 뛰어난 정치인을 고르라고 하면 그들은 주저없이 에를란데르(Tage F. Erlander)를 꼽는다. 그는 45세 나이에 총리 자리에 올라 68세에 자진 하야할 때까지 23년 동안 재임했다. 그동안 대화·상생·협상의 정치력으로 가장 부유한 나라이자, 복지 체계를 잘 구축한 나라로 변모시키는 데 탁월한 리더십을 발휘했다고 평가를 받는다. 그런 그가 국민들의 존경을 받게 된 데는 정작 다른 이유가 있다. 1969년 총리직을 내려놓고 평범한 시민으로 돌아가려고 할 때 그는 기거할 집 한 채가 없었다. 청렴한 정치인이었다는 사실이 뒤늦게 알려지자, 정부는 국민들의 뜻에 따라 조그만 별장을 지어 준다. 노부부는 그곳에서 국민들의 사랑 속에 여생을 마칠 수 있었다.

그런가 하면, 1995년 잉바르 칼손(Inbvar Carlsson) 총리가 하야한 뒤, 집권당의 선출위원회는 5명의 총리 후보를 추천했다. 모두가 쟁쟁한 이 후보들은 한결같이 총리직을 사양했다. 우리같이 청문회를 통과하기가 부담스러웠던 것이 아니다. 그 이유들은 "아이들의 교육과 아버지의 역할을 충실히 수행하기 위해서, 총리가 될 만한 자질이 없음을 자신이 제일 잘 알기 때문에, 총리직에 관심이 없어서, 경제적 약자와 소외된 계층의 삶의 질을 향상시키는 정치인으로서의 개인 목표를 다 이뤘기 때문"이라면서 4명의 총리 후보가 줄줄이 사양함으로써 마지막 후보가 겨우 총리가 됐다.

우리나라는 그동안 3명의 총리 후보자가 낙마했고 그중 2명의 총리는 불명예 퇴진했으니 '총리 잔혹사'라는 말이 실감날 정도다. 다산 정약용의 『목민심서』를 보면, 참으로 소박하게 국정 지도자가 가야 할 바른 길을 제시하고 있다. 즉, "지도자가 나라를 다스리려면 시민여상(視民如傷)이라는 네 글자를 써놓고 날마다 부끄러움을 느껴야 한다"고 했다. 모든 백성은 상처를 입은 사람으로 여기고, 그들을 어루만지고 보살펴 주는 심정으로 국정을 수행해야 한다는 뜻이다. 백성들을 상처 입은 환자로 보지 않고, 제멋대로 취급하는 사람, 법(法)도 의(義)도 두려워하지 않고, 청렴하지도 신중하지도 그렇다고 부지런하지도 않은 그런 사람들은 절대 지도자가 돼서는 안 된다는 것이다.

스웨덴의 총리들은 모든 권력적 · 경제적 특권을 내려놓고, 국민들의 심부름꾼으로서 국민들로부터 받는 존경과 신뢰라는 더 행복한 특권을 누리기 위해 고된 임무를 깨끗하게 수행한다. 우리도 언제쯤 좀 더 솔직하고, 좀 더 인간적이고, 좀 더 깨끗한 총리를 볼 수 있을지 정말 손꼽아 기다려진다.

11. 복지문제에 국가의 흥망이 달려 있다

선거가 얼마 남지 않았지만 정책선거는 실종돼 있다. 국가 비전, 경제민주화, 일자리 창출 등의 공약들은 선거 관심사 밖으로 밀려남으로써 다음 정부에서 이 공약들의 실천 여부와 성공 가능성은 장담할 수 없게 됐다. 특히, 이번 선거의 최대 이슈가 되고 있는 복지문제만큼은 국민들의 관심과 공감대의 형성이 필요하고, 선거 과정에서 반드시 후보 간 · 정당 간 경쟁을 통해서 공약들이 다듬어지고 재정 등의 문제와 함께 검토돼야 한다. 이 과정이 생략된 채 지나간다면 어떤 후보가 대통령이 돼도 복지정책은 실패한다.

복지국가는 시대정신이다. 그러나 복지국가를 어떻게 설계하느냐에 따라 국가의 흥망과 직결될 정도로 중요하기 때문에 복지제도와 정책의 선택에 좀 더 치밀하고 신중해야 한다. 외국의 다양한 성공과 실패의 사례들이 이를 말해주고 있다. 그리스, 스페인, 포르투갈 등 남유럽 국가들은 방만한 복지와 연금 정책으로 재정 위기를 초래한 결과 국가 전체가 휘청거리고 있다. 일례로 그리스의 연금제도는 세계에서 가장 관용적이다. 15년만 일해도 급여 실수령액의 95%를 연금으로 받을 수 있다. 국가연금은 13개 종류나 되고 61세부터 받을 수 있다. 그야말로 복지 천국이나 다름없다. 그 결과는 당연히 재정 파탄으로 나타났다. 그리스의 방만한 복지정책은 사회의 모든 분야를 왜곡·타락시키고 만다. 과도한 소비문화, 고질적인 사회 갈등과 정치적 불안정, 그리고 정부의 무능과 도덕적 해이는 급기야 그리스를 국가 부도 상태로 내몰고 만 것이다. 이같이 공짜복지의 결말은 참담하다.

영국도 예외가 아니다. "요람에서 무덤까지"라는 복지 구호 속에 일찍이 복지국가를 지향했던 영국은 지금 재정 위기에 놓여 있다. 급기야 육아수당을 줄이고, 기차요금을 올리고 대학등록금을 3배 인상하는 안을 발표했다. 그러자 전국이 파업과 시위의 소용돌이에 휘말려 있다. 일본의 복지문제는 더 심각하다. 2009년 자민당은 54년 만에 정권을 빼앗겼다. 당시 민주당의 하토야마 유키오(鳩山由紀夫) 총리는 "콘크리트에서 사람으로"라는 복지 슬로건을 내걸고 장밋빛 복지정책을 제시한 바 있다. 16세 이하 자녀 한 명당 매달 2만 6천 엔씩 지급하고, 고등학교까지 완전 무상교육을 하며, 국민연금 월 7만 엔을 보장하자 일본 국민들은 열광했다. 그러나 뒤이어 나타난 경기 침체와 재정 위기는 하토야마 총리를 조기 퇴진시키고 만다. 그 후 등장한 간 나오토(菅直人) 총리는 국민의 공감 속에 자녀수당을 절반으로 줄이고 소비세를 10% 인상했다. 그러나 막상 국민들은 다시 등을 돌렸다. 땜질식으로 진행된 일본 복지정책은 결국 국민의 신뢰를 잃고 만 것이다.

최근 베네수엘라와 아르헨티나가 겪고 있는 경제 위기와 국민들의 궁핍한 민생문제는 계속 누적된 복지 포퓰리즘 정책의 결과다. 복지문제를 정부가 잘못 관리했을 때 국가는 흥망의 기로에 설 수 있음을 극명하게 보여 주는 사례로서 더 이상 남의 나라 얘기가 아니다.

선진국형 복지 모델을 정립하고 복지국가에 성공적으로 진입한 스웨덴, 노르웨이, 덴마크의 북유럽 국가들도 국내·외적으로 경제 위기가 나타난 1990년대 이미 재정 개혁을 통해 복지비용의 거품을 빼고 높은 세율로 재원을 확보했다. 이들 국가는 자유경제 시스템을 보장하면서도 세금을 통해 조성한 재원으로 실업과 교육문제를 해결해서 사회적 불안 요소를 흡수한 것이다. 여기에다 국민들은 국가에 세금을 많이 내도 다시 복지를 통해 돌려받는다는 믿음을 확고히 갖게 됐으며, 국민이 낸 세금은 투명하고 깨끗하게 관리함으로써 정부에 대한 신뢰를 구축했다.

이상의 외국 사례들을 볼 때, 우리가 가야 할 길은 분명하다. 이번 대선 과정에서 인기 영합 위주의 '복지 포퓰리즘'을 단호히 배격하는 한편, 진정한 복지국가로 가려면 국민들의 부담이 반드시 뒤따라야 한다는 인식의 대전환이 필요하다. 아울러 정부는 복지 청사진과 함께 '일하는 복지' 중심의 '한국형 복지 모델'을 정립해서 국민적 공감대와 신뢰를 얻어야 한다. 우선, 현 시점에서 해야 할 일은 대선 후보 간 복지문제에 대한 정책 경쟁을 치열하게 시작하는 것이다. 복지국가는 뜨거운 가슴과 차가운 머리를 가진 대통령을 필요로 한다.

제4장

어렵지만, 다시 일어나야 해! 대전시야

1. 대전 위기 원인과 극복 과제 및 민선 7기 대전 발전의 비전과 전략

작금의 대전은 위기이자 비상 상황

2018년 7월 1일 전까지 대전 시정은 시장 권한대행 체제 하에 들어가기 때문에 신규사업과 정책은 물론 그간 논란이 돼 온 사업과 정책들도 모두 중단된 채 아무 일도 할 수 없는 시장 부재의 비상 상황으로 돌입했다. 대전시의 최대 위기이자 비상사태가 아닐 수 없다. 내년의 지방선거는 쇠퇴하고 있는 대전이 바닥을 치고 다시 도약하느냐, 아니면 나락으로 영영 떨어져서 낙후되느냐를 결정하는 중대한 선거가 될 것이다. 그야말로 대전과 대전 시민들의 운명을 좌우하는 역사적인 선거가 될 수밖에 없다. 대전의 제일 시급하고 중요한 과제는 대전 시민들의 먹거리와 일거리를 만드는 일이다.

따라서, 오늘의 기자회견을 통해 시민들께 당면한 대전 위기의 실태와 원인 및 그 극복 방안을 제시하고, 나아가 민선 7기에 대전이 다시 살아나기 위해서 지향해야 할 발전 비전(vision)과 목표, 도시 미래상, 시정 목표와 가치, 대전시장의 새 리더십, 대전 시정 운영의 기조, 대전 발전의 10대 주요 정책 및 '2025 대전 경제 중흥을 위한 4대 비전과 6대 정책'을 제시하고자 한다. 이를 계기로 지방선거가 정책선거로 전환돼 그동안 왜곡된 지방선거가 본연의 의미와 역할을 찾기 바란다. 그리고, 민선 7기부터는 올바른 리더십과 역량을 가진 시장을 중심으로 대전 시정이 성공적으로 추진됨으로써 시민들이 한동안 잃어버린 긍지와 자부심을 회복시켜 줌과 동시에 새 꿈과 희망을 가지고 대전의 심장이 다시 뛸 수 있도록 하는 데 오늘 대전 발전의 비전과 전략을 선포하는 목적이 있다.

권선택 전 시장을 공천했던 더불어민주당도 내년 선거에 시장 후보들을 내세우는 일에 몰두하기에 앞서 시장과 시정의 무책임성과 난맥상에 대해 시민들한테 사죄하고 양해를 구하는 것이 최소한의 예의이자 지방선거에서 정당공천제를 채택한 명분에 맞을 것이다. 이번의 사태를 계기로 '정당공천 책임관리제'의 도입도 적극 검토할 필요가 대두됐다. 지역 언론들도 지금까지 주력해 온 후보들의 인지도 조사에 주력하는 '경마 저널리즘'에서 벗어나 대전의 위기를 극복해 낼 시장을 비롯한 지방선거 후보감이 누구여야 하는지, 어떤 비전과 전략을 가지고 있는지를 중심으로 정당 간, 후보 간 선의의 정책 경쟁을 유도해야 한다. 후보들도 정정당당하게 대전의 현안과 이슈를 중심으로 정책과 공약 대결에 나서야 할 것이다.

대전의 발전과 위기 및 그 요인

최근 들어 대전 인구 감소세가 뚜렷하게 진행되며 '150만 붕괴 위기' 가능성이 제기되고 있다. 이제 대전의 인구 감소 문제는 일시적인 현상이 아니라 대전 도시 전체의 사활이 걸린 총체적이고 구조적이며 지속적인 문제로 부각되고 있다.

대전은 지난 백 년간 교통, 과학, 국방, 행정을 융·복합할 수 있는 유일한 대도시로서의 자격까지 갖추게 됐다. 대도시로 성장하는 데 필요한 요건들을 다 거머쥐게 된 것이다. 여기까지는 모든 게 잘 풀렸다. 지역을 잘 이끈 좋은 지도자들이 있었다. 전문가와 공무원들이 올바른 정책과 전략도 준비했다. 시민들은 꿈과 희망을 가지고 단합했다. 행운도 따랐다. 그런데 모든 것은 여기까지였다. 모든 일이 대전을 위해 저절로 잘 풀릴 줄만 알았을 뿐, 모두가 자만하고 나태했다. 그 이후에 일어날 혹독한 환경 변화를 내다보지 못한 것이다. 2000년 이후부터 대전시는 국책사업의 유치(로봇랜드, 자기부상열차, 첨단의료복합단지 등)에 줄줄이 실패하면서 기존의 시설과 인력마저 떠나는 축소의 도시로 전락하고 있다.

2012년 충남도청이 아무 대안 마련도 없이 대전을 떠났다. 원도심 공동화의 신호탄이었지만 대전시는 속수무책인 채 지금까지도 도청 부지 활용 방안을 찾지 못하고 있다. 그런가 하면, 교통도시 대전으로서의 명성과 도시 브랜드를 지키지 못했다. 이제는 교통도시 대전의 간판을 내려놔야 하는 상황에 이르렀다. 대전역과 역세권을 MICE 산업의 중심지 그리고 과학도시의 전시장으로 변모시킬 절호의 기회를 놓친 회한이 너무 크다.

교통도시의 추락은 과학도시로 발돋움하는 데에도 악영향을 미치고 있다. 40여 년에 걸쳐서 조성된 대덕연구개발특구는 출연연구기관의 분원이 전국 각지에 우후죽순으로 생기면서 과학도시 대전의 명성도 흔들리고 있다. 게다가 과학연구단지가 대전에 소재하고 있다고 해서 대전이 과학도시가 되는 것이 아니다. 몇몇 시민이 허접한 엑스포 시설 주변에서 어울리지도 않는 와인과 푸드 축제를 즐긴다고 해서 과학시민이 되는 것은 더더욱 아니다. 진정한 과학도시가 되려면 대덕과학특구가 지역경제에 기여해야 한다. 지역의 인재를 지역의 대학이 육성해서 대덕과학특구에 주인공으로 들여보내야 한다. 시민들의 과학적 사고와 활동이 지역의 일자리 창출과 지역 비즈니스의 활성화에 기여해야 한다.

대전시의 인구 감소 문제를 초래한 더 근본적인 위기는 도시 정체성의 위기, 정치·행정적 리더십의 위기, 도시 발전의 전략과 정책 부재의 위기, 그리고 시민들의 자신감 상실의 위기까지 겹치면서 대전시는 총체적인 위기에 직면해 있다고 볼 수 있다. 이 위기 징후는 앞서 쇠퇴한 선진국 도시들에서 나타난 요인과 대동소이하다. 도시의 양극화, 구도심 및 산업단지의 붕괴, 정체성 없는 도시, 리더십과 주민 참여의 부재들이 미국의 디트로이트 시, 마이애미 시, 영국의 리버풀 시를 이미 쇠퇴의 나락으로 빠뜨린 바 있다. 따라서, 대전시의 문제는 인구관리 방안에만 집중한다고 해결되는 것이 아니라 더 근본적인 도시 침체의 위기 요인을 분석하고 종합적, 체계적, 전략적 그리고 장기적으로 접근해야만 해결될 수 있을 것이다. 다시 말해서, 멈춰 버린 대전의 심장이 다시 뛰게 해야 할 것이다.

대전시 위기 극복의 과제

대전을 다시 살리려면 처음부터 새로 시작해야 한다. 대전을 철저히 바꿔서 다시 태어나기 위해서는 대전 재도약의 비전과 목표, 전략과 정책, 리더십, 그리고 시민들의 의식과 자세를 바로 세워야 한다. 이를 위한 몇 가지 중요하고 시급한 과제들을 큰 틀에서 짚어 보면 다음과 같다.

먼저, 대전의 정체성(identity)을 되찾아 대전 미래 발전의 비전과 목표를 재정립해야 한다. 여기에 대전 시민들의 공감대 형성이 반드시 필요하다. 민선 7기에서는 대전과 세종 양 도시 간 공생을 위해서 메갈로폴리스(megalopolis)를 지향하는 가운데 양 지방정부 간 협정, 도시연합, 통합시(대세통합시)에 이르는 다양한 광역행정의 방식과 전략을 모색해야 할 것이다. 더 나아가 청주, 대전, 세종까지 포함하는 '청대세 대도시권' 형성까지 염두에 두면서 '초광역적 대도시권 시대'에 대비해야 할 것이다. 차제에 그동안 간간이 논의돼 왔던 금산과 대전의 통합, 옥천과 대전의 통합을 좀 더 전향적이고 적극적으로 추진해 봐야 할 때가 됐다. '선 협력, 후 통합'의 길을 따라서 대도시권이 상생할 수 있는 절호의 기회를 잡아야 한다.

또한, 대전이 다시 한번 활력을 찾으려면, 백년을 쌓아 온 교통도시로서의 정체성과 도시 브랜드를 지키는 데서 풀어야 한다. 대전역과 서대전역의 역세권 개발을 제대로 추진해서 교통도시로서의 인프라 구축과 원도심 재생에 돌파구를 마련해야 한다. 대전역은 대전 재도약을 위한 최선의 돌파구이자 보배다. 민선 7기가 출범하면 '대전공론화위원회'를 조속히 구성 · 가동해서 도시철도 2호선 정책을 비롯한 갈등과 불신에 놓인 제반 대전시 정책들을 숙의형 여론 수렴과 토론을 통한 합의의 결정 방식을 적용해서 해결해 나가는 것이 바람직할 것이다.

지금의 노선을 가지고 고가 방식으로 바꾼다 해도 쇠퇴하는 대전을 살리는 데는 한계가 있다. 고가(高架)든 트램(tram)이든 대전의 행정구역 내에서만 돌아다니는 2호선은 적자에서 벗어나지 못한다. 도시 내 불균형은 오히려 심화될 수 있다. 따라서, 2호선과 충청권 광역철도망은 그 노선이 대전시를 벗어나서 계룡 · 논산으로, 금산 · 무주로, 옥천 · 영동으로, 공주 · 내포로, 오송 · 세종으로, 조치원 · 청주공항으로 뻗어나갈 수 있도록 빅 데이터를 가지고 좀 더 광역적인 계획을 세워야 한다. 대전 시내만을 돌아다니는 도시철도는 더 이상 대전 발전에 기여하지 못한다.

다음, 퇴색돼 가는 과학도시로의 명성도 굳건히 지켜야 한다. 타도시와 차별화된 경쟁력있는 도시로 재탄생하려면 '과학수도 대전'이 돼야 한다. 대전은 과학수도로 대한민국의 4차 산업혁명을 이끌 전진기지가 돼야 한다. 동시에 대덕과학특구 운영 방식의 전환과 과학벨트의 성공적 조성을 통해 지역 발전과 반드시 연계시켜야 한다. 다시 말해서, 대덕특구와 과학벨트는 지역의 일자리 창출과 시민들의 소득 증대, 그리고 지역 인재 육성 및 지역 대학의 발전에 기여토록 만들어야 할 것이다. 그리고 대전시가 과학도시임을 대내외에 재천명하고, 대전 시민들이 하나 돼 꿈과 희망 속에 다시 뛸 수 있는 모멘텀을 만드는 게 필요하다.

그것이 바로 '대전엑스포 93' 개최 후 30년 만에 '대전엑스포 2023'을 유치하는 것이다. 등록 엑스포가 아닌 인정 엑스포는 2017년 카자흐스탄의 수도 아스타나(Astana)에서 개최된 후, 다음 엑스포를 대전에서 개최할 수 있기 때문에 서둘러 '2023 대전엑스포 유치위원회'를 구성해서 경쟁에 뛰어들어야 한다. 이 국제 행사는 소요되는 비용 이상의 성과를 낼 것이 틀림없다. 그리고 대전국립현충원이 호국 영령을 모신 지 35년이 됐다. 전국의 수많은 유가족이 대전 현충원을 방문한다. 대전시의 중요한 자산이자 보배다. 국립현충원 일대를 미국 워싱턴의 웰링턴 국립공원처럼 교육·문화·관광·힐링 벨트화해서 국내·외적으로 자랑스런 명소로 개발할 것을 제안한다.

대전 위기를 극복한 가장 큰 힘의 원천은 구시대의 낡은 사고방식과 관행을 과감히 타파하고, 새 시대의 질서를 만들어 낸 리더들의 빛나는 지혜와 용기였다. 그것이 바로 대전이 새로운 리더십을 요구하는 이유다. 대전이 살아나려면 전문가와 인재가 총동원돼야 한다. 자신의 측근이나 선거 공신만을 등용하는 리더십은 결국 자신은 물론 공직사회를 망치고, 나아가 대전 전체를 병들게 한다는 사실을 명심해야 한다. '대전은 하나'라는 인식으로 지역의 현안 이슈마다 대동단결해서 공동 대처해 나가야 한다. 무엇보다 서로 아끼고 존중하는 관용과 화해의 지역 분위기를 조성하는 것이 급선무다.

지금부터 대전시는 모든 역량과 자원 그리고 네트워크를 총동원해서 미래에 대한 올바른 도시 비전과 정체성을 확립하고, 지도자의 리더십을 재정립하는 한편, 철저하고 치밀한 미래 발전 전략과 정책을 마련해 시민들에게 제시함으로써 시민들의 자신감과 일체감을 회복하는 데 혼신의 힘을 다 쏟아야 한다. 지금까지의 리더십으로는 대전을 재도약시키기 어렵다. 대전 시민들도 새로운 시대에 맞는 시정 변화를 촉구하는 한편, 이를 선도할 시장의 새 리더십과 시정의 새 시스템이 정착될 수 있도록 강력하게 어필해야 할 것이다.

대전은 심장이 다시 뛰는 '심쿵 대전'이 돼야

대전의 이 쇠퇴 위기와 비상 상황을 극복할 가장 큰 힘의 원천은 구시대의 낡은 사고방식과 관행을 과감히 타파하고, 새 시대의 질서를 만들어 낼 리더들

2025 대전의 비전과 발전 전략 및 주요 과제

대전 비전(심쿵 대전)

교통 · 과학 · 인본 수도 대전

↑

발전 목표

- 세계 10대 과학기술 도시 진입
  [시민 30% 과학 관련 직업 소유, 지역대학 발전을 통한 대전 과학인재 30% 육성]
- 지역총생산 60조 원(2014년 33조 원) 달성
- 1인당 GRDP 4,000만 원(2014년 2,117만 원) 달성
- 도시 브랜드 가치(7조 원→15조 원) 국내 3위 진입

↑

도시 미래상

글로벌 스마트도시 (Global Smart City)	과학벨트도시 (Science Belt City)	재생뉴딜도시 (Compact New Deal City)	지방분권 · 자치도시 (Citizen-centered City)
• 스마트 서비스 세상 • 국제비즈니스도시 • MICE산업도시 • 국제교류문화도시	• 제4차 산업혁명특별시로 청년일자리 창출 • 과학벨트 중심도시로 기초과학 선도 • 정보 · 의료 · 교육서비스산업을 첨단ICT 기술과 연계 • 첨단과 전통의 영상 클러스터 도시	• 재생과 자족의 도시 • 과학 · 문화 · 교육 · 관광 · 실버산업의 활성화 • 친환경적이고 인간 중심적인 도시 • 원도심과 골목상권의 활성화	• 소통과 참여의 시민 중심도시 • 사회적 자본의 확충 • 시민 주도형 거버넌스 체제 구축 • 자치 · 분권의 모범도시

대전 시정 목표와 가치

◆ 심쿵 대전 : 도시 정체성의 재확립으로 시민들의 심장이 다시 뛰는 대전
1. 통합 시민 : 이념 간・계층 간・지역 간・세대 간 화합과 통합을 이루는 시민
2. 상생 정치 : 대화를 통한 타협과 협상으로 합의와 상생의 지역정치
3. 중흥 경제 : 일자리 창출, 소득 증대, 인재 육성으로 대전 경제 중흥
4. 공정사회 : 모든 시민에게 공정한 기회 부여와 재기할 수 있는 지역사회
5. 자치정부 : 투명과 공개, 소통과 참여의 자치행정

대전 시장의 뉴 리더십(credership)

1. 미래 비전을 제시하고 시민과 공유하는 미래 지향적 리더십
2. 갈등을 조정하고 관리하는 통합적 리더십
3. 의사소통과 설득을 중시하는 민주적 리더십
4. 쇄신적이고 창의적인 지식적 리더십
5. 청렴성과 도덕성을 갖춘 윤리적 리더십

대전 시정 운영의 기조

"더 멀리, 더 넓게, 더 깊이, 모두 함께하는 시정"

1. 공무원과 장소 중심	>>	시민과 사람 중심
2. 현재 중심, 폐쇄적 행정구역	>>	미래 중심, 행정구역 초월
3. 분열・파벌 중심	>>	통합・화합 중심
4. 효율성의 단일 가치	>>	공정과 정의로 시민 행복과 삶의 질 중심
5. 행정에 대한 불신과 외면	>>	행정에 대한 신뢰와 민관 협력 중심

대전의 위기 요인

1. 대전 도시 비전과 정체성의 실추
2. 대전시장의 리더십 실종
3. 도시 발전의 전략과 정책의 부재
4. 대전 시민의 화합과 자신감 상실
5. 공무원의 파벌 조성과 무사안일주의 만연

대전시장 대행 체제 운영의 원칙과 과제

1. 엄정한 지방선거 관리와 공직 기강 확립
2. 공무원의 불법 선거 개입 차단과 정치적 중립성 확보
3. 대전시가 추진 중인 정책의 안정적 관리와 일관성 유지
4. 갈등과 혼란을 일으킨 정책들을 민선 7기로 원만히 이양
5. 민선 6기 동안의 시정정보와 자료를 정확히 보존・관리

2018 ~ 2025 대전 발전 10대 주요 정책

1. 대전 도시 정체성 재확립
   - '대전 EXPO 2023' 유치를 위한 '대전엑스포 2023 유치위원회' 출범
   - '대전엑스포 93'의 영광 재현, 과학벨트 성과의 극대화를 통한 과학도시 재정립과 시민 역량 결집으로 도시 재도약의 기폭제 마련
   - 고속철도, 고속도로, 도시철도 등을 연계한 대전권 광역교통망 재구축으로 교통도시 재탈환

2. 대전 경제 중흥을 위한 도시재창조 프로젝트 가동
   - 제4차 산업혁명 대응 ICT 활용 전략 플랫폼 구축, 대기업과 중소기업 본사, 글로벌 기업의 지사, UN 산하 국제기구 등의 대전시 유치 추진
   - 대전역, 중앙로, 구도청을 연계한 대전형 도시재생 뉴딜정책으로 원도심 부활의 돌파구 마련
   - 지역 은행 설립 추진

3. 대전 위기 극복을 위한 '대전공론화위원회' 구성 · 운영
   - 민선 6기 동안 갈등과 표류로 실패한 정책들을 대전공론화위원회를 통해 재분류해서 정리
   - 대전 발전의 뉴 비전과 발전 전략을 마련해서 범시민적 공감대 형성
   - 민선 7기 10대 주요 정책, 100대 과제, 100대 성과지표 개발 · 선정 · 제시

4. 대전 · 세종 및 대전권의 상생 발전 추진
   - 대전 · 세종 간의 초광역 상생 발전 전략(정부간 협정, 도시연합, 통합 등) 추진
   - 대전과 금산, 옥천 등 대전권 자치단체들과 다각적 공생 발전 추진
   - 청주 · 대전 · 세종(청대세) 간 삼각도시 행정 체제 구축을 통한 메갈로폴리스로 대도시권 관리

5. 도시철도 2호선의 종합적 재검토
   - 지하철 2호선의 노선과 건설 방식의 종합적 재검토
   - 도시 미래 비전, 대중교통 체계, 충청권 광역철도망, 도시 내 균형 발전, 재원 조달을 기준으로 재편
   - 대전 외곽 순환도로 구축 및 대전과 인근 자치단체 간 교통 체계 정비

6. 대덕특구 및 과학벨트 지역 발전과 연계
   - 대덕특구와 과학벨트의 관리 체제 개선으로 지역 거버넌스 체제 구축
   - 지역의 일자리 창출, 소득 증대, 지역 인재 육성과 지역대학 발전과 연계
   - 과학벨트의 취지에 입각해 지역의 비즈니스, 문화, 관광사업들을 연계해서 지역 발전에 기여

7. 인본 중심의 대전시 균형 발전 추진
   - 장소보다는 사람 우선의 시민 체감적 스몰 사업과 정책의 추진
   - 대전교도소, 대전공설화장장, 하수종말처리장 이전으로 교육 · 문화 · 환경 및 스마트시티 공간 확보
   - 국립현충원 일대 관광 · 문화벨트 조성 및 대전의료원, 어린이 재활병원의 성공적 건립
   - 생산적이고 활기찬 고령 친화적 도시 만들기(실버산업 활성화와 일자리 창출 · 확대)

8. 골목상권과 원도심 재창조사업의 활성화
   - 대전역과 서대전역 중심 도시형 산업단지와 창업타운 조성(과학특구의 전시장을 비롯 뮤직, 미디어, 예술디자인, 청년 · 실버벤처 플라자 등)
   - 원도심 영상 라이브 세트장 건립
   - 골목상권 상생기금 조성으로 동네가게 살리기

9. 대전형 교육의 틀 정립을 통한 창의 융합 인재 양성

- 교육자치와 지방자치의 연계・협력 강화
- 유・초・중・고・대학 간의 교육과 취업의 연계
- 지역 밀착・지능형 평생맞춤학습 플랫폼 개발

10. 대전 시정의 총체적 개혁

- ICT를 기반으로 한 미래형 스마트 시정 도입(AoT)
- 자치와 분권, 공개와 소통, 참여와 협력 중심의 모범적 자치행정 체제 구축
- 시민 중심, 성과 중심, 경쟁 중심, 현장 중심, 자율책임 중심의 민주적이고 유능한 시정 시스템 개혁

의 빛나는 지혜와 시민들의 뜨거운 용기다. 지금 대전은 그것이 절실히 필요하다. 대전의 심장이 다시 뛰어야 하기 때문이다. 2019년이면 대전시가 시로 승격한 지 만 70년이 된다. 대전이 지금의 위기에서 벗어나 재도약하려면 대전은 다시 태어나야 한다. 그렇다면 새로 시작해야 한다. 그러기 위해서는 변해야 한다. 아니 모든 걸 바꿔야 한다.

요약컨대, 대전 시민 모두가 대전 발전의 새로운 꿈과 희망을 가지고, 그 저력을 다시 한번 발휘한다면 대전은 살아날 수 있다. 대전 발전의 궁극적인 목표는 시민들의 인적 잠재력 개발이다. 대전 시민을 더 풍요롭고 더 활기차게 만드는 도시로 다시 태어날 때, 대전은 지난 백년의 전통과 역사를 앞으로도 자랑스럽게 이어갈 것이다. 그것은 대전의 심장이 다시 뛰는 '심쿵 대전'이 될 때 이뤄질 수 있다. 지금이야말로 대전 시민들이 용기를 내고 다시금 저력을 발휘해서 맥박이 힘차게 뛰는 심쿵한 대전을 만들어야 한다. 대전 시민들은 할 수 있다. 꿈과 저력이 있기 때문에…….

육동일 경제중흥 비전과 정책

2025 대전경제 중흥 4대 비전과 6대 정책

비전

ICBMA산업경제 + 과학벨트 + 문화관광의 스마트 도시 대전

↑

목표

4차 산업혁명 특별시 전진기지로 대전 중흥의 신화 창조
– 시민 소득 증대 + 인재 육성 + 일자리 30,000개 새 창출 –

↑

추진 전략

스마트 도시경제	MICE산업	문화관광	과학벨트
• 스마트 융복합 첨단산업단지 조성 • 대전형 창의 융합 인재 양성	• 역세권 · 구도청 중심 회의산업 • 교통 · 관광 · 문화 · 물류와 연계 전략화	• 대전디지털박물관 및 유교문화원 설립 • 국내 최대 메디컬 융합단지 조성	• 대전시 · 지역대학 · 지역기업과의 협력 체제 구축 • 과학벨트와 지역경제의 연계

'2025 대전 경제 비전' 6대 핵심 정책

1 대덕특구와 원도심의 활성화로 대전 정체성 확립
- ▷ 대덕특구 경제자유구역 지정
- ▷ '대전 EXPO 2023' 유치
- ▷ 대전 철도문화 메카 조성

2 지식서비스 기업의 창업 활성화
- ▷ 연구개발사업, 출판 · 인쇄업, 통신사업, 사무기기 제조업, 영화 · 연극 디자인 사업들의 창업을 유도, 지원
- ▷ 스마트 융복합산업경제 전진기지 조성

3 첨단의료–한방웰빙복합단지 조성
- ▷ 시립병원의 고정관념을 탈피, 대단위 의료웰빙단지 개념
- ▷ 메디컬 융합 리서치센터 건립 지원과 의료관광 사업의 활성화

4 국립 디지털 박물관(뮤지엄–K 사업)과 대전유교문화원 건립
- ▷ ICT 기술을 활용한 국내 유일의 디지털 뮤지엄
- ▷ 원도심에 미디어 콘텐츠타운 '스페이스 C'를 구축해 청년층에 좋은 일자리 및 창업 기회 제공

5 테마별 융복합 플라자 건립(전통공예, 에스테틱, 예술디자인, 앤티크 등)
- ▷ 첨단 및 전통영상 클러스터 조성
- ▷ 골목상권 살리기 상생기금 조성

6 대전역과 서대전 역세권 청년 · 실버벤처 타운 조성
- ▷ 첨단벤처산업 클러스터와 도시형 산업단지 조성
- ▷ 청년 세대의 생애주기별 대전형 정책 개발

2. 이제 다시 시작이다, 대전의 꿈이여!

공직선거법 위반 혐의로 1, 2심에서 모두 당선 무효형이 선고됐던 권선택 대전시장이 대법원의 최종 판결로 시장직을 잃었다. 개인적으로는 안타깝고 불행한 일이지만, 대전시와 대전 시민들의 입장에서는 허탈감을 넘어 불안과 분노를 느끼고 있는 실정이다. 2018년 지방선거를 거쳐 새 시장이 임기를 시작하는 2018년 7월 1일까지 대전 시정은 시장 권한대행 체제 하에 비상 상황으로 돌입한다. 더욱이, 선거법은 기소 후 6개월 내에 종결짓는다는 사법부의 원칙이 지켜지지 않은 채 3년 이상이나 끌어 왔다는 점은 사법부에 대한 신뢰감을 저하시킴과 동시에 대전 시정을 파행으로 이끈 주 요인으로 작용했음을 부인하기 어렵다.

권 전 시장은 시장 임기 3년하고 4개월을 보냈다. 민선 6기 내내 대전시가 해결해야 할 일이 산적했었기 때문에 시장과 시정에 주어진 사명과 역할은 막중했다. 그러나 취임하자마자 선거법 위반이 족쇄가 돼 권 시장의 리더십은 임기 내내 크게 위축될 수밖에 없었다. 결국 공무원들은 시장의 거취에만 촉각을 곤두세운 결과, 시정 성과는 고사하고 시정에 필요한 정책과 계획들을 제대로 세우지도 못하고 끝난 것은 당연한 일이다. 결국 대전 시정은 정상 궤도에서 이탈해 방향 감각을 잃고 우왕좌왕하다 좌초된 꼴이다. 대전시와 경쟁하는 타 도시들은 저만큼 앞서 달려가면서 민선 6기를 마무리하고 있는 현실을 대전 시민들은 그저 지켜볼 수밖에 없는 안타까운 실정이었다.

그러나 엎질러진 물이다. 누구를 탓하고 원망할 여유도 없다. 이제부터라도 대전시는 정신을 바짝 차리고 이 비상시국을 슬기롭게 극복해 나가야 한다. 이를 위해 우선, 시장 권한대행 즉 부시장과 대전시 공무원들은 시민들에 대한 시대적 사명감과 책임감을 확고히 해야 한다. 대전은 당장의 침체 분위기 속에서 제반 어려움을 극복해야 하는 한편, 무한경쟁 속에 미래를 준비해야 할 아주 중대한 전환기에 놓여 있다. 그간 마련한 도시 개발 위주의 장기 발전계획들은 대폭 수정이 불가피해졌다. 그렇지 않으면 유휴시설의 증가로 부동산 가치는 크게 하락하는 동시에 공동화 현상이 곳곳에서 나타날 것이 틀림없다. 세종시의 발전은 대전을 더욱 위축시킬 것이다.

그동안 대전시의 각종 정책들, 예컨대 옛 충남도청사 재개발 및 원도심 활성화의 지지부진, 갑천 친수구역 개발과 도시공원의 민간특례 사업에서의 민관 갈등, 용산동 현대아울렛 건설 취소, 시 출연 산하기관 기관장의 선임 문제와 기관 내 인사 비리, 그리고 고도정수시설 민자계획의 강행과 취소, 대전시립의료원과 유성복합터미널사업의 무산 등의 문제에 이르기까지 대전시가 보여 준 대부분의 사업과 정책들을 재정리해야 한다. 시장 권한대행 체제 하에서 신규 사업은 어렵다. 계획 중이거나 진행 중인 정책들을 확대, 유지, 축소, 연착륙, 폐지 등으로 재분류해서 행정의 일관성과 연속성을 지켜 나가야 한다. 시민들의 갈등과 대립을 일으킨 일부 정책은 다음 시장에게 넘기는 것이 바람직하다. 다소 정책이 지연되더라도 매몰비용을 줄이는 게 현명할 것이다.

다음, 2018년의 지방선거가 얼마 남지 않았기 때문에 일부 공무원의 선거 개입이 우려된다. 이를 철저히 차단해야 한다. 대전 시정은 지난 10여 년 동안 무슨 파니 누구 사람이니 하면서 특정 후보 줄서기 관행이 극심했다. 선거 전에 이미 일부 자리와 승진 명단 등 이른바 화이트 리스트와 블랙 리스트가 돌아다녔을 정도다. 이러한 전례가 다시 되풀이되면 민선 7기 대전 시정도 실패하고 말 것이다. 시장 권한대행은 직을 걸고 이러한 공무원들의 불법선거 관행과 비리를 엄격히 관리해 주길 바란다. 내년의 시장선거가 공명정대하게 실시되지 않으면 대전은 희망을 잃고 추락하고 말 것이다. 대전 시민들도 엄중한 비상 시대에 맞는 현명한 시정을 촉구하는 한편, 다시는 실패한 시장이 선출되지 않도록 지금부터 두 눈을 부릅뜨고 지켜봐야 할 것이다. 대전은 이제 다시 시작이다.

2019년이면 대전시가 시로 승격한 지 만 70년이 된다. 대전이 지금의 위기에서 벗어나 재도약하려면 대전은 다시 태어나야 한다. 그렇다면 새로 시작해야 한다. 그러기 위해서는 변해야 한다. 아니 모든 걸 바꿔야 한다. 그동안 동서고금을 막론하고 도시마다 지역마다 위기는 수도 없이 많았다. 오뚝이처럼 다시 일어선 곳은 강한 도시, 선진 도시, 행복도시가 됐다. 그 위기를 극복한 가장 큰 힘의 원천은 구시대의 낡은 사고방식과 관행을 과감히 타파하고, 새 시대의 질서를 만들어 낸 리더들의 빛나는 지혜와 시민들의 뜨거운 용기였다. 지금 대전은 그것이 절실히 필요하다.

도시는 영원하지 않다. 성장하면 쇠퇴할 것이고, 쇠퇴하면 소멸하거나 또는 재생할 수도 있다. 그것은 자연발생적으로 일어나는 것이 아니라 그 도시의 지도자와 선각자들 그리고 시민들이 어떤 의지와 자세를 가지고 어떤 준비와 전략을 마련하느냐에 달려 있다. 지금 대전은 인구 감소 등으로 나타나는 도시 침체와 쇠퇴의 위기를 맞고 있다. 이 위기를 잘못 대처하면 쇠락의 늪으로 떨어질 것이고, 잘 대처하면 새로운 도약의 기회를 제공한다. 그러나 이 위기를 위기로 인식하지도 못한다면 그 기회마저 영원히 놓치게 될지 모른다. 대전시는 인구 감소 문제를 안이하게 대처해서 전국이 대동소이한 단편적이고 미시적인 인구관리 방안을 준비하는 데 만족해서는 안 된다.

지금부터 대전시는 모든 역량과 자원 그리고 네트워크를 총동원해서 미래에 대한 올바른 도시 비전과 정체성을 확립하고, 지도자의 리더십을 재정립하는 한편, 철저하고 치밀한 미래 발전 전략과 정책을 마련해서 시민들에게 제시함으로써 시민들의 자신감과 일체감을 회복하는 데 혼신의 힘을 다 쏟아야 한다. 대전 도시의 흥망이 갈리는 절박한 기로에 놓여 있기 때문이다. 이 글에서는 대전시가 인구 활력의 촉진과 도시 활성화를 위한 전략과 과제로서 지방 소멸 위기에 중앙정부와 대전시가 유기적으로 대응, 대전의 도시 정체성 확립과 재도약을 위한 비전·목표·전략의 재정립, 대전시와 세종시의 상생 전략 마련, 대전 시정의 혁신을 통한 성장 동력 창출과 시민들의 자신감 회복, 그리고 대전 도시재생 뉴딜정책의 올바른 전략 수립 등을 제시했다.

여기에다, 지역 발전의 원동력이 되는 지역민들의 일체감과 결속력은 지난 몇 번의 선거 과정에서 갈라지고 뒤바뀌는 소용돌이 속에 거의 상실됐다고 해도 무리가 아니다. 더욱이, 대전의 경제는 좀처럼 나아지지 않고 있다는 사실이 지표상에 빨간색으로 나타나고 있다. 시민 1인당 지역총생산이 2,117만 원(2014

년도 기준)으로 전국 16개 시·도 중 계속 14위에 그쳐 있다. 1위 울산의 1/3, 충남의 절반 수준에 불과하다. 대전의 브랜드 가치를 돈으로 환산했을 때, 약 5.8조 원가량으로 서울의 4.6% 수준에 불과하며, 세계 과학기술도시 순위에서도 대전의 이름을 찾을 수 없다. 요컨대, 대전 경제는 시민들의 미래 먹거리와 일거리를 보장해 줄 뚜렷한 돌파구를 찾지 못한 채 헤매고 있다는 사실을 여실히 보여 주는 것이다.

따라서, 대전시가 지난 선거와 시장 임기 중에 나타난 민의를 바탕으로 당면한 문제들을 슬기롭게 풀어내야만 시민들이 대전 발전에 대해 희망과 자신감을 되찾게 될 것이다. 따라서, 시민들이 좀 더 발전적인 미래를 향해 한마음 한뜻으로 가느냐 마느냐의 여부는 전적으로 대전시장의 획기적으로 달라진 새로운 리더십에 달려 있다고 봐야 한다. 권 시장은 지금부터 단단히 마음먹고 진짜 새 리더십으로 탈바꿈하지 않으면 잃어버린 2년을 회복하기 어려울지 모른다.

이를 위해 첫째, 지금이라도 대전 시민의 꿈과 희망이 담긴 올바른 비전(vision)과 목표를 재정립해서 다시 제시해야 한다. 비전은 선거 과정에서 급조한 것이 아니라 시민이 공감하고 실현 가능한 것이어야 한다. 그래서 비전을 전략과 성과지표로 체계화하고 그 실현을 시민들에게 체감시킬 수 있어야 한다. 도시철도 2호선을 트램으로 결정한 정책이 대전의 비전이 될 수는 없다. 지금은 무관심과 허탈감에 빠져든 대전 시민들이 새로운 희망과 기대를 갖게끔 하는 시장의 새 리더십 그리고 시민들이 공감하는 미래 비전과 정책의 제시가 절실하다.

둘째, 대전 시정의 시스템을 혁신하는 것이다. 오늘날 대도시의 문제는 경기 침체, 빈곤과 범죄, 교통과 환경, 주택 및 복지문제 등으로 어느 도시든지 매우 유사하다. 그러나 대전은 이 문제들이 더욱 심각하게 진행되고 있다. 이러한 대도시 문제들의 해결에 중요한 것은 문제에 접근하는 시장의 개혁 의지와 이를 뒷받침하는 공무원조직의 도전정신, 그리고 혁신적인 시정 시스템의 구축이다. 대전시 공무원들은 이제라도 심기일전해서 주춤거리고 있는 시정 분위기를 일신해야 한다. 여기에 시장의 용기와 지혜가 필요하다.

셋째, 통합의 리더십을 발휘해야 한다. 대전시는 온갖 갈등과 대립이 빚어지는 대도시가 됐다. 공약으로 제시한 서남부권 개발이나 도시철도 건설사업들은 시·구 간, 시민 간 이해관계가 첨예하게 얽혀 있다. 이를 풀려면 시장이 미래 지향적 시각에서 시민들과의 신뢰를 바탕으로 소통을 활성화시켜야 할 것이다. 그러려면 전문성과 신뢰성을 갖춘 인재를 두루 기용해 적재적소에 배치하는 것이 중요하다. 라이벌이나 심지어 원수까지 사심 없이 발탁했던 제갈공명의 인간 경영 전략을 귀감으로 삼아야 할 때가 됐다.

끝으로, 역사는 지도자가 축적한 재산이 아니라 그가 이룬 업적으로 평가한다. 사사로운 재물에 집착하다 사라지기보다는 청렴함으로 역사에 길이 남는 시장이 돼야겠다는 의지와 각오를 새롭게 해야만 위기의 대전을 구할 수 있는 원동력이 될 것이다. 그동안 빚어진 인사 비리나 무리한 정책의 추진이 반복돼서는 절대 안 된다. 지금 대전이 맞이한 위기는 심각하다. 절대로 가볍게 봐서는 안 된다. 그러나 이 위기는 기회가 될 수 있다. 아마도 마지막 기회가 될지 모른다. 특히, 현 시장에게는 시간이 많지 않기 때문에 마지막 기회로 알고 혼신의 힘으로 시정에 임해야 할 것이다.

3. 대전시 인구 감소에 따른 도시 침체의 실태와 문제점 및 극복 방안

인구 감소와 도시 침체의 위기

올해 들어 대전 인구 감소세가 뚜렷하게 진행되며 '150만 붕괴 위기' 가능성이 제기되고 있다. 반면, 세종과 충남, 충북은 인구 증가가 꾸준하게 이어지고 있다. 행정자치부의 「주민등록 인구 통계 시스템」 집계 자료에 따르면, 올 6월 말 대전의 인구는 150만 8,137명으로 한 달 동안 1,450명 감소했다. 2014년 7월 대전의 주민등록 인구는 153만 6,349명으로 최대였지만, 2014년 8월부터 인구가 감소세로 돌아섰다. 즉, 8월에 153만 6,286명으로 감소한 이후 4년째 꾸준한 감소세를 보이고 있다.

특히, 2015년 한 해 동안 1만 3천여 명이 줄어 −0.85%로 역대 최고 감소율을 기록한 동시에 같은 기간 세종시로 순유출 인구는 2만 2,104명으로 시 전체 인구 감소분보다 많았다. 세종시 빨대 효과로 인한 블랙홀 현상이 가속되고 있음을 알 수 있다. 세종시 인구는 6월 말 현재, 26만 3,056명으로 전달보다 3,899명 증가했다. 2016년 말 기준 24만 3,048명보다는 2만 8명 늘어났다. 그 추세는 당분간 지속될 것으로 전망된다. 이제 대전의 인구 감소 문제는 일시적인 현상이 아니라 대전 도시 전체의 사활이 걸린 총체적이고 구조적이며 지속적인 문제로 부각되고 있다. 현 한국 상황에서 자치단체의 인구 규모는 도시의 위상과 경쟁력은 물론 중앙정부의 모든 재정적 · 경제적 지원과 예산의 배분을 결정하는 데 절대적 기준이 되기 때문이다.

한편, 대전 · 충남지역 전체의 지방소멸 위험지수는 2017년 3월 말 현재, 0.90으로 지방 소멸 주의 단계에 해당되나 지방 평균(0.78)에 비해서는 양호한 수준이다. 지방소멸 위험지수(20~39세 여성 인구/65세 이상 고령 인구)가 1.0 이하로 하락하는 경우 지방 소멸 주의 단계, 0.5 미만일 경우 지방 소멸 위험 단계로 각각 구분된다. 지역 내 권역별 불균형 심화로 충남과 충북은 남부 지역을 중심으로, 대전은 원도심 지역을 중심으로 지방 소멸 위험이 큰 것으로 나타났다. 충남 북부 및 남부의 지방소멸 위험지수는 각각 1.16, 0.37을, 대전 신도심 및 원도심은 1.63, 0.86을 기록해서 극심한 양극화 현상을 보이고 있다. 대전 원도심 지역은 대덕구(1.03)를 빼고 중구(0.82), 동구(0.81)가 이미 소멸 주의 단계(1.0 이하)에 접어들었다.

한은 대전 · 충남본부는 저출산과 젊은 층의 수도권 집중 등을 인구 감소와 지방 소멸의 주요 원인으로 꼽았다. 지난 10년간(2007~2016) 지방 젊은 층(20~39세 기준)의 수도권 유입 인구는 43만 6,000명으로 총인구 기준 유입 규모(14만 9,000명)를 상회한다. 젊은 층의 수도권 집중은 수도권과 지방 간 소득과 정주 여건 및 교육 격차가 주원인이다. 특히 대전은 젊은 층이 취업 기회가 많은 수도권 등으로 지속 유출되고 있다. 대졸자 역내 취업률(2014년)은 39.6%, 구인 배율(신규 구인 인원 수/신규 구직자 수 2015년)은 0.45배로 각각 전국 평균(47.9%, 0.59배)을 하회하고 있으며, 지방 5대 광역시 중 가장 낮은 수준이다. 대전이 여전히 미래 일거리와 먹거리를 만들지 못한 결과다.

따라서, 생산활동 가능인구 세대인 30~40대 중심의 대전 인구 유출은 자연적 요인보다 사회적 요인에서 기인하는 것으로 대전 인구 감소 문제의 심각성을 보여 준다. 또한 30~40대 학부모들이 일자리와 자녀 교육을 위해 수도권과 세종시를 향해 대전을 떠난다면 대전의 미래 도시 경쟁력과 지역경제는 붕괴될 수밖에 없다. 따라서, 유·초등학생 자녀를 둔 30~40대 학부모들의 이탈을 막기 위한 자녀 교육과 일자리에 초점을 둔 맞춤형 인구정책이 필요하다. 결국 앞으로 인구가 계속 줄면, 유휴시설이 늘 것이다. 부동산 가치는 하락하고 지역경제는 더욱 침체될 것이다. 지역의 인재와 중산층 그리고 기업은 대전을 떠난다. 결국 도시 전체가 공동화되면서 쇠퇴의 늪으로 빠져드는 악순환이 계속될 것이다.

대전 시민들을 대상으로 한 최근의 의식조사 결과,[1] 대전의 인구 감소에 따른 도시 침체의 위기를 '전적으로 동의한다'와 '대체로 동의한다'는 응답자가 60.8%로 나타나 대전시 현 상황을 도시 침체의 위기로 보는 다수의 공감대가 형성돼 있다고 해석될 수 있다. 향후 대전시의 위기에 대한 전망도 부정적으로 조사됐다. 대전시 도시 침체를 위기로 보지 않거나, 곧 사라질 것이라고 전망한 응답자는 전체의 8.4%밖에 되지 않는 반면, 대전시 도시 침체의 위기는 계속되거나 더욱 심화될 것이라고 생각하는 응답자가 77.9%에 이르고 있는 것으로 나타났다. 다시 말해서, 대전 시민들의 대다수는 대전 도시 침체를 상당한 위기로

1) 이 조사 연구는 대전지역에 거주하는 600명 응답자 중 거주지를 대전 이외 지역으로 응답한 2명과 거주지를 응답하지 않은 5명을 제외해 총 분석 대상자는 593명이다. 조사 기간은 2016년 10월 4일부터 10월 26일까지로 일대일 표준화된 설문조사를 통해 이뤄졌다. 대전시 인구는 2016년 11월 현재 1,518,775명으로 설문조사된 표본 593 사례에 대한 95% 신뢰 수준에서의 표본오차는 ±4.02% 포인트다. 이 조사에 표본추출은 비비례층화 표집의 방법을 원칙으로 무작위 추출했다.

인식하고 있으며 미래에 대해서도 상당히 불안해하고 있음을 알 수 있다.

그럼에도 불구하고 그동안 대전시의 각종 정책들, 예컨대 국제과학비즈니스벨트 건설계획(사이언스 콤플렉스 조성) 수정, 호남선 KTX 서대전역 미경유 대책 부재, 대전지하철 2호선 건설 방식과 노선의 잦은 변경에 따른 공감대 미형성 및 조기 착공의 지연, 옛 충남도청사 재개발 및 원도심 활성화의 지지부진, 갑천 친수역 개발과 도시공원의 민간특례 사업에서의 민관 갈등, 용산동 현대아울렛 건설 취소, 시출연 산하기관 기관장의 선임 문제와 기관 내 인사 비리, 대전의 '사용 후 핵연료'와 방사성폐기물 처리 정책의 부재 그리고 고도정수시설 민자계획의 강행과 취소, 대전시립의료원과 유성복합터미널 사업의 무산 등의 문제들에 이르기까지 대전시가 보여 준 대부분의 사업과 정책들은 장기적, 종합적, 일관적, 시민 소통적, 전략적 차원에서 한결같은 부재와 미비로 정책상의 한계점을 그대로 드러낸 채, 시정의 난맥상과 함께 시민들의 신뢰와 공감대를 얻지 못했다. 결국 정책 불신과 시민 불안만을 초래한 결과 도시의 침체와 쇠퇴 문제를 가중시키고 말았다.

대전시의 인구 감소는 여러 요인이 복합적으로 얽혀 초래됐다. 즉, 인구 감소의 문제를 초래한 더 근본적인 위기는 도시 정체성의 위기, 정치적 리더십의 위기, 도시 발전의 전략과 정책 부재의 위기, 그리고 시민들의 자신감 상실의 위기까지 겹치면서 대전시는 총체적인 위기에 직면해 있다고 볼 수 있다. 이 위기 징후는 앞서 쇠퇴한 선진국 도시들에서 나타난 요인과 대동소이하다. 도시의 양극화, 구도심 및 산업단지의 붕괴, 정체성 없는 도시, 리더십과 주민 참여의 부재가 미국의 디트로이트 시, 마이애미 시, 영국의 리버풀 시를 이미 쇠퇴의 나락으로 빠뜨린 바 있다. 따라서, 인구 감소의 문제는 인구관리 방안에만 집중한다고 해결되는 것이 아니라 더 근본적인 도시 침체의 위기 요인을 분석하고 종합적, 체계적, 전략적 그리고 장기적으로 접근해야 만 해결될 수 있을 것이다. 그러나 대전시의 인구관리 정책들은 여전히 낙관적인 미래 전망 상황에서 그간 제시된 방안들이 장기적 · 종합적 · 체계적 · 구체적 · 창조적 · 소통적 · 전략적이지 못한 한계점을 보이고 있다. 그저 단기적이고 산발적이며 안일하고 중복적인 구태의연한 그래서 지속 가능하지 않은 대안들만 쏟아내고 있을 뿐이다.

이에 따라, 이 연구에서는 대전시 인구 감소에 따른 도시 침체와 쇠퇴의 징후 실태분석과 그 원인, 대전시의 인구관리 방안과 그 평가 그리고 대전시의 인구 활력과 도시재생 및 활성화를 위한 발전 목표와 전략 및 방안들을 모색해 보고자 한다.

인구 감소에 따른 도시 침체의 실태와 영향 및 그 요인

1. 인구 감소와 도시 침체의 실태

1) 대전시의 지속적인 인구 감소 실태

〈표 4-1〉 대전시 주민등록 인구 현황

(단위: 명, %)

구분	총인구 수	전년 대비 증감	전년 대비 증감률
2012년 말	152만 4,583명	8,980명	0.59%
2013년 말	153만 2,811명	8,228명	0.54%
2014년 말	153만 1,809명	–1,002명	–0.07%
2015년 말	151만 8,775명	–1만 3,034명	–0.85%
2016년 말	151만 4,370명	–4,405명	–0.29%
(2017년 7월)	(150만 7,597명)	(–6,773명)	–0.45%

* 인구증감률: 1993년 4.78%, 1997년 1.89%, 2003년 0.90%.
자료: 행정안전부 주민등록인구통계.

- ○ 1992년 113만 명에서 2014년 153만 명으로 35.0% 증가하는 등 인천(40.5%) 다음으로 높았으나, 2014년에 -1,002명 감소 첫 기록
- ○ 2014년 이후 지속적으로 감소하고 있고, 2016년 주춤하는가 싶더니 다시 감소 시작

2) 저출산 · 고령화 실태

(1) 저출산 현황 · 전망 분석

○ 2016년 전국 합계 출산율은 1.17명으로 전년(1.24명) 대비 0.07명(−5.6%) 감소

○ 2016년 전국 출생아 수는 40만 6천 3백 명으로 전년(43만 8천 4백 명)보다 3만 2천 1백 명(−7.3%) 감소, 2017년 예상 출생아 수는 35만 4천 명

○ 2016년 대전의 합계 출산율은 1.19명으로 전국 평균은 1.17명이며, 특·광역시 중 세종(1.82명), 울산(1.42명) 다음으로 높고, 2016년 출생아 수는 12,400명으로 전년 대비 1,400(△10.1%) 감소

〈표 4-2〉 출생아 수 및 합계 출산율, 대전/전국 비교

(단위: 명, %)

구분	2009	2010	2011	2012	2013	2014	2015	2016
대전 출생아 (증가율)	13,915 (△6.3%)	14,315 (2.9%)	14,808 (3.4%)	15,279 (3.2%)	14,099 (△7.7%)	14,000 (△0.7%)	13,800 (△1.4%)	12,400 (△10.1%)
대전 인구	1,484,180	1,503,664	1,515,603	1,524,583	1,532,811	1,531,809	1,518,775	1,514,370
대전 합계 출산율	1.16	1.20	1.26	1.32	1.23	1.25	1.28	1.19
전국 합계 출산율	1.15	1.23	1.24	1.30	1.19	1.21	1.24	1.17

자료: 통계청 시군구별 주민등록인구, 시도별 출생아 수(2017년 2월 잠정치).

(2) 고령화 현황 · 전망 분석

○ 연도별 65세 이상 노인 인구는 지속적으로 증가하는 등 인구 고령화가 빠른 속도로 진행

〈표 4-3〉 대전의 65세 이상 노인 인구 및 비율

(단위 : 명, %)

연도	2009	2010	2011	2012	2013	2014	2015	2016
대전 인구	1,484,180	1,503,664	1,515,603	1,524,583	1,532,811	1,531,809	1,518,775	1,514,354
노인 인구	124,520	130,245	135,740	142,979	150,651	158,329	165,528	172,486
노인 비율	8.39	8.66	8.96	9.38	9.83	10.33	10.90	11.39

자료: 통계청, 주민등록인구통계.

○ 2009년 8.39%인 대전시 노인 인구는 매년 평균 0.37% 이상 증가하고 있어 2020년 12.9%, 2030년에는 21.0%로 초고령사회가 될 것으로 전망

○ 또한, 85세 이상 초고령 인구도 향후 30년간 전국 평균 4.6배 증가 전망

〈표 4-4〉 고령 인구 및 구성비(2010~2040)

지역	65세 이상 인구 전체(천 명)						85세 이상 인구 전체(천 명)					
	2010년	2020년	2030년	2040년	10년 대비 40년		2010년	2020년	2030년	2040년	10년 대비 40년	
					증감	증가율(%)					증감	증가율(%)
전국	5,452	8,084	12,691	16,501	11,049	202.6	370	810	1,316	2,079	1,708	461.1
대전	130	205	336	445	315	241.7	9	19	31	51	42	461.2
구성비, 증감(%, %p)												
전국	11.0	15.7	24.3	32.3	21.3		0.7	1.6	2.5	4.1	3.3	
대전	8.6	12.9	21.0	28.4	19.8		0.6	1.2	1.9	3.2	2.6	

자료: 통계청, 장래인구추계 시도편 : 2010~2040.

○ 특히, 기대수명의 연장과 베이비 부머(1954년~63년생) 세대가 65세가 되는 2020년 이후 고령화 가속으로 노인복지에 대한 사회적 비용 부담 증가

〈표 4-5〉 기대수명(2010~2040)

(단위: 세)

구분	2010		2015		2016		2020		2030		2040	
	남자	여자	남자	여자	남자	여자	남자	여자	남자	여자	남자	여자
전국 평균	76.8	83.6	79.0	85.2	79.3	85.4	80.3	86.2	82.7	87.8	84.7	89.1

자료: 통계청, 장래인구추계 시도편 : 2010~2040.

(3) 저출산·고령화 전망 분석

○ 향후, 대전의 2030년까지 연령별 인구 추계를 보면 미래 세대(0~14세)와 출산 여성(20~39세)의 계속 감소로 중·장기적 출생아 수 감소 요인 상존으로 '저출산의 덫'[2]에 빠질 전망

−0~14세 아동의 수 추계: (2010) 260 → (2016) 225 → (2020) 221 → (2030) 216천 명

−20~39세 여성의 수 추계: (2010) 173 → (2016) 163 → (2020) 152 → (2030) 121천 명

○ 또한, 총인구 감소 연도는 지연(2019년 → 2031년)되고, 고령화사회(노인 인구 14%) 도달 연도는 단축될 것으로 전망

○ 이에 따라, 10년 내에 노인 인구가 유소년 인구보다 많은 인구 역전 현상, 생산 가능 인구 감소 등 인구 변동 가시화

[그림 4-1] 대전의 노인 인구와 유소년 인구 추계(2010~2040)

(단위: 천 명)

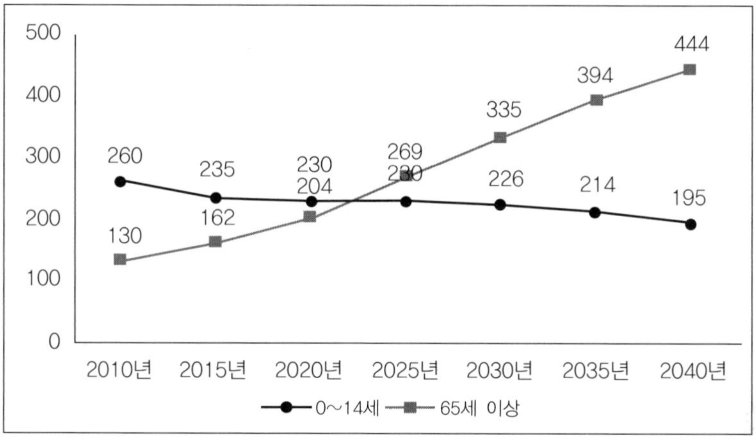

자료: 통계청, 장래인구 추계 시도편: 2010~2040.

(4) 대전광역시 평균 연령: 39.5세(전국 41세보다 1.5세 낮음)

○ 남성은 38.4세, 여성은 40.5세

○ 자치구별로는 동구는 41.9세, 중구 42세, 서구 38.7세, 유성구 36.4세, 대덕구 40.5세

2) 가임여성과 출생아 수가 줄고, 결혼한 부부가 원하는 자녀 수가 감소하며, 장래 기대소득이 젊은 층의 소비 수준을 따라오지 못하면 저출산의 덫에 빠진 것으로 간주한다는 오스트리아 인구학자 볼프강 루츠(Wolfgang Lutz)의 이론.

〈표 4-6〉 대전광역시 평균 연령

(단위: 명, %)

	대전		동구		중구		서구		유성구		대덕구	
	인구 수	명	인구 수	명	인구 수	명	인구 수	명	인구 수	명	인구 수	명
총인구 수	1,514,370	100.0	234,959	100.0	252,490	100.0	491,011	100.0	343,222	100.0	192,688	100.0
0~9세	142,076	9.4	19,998	8.5	20,767	8.2	45,085	9.2	40,595	11.8	15,631	8.1
10~19세	175,916	11.6	23,557	10.0	27,160	10.8	60,039	12.2	42,650	12.4	22,510	11.7
20~29세	212,796	14.1	31,056	13.2	32,300	12.8	73,388	14.9	49,132	14.3	26,920	14.0
30~39세	222,879	14.7	32,580	13.9	33,713	13.4	72,701	14.8	58,669	17.1	25,216	13.1
40~49세	264,265	17.5	37,759	16.1	42,528	16.8	87,129	17.7	62,562	18.2	34,287	17.8
50~59세	239,111	15.8	38,335	16.3	40,612	16.1	77,268	15.7	49,159	14.3	33,737	17.5
60~69세	143,650	9.5	27,663	11.8	29,592	11.7	43,383	8.8	23,588	6.9	19,424	10.1
70~79세	77,775	5.1	16,770	7.1	17,854	7.1	21,755	4.4	10,942	3.2	10,454	5.4
80~89세	31,484	2.1	6,378	2.7	6,992	2.8	8,988	1.8	5,106	1.5	4,020	2.1
90~99세	4,110	0.3	781	0.3	906	0.4	1,193	0.2	768	0.2	462	0.2
100세 이상	308	0.0	82	0.0	66	0.0	82	0.0	51	0.0	27	0.0

자료: 행정자치부, 주민등록인구통계(2016년).

〈표 4-7〉 2016년, 청년 인구(만 19~39세) 분포

(단위: 명, %)

구분	대전	동구	중구	서구	유성구	대덕구	전국
총인구	1,514,370	234,959	252,490	491,011	343,222	192,688	51,696,216
청년 인구	457,371	66,761	69,321	153,621	112,572	55,096	14,963,887
비중	30.2	28.4	27.5	31.3	32.8	28.6	28.9

(5) 학령 인구 현황·전망 분석

○ 통계청 장래 인구 추계를 보면 2015년 초등학교에서 대학교까지의 학령 인구(6~21세)는 887만 4천 명으로 2010년(1,001만 2천 명)에 비해 113만 8천 명 감소했으며, 향후에도 계속 줄어들 것으로 전망됨.

○ 2015년 대전·충청 지역의 청소년(15~24세)이 총인구에서 차지하는 비율은 대전 14.8%, 세종 12.8%, 충북 13.2%, 충남 12.7%로 1970년대 이후 지속적으로 감소 추세이고, 전국 평균은 13.0%임.

– 2015년 대전 지역 청소년 인구(15~24세)는 225천 명으로 총인구 1,518

[그림 4-2] 총학령 인구 구성비

(단위: 천 명, %)

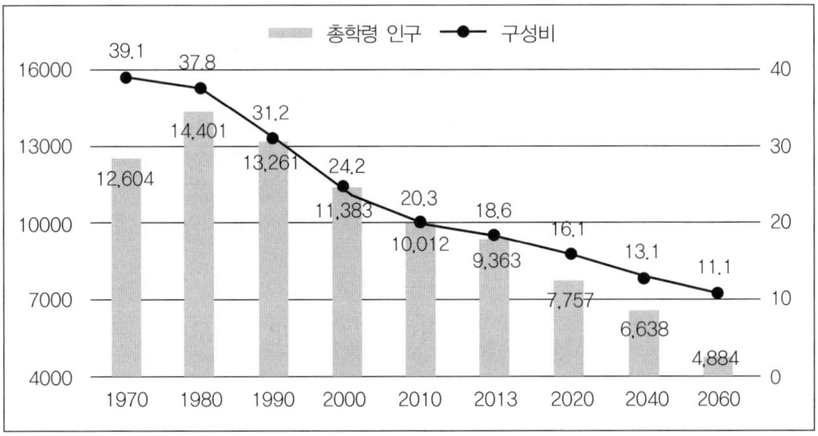

자료: 통계청, 장래인구추계 시도편 : 2010~2040.

천 명의 14.8%를 차지하고 있어 전국 평균보다는 높은 편임.

(6) 저출산·고령화 파급 영향 분석

○ 현재 추세가 지속되면 젊은 층의 노인 인구 부양 부담 증가에 따라 재정의 지속가능성이 저해되고 세대 간 갈등이 야기될 가능성 상존

○ 노동 인력 공급 감소와 노동력의 질 저하, 저축·투자·소비 위축 등에 따라 경제 전반의 활력이 저하되고 성장 잠재력 약화를 초래

○ 아울러, 저출산·고령화는 노동, 교육·주택·금융 등 각 분야에 걸쳐 광범위한 경제·사회적 변화를 일으킬 것으로 전망

○ 또한, 학령인구 감소로 교사 인력, 학교 시설 수요가 지속적으로 감소

- 학령인구 감소는 교원 수급, 학급 형성, 학교 통·폐합 등 교육정책의 최우선 고려 사항이 될 것임.

(7) 대전시의 전입과 전출 인구

대전광역시의 전출 인구는 수도권(서울, 인천, 경기)을 전입지로 하는 경우가 40%를 웃돌고 있으며, 충남과 충북을 포함하는 충청권을 전입지로 하는 경우가 30%를 약간 웃돌고 있기 때문에, 대전광역시는 전입 인구의 전출지 분포와 유사하게 수도권과 충청권을 전입지 또는 전출지로 하여 인구 이동이 활발하

게 일어나고 있다고 할 수 있다. 1990년대 초반에는 수도권 인구의 대전광역시 전입으로 인해, 순이동이 플러스(+)였지만, 최근에는 다시 대전광역시 전출 인구가 대거 수도권으로 이동함으로 해서 순이동은 마이너스(−)로 전환됐다.

2016년 기준으로 총 전입자는 21만 9,252명으로 10년 전 29만 4,814명보다 25.6%가 감소했다. 전입자의 전 거주지를 시 · 군 · 구별로 보면 충청북도 청주시가 3,595명으로 대전 외 지역(8만 376명) 중에선 가장 높은 4.5%를 차지했고, 충남 논산시(2,382명)와 천안시(2,223명)순이었다. 같은 해 기준으로 총 전출자는 22만 9,883명으로 10년전 29만 2,499명에 비해 6만 2,616명이 줄어 21.4%가 감소한 것으로 나타났다. 이 가운데 대전 외 지역 전출자 9만 1,007명 가운데 가장 많은 세종시로 1만 7,575명이 전출했고, 충남 1만 5,824명, 경기도 1만 5,141명 순이었다. 특히 세종시는 4년 전 8,907명에서 2016년 1만 7,575명으로 가장 큰 전출 증가폭(97.3%)을 보여 대전 인구 감소의 주 요인으로 분석됐다. 전입(53.8%)과 전출(33.0%)의 주된 이유는 모두 '주택'으로 조사됐고, 직업과 가족, 교육 등의 이유가 있었다.

향후, 총인구 규모면에서 대전광역시는 지속적으로 존재감을 키우는 것은 불가능할 것이고, 주변 지역의 세종특별자치시나 새로이 이전하게 되는 충남도청의 소재지인 내포 지역, 그리고 다른 주변의 중소 규모 도시와 연계해서 그 존재감을 키울 수는 있지만, 도시 인구가 중장기적으로 감소하면서 저출산 · 고령화로 인한 인구 내폭은 물론 기반시설의 지속가능성에 우려감을 가져다 주는 '축소도시(shrinking city)'의 운명을 벗어나지는 못할 것이다

3) 세종시로의 인구 유출 실태

(1) 지난 2012년 7월 세종시 출범 이후 세종시로의 전출 인구가 매년 증가함에 따라 대전시 인구 감소

○ 대전에서의 세종으로 총 전출 인구(명)
2015년(상) 13,353명 → 2015년(하) 12,435명 → 2016년(상) 9,824명 → 2016년(하) 7,751명

○ 세종에서의 대전으로 총 전출 인구(명)

2015년(상) 1,877명 → 2015년(하) 1,807명 → 2016년(상) 2,116명 → 2016년(하) 2,490명

(2) 2016년 6월을 기점으로 전출 인구가 감소 추세로 전환되는 등 유출 규모는 점차 감소 중이나, 세종시 주택 공급계획 등을 고려할 때 2017년까지는 유출이 지속될 것으로 전망

지역별 세종시 유입 인구(2016년 말 기준)

• 세종시 출범 이후 세종시로 유입된 인구는 대전시가 32.8%(66,855명)로 가장 많았으며, 경기(15.8%), 충남(12.7%), 서울(12.2%), 충북(12.2%)순임.

• 수도권(30.4%)보다 충청권(57.7%)에서의 유입 비율이 높아 빨대 효과 우려

		계	2012.7~2014년	2015년	2016년
계		203,750명(100.0%)	83,240명	70,004명	50,506명
수도권		61,935명(30.4%)	28,747명	18,718명	14,470명
	서울	24,943명(12.2%)	11,450명	7,550명	5,943명
	경기	32,170명(15.8%)	15,369명	9,672명	7,129명
	인천	4,822명(2.4%)	1,928명	1,496명	1,398명
충청권		117,640명(57.7%)	45,420명	43,233명	28,987명
	대전	66,855명(32.8%)	23,492명	25,788명	17,575명
	충남	25,881명(12.7%)	11,629명	8,384명	5,868명
	충북	24,904명(12.2%)	10,299명	9,061명	5,544명
기타		24,175명(11.9%)	9,073명	8,053명	7,049명

자료: 통계청, 국내인구이동통계.

2. 인구구조 변화에 따른 영향

1) 국가와 지역 잠재성장력 약화

○ 경제 성장 동력 저하

- 베이비붐 세대의 대거 은퇴, 고령자 소득 감소, 부양 부담 급증으로 저축, 소비, 투자 위축
- 실질 성장률은 2016년 2.5%에서 2060년 0.8로 전망(국회 예산정책처, 2016)

○ 인구 오너스 사회 도래

- 고령 인구 급증 및 생산 가능 인구 감소로 한국의 세계 경제 규모는 2016년 13위에서 2050년 18위로 하락 전망
- 인구 보너스(Demographic Bonus) 사회 → 인구 오너스(Demographic Onus) 사회

○ 목말사회 직면

- 생산 가능 인구 1명이 고령자 1명을 부양해야 하는 '목말사회' 도래로 사회적 부담 급증
- 생산 가능 인구 100명 부담 고령자는 2015년 17.5명, 2025년 29명, 2065년 88.6명으로 5배 이상 증가

2) 주민 삶의 질의 약화

○ 생활 인프라의 위축

- 지역의 인구 감소로 생활 인프라 운영에서 규모의 경제 달성이 곤란
- 생활 인프라의 접근성 저하로 '생활취약지역' 증가, 편의점 · 시장 등의 폐점으로 '쇼핑 난민' 발생 우려

○ 지역공동체의 붕괴

- 인구 감소 및 고령화로 인해 자원봉사 및 지역공동체 활동의 연속성과 활력 저하
- 지역사회 네트워크, 사회적 자본, 지역의 자율적 문제 해결 능력 등의 감소

※ 2016년 OECD Better Life Index 조사 결과, 한국은 공동체지표에서 38개국 중 37위

○ 생활안정성의 저하

– 빈집, 폐경지 등 유휴공간의 증가에 따라 범죄 우범지대화 등 부정적 영향 우려

– 생활 인프라 노후화와 시설 유지 · 관리 재원 축소로 인적 재난 증대 우려

3) 지역의 사회 · 경제적 활력 저하

○ 지자체 행정비용 급증

– 공공 서비스 수요의 지역적 범위가 넓어지고 고령자 수요는 좀 더 다양화

– 경제적 비효율성에도 불구하고 다품종 소량 생산 방식의 서비스 공급이 요구

– 기존 시설 유지관리비의 지속과 인구 감소에 따른 유휴시설 증가로 매몰비용 발생

※ 노령화에 따른 사회복지비 지출과 겹쳐 지방정부의 세수 부족 문제를 더욱 가중시킴.

○ 지역경제 쇠퇴

– 지역 인구 감소는 전통(뿌리)산업을 위축시켜 지역의 일자리 부족을 더욱 심화

– 농어촌 지역에서 고령화율이 50% 이상인 한계집락화가 되면 농촌 경제의 기반이 위협

– 폐경지 증가, 농 · 수로 방치, 주택 유지관리 소홀 등 정주공간이 위협

3. 인구 감소와 도시 침체의 요인

돌이켜 보면, 100여년 전 인구 3,000명에 불과했던 대전지역이 세상에 드러난 계기는 1905년 경부선이 대전역을 통과하기 시작한 때부터다. 1914년에는 호남선 철도가 개통됐다. 경부선 철도와 분기점인 서대전역이 설치되면서 무명이었던 대전은 일약 철도교통의 중심지로 부각했다. 근대 도시로 성장할 수 있는 토대가 된 것이다. 교통의 요충지가 된 대전으로 철도를 통해 전국의 인구

와 화물이 몰려들었고, 상권과 경제가 집중되면서 인구가 폭발적으로 늘어난 것이다. 이에 힘입어 1917년 대전면 신설, 1932년 충남도청 이전, 1949년 대전시 승격, 1989년 직할시 승격에 이르기까지 숨가쁘게 성장해 왔다. 여기에 경부・호남 고속도로의 분기점까지 대전이 차지하게 됐으니 대전은 대한민국에서 가장 빠르게 성장하는 도시로 다른 지역으로부터 부러움과 질투의 대상이 되기도 했다.

이러한 지리적 이점과 천혜의 자연 조건 덕택에 1973년 대전 대덕에 연구단지가 조성된다. 단순한 교통도시에서 과학도시, 글로벌 도시, 그리고 경제도시로의 정체성을 갖추고 재도약할 수 있는 결정적 계기가 마련된 것이다. 그 일환으로 1993년에는 대전 엑스포를 성공적으로 개최해서 대전이 과학도시임을 국내・외에 알리는 동시에 시민들의 긍지와 자부심을 크게 고취시킨 바 있다. 도시 발전에 필요한 인프라를 구축하는 데도 기여해서 대전 발전을 10년 이상 앞당긴 것도 사실이다. 여기에 덧붙여, 1992년 자운대와 1998년에는 국가균형 발전의 차원에서 대전 3청사가 입지하면서 대전은 교통, 과학, 국방, 행정을 융・복합할 수 있는 유일한 대도시로의 자격까지 갖추게 됐다. 대도시로 성장하는 데 필요한 요건들을 다 거머쥐게 된 것이다.

여기까지는 모든 게 잘 풀렸다. 지역을 잘 이끈 좋은 지도자들이 있었다. 전문가와 공무원들이 올바른 정책과 전략도 준비했다. 시민들은 꿈과 희망을 가지고 단합했다. 행운도 따랐다. 그런데 모든 것은 여기까지였다. 모든 일이 대전을 위해 저절로 잘 풀릴 줄만 알았을 뿐, 모두가 자만하고 나태했다. 그 이후에 일어날 혹독한 환경 변화를 내다보지 못한 것이다. 200년 이후부터 대전시는 국책사업과 시설의 유치(로봇랜드, 자기부상열차, 첨단의료복합단지 등)에 줄줄이 실패하면서 기존의 시설과 인력마저 떠나는 축소의 도시로 전락하고 있다.

2012년 충남도청이 아무 대안 마련도 없이 대전을 떠났다. 원도심 공동화의 신호탄이었지만 대전시는 속수무책인 채 지금까지도 도청 부지 활용 방안을 찾지 못하고 있다. 그런가 하면, 교통도시 대전으로서의 명성과 도시 브랜드를 지키지 못했다. 2001년 개통된 서해안 고속도로는 유성을 통과하던 호남고속도로의 역할과 혜택을 빼앗아 갔다. 유성은 휴양 온천도시로서의 브랜드를 지키지 못하고 침체했다. 유성복합터미널 사업의 중단도 교통도시 대전의 위상 하락은 물론 대전 서북부권 개발에 치명타를 날리고 말았다. 2014년 말부터 KTX 호남선 기차가 대부분 서대전역을 지나지 않는다. 이제 대전은 더 이상 삼남의 관문이 아니다. 서대전역 주변도 시간이 갈수록 공동화될 것이 틀림없다. 철도 중심지인 대전의 추락으로 국립철도박물관 유치도 현재로선 난망한 실정이다.

대전역사와 역세권 개발의 지연은 원도심을 더욱 초토화시키기에 충분했다. 이제는 교통도시 대전의 간판을 내려놔야 하는 상황에 이르렀다. 대전역과 역세권을 MICE 산업의 중심지 그리고 과학도시의 전시장으로 변모시킬 절호의 기회를 놓친 회한이 너무 크다. 인근 청주공항을 대전이 제대로 투자해서 활용하지 못한 과오도 두고두고 후회할 것이다. 현대 도시는 항구(Seaport), 공항(Airport), 정보항(Teleport)을 모두 구비해야 하는데 대전은 이에 소홀했기 때문이다.

교통도시의 추락은 과학도시로 발돋움하는 데에도 악영향을 미치고 있다. 40여 년에 걸쳐서 조성된 대덕연구개발특구도 출연연구기관의 분원이 전국 각지에 우후죽순으로 생기면서[3] 과학도시 대전의 명성이 흔들리고 있다. 과학연구의 '선택과 집중'이라는 기본 원리를 외면하면서 정치 논리가 개입하는 증거로 볼 수 있다. 게다가 과학연구단지가 대전에 소재하고 있다고 해서 대전이 과학도시가 되는 것이 아니다. 몇몇 시민이 허접한 엑스포 시설 주변에서 어울리지도 않는 와인과 푸드 축제를 즐긴다고 해서 과학시민이 되는 것은 더더욱 아니다. 진정한 과학도시가 되려면 대덕과학특구가 지역경제에 기여해야 한다. 지역의 인재를 지역의 대학이 육성해서 대덕과학특구에 주인으로 들여보내야 한다. 시민들의 과학적 사고와 활동이 지역의 일자리 창출과 지역 비즈니스의 활성화에 기여해야 한다. 과학비즈니스벨트 그리고 '4차 산업혁명 특별시'가 되더라도(그것도 쉽지 않지만) 중앙정부에 인사상, 행·재정상 종속된 대덕과학특

3) 국가과학기술연구회(NST)에 따르면, 현재 대덕특구 내 26개 출연연 중 17개 기관이 전국 54개 분원을 운영 중이다. 앞으로 8곳의 분원이 추가로 설치될 예정이다.

구의 전철을 밟으면 지역 발전과는 무방해지면서 과학도시 대전에도 보탬이 되질 않을 것이다. 그뿐만 아니라, 대전의 인구 증가와 도시 활성화에 도움이 되질 않는다. 미국의 오스틴과 노스캐롤라이나, 프랑스의 소피아앙티폴리스, 독일의 드레스덴 등 세계적 과학도시들은 모두 다 지역 인재, 지역 대학, 지역 경제의 육성에 예외 없이 기여해서 지역 발전이 성공했음을 놓쳐서는 안 된다.

이렇게 대전이 갖춘 모든 유리한 요건을 제대로 활용하지도 못한 채, 시간을 허비하는 사이에 대전 주변 상황은 대전을 벼랑 끝 상황으로 내몰고 있다. 인근의 청주와 청원은 통합해 대전을 위협하고 있다. 오송·오창에 생명바이오 산업단지까지 조성해 탄탄한 경제 자립 기반을 만들어 놨다. 대전은 하지 못한 미래 일거리와 먹거리를 준비해 놓은 것이다. 오송·오창의 힘이 벌써 주민들의 가계소득 증대와 부동산 가치의 상승으로 나타나고 있다. 천안·아산·당진은 이미 수도권의 경제와 산업의 남하를 막아서면서 대전을 썰렁한 비수도권으로 몰아낸 지 오래다. 동반 성장과 일방 쇠퇴라는 양면의 칼을 가지고 대전과 접하고 있는 세종시는 대전시의 인구를 서서히 흡인해 가는 빨대 역할을 하면서 대전을 향해 쇠퇴의 칼을 휘두르기 시작했다. 대전이 양 도시의 상생 발전과 차별화된 전략을 준비하는 데 소홀히 한 결과다. 도시 간 경쟁에서 지는 도시는 반드시 쇠퇴, 소멸한다.

시민들도 대전시가 도시 쇠퇴를 막고 재도약의 성과로 내세울 만한 정책을 피부로 체감하고 있지 못하다.[4] 유일하게 지속해 온 대규모 정책은 트램 건설뿐이다. 그러나 그것조차 여전히 시민적 공감대 형성이 안 된 가운데 최근 의정부와 용인 경전철의 파산 소식이 전해지고 있어서 시민들을 불안하게 하고 있다. 의정부와 용인 사례들은 단체장이 업적을 남기기 위해 일단 저질러 보자는 전시행정이 시 재정을 어떻게 망가뜨리는지를 보여 주고 있다. 대전 지하철

4) 시민 의식조사의 결과에 따르면, 민선 6기 시정 운영 평가에 대한 긍정적 평가가 32.2%에 그친 가운데 대전 시정의 주요 성과로는 '잘 모르겠다'는 응답이 25.3%로 제일 높고, 그 다음이 도시철도 2호선 트램 건설계획(23.4%), 충청권광역철도망 예비타당성 통과(13.7%) 순으로 나타나서 시의 여론조사 발표와 큰 차이를 보이고 있다. 결국, 대전 시민들은 민선 6기 동안 크게 내세울 만한 성과를 크게 공감하고 있지 못하며, 피부로 체감하지도 못하고 있는 실정으로 해석된다.

2호선이 트램으로 건설되는 것 자체만으로 인구 증가와 도시 활성화에 큰 영향을 미치지는 못할 것이다. 쇠퇴하는 도시라면 시와 시민들에게 던져 줄 재정적 부담 때문에 건설 자체를 재검토해야 할지도 모른다.

이제 대전은 암울하게도 인구 감소의 위기에다 정치적 리더십의 위기, 도시 정체성의 위기, 사회 분열과 갈등의 위기, 그리고 자신감 상실의 위기까지 겹치면서 총체적인 위기에 직면해 있다. 이 위기 징후는 앞서 쇠퇴한 선진국 도시들에서 나타난 요인과 대동소이하다. 도시의 양극화, 구도심 및 산업단지의 붕괴, 정체성 없는 도시, 리더십과 주민 참여의 부재가 미국의 디트로이트 시, 마이애미 시, 영국의 리버풀 시를 쇠퇴의 나락으로 빠뜨린 바 있음을 주시할 필요가 있다.

대전시 인구관리 방안 평가와 한계점

최근 5년간(2012~2016)의 정책평가 결과를 살펴보면 다음과 같다.

1. 대전시 인구관리의 목표, 전략, 과제

〈표 4-8〉 대전시 인구관리 목표 및 추진 전략

목표	안정적인 인구관리를 통한 도시 경쟁력 제고		
	▲		
추진 전략	3대 추진 전략		
	인구 유출 억제 및 유입 촉진	기업하기 좋은 환경 조성	유동인구 확대 촉진
추진 과제	1. 인구 유출 억제 및 유입 촉진		
	① 안정적인 주거환경 조성으로 정주 여건 개선		
	② 기업형 임대주택을 통한 다른 지역 인구 유입 촉진		
	③ 대학생 대전주소갖기 추진 검토		

	2. 기업하기 좋은 환경 조성으로 기업 유치 촉진
	① 산업용지 지원
	② 기업자금 및 판로 지원
	③ 기업 유치 및 환경 지원
	3. 우리 시 유동인구 확대 촉진
	① 세종시 인접 지역 내 '음식문화 특화단지' 조성
	② 사람이 모이고 일자리가 생겨나는 원도심 활성화 추진
	③ 역세권 개발 및 중단된 주거환경 개선사업 재개

2. 추진 현황

1) 저출산 분야

○ 청년고용 · 결혼 · 임신 · 출산 부담 경감에 기여, 둘째아 이상 출산장려금 및 셋째아 이상 양육지원금 지급으로 출산 부담 경감과 양육 여건 개선

○ 출산율 향상과 경제적 부담 경감을 위해 한방 난임치료비 지원, 산모 · 신생아 건강관리사 지원, 임산부 초기건강검진 등으로 출산 장려 분위기 개선

2) 고령사회 분야

○ 다양한 가족 지원과 공교육 강화로 시니어클럽, 꿈나무지킴이 노인복지관 청춘카페 운영 등 노인 사회활동 등 노후 소득 보장 강화, 노인 건강진단 지원, 저소득 노인장기요양보험 지원, 노인요양시설 등급외자 지원 등 노인 보호와 질병의 조기 발견 및 건강 증진 도모

3) 저출산 · 고령사회 대응 기반 강화 분야

○ 미혼 남녀 맞선 프로젝트, 다자녀 가정 꿈나무 사랑카드 발급, 결혼 장려와 다자녀가정 생활 안정 지원, 홍보 · 인식 개선 활성화로 캠페인(시내버스) 및 언론매체 홍보, 출산 장려 시책 안내와 인구문제 인식 개선을 위한 인구교육 실시 등 민간 · 기업 · 시의 협력 연계 강화

4) 정책 자체평가

○ 대전시는 지난 5년간 저출산·고령화정책으로 3조 6천억 이상 예산을 투입했으나 청년실업 등 복합 요인으로 저출산 문제 극복에 어려움을 겪고 있으며, 문제 해결을 위해 정부·자치단체·기업 등 상호 협력이 절실히 필요

3. 2017년 저출산·고령사회정책 추진 방향

1) 출산율 제고를 위한 출산이 행복한 도시 조성

○ 청년 고용·결혼·임신·출산 부담 경감

- 청년 일자리 제공을 위한 환경 구축 및 창업, 취업 등 지원 시책 개발
- 출생장려지원금 둘째 자녀 30만 원 지급, 셋째 자녀 이상 50만 원 지급, 셋째 자녀 이상 양육지원금 60만 원 지급 등 출산·양육 지원 강화
- 민간기업이 참여하는 임산부 우대사업 추진, 임산부 차량 주차료 감면 및 전용주차구역 설치 운영 등 임산부 우대 강화

○ 다양한 가족, 아동·보육·돌봄, 공교육 강화

- 다문화가족 민원 상담창구 운영, 아동·청소년 유해 환경 개선 등 다문화 가족의 다양한 행정 서비스 제공 및 아동의 건전한 성장을 위한 지역사회 역할 강화
- 방과 후 학교 자유수강권 지원, 시청 어린이집 운영 등 저소득층 자녀의 방과 후 학교를 활성화하고, 연령별 보육과정 운영으로 신체적·정서적·인지적 개발 도모

2) 건강하고 활기찬 노후생활 안정

○ 노후 소득 보장, 건강 강화

- 시니어클럽과 연계한 노인 사회활동 지원사업 추진, 꿈나무지킴이 사업 등 노인 적합형 일자리 개발 및 보급으로 노후생활 안정 도모
- 노인 건강진단 지원, 노인요양시설 등급외자 지원 등 질병의 조기 발

견 및 조기 치료로 노인의 건강 증진 도모

○ 활기차고 안전한 노후 실현

–시니어 리더십 교육 프로그램 운영, 경로식당 무료 급식 지원 등 교육을 통한 리더십 역량화와 무료 급식을 통한 활기찬 노후생활 보장

3) 저출산·고령사회 대응 기반 강화

○ 민간단체, 지역 주민, 정부의 협력 체계 강화

–미혼 남녀 맞선 프로젝트 운영, 심통방통 내 짝을 찾아라 등 민간단체 주관으로 미혼 남녀에게 자연스런 만남의 기회를 제공해 결혼과 출산에 대한 긍정적 가치관 확립에 기여

○ 홍보 및 인식 개선 활성화

–출산 장려 언론 캠페인, 출산 장려 시책 홍보 및 인구교육 등 저출산에 따른 인구문제에 대한 범시민 인식 개선과 출산 장려 분위기 조성

인구 활력 촉진 및 도시 활성화 전략과 과제

우리나라에서 수행된 인구통계적 또는 경제학적 변화에 대한 분석과 예측 결과는 한국이 전례 없던 인구 감소의 위기에 직면하고 있음을 경고하고 있다. 이른바 '인구 절벽'으로 회자되고 있는 현상은 유효 수요 부족이나 노동 인구의 감소 등과 같이 국가적인 충격을 초래할 뿐만 아니라, 낙후지역의 소멸과 함께 중심지역의 쇠퇴를 동반해 지역의 지속가능성에 큰 영향을 미치는 위기로 귀결된다. 따라서, 향후 새 정부와 지방정부는 이에 대비하는 정책을 어떻게 마련할 것인가에 대해 좀 더 진지한 검토와 고민이 있어야 할 것이다.

최근에 일본에서 주목할 만한 국가 전략은 '마을·사람·일자리 창생 종합전략'이다. 아베 정부는 인구 감소와 수도권 집중 문제를 해결하고자 지방창생 전략을 주요 국가 전략 과제로 선정했다. 지난 2014년 일본의 생산성본부에서 향후 일본에서 소멸 가능성이 있는 기초자치단체를 발표하는 것을 계기로 지

방 소멸 또는 지자체 소멸론이 급속히 확산되고 있다. 아베 정부는 이러한 심각한 사회 분위기를 인식하고, 2015년부터 지방창생 전략을 본격적으로 추진하고 있는 것이다. 지방창생 전략의 기본 방향은 마을·사람·일자리의 창생과 선순환의 확립이다. 즉, 일자리가 사람을 부르고, 사람이 다시 일자리를 부르는 선순환 구조를 확립하고, 그 선순환을 지탱하는 지역에 활력을 되찾도록 하는 것이다. 2014년에 수립한 지방창생의 장기 비전은 2060년까지 약 1억 명의 인구를 확보해 인구 안정과 생산력을 향상시키는 것이고, 궁극적으로 2050년까지 GDP 성장률을 1.5~2%로 유지하는 것이다. 이를 위해 5개년 종합전략을 수립했는데 크게 네 가지 정책 목표를 설정하고, 목표 달성을 위한 13개 주요 시책과 평가 및 지원 방안을 확정했다.

첫 번째 목표는 지방에 안정된 일자리의 창출이다. 2020년까지 지방에 젊은 세대를 위한 30만 명분의 일자리를 창출하는 것이다. 두 번째 목표는 지방으로 새로운 사람의 이주를 늘리는 것이다. 2020년까지 도쿄 지역에서 지방으로의 진출을 4만 명 늘리고, 지방에서 도쿄 지역으로의 진입은 6만 명 감소시켜 도쿄권에서 지방의 전출입을 균형있게 맞추도록 한다. 세 번째 목표는 젊은 세대의 결혼·출산·육아의 희망을 실현시키는 것이다. 네 번째 목표는 시대의 흐름에 부합하는 지역을 만들기 위해 지역 간의 지방행정 체제 개편(시정촌 합병)과 함께 광역 연계를 추진하는 것이다. 이를 위해 지역의 소규모 거점(다세대 교류·다기능형)의 형성, 주변 도시와의 네트워크 강화 등을 통해 지방도시 내에서의 경제생활권 형성, 대도시권에서의 안전한 생활 확보 등을 추진하는 것이다.

일본 정부의 지방창생 전략은 2015년부터 본격적으로 추진되고 있는 가운데, 출생률은 다소 증가한 반면 수도권의 인구 유입은 계속되는 등 그 사업 효과는 아직 미지수다. 그러나 일본의 지방창생 전략이 우리나라에 주는 시사점은 크다. 우선 급속한 인구 감소와 지역 쇠퇴의 문제를 겪고 있는 우리나라도 문제의 심각성을 인정하고 지역 활성화 정책을 종합적이고 장기적인 시각에서 국가 비전으로 수립할 필요가 있다. 그리고, 일본이 지방창생 전략을 수립하고 체계적으로 집행하기 위해 총리 직속의 '지방창생본부'를 별도 신설해 컨트롤

타워 역할을 맡기듯이 우리나라도 향후 국가 미래 전략으로서 지역 활성화 정책을 추진하려면 권한과 책임을 실질적으로 부여한 총괄적 지원기구를 마련할 필요가 있다.

특히, 일본의 지방창생 전략은 중앙 주도의 국민 통합을 재구축하려는 시도라는 점에서 한계가 있다. 지방창생 전략의 성공 여부는 결국 지방의 노력에 달려 있으므로 지자체가 자율적으로 지역에 맞는 정책을 수립·집행하도록 해야 한다. 따라서, 분권과 자치의 강화를 통해 다핵적인 지역거점 공간의 거버넌스 체계를 구축하는 것이 중요하다. 이러한 체계 구축은 인구 감소와 저성장 시대의 변화에 대응하는 최적 전략으로서 사회경제적 회복력을 제고할 수 있을 것이다. 나아가, 인구 감소의 원인과 유형에 따라 대도시와 지방 중소도시 및 농·산·어촌 등에서 차별적으로 정책이 수행돼야 하는 동시에 지역 특성에 맞는 주민공동체와 주민조직을 육성할 필요가 있다. 요컨대, 지금 우리는 심각한 저출산과 고령화에 따른 인구와 지방 소멸 위기에 적극 대응해야 할 중대한 시점에 놓여 있다.

1. 대전 도시 정체성의 확립과 재도약을 위한 비전, 목표, 전략의 재정립

대전을 다시 살리려면 처음부터 새로 시작해야 한다. 대전을 철저히 바꿔서 다시 태어나기 위해서는 대전 재도약의 비전과 목표, 전략과 정책, 리더십, 그리고 시민들의 의식과 자세를 다시 세워야 한다. 이를 위한 몇 가지 중요하고 시급한 과제들을 큰 틀에서 짚어 보면 다음과 같다.

먼저, 대전의 정체성(identity)을 되찾아 대전 미래 발전의 비전과 목표를 재정립해야 한다. 여기에 대전 시민들의 공감대 형성이 반드시 필요하다. 그동안 대전 발전의 비전과 목표는 오랫동안 인구 200만 내지 170만을 염두에 두고 마련했으나 최근에 와서 150만으로 수정했다. 그러나, 이를 전제로 한 대전 발전의 장기계획 및 실행계획들은 전면 수정이 불가피하다. 앞으로 경쟁과 갈등이 불가피한 대전시와 세종시 그리고 충남·북은 상생발전 전략을 새로 짜야 한다. 실상, 세종시는 지금 중대한 전환기에 놓여 있다. 세종시가 추구해야 할 수도권 인구의 유입이 기대에 어긋나고 있기 때문이다. 국토 균형 발전을 선도하는 거점도시로서의 위상과 역할도 흔들리면서 행정수도로 발전하는 데 우려의 목소리가 높아지고 있다. 세종시는 대전·충남·북 인근의 인구만을 끌어들여 도시 인구를 채우려 한다면 큰 오산이다. 그렇게 되면 세종시도, 충청권도, 대한민국도 실패한다. 수도권의 주민, 공무원, 산업인력을 세종시로 끌어내리려면 대전과 충청권이 같이 노력해야 한다. 서로 공생할 수 있는 전략과 방안을 찾지 않으면 공멸이다.

충남의 경우도 마찬가지다. 충남도청이 내포신도시로 이전함으로써 천안·아산·당진(인구 110만)과 함께 충남북부권 벨트는 탄탄해졌다. 문제는 그 이남이다. 특히 대전과 인접한 공주·논산·금산·계룡·청양 등의 낙후는 훨씬 심각해질 것이다. 충청남도가 도내 남·북 간의 격차를 해소하는 돌파구는 대전과 상생발전 전략을 모색하는 것이다. 그 외에는 별 뾰족한 수가 없다. 충북의 청주·청원 통합(인구 85만)으로 탄생한 통합 청주시는 충북 인구와 경제력의 절반을 차지하는 대도시가 됐다. 곧 특례시가 된다면 대도시로서의 특례도 받을 것이다. 그렇게 되면, 역시 대전과 같은 생활권이라 볼 수 있는 옥천·보은·영동의 지역 쇠퇴는 불 보듯 뻔하다. 그 해결책도 대전과 머리를 맞대고 짜내는 것 외에 다른 도리가 없다. 선진 도시들은 이미 국경을 초월해서까지 지역 간, 도시 간 협력을 하는 '초광역권 경쟁 시대' 또는 '메가시티(megocity)'로 가고 있다. 우리가 언제까지 답답하고 해묵은 행정구역에 갇혀서 도시와 지역의 쇠퇴와 소멸을 앉아서 지켜보고만 있을 것인가.

차제에 그동안 간간이 논의돼 왔던 금산과 대전의 통합, 옥천과 대전의 통합을 좀 더 전향적이고 적극적으로 추진해 봐야 할 때가 됐다. 금산과 옥천은 해마다 인구가 감소해 겨우 인구 5만의 지역 인구를 수성하기조차 힘겨워진 한계 상황에 이르렀다. 더 이상 쇠락의 늪으로 빠지지 않으려면 대전과 같이 살길을 찾지 않으면 안 되는 공동운명체가 돼 버린 셈이다. 대전 역시 꽉 막힌 숨통을 금산, 옥천으로 트지 않으면 지역 경제가 고사할 수밖에 없는 처지다. '선 협력 후 통합의 원칙'에 따라 양 지역의 통합이 부담스럽고 합의가 안 된다면 통합에 버금가는 끈끈한 상생과 협력정책을 먼저 모색해 나가야 할 것이다.

또한, 대전이 다시 한번 활력을 찾으려면, 백년을 쌓아온 교통도시로서의 정체성과 도시 브랜드를 지키는 데서 풀어야 한다. 그러려면, 충청권 광역철도망의 구축과 내부순환도로 건설 그리고 도시철도 2호선이 대전을 중심으로 사통팔달이 되도록 힘써야 한다. 서대전역에 KTX가 통과하지 않는 문제를 놓고 오송, 공주, 대전이 같이 고민해서 공생 활용의 지혜를 짜지 않으면 모두 손해다. 오송과 공주는 시간이 필요하다. 교통도시 대전의 자원과 역량을 가볍게 봐서는 안 된다.

한편, 대전역과 서대전역의 역세권 개발 그리고 유성복합터미널을 제대로 추진해서 교통도시로서의 인프라 구축과 원도심 재생에 돌파구를 마련해야 한다. 대전역은 대전 재도약을 위한 최선의 돌파구이자 보배다. 대전역세권 개발을 알차게 추진해서 MICE 산업과 벤처산업의 중심지로서 발돋움해야 한다. 청주공항은 대전이 글로벌화를 지향하는 전진기지가 되는 만큼 공항으로의 접근성 보완은 물론 실질적인 투자를 통해 세계와 교류하는 대전의 관문이 되도록 해야 한다. 특히, 중국의 과학자와 관광객(유커), 러시아를 비롯한 동남아 국가들의 의료관광객들이 대전을 찾도록 하늘, 육지, 바닷길을 모두 열어놔야 한다. 그래서 내륙도시 대전은 서해안 시대에 대비해 서천이나 보령, 당진 같은 항구도시와도 연계·교류할 수 있는 인프라 구축이 장기적으로 필요한 것이다.

현대 행정이 정책을 성공적으로 추진하는 데 제일 중요하게 생각하는 것이 정책의 설계가 아니라 정책에 대한 소통이다. 아무리 잘 만든 정책도 국민이나 주민과의 소통을 통해 이해와 공감대를 구하지 못하면 반드시 실패하기 때문이다. 대전이 그동안 각종 현안 사업들에 혼란을 초래한 것은 바로 정책 소통에 실패한 결과다. 게다가 정책과 사업에 대한 미래 청사진도 없었다. 관련 정보와 자료도 공정하고 객관적이지 못했다. 심지어 공개되지도 않았다. 사후 요식행위만을 서둘다 우왕좌왕했을 뿐이다. 정책 소통 부재가 불러온 정책 실패의 대표적인 사례가 되고 말았다.

대전도시철도 2호선의 노선과 건설 방식은 그 비용이나 경관에 미치는 영향만이 아니라 대전의 미래 발전과 직결돼 있는 총체적인 문제다. 대전이 대중교통 중심의 생태도시를 지향하는 데 우선순위를 둔다면 지금의 노선과 노면방식을 선택할 수 있다. 대전이 미래를 위해 일거리와 먹거리를 준비해 놨다면 선택을 망설일 필요도 없을 것이다. 그렇지 않다면 이 방식으로 대전의 쇠퇴를 멈추기는 쉽지 않은 전망이다. 내생적 발전 요인이 취약한 대전이 외부 인구와 산업 및 자원을 끌어들일 흡인력을 유지하기 힘들기 때문이다.

대전의 행정구역 내에서 고가로 돌아다니는 2호선은 적자에서 벗어나지 못한다. 도시 내 불균형은 심화될 수 있다. 2호선과 연계 노선이 대전시를 벗어나서 계룡·논산으로, 금산·무주로, 옥천·영동으로, 공주·내포로, 오송·세종으로, 조치원·청주공항으로 뻗어나갈 수 있도록 빅 데이터를 가지고 좀 더 광역적인 계획을 세워야 한다. 대전시내만을 돌아나니는 도시철도는 더 이상 대전 발전에 기여하지 못한다. 서울 지하철은 인천과 경기도 구석구석을 누빈다. 천안·아산으로 남하해서 수도권으로 흡수했다. 이제 동해안을 향해서 달린다. 도시철도 2호선 건설은 대전시가 교통도시 간판을 되찾는 계기로 삼아야 할 것이다. 대전시가 아닌 대전권을 형성해서 수도권과 경쟁해야 한다.

다음, 퇴색돼 가는 과학도시로의 명성도 굳건히 지켜야 한다. 타도시와 차별화된 경쟁력있는 도시로 재탄생하려면 '과학수도 대전'이 돼야 한다. 대전은 과학수도로 대한민국의 창조경제를 이끌 전진기지가 돼야 한다. 동시에 대덕과학특구 운영 방식의 전환과 과학벨트의 성공적 조성을 통해 지역 발전과 반드시 연계시켜야 한다. 다시 말해서, 대덕특구와 과학벨트는 지역의 일자리 창출과 시민들의 소득 증대, 그리고 지역 인재 육성 및 지역 대학의 발전에 기여토록 만들어야 할 것이다.

그러려면 대덕특구는 중앙정부만의 주도에서 탈피해서 중앙정부, 지역의 대학, 기업, 대전시와 유기적인 가버넌스 협력 시스템을 새로 구축하고 정책 결정에서 공동 결정(co-determination)이 이뤄져야 한다. 그래서 2025년쯤에는 시민 30%가 과학 관련 직업을 소유하고, 대전 인재 30%를 육성해서 과학도시의 주인이 됨으로써 명실상부한 세계 10대 과학기술도시로 진입해야 한다. 대전의 경제는 대기업을 유치하기가 쉽지 않기 때문에 과학특구와 과학벨트에 승부수를 던져야 한다.

그리고 대전시가 과학도시임을 대내외에 재천명하고, 대전 시민들이 하나 돼 꿈과 희망 속에 다시 뛸 수 있는 모멘텀을 만드는 게 필요하다. 그것이 바로 대전엑스포 개최 30년 만에 '대전엑스포 2023'을 유치하는 것이다. 2020년 아랍에미리트에서 개최되는 '두바이 엑스포'에 이어 개최가 가능하므로 서둘러 '2023 대전엑스포 유치위원회'를 구성해서 경쟁에 뛰어들어야 한다. 이 국제 행사는 소요되는 비용 이상의 성과를 낼 것이 틀림없다. 최근 대전시가 유치하려는 '2030년 아시안게임'은 명분과 실리도 없고, 시민과의 공감도 없는 무리한 계획이다. 지금 대부분의 시민은 당장의 생계를 위협받고 있어서 더 이상 낭비성 국제 행사에 들러리로 참여해 즐길 만큼 한가롭지가 않다. 지금까지 아시안 게임을 유치한 도시들의 재정적자 문제와 사후시설 활용문제들도 우려되기 때문에 절대로 추진해서는 안 된다.

역대 정부의 수도권 규제 완화 정책으로 가뜩이나 어려운 비수도권은 침체의 늪에서 벗어나지 못하고 있다. 농·어촌의 황폐화를 비롯해서 지방 중소도시가 이미 활력을 잃은 지 오래고, 그 어두운 그림자는 지방 대도시까지 미치고 있다. 대전 역시도 날로 비대해지는 수도권의 영향을 심각하게 받고 있다. 수도권은 이미 천안·아산·당진·내포에 이어 세종시까지 내려와 있다. 하지만, 그동안 대전은 비수도권이 시작되는 곳이라는 선입견만 가지고, 비수도권으로서의 소외와 설움을 감내하면서까지 영·호남과 손잡고 수도권 규제 완화를 소리 높여 반대해 왔다. 그런데도 오래전부터 영·호남 주민은 물론이고 전문가들조차 대전은 이미 수도권이 된 것으로 간주하고 있다는 사실을 외면해서는 안 된다. 그들은 대전이 수도권의 끝이기 때문에 수도권의 혜택을 톡톡히 보고 있다고 주장한다. 국책사업이나 국가 예산의 유치 시에도 대전을 수도권으로 보는 인식이 대전에 불리하게 작용하고 있는 것이 사실이다.

그렇다면 대전의 미래 발전 방향에 대한 근본적인 재정립이 필요하다. 즉,

계속 비수도권의 입장에서 획기적인 지역 발전 정책을 모색할 것인지 아니면 차라리 대전이 수도권에 진입 내지 연계될 수 있도록 노력하고, 이에 부합하는 지역 발전 전략을 새로 짤 것인지 진지하게 고민해 봐야 한다. 아직 제 기능을 발휘하고 있지 못한 세종시와 대전의 새로운 관계 설정에도 이 문제는 중요한 전제 조건이 된다.

2. 대전시와 세종시의 상생 전략 마련

세종시는 출범 이후, 40개 중앙행정기관과 15개 국책연구기관의 이전을 완료하고, 약 1만 9천여 명의 중앙공무원들이 행정 기능을 담당하고 있다. 출범 당시 약 10만여 명의 인구도 현재 27만 명에 이르고 있다. 17개 시 · 도 중 인구 순유입률이 7년째 1위를 달리고 있다. 이대로 가면, 2030년 당초의 목표인 50만 명을 넘어 80만 명이 거주하는 21세기 대표도시가 되는 데에도 무리는 없을 것이다. 세종시와 관련해 주목해 볼 부분은 지방분권과 지역 균형 발전에 대한 약속들이다. 세종시를 제주도와 더불어 분권 모델로 완성시키기 위해서 행안부와 미래부의 추가 이전, 국회 분원 설치, 서울－세종 간 고속도로 조기 구축 등이 포함돼 있다. 세종시의 성공을 위한 새 정부의 강력한 의지가 엿보인다. 따라서, 세종시가 다시 한번 행정수도로 진입하는 데 일단 기대를 걸 만하다.

그러나, 여전히 안심할 단계는 아니다. 문재인 정부가 사실상의 행정수도를 이번에 국정 과제화했다지만, 행정수도 세종시를 가로막는 악마는 디테일에 숨어 있다. 우선, 세종시를 행정수도로 명문화하는 '행정수도 개헌'이 빠진 점이다. 외국의 사례를 보면, 호주는 1900년 헌법에 수도를 규정해 캔버라로 수도를 이전했다. 브라질도 1946년에 브라질리아로 수도 이전을 할 수 있었던 것은 헌법 개정의 결과다. 반면에, 해괴한 관습헌법에 의해 행정수도가 위헌 판결을 받은 실패를 되풀이하지 않으려면 우리도 세종시 문제를 헌법적으로 해결해야만 한다. 그렇지 않고서는 세종시의 완성이 불가능하기 때문이다. 청와대 제2집무실 설치를 비롯해서 행안부, 미래부 및 법무부와 여성가족부 등의 이전도 디테일의 악마에 의해 다시 발목이 잡힐 수 있다.

그 증거가 지난 7월 17일 제헌절, 국회의장실에서 내놓은 대국민 의식조사의 결과에서 이미 나타난 바 있다. 개헌을 통해 세종시에 청와대와 국회를 이전하는 것에 대해 49.9%의 국민이 찬성하고 있다. 하지만, 여전히 절반에 가까운 44.8%가 반대하고 있다는 사실이다. 세종시가 자리 잡아 간다고들 얘기하지만, 국민의 절반은 이를 보는 시선이 곱지 않음을 말해 주고 있다. 이 점은 세종시를 행정수도로 반드시 명문화시켜야 하는 내년의 개헌을 위한 국민투표에서 극복해야 할 큰 난관이 아닐 수 없다. 특히, 서울시민 60.7%가 아직도 행정수도 세종시에 대해 반대하고 있다는 사실에 주목해야 한다. 그들은 국정을 이원화시킨 세종시의 건설이 잘못된 정치적 산물이라고 굳게 믿고 있다.

그러나, 그보다 더 심각한 문제는 세종시를 보는 충청민들의 의식 변화다. 충청민들의 절반 이상(58.5%)은 세종시의 행정수도를 찬성하고 있지만, 응답자의 1/3이 넘는 34.8%가 반대로 돌아섰다는 사실이다. 세종시는 그간 충청민들의 단합된 힘과 눈물겨운 투쟁의 산물이다. 그럼에도 불구하고, 현재 충청민들이 상당수가 세종시를 부정적으로 보고 있는 데에는 그만한 이유가 있다.

세종시를 둘러싼 대전·충남·북 주민들은 세종시의 건설이 충청권 상생발전에 크게 기여할 것으로 기대했었다. 그러나 세종시 출범 이후 세종시 인구는 나날이 증가하고 있는 반면, 주변 충청 지역의 인구는 오히려 크게 감소하면서 쇠퇴의 조짐들이 나타나고 있는 점을 크게 우려하기 시작했다. 실제로 지난 5년간 세종시로 이전한 주민 중 수도권 인구는 30%에 불과하고 충청권에서 이주한 주민들이 60%에 이르고 있다. 대전과 공주시의 인구 감소는 도시의 미래가 걱정될 정도다. KTX 세종역 건설을 두고 세종시와 충청북도가 갈등을 빚은 점도 결코 바람직한 일이 아니었다. 이와 같이 당초의 기대와 달리 세종시의 블랙홀 현상이 나타나면서 충청민들의 불안이 가중된 결과가 의식조사에 반영된 것으로 해석된다.

이런 상황들을 놓고 볼 때, 지금부터 해야 할 일은 분명해졌다. 세종시가 내년의 개헌 시 행정수도를 명문화하기 위해서는 국민적 공감대 형성에 다시금 주력해야 한다. 많은 건설비용과 국민적 에너지의 소모에도 불구하고 이 도시를 반드시 완성해야 하는 이유는 수도권 과밀 해소와 국토의 균형 발전을 위해서다. 행정중심복합도시는 국정의 이원화로 인해서 부득이 낭비와 비효율이 발생하지만, 대한민국의 국가와 지역경쟁력 강화, 그리고 수도권과 비수도권의 상생 발전을 위해서는 당분간 불가피하다는 사실을 수도권 주민들에게 설득해서 공감대를 얻어야 한다.

그뿐만 아니라, 세종시가 위기에 직면할 때마다 충청권의 공조가 큰 힘이 됐듯이 행정수도 세종시의 완성을 위해서는 다시 한번 충청권의 단합과 결집이 필요하다. 세종시는 자족 기능의 확보에만 너무 몰두해서 주변 지역의 경계심을 유발하는 것은 바람직하지 않다. 헌법 개정 이후에 추진해도 늦지 않다. 앞으로 세종시와 인근 대전·충남·북은 제로섬(zero-sum) 게임이 아니라, 각 지역 간 상호 역할 분담 속에 윈윈(win-win)할 수 있는 도시 미래 비전과 상생 전략을 서로 머리를 맞대고 공동으로 마련해서 함께 발전해야 한다. 메갈로폴리스(megalopolis)의 대도시 발전 전략을 모색해 볼 때다.

3. 대전 시정의 혁신을 통한 성장 동력 창출과 시민들의 자신감 회복

대전 시민들의 의식조사의 결과에서 보는 바와 같이, 대전 시정이 최우선적으로 추진해야 할 과제는 시민들의 미래 먹거리와 일자리 창출(24.6%)이다. 대전의 경제는 좀처럼 나아지지 않고 있다는 사실이 시민들의 의식을 통해 표출되고 있는 것이다. 대전은 이미 경제 지표상 빨간불이 켜져 있다. 대전의 지역내 총생산은 32조 7천억 원(2014년도 기준)으로 전국의 2.2%에 불과해서 제주와 광주 다음으로 낮다. 시민 1인당 지역총생산도 2,117만 원으로 전국 16개 시·도 중 계속 14위에 그쳐 있다. 1위 울산의 1/3, 충남의 절반 수준에 불과하다. 대전의 브랜드 가치를 돈으로 환산했을 때, 약 5.8조 원가량으로 서울의 4.6% 수준에 불과하며, 세계 과학기술도시 순위에서도 대전의 이름을 찾을 수 없다.

요컨대, 대전 경제는 시민들의 미래 먹거리와 일거리를 보장해 줄 뚜렷한 돌파구를 찾지 못한 채 헤매고 있다는 사실을 이번 조사에서도 여실히 보여 주고 있는 것이다. 올해 1분기 생산 가능 인구가 서울과 함께 감소하고 실업자는 증가해 노동시장이 활력을 잃고 있다.[5] 따라서, 대전시가 의식조사에서 나타난 민의를 바탕으로 당면한 경제와 민생, 그리고 일자리 문제들을 슬기롭게 풀어내야만 시민들이 대전 발전에 대해 희망과 자신감을 되찾게 될 것이다. 시민들이 좀 더 발전적인 미래를 향해 한마음 한뜻으로 가느냐 마느냐의 여부는 전적으로 획기적으로 달라질 새로운 리더십과 시정 시스템에 달려 있다고 봐야 한다.

대전 시정이 정상을 찾아 대전시가 재도약하고 대전 시민들의 신뢰와 자신감을 회복하려면 첫째, 지금이라도 대전 시민의 꿈과 희망이 담긴 올바른 비전과 목표를 재정립해서 다시 제시해야 한다. 비전은 선거 과정에서 급조한 것이 아니라 시민이 공감하고 실현 가능한 것이어야 한다. 그래서 비전을 전략과 성과지표로 체계화하고 그 실현을 시민들에게 체감시킬 수 있어야 한다. 지금은 무관심과 허탈감에 빠져든 대전 시민들이 새로운 희망과 기대를 갖게끔 하는 시장의 새 리더십 그리고 시민들이 공감하는 미래 비전과 정책의 제시가 절실하다.

둘째, 대전 시정의 시스템을 혁신하는 것이다. 오늘날 대도시의 문제는 경기 침체, 인구 감소, 빈곤과 범죄, 교통과 환경, 주택 및 복지문제 등으로 어느 도시든지 매우 유사하다. 그러나 대전은 이 문제들이 더욱 심각하게 진행되고 있다. 이러한 대도시 문제들의 해결에 중요한 것은 문제에 접근하는 시장의 개혁 의지와 이를 뒷받침하는 공무원 조직의 도전정신, 그리고 혁신적인 시정 시스템의 구축이다. 대전시 공무원들은 이제라도 심기일전해서 주춤거리고 있는 시정의 분위기를 일신해야 한다.

셋째, 통합의 리더십을 발휘해야 한다. 대전시는 온갖 갈등과 대립이 빚어지는 대도시가 됐다. 공약으로 제시한 서남부권 개발이나 원도심 활성화 그리고 도시철도 건설사업들은 시·구 간, 구·구 간, 시민 간 이해관계가 첨예하게

---

5) 대전의 생산 가능 인구는 128만 7천 명으로 전년 동기 대비 1.1% 감소했고, 고용률도 59.2%로 0.4% 포인트 하락했다. 실업률은 4.1%로 0.6% 포인트 상승했으며, 취업자는 76만 2천 명으로 0.8% 감소했다. 또한 대전의 2005년 25~29세 인구는 11만 7,725명이었으나, 2015년 9만 9,506명으로 1만 8,219명이나 줄었다. 첫 취업 연령층의 이탈은 대전 경제의 미래에 강력한 적신호다(대전일보, 2017.8.25, 3면).

얽혀 있다. 이를 풀려면 시장이 미래 지향적 시각에서 시민들과의 신뢰를 바탕으로 소통을 활성화해야 할 것이다. 그러려면 전문성과 신뢰성을 갖춘 인재를 두루 기용해서 적재적소에 배치하는 것이 중요하다. 지난 20년간 대전은 선거 때마다 출신 지역과 학교별로, 그리고 정당별로 분열과 대립을 반복해 왔다. 선거 후에는 시민 화합과 통합을 이루는 데 소홀했다. 그래서 대전의 시민적 에너지를 하나로 모으는 데 실패했다. 지역의 인재를 키우지도 못했다. 이제는 그렇게 한가할 때가 아니다. '대전은 하나'라는 인식하에 지역의 현안 이슈마다 대동단결해서 공동 대처해 나가야 한다. 무엇보다 서로 아끼고 존중하는 용서와 화해의 지역 분위기를 조성하는 것이 급선무다.

넷째, 협력과 소통의 리더십이다. 중앙정부든 지방정부든 제왕적 리더가 혼자 끌고 가던 시대는 이제 끝났다. 대전에서의 계속되는 정책 실패는 협력과 새로운 소통 방식을 절실히 요구하고 있다. 침체된 대전시가 바른 길을 향해 나가도록 대전시장의 새로운 리더십을 중심으로 공무원들 모두가 지혜와 역량을 모아야 한다. 지금의 리더십으로는 대전을 재도약시키기 어렵다. 왜냐하면 지금은 대전시가 다시 한번 도약하느냐 아니면 나락으로 떨어져 도태되느냐의 중대한 기로에 서 있기 때문이다. 마지막으로, 대전을 살리는 가장 큰 원동력은 대전 시민들이 자신감과 일체감을 갖는 일이다.

4. 대전 도시재생 뉴딜정책의 올바른 전략 수립

앞으로 대전시는 단순히 원도심의 공동화만의 문제로 끝나지 않는다. 대전시가 지난 백년 동안 고민해 보지 않은 본질적인 도시 생존의 문제가 이제부터 시작된다. 대전 전체가 공동화의 위기에 놓이게 된 것이 그 주된 이유다. 더 큰 문제는 이러한 위기가 일찍이 예상됐는데도 불구하고, 중·장기적 대비책을 대전시가 그동안 전혀 마련해 놓지 못했다는 사실이다. 텅 빈 공간이 돼 버린 구도심 일부에 공공기관의 입주, 시민대학의 설립 등 그 효과가 미미한 단기적 대안만이 제시되고 있는 실정이다. '대한민국 문화예술 복합단지'라는 내용 없는 하드웨어만 막연히 기대할 뿐인데 그마저도 불투명한 상황이다.

영혼 없는 벌거벗은 도시, 이것은 이미 미국의 대도시들이 지난 반세기 동안 심각하게 경험했던 문제다. 선진국 도시들에서 급속히 나타난 도시 확장으로 인한 도심공동화 현상은 도시재생을 통해 다시 태어난 도시와 끝내 쇠퇴한 도시로 극명하게 갈리게 했다. 부활과 쇠퇴의 막다른 갈림길에 다다른 대전시가 이제라도 선진 도시재생의 성공 비결을 정확히 읽지 못한다면 대전 시민들의 미래에 대한 희망은 영원히 사라진다고 봐야 할 것이다.

그동안 도시의 쇠퇴와 재생을 경험한 많은 외국 도시를 연구하고 직접 확인하고 돌아와서 자료를 분석한 결과, 뉴욕 시가 대전시가 가야 할 길을 보여 주고 있다. 10여년 전까지 미국에서 범죄가 가장 횡행하던 뉴욕 맨해튼 북쪽 지역이 바로 슬럼가 '할렘'으로 널리 알려진 곳이다. 컬럼비아대학 캠퍼스가 끝나는 116번가부터 155번가까지 이어지는 이 지역은 80년대 중반까지는 접근해서는 안 될 위험지역이었다. 뉴욕 시 인구 800만 명 중 50만 명이 거주하는 할렘은 5초에 한 번씩 경찰 사이렌이 울리고 가난과 마약에 찌들어 도저히 회복할 수 없는 우범지대에 불과했다. 이곳에서 주거·보육·직업 대책을 중심으로 한 도시재생 사업이 성공을 거둔 것이다. 눈부신 도시 부활은 주민들에게 희망과 긍지를 되찾게 해 주고 있음을 직접 확인했다.

그 성공의 세 가지 비결은 이렇다.

첫째로, 도시 위기를 극복한 가장 큰 힘의 원천은 구시대의 낡은 사고방식과 관행을 과감히 타파하고, 새 시대의 변화를 만들어 낸 리더의 현명한 지혜와 과감한 용기였다. 1993년 뉴욕 시장으로 부임한 루돌프 줄리아니(Rudolf W. L. Giuliani) 시장은 과감한 개혁을 시도한다. 개혁의 초점은 하나가 범죄와의 전쟁이고 다른 하나가 안전하고 쾌적한 주거환경의 개선을 통한 주민 삶의 질 향상이다.

그리고 재건축·재개발의 하드웨어 중심의 낡은 방식에서 탈피해서 소프트웨어 측면을 강조했다는 점이 바로 두 번째 성공 비결이다. 할렘은 70% 주민이 흑인으로 재즈와 소울, 그리고 힙합 등 흑인 음악의 탄생지이다. 따라서 할렘

발전의 콘텐츠는 바로 흑인문화의 대중화에 있다.

세 번째는 도시재생의 주체가 바로 그 지역의 주민이라는 사실이다. '그레이트 할렘 성공회(GHHDC)' 같은 주민 중심의 연합조직은 도시재생의 목표와 방향 및 내용을 자발적으로 주도해 나감으로써 주민 참여를 극대화시킬 수 있었다. 지금 대전시는 물론 뉴욕 시와 다르다. 그러나 뉴욕시의 성공 비결이었던 시장의 지혜와 용기, 도시문화 콘텐츠의 개발, 주민 주도의 도시재생은 대전시에도 유효할 것이 틀림없다.

문재인 정부는 대표적 공약 사업인 '도시재생 뉴딜정책'에 공을 들이고 있다. 이 사업은 앞으로 5년간 50조 원이 투입되는 최대 국정 과제다. 연말까지 사업 대상지 110곳 이상을 선정해 내년부터 본격적으로 추진할 계획이다. 특히 전체 사업의 70%가량을 시·군·구 지자체에 주도권을 위임해 지역별 다양성을 확보할 방침이다. 도시재생 뉴딜정책은 연간 100곳 이상의 동네를 대상으로 구도심과 노후 주거지를 경쟁력 있는 도시로 탈바꿈시키겠다는 주거재생 사업이다. 이 과정에서 공공임대주택도 함께 공급하고, 지역 특성을 살린 다양한 일자리를 창출하겠다는 일석삼조의 계획이다. 도시재생 사업의 핵심은 한마디로 다양성이다. 그간 전면 철거 후 새로 집을 짓는 일률적인 개발 방식을 넘어서 각 지역별 특성에 따라 다양한 사업 방식을 도입하는 것이다. 기대가 높은 사업인 만큼 여러 우려와 각종 요구도 많은 상황이다.

문재인표 도시재생 뉴딜정책은 일자리 창출과 주거환경 개선, 공공임대주택 공급까지 이른바 세 마리 토끼를 한꺼번에 잡기 위해 넘어야 할 산도 많다. 예산 확보와 관련 법령 및 제도 손질을 비롯해 지역 간 갈등 등 각종 부작용에 선제적으로 대응해야 할 현안이 산적해 있다. 어쨌든 대전시는 치밀하게 준비해 도시재생 지역으로 선정돼 정부 지원을 받을 수 있도록 해야 한다. 도시에 활기를 부여하고 기능을 회복시키는 도시재생은 노후 환경을 개선하고 도시 인프라를 정비함으로써 도시민의 삶의 질을 향상시키고 지속 가능한 도시가 되기 위한 기반을 조성한다. 쇠퇴한 항만 지역에서 새로운 금융 중심지로 탈바꿈한 영국 런던의 도클랜드(Dockland) 지역은 도시재생 이후 고용 기회가 3배 증가했고, 입주 기업 수가 5배 늘었다. 또한 잉글랜드의 셰필드(Sheffield)는 한때 번성했던 도시였으나 철강산업 침체와 함께 급속한 쇠퇴의 길을 걸었다. 그러나 노후 공단을 첨단산업단지로 조성하는 데 그치지 않고 역사적 건축물을 정비하고 미술관과 박물관을 유치하는 등 문화도시 전략을 추진해 2년 만인 2005년 고용률을 11.5%나 끌어올리는 성과를 거뒀다. 일본도 주민이 주도하는 '마치즈쿠리(도시만들기)'사업을 지원하고, 대도시 내 쇠퇴 지역을 도시재생 긴급 정비지역으로 지정해 행·재정적 지원을 집중한 결과 도시환경 개선과 유동인구 증가 등 경제적 효과를 창출하고 있다. 따라서 대전시도 도시재생의 성공을 위해 외국의 사례를 잘 벤치마킹해야 한다.

또한, 도시재생은 물리적인 환경 개선뿐만 아니라 지역의 경제·사회·환경적 특성을 고려해 좀 더 장기적인 관점에서 접근해야 한다. 도시재생이 재건축·재개발에 초점을 맞춰 도시의 기능을 향상시키는 것도 중요하지만 도시 기능의 재창조에 중점을 둬야 한다. 여기에다 주민의 적극적인 참여가 있어야 한다. 도시재생 과정에서 도시의 고유한 역사나 산업 유산, 문화·예술적 자원 등 감성적인 요소를 활용해야 한다. 그리고 단기적 성과도 좋지만 절차가 중요하다. 정해진 기간·계획 아래 성과를 창출하는 일보다 주민의 참여로 계획을 함께 수정·보완해 가는 과정을 빼놓을 수 없다. 특히 재생의 결과로 도시들이 새로운 창조적 거점으로 자리 매김 하기 위해서는 도시재생 과정에 기업을 적극 참여시켜 행정당국·도시민·기업이 소통하고 교류하는 통로를 만들어야 한다.

도시재생 전략에 대한 긍정적 시각은 그동안의 도시개발 전략과 구별되는 새로운 접근 방법으로 도시의 안정적 발전이라는 긍정적 결과를 가져올 수 있을 것이라 주장하고 있다. 이와 달리, 도시재생 전략의 접근 방향에서 비롯된 현실적 한계로 인해 부정적인 효과들이 나타나고 있다는 주장 또한 제기하고 있다. 특히, 도시재생 전략을 추진한 초창기 도시인 미국의 볼티모어(Baltimore), 영국의 글래스고(Glasgow)에서 기대했던 변화와 안정적 발전보다는 도시 내 양극화라는 부정적인 결과들로 인해 도시의 안정적 발전을 저해하는 원인이 되

〈표 4-9〉 외국 도시의 도심재생 비교 분석

구분		정책 및 제도의 내용	관련 제도	해당 국가■			종합 비교
				영	미	일	
계획·정책	상업 업무 기능 재생	- 도심인구 공동화 예방 조치	CRM(집중소매관리)		■		- 미국·일본의 상업 업무 기능 활성화를 통한 도심재생 방안 모색
		- 중심시가지 상업활성화 조치	BID(업무개량지구)		■		
		- 도심 업무 기능의 경쟁력 유지	대규모 소매점포법			■	
	낙후 지역 기능 재생	- 기업 유치로 낙후지역 재생	EZ(Enterprise Zones)	■	■		- 기업 유치를 위한 특정 도심지역 설정(영국, 미국) - 중앙정부 차원의 법적인 제도로 정착(일본)
		- 고용 촉진으로 도심활성화 시도	EZs(Empowerment Zones)		■		
		- 고실업률 지역의 고용 창출	고용촉진기구 (Emploment Zone)	■			
		- 지역의 재생 파트너십 모색	CC(City Challenge)	■			
			중심시가지 활성화법			■	
	도심 주거 기능 재생	- 도심 저소득층 주택 보유 촉진	LEM(입지효율저당권)		■		- 도심에 상주인구를 증가시키기 위한 미국 방안
		- 업무시설과 주거 연계 프로그램	OHHP (사무실주택생산제도)		■		
금융·재정	도시 재개발 기금	- 고정자산세로 개발기금 마련	TIF(세금충당금 지원)		■		- 도심재생기금의 마련을 위한 세금 충당계획 - 영국의 중앙정부와 EU를 활용한 활성화 대책
		- EU와 연계한 재개발 프로그램	SRB (단일도심재생기금)	■			
		- 소외계층에 직업교육 기회 제공	ESF (유럽구조기금)	■			
		- 민간 건설 후 공공시설 기부채납	ERDF (유럽지역개발기금)	■			
			PFI(개인재정수법)			■	
	빈곤 지역 재생 기금	- 저소득계층지역의 슬럼화 방지	CDBG (사회개발보조금)		■		- 빈곤계층이 사회적 재생을 위한 정책 추진(영국, 미국)
		- 도시환경 개선과 인적 활동 지원	뉴딜커뮤니티	■			
조직·체계	도시 재생 파트너십	- 비영리의 민관 협력 파트너십	TCM(타운센터관리)	■			- 도심재생 파트너십을 통한 정책 운영(영국, 일본)
		- 공적인 도심재생 조직체 구성	EP (잉글리시 파트너십)	■			
		- 도심 관련 조직체의 법적인 운영	TMO (마을관리조직)			■	
	도심 재생 회사	- 중심시가지 주거재생 정비	CDC (커뮤니티개발회사)		■		- 도시 전체의 재생사업을 관리 운영하는 주체
		- 지방 주도의 도심재정 정비 사업 - 도심재생 아이디어 제공, 교환	BURA (영국도시개발협회)	■			

고 있다는 것이다. 도시재생 사업이 단순한 주거지 정비로 그치지 않고, 현재 우리나라의 가장 큰 당면 문제인 일자리 창출 및 공공임대주택 공급과 연계하는 방안의 마련이 매우 중요하다. 교통 혼잡, 대기오염 등 도시문제를 야기하는 근본 원인 중의 하나가 직장과 주거 지역이 떨어져 있는 직주 분리(職住分離)인데, 도시재생은 직주 근접을 가능케 하는 해법이라는 측면에서 일자리 창출을 고려해야 한다. 집값만 올리고 다른 곳으로 떠나거나, 임차인이 몰려나는 재생이 아니라 새로운 일자리가 창출돼 젊은이들이 돌아오고, 주민들의 일터가 재생돼야 한다.

따라서, 뉴딜사업의 성공적인 추진을 위해서는 이러한 복잡한 사업 절차는 최대한 간소화하고, 불필요한 관례적 절차는 통·폐합해서 사업 과정에 대한 부담을 가볍게 해 줘야 한다. 또한, 도시재생사업 진행 시 거치게 되는 각종 협의 단계와 심의·검토 절차 등을 집약적으로 활용토록 하여 신속한 사업이 이뤄짐으로써 주민들이 지역의 변화와 활력을 체감할 수 있는 사업으로 거듭날 수 있도록 중앙정부의 적극적인 지원과 지방정부의 철저한 준비가 있어야만 한다.

○ 우리 실정을 고려한 도시재생의 개념 정립 필요
  – 외국의 도시재생 개념과 정책의 전개 과정에 대한 맥락적 이해를 통해 우리 실정에 맞는 도시재생 개념을 정립할 필요가 있음.
○ 공공의 역할과 지원 방식에 대한 새로운 모색 필요
  – 도시재생정책과 사업을 추진할 때 중앙과 지방정부의 역할, 지원제도 등 공공의 역할 모델을 새롭게 정립할 필요가 있음.
  – 지금까지의 민간 주도 도시정비사업에서 탈피해 공공의 지원과 협력을 통해 도시재생 사업을 추진하기 위해서는 중앙과 지방정부의 역할은 어떠해야 하며, 보조금과 지원제도 등 어떠한 공공의 역할 모델이 필요한지 모색할 필요가 있음.

- 개별적 · 국지적 단위사업 - 민간 의존 기반시설 확보 - 재개발 · 재건축 등 개별사업 - 주민이 떠나는 사업 - 참여 주체별 이해관계 조정	- 종합적 생활권 단위사업으로 광역화 - 공공 부문의 역할(공공 투자) 증대 - 다양한 사업 방식의 활용 - 주민이 재정착하는 사업 - 참여 주체 간 협력 체계 구축 등으로 변화

리더들의 지혜와 시민들의 용기가 필요

도시는 영원하지 않다. 성장하면 쇠퇴할 것이고, 쇠퇴하면 소멸하거나 또는 재생할 수도 있다. 그것은 자연발생적으로 일어나는 것이 아니라 그 도시의 지도자와 선각자들 그리고 시민들이 어떤 의지와 자세를 가지고 어떤 준비와 전략을 마련하느냐에 달려 있다. 지금 대전은 인구 감소 등으로 나타나는 도시 침체와 쇠퇴의 위기를 맞고 있다. 이 위기를 잘못 대처하면 쇠락의 늪으로 떨어질 것이고, 잘 대처하면 새로운 도약의 기회를 제공한다. 그러나 이 위기를 위기로 인식하지도 못한다면 그 기회마저 영원히 놓치게 될지 모른다. 대전시는 인구 감소 문제를 안이하게 대처해서 전국이 대동소이한 단편적이고 미시적인 인구관리 방안을 준비하는 데 만족해서는 안 된다.

지금부터 대전시는 모든 역량과 자원 그리고 네트워크를 총동원해서 미래에 대한 올바른 도시 비전과 정체성을 확립하고, 지도자의 리더십을 재정립하는 한편, 철저하고 치밀한 미래 발전 전략과 정책을 마련해서 시민들에게 제시함으로써 시민들의 자신감과 일체감을 회복하는 데 혼신의 힘을 다 쏟아야 한다. 대전 도시의 흥망이 갈리는 절박한 기로에 놓여 있기 때문이다. 이 글에서는 대전시가 인구 활력의 촉진과 도시 활성화를 위한 전략과 과제로서 지방 소멸 위기에 중앙정부와 대전시가 유기적으로 대응, 대전의 도시 정체성 확립과 재도약을 위한 비전 · 목표 · 전략의 재정립, 대전시와 세종시의 상생 전략 마련, 대전 시정의 혁신을 통한 성장 동력 창출과 시민들의 자신감 회복, 그리고 대전 도시 재생 뉴딜정책의 올바른 전략 수립 등을 제시했다.

2019년이면 대전시가 시로 승격한 지 만 70년이 된다. 대전이 지금의 위기에서 벗어나 재도약하려면 대전은 다시 태어나야 한다. 그렇다면 새로 시작해야 한다. 그러기 위해서는 변해야 한다. 아니 모든 걸 바꿔야 한다. 그동안 동서고금을 막론하고 도시마다 지역마다 위기는 수도 없이 많았다. 오뚝이처럼 다시 일어선 곳은 강한 도시, 선진 도시, 행복도시가 됐다. 그 위기를 극복한 가장 큰 힘의 원천은 구시대의 낡은 사고방식과 관행을 과감히 타파하고, 새 시대의 질서를 만들어 낸 리더들의 빛나는 지혜와 시민들의 뜨거운 용기였다. 지금 대전은 그것이 절실히 필요하다.

4. 대전시 아시안 게임 유치 헛꿈 버려라

대전시가 시민들의 많은 우려와 비판에도 아랑곳하지 않고 '2030년 아시안 게임' 유치를 일방적으로 강행하고 있다. 그동안 상수도 민영화 철회, 방사성폐기물 대책 부재, 민간공원 특례사업 강행 논란 등에 이어 연달아 무리수를 둔 대전시를 바라보는 시민들로서는 불안감을 넘어 이제 답답한 절망감으로 치닫고 있다. 더욱이, 민선 6기가 불과 1년 여밖에 남지 않은 시점에서 대규모 국제 행사 유치라니 생뚱맞은 발상에 시민들의 시선이 곱지 않을 수밖에 없다.

자치단체마다 국제 행사를 유치하는 본래의 목적은 국제적인 행사나 사업을 유치하면 중앙정부의 재정 지원 아래 도시기반시설을 확충할 수 있을 뿐 아니라 생산 · 고용 효과 유발, 도시 브랜드 가치 상승 등 각종 파급 효과가 기대되기 때문이다. 특히, 국제대회 유치로 인한 고용 창출 등 경제적 파급 효과는 중앙정부 재정의존도가 높은 자치단체일수록 단체장이 지역 주민들에게 어필하는 수치로 내세울 수 있어, 아시안 게임 유치는 전시 효과를 노린 대전시의 일방적 선포로 보인다.

자치단체들이 무리해서 국제대회 유치에 열을 올리는 데는 다른 목적을 배제할 수 없는데, 국제 행사는 국고 지원을 받을 수 있는 동시에 유치에 성공할 경우, 단체장의 치적으로도 삼을 수 있다는 판단이 깔려 있다. 즉, 단체장들은 자신들의 선거에 도움이 된다고 믿기 때문에 빚잔치가 될망정 밀어붙이고 있는 것이다. 하지만, 시는 그동안 국제 행사를 보는 국민들의 시각이 달라지고 있다는 점을 간과하고 있다. 각 자치단체들이 장기적인 계획 없이 무분별하게 국제대회 유치 자체에만 혈안이 되다 보니 단기 수익 창출만 홍보하고 장기적 누적 적자 등 사후관리에 소홀한 결과가 예외 없이 나타나고 있기 때문이다.

「국제행사(2004~15년)에 대한 사업타당성 검토보고서」 심사 결과를 보면, 단체장들이 선거 등 정치적 배경을 의식해 무분별하게 개최를 선언하면, 중앙정부가 마지못해 추인하는 모양새가 되다 보니 중앙정부의 지원도 사실상 이뤄지지 못했다. 동시에 자치단체들은 중앙정부로부터 예산을 확보하기 위해 사업비나 시설비를 과다하게 책정하거나 경제성을 부풀리는 등 타당한 분석에 필요한 근거 자료를 구체적으로 밝히지도 않았다. 이는 정부의 허술한 관리와 지자체의 무분별한 국제 행사 유치가 맞물려 어마어마한 재정이 낭비돼 온 반증이 된다.

한때는 국제 스포츠 경기만 하면 관광객이 구름처럼 몰려들고 일자리 창출은 물론 지역 개발은 절로 될 것처럼 믿었던 적이 있다. 하지만, 경제적 측면에서만 보더라도 경기 개최 이후 상황에 더 큰 문제가 발생한다. 대회가 끝나는 순간부터 천문학적 비용이 시설 유지 운영비로 투입돼야 하기 때문이다. 특히 대전시같이 재정 기반이 취약한 지자체의 경우 부담이 더욱 클 수밖에 없다. 예를 들어, 2003년 유니버시아드 대회와 2011년 세계육상선수권 대회를 개최한 대구는 물론, 전국이 들썩였던 2002년 월드컵 때도 4강 신화에 남은 것이라곤 곳곳에 지어져 유지비만 수십억에 달하는 흉물처럼 돼 버린 경기장들뿐이었다. 2002년 아시안 게임을 치른 부산은 말할 것도 없고, 2014년 아시안 게임을 치른 인천은 주경기장 건설과 운영비 지원에 6,000억 원 이상의 국고가 지원됐음에도 불구하고, 시가 발행한 지방채에 월 19억 7천만 원의 이자비용이 발생하고 있고, 신설 경기장 유지관리 비용에 지금도 월 평균 수백억 원을 소요하고 있다. 인천 아시안 게임의 사후 평가는 '무리한 정치적 유치' 그리고 '빚더미 잔치'로 결론이 나면서, 실패한 대회로 인식되고 있다. 지금도 시민들의 피로감만 쌓여 가고 있을 뿐이다.

그럼에도 불구하고 대전이 뒤늦게 국제 행사를 유치하고자 하는 의도가 무엇일까 궁금하지 않을 수 없다. 우선 대전시장은 민선 6기 출범 때부터 선거법으로 발목이 잡혀 리더십도 제대로 발휘하지 못한 채 임기의 4분의 3을 보내고 있다. 그동안 추진된 대부분의 정책은 우왕좌왕하다 중단되거나 탄력을 받지 못한 채 표류하고 있다. 시민들도 대전시가 성과로 내세울 만한 정책을 피부로 체감하고 있지 못하다. 유일하게 지속해 온 대규모 정책은 트램 건설뿐이다. 그러나 그것조차 여전히 시민적 공감대 형성이 안 된 가운데 최근 의정부와 용인 경전철의 파산 소식이 전해지고 있어서 시민들을 불안하게 하고 있다. 의정부와 용인 사례들은 단체장이 업적을 남기기 위해 일단 저질러 보자는 전시행정이 시 재정을 어떻게 망가뜨리는지를 보여 주고 있다. 아마도 아시안 게임 유치로 그간의 실정을 한꺼번에 만회하고자 하는 목적이 있을지 모르나 자칫하면 더 깊은 수렁에 빠질 공산이 크다.

게다가, 민선 6기 내내 대전시가 계획하거나 추진한 정책들이 좌초되거나 무리하다는 비판을 받는 데에는 공통적이 이유가 있다. 즉, 정책 성공에 가장 필수적인 시민들과의 소통과 공감대 형성이 결여됐기 때문이다. 그동안 대전시와 시민들과의 정책 소통은 생략되거나, 하더라도 소극적이었다. 심지어 사후에 구색 갖추는 요식행위 정도에 그치는 경우가 다반사였다. 대부분의 국제 행사, 그중에서 스포츠 행사가 불필요한 낭비적 행사로 치러지는 공통 이유는 행사 개최 때부터 집행 과정에 이르기까지 지역민과의 공감대 형성이 생략됐기 때문이다. 즉, 행사 준비에서부터 사후평가에 이르는 전 과정에서 주민 참여가 철저히 배제된 결과다. 그러다 보니 지역 주민이 국제 행사의 진정한 주체가 되지 못한다. 오히려, 단체장과 일부 공무원, 그리고 관변단체들과 관련 업체가 주체가 되고, 지역 주민들은 그저 들러리로 참여하는 정도가 지금까지의 현실이다.

대전시가 유치하려는 아시안 게임 역시 시민과 공감이 없는 무리수로 지금까지 실패한 사례들의 범주에서 크게 벗어나지 못하기 있기 때문에 절대로 추진해서는 안 된다. 대전시는 그동안 엑스포 과학공원의 재창조, 도시철도의 건설, 상수도 민영화사업 등을 우왕좌왕 무리하게 추진하면서 이미 써버려서 다시는 회수할 수 없는 매몰(埋沒)비용이 너무 크게 나타나고 있다. 전부 시민들의 주머니에서 나간 돈이다. 이 돈이 매몰되지 않았다면, 생활이 어려운 서민들과 폐업에 직면한 자영업자들의 생계 지원, 그리고 젊은 청년들의 일자리 창출을 위해서 쓸 수 있었던 금쪽 같은 기회(機會)비용이다.

다시 한번 강조하건대, 대전시 2030년 아시안 게임 유치계획은 아무리 그 목적과 효과를 포장하고 재정적자 문제를 제시한다 해도 앞서 제시한 이유들로 봐서 절대로 추진해서는 안 된다. 이 무모한 계획에 행정력과 비용을 또다시 낭비하지 말고 민선 6기 동안 시민들에게 약속한 공약이 있다면 이를 마무리하는 데 주력해 주기를 바란다. 지금 대부분의 시민은 당장의 생계를 위협받고 있어서 더 이상 낭비성 국제 행사에 들러리로 참여해 즐길 만큼 한가롭지가 않다. 따라서, 대전의 미래 비전을 창조하고 시민들의 먹거리 창출과 도시 브랜드 가치를 높이는 정책들은 지금까지 제대로 정립되지도 못했고, 또 이미 실행조차 때를 놓쳤기 때문에 다음 정부로 넘기면 될 것이다. 민선 7기에서도 대전시는 실익 없는 아시안 게임 대신 꼭 해야 할 좋은 국제 행사와 정책들이 너무 많다.

5. 대전시장 이제 진짜 리더십 발휘해야

2016년 8월 26일, 공직선거법 위반 혐의로 1, 2심에서 모두 당선 무효형이 선고됐던 권선택 대전시장이 대법원에서 파기 환송 판결을 받았다. 이로써 권 시장은 재판을 다시 받게 됨으로써 시장직을 그대로 유지하며 업무를 수행할 수 있게는 됐다. 그러나 선거법 위반 혐의가 무죄 판결로 최종 결론이 나지 않았기 때문에 대전 시정이 안고 있는 불안정, 불안감, 불통성 등의 문제들은 여전히 말끔히 해결되지 않았다. 시정에 올인해야 할 시장도 지리한 법정 공방을 계속해야 하는 부담을 안게 됐다. 따라서, 대전 시정은 앞으로 남은 민선 6기 후반기도 순탄치만은 않을 전망이다.

2016년 7월 1일, 권선택 대전시장은 시장 임기 2년을 보냈다. 해결해야 할 일이 산적한 시정부에 대해 대전 시민들이 갖는 관심은 그 어느 때보다 높았다. 그만큼 시장과 시정에 주어진 사명과 역할이 막중했기 때문이다. 그러나 취임하자마자 선거법 위반이 족쇄가 돼 권 시장의 리더십은 크게 위축될 수밖에 없었다. 이에 따라, 공무원들은 시장의 거취에 촉각을 곤두세우며 시정에 필요한 정책과 계획들을 제대로 수행하기 어려웠던 점들은 당연한 일이다. 결국 대전 시정은 정상 궤도에서 이탈해 방향 감각을 잃을 수밖에 없는 상황에 이르게 된 것이다. 대전시와 경쟁하는 도시들은 저만큼 앞서 달려가고 있는 현실을 대전 시민들은 그저 지켜볼 수밖에 없는 안타까운 실정이었다.

대전은 지난 백여 년간 눈부시게 성장해 150만 명에 이르는 대도시가 됐다. 양적인 성장만 아니라, 대전은 대한민국이 인정하는 과학기술도시로서 발돋움 했을 뿐만 아니라, 쾌적한 주거환경과 전국 어디서나 접근이 용이한 도시로서 누구나 살고 싶은 도시로 자리 매김 한 바 있다. 이는 전적으로 지역의 역대 지도자들과 시민들이 어려운 여건에서도 최선을 다해 만들어 놓은 성과다.

그러나 이 같은 자랑스런 업적에도 불구하고, 대전은 당장의 침체 분위기 속에서 제반 어려움을 극복해야 하는 한편, 무한경쟁 속에 또 다른 십년을 준비해야 할 아주 중대한 전환기에 놓여 있다. 증가일로에 있던 대전시의 인구는 이미 정체되기 시작했다. 권시장 임기 중 대전 인구 감소율은 전국 1위를 기록하는 불명예를 얻었을 지경이다. 앞으로도 저출산·고령화 추세에 따라 대전 인구의 감소폭은 커지고 생산 가능 인구는 지속해서 줄 것이다. 이 상황에서 미래 인구 최대 200만 명을 목표로 하고 마련한 도시 개발 위주의 장기 발전계획들은 대폭 수정이 불가피해졌다. 그렇지 않으면 유휴시설의 증가로 부동산 가치는 크게 하락하는 동시에 공동화 현상이 곳곳에서 나타날 것이 틀림없다. 세종시의 발전은 대전을 더욱 위축시킬 것이다.

여기에다, 지역 발전의 원동력이 되는 지역민들의 일체감과 결속력은 지난 몇 번의 선거 과정에서 갈라지고 뒤바뀌는 소용돌이 속에 거의 상실됐다고 해도 무리가 아니다. 더욱이, 대전의 경제는 좀처럼 나아지지 않고 있다는 사실이 지표상에 빨간색으로 나타나고 있다. 시민 1인당 지역총생산이 2,117만 원(2014년도 기준)으로 전국 16개 시 · 도 중 계속 14위에 그쳐 있다. 1위 울산의 1/3, 충남의 절반 수준에 불과하다. 대전의 브랜드 가치를 돈으로 환산했을 때, 약 5.8조 원가량으로 서울의 4.6% 수준에 불과하며, 세계 과학기술도시 순위에서도 대전의 이름을 찾을 수 없다. 요컨대, 대전 경제는 시민들의 미래 먹거리와 일거리를 보장해 줄 뚜렷한 돌파구를 찾지 못한 채 헤매고 있다는 사실을 여실히 보여 주고 있는 것이다.

따라서, 대전시가 지난 선거와 시장 임기 중에 나타난 민의를 바탕으로 당면한 문제들을 슬기롭게 풀어내야만 시민들이 대전 발전에 대해 희망과 자신감을 되찾게 될 것이다. 따라서, 시민들이 좀 더 발전적인 미래를 향해 한마음 한뜻으로 가느냐 마느냐의 여부는 전적으로 대전시장의 획기적으로 달라진 새로운 리더십에 달려 있다고 봐야 한다. 권 시장은 지금부터 단단히 마음먹고 진짜 새 리더십으로 탈바꿈하지 않으면 잃어 버린 2년을 회복하기 어려울지 모른다.

이를 위해 첫째, 지금이라도 대전 시민의 꿈과 희망이 담긴 올바른 비전과 목표를 재정립해서 다시 제시해야 한다. 비전은 선거 과정에서 급조한 것이 아니라 시민이 공감하고 실현 가능한 것이어야 한다. 그래서 비전을 전략과 성과 지표로 체계화하고 그 실현을 시민들에게 체감시킬 수 있어야 한다. 도시철도 2호선을 트램으로 결정한 정책이 대전의 비전이 될 수는 없다. 지금은 무관심과 허탈감에 빠져든 대전 시민들이 새로운 희망과 기대를 갖게끔 하는 시장의 새로운 리더십 그리고 시민들이 공감하는 미래 비전과 정책의 제시가 절실하다.

둘째, 대전 시정의 시스템을 혁신하는 것이다. 오늘날 대도시의 문제는 경기 침체, 빈곤과 범죄, 교통과 환경, 주택 및 복지문제 등으로 어느 도시든지 매우 유사하다. 그러나 대전은 이 문제들이 더욱 심각하게 진행되고 있다. 이러한 대도시 문제들의 해결에 중요한 것은 문제에 접근하는 시장의 개혁 의지와 이를 뒷받침하는 공무원조직의 도전정신, 그리고 혁신적인 시정 시스템의 구축이다. 대전시 공무원들은 이제라도 심기일전해서 주춤거리고 있는 시정의 분위기를 일신해야 한다. 여기에 시장의 용기와 지혜가 필요하다.

셋째, 통합의 리더십을 발휘해야 한다. 대전시는 온갖 갈등과 대립이 빚어지는 대도시가 됐다. 공약으로 제시한 서남부권 개발이나 도시철도 건설사업들은 시·구 간, 시민 간 이해관계가 첨예하게 얽혀 있다. 이를 풀려면 시장이 미래 지향적 시각에서 시민들과의 신뢰를 바탕으로 소통을 활성화시켜야 할 것이다. 그러려면 전문성과 신뢰성을 갖춘 인재를 두루 기용해 적재적소에 배치하는 것이 중요하다. 라이벌이나 심지어 원수까지 사심 없이 발탁했던 제갈공명의 인간 경영 전략을 귀감으로 삼아야 할 때가 됐다.

끝으로, 역사는 지도자가 축적한 재산이 아니라 그가 이룬 업적으로 평가한다. 사사로운 재물에 집착하다 사라지기보다는 청렴함으로 역사에 길이 남는 시장이 돼야겠다는 의지와 각오를 새롭게 해야만 위기의 대전을 구할 수 있는 원동력이 될 것이다. 그동안 빚어진 인사 비리나 무리한 정책의 추진이 반복돼서는 절대 안 된다. 지금 대전이 맞이한 위기는 심각하다. 절대로 가볍게 봐서는 안 된다. 그러나 이 위기는 기회가 될 수 있다. 아마도 마지막 기회가 될지 모른다. 특히, 권 시장에게는 시간이 많지 않기 때문에 마지막 기회로 알고 혼신의 힘으로 시정에 임해야 할 것이다.

침체된 대전시가 바른 길을 향해 나가도록 대전시장의 새로운 리더십을 중심으로 공무원들 모두가 지혜와 역량을 모아야 한다. 지금의 리더십으로는 대전을 재도약시키기 어렵다. 왜냐하면 지금은 대전시가 다시 한번 도약하느냐 아니면 나락으로 떨어져 도태되느냐의 중대한 기로에 서 있기 때문이다. 대전시민들도 새로운 시대에 맞는 시정 변화를 촉구하는 한편, 이를 선도할 시장의 새 리더십이 반드시 발휘될 수 있도록 두 눈을 부릅뜨고 지켜봐야 할 것이다. 대전 시민들의 저력을 다시 한번 발휘해야 할 때다. 권선택 시장도 심기일전해서 시민들의 기대에 부합하기를 기대한다.

6. 대전이 버려야 할 세 가지 선입견

대전은 지금 위기다. 그것도 총체적인 위기다. 도시는 인구가 줄고 침체돼 있다. 시민들의 미래 일거리와 먹거리를 확실하게 준비하지 못했다. 그래서 시민들은 자신감과 활력을 잃고 미래에 대한 꿈과 희망을 갖지 못하고 있다. 대한민국 중앙행정의 중심은 세종으로 이전하고 있고, 충남 행정의 중심이 대전에서 내포신도시로 이전해 버린 지 한참이다. 천안 · 아산 · 당진까지 수도권이 남하해 있다. 인근 청주와 청원은 통합으로 대도시가 되면서 대전을 위협하고 있다. 그렇다면, 대전시는 대전의 미래가 어디로 가고 있는지, 그리고 과연 어디로 가야 하는지를 철저히 분석해서 그 대안을 마련해야 한다. 그런데 최근 진행되는 일련의 대전 현안들을 보면 기대보다 우려가 앞선다는 것이 많은 시민의 생각인 것 같다. 지금 우리가 할 일은 무엇보다 그동안 대전에 대해서 가지고 있는 선입견을 버리는 것이 급선무다.

첫 번째 선입견: 대전은 과학도시다

대전은 1973년 대덕연구단지의 조성과 1993년 대전엑스포의 성공적인 개최 그리고 과학비즈니스벨트의 거점지구 지정 등으로 과학기술도시로서의 도시 브랜드를 확고히 해서 미래 경쟁력이 높은 도시로 인정받은 바 있다. 그러나 지금은 아니다. 2005년 대덕연구개발특구가 됐지만, 대덕연구단지는 여전히 중앙정부의 틀에서 벗어나지 못하고 있다. 그 결과 대덕의 연구 성과물들이 생산화, 산업화해서 국가 경제에 기여하는 데 이미 한계가 드러나고 있다. 그뿐만 아니라, 과학단지로서의 선책과 집중이라는 전략이 변질돼 과학적 인프라와 인적 자원은 정치 논리에 의해 지역별로 분산 · 배치되는 우를 범하고 말았다. 게다가 과학연구단지는 대전지역 발전에 기여하지도 못하고 있다, 일자리 창출과 지역 소득 증대에 역할을 못 했을 뿐만 아니라 지역 대학과 지역 인재 육성의 성과도 내지 못했다. 그저 과학도시라는 막연한 선입견만 가지고 있을 뿐이다.

과학단지가 대전에 소재하고 있는 것만으로 과학도시가 될 수는 없다. 시민들의 과학적 사고와 활동이 지역 발전 및 시민들의 삶과 연계될 때 명실상부한 과학도시로 평가받는다. 그럼에도 대덕과학특구는 여전히 지역 발전의 견인차 역할을 못 하고 있을 뿐만 아니라, 대다수 시민의 일이나 삶과는 무관한 실정이다. 이제 대덕특구를 둘러싼 제도, 시스템, 네트워크 등의 근본적인 대전환이 필요하다. 대덕특구는 중앙정부 주도에서 탈피해서 기업, 지역 대학 및 대전시와의 유기적인 협력 체제를 새로 구축해야 한다. 따라서, 지금부터 미국 노스캐롤라이나 주의 RTP(Research Triangle Park)의 랄리(Raleigh) 시, 프랑스 소피아 앙티폴리(Sophia Antipolis) 시, 독일의 드레스덴(Dresden) 시같이 대전시가 대덕특구를 통해 세계적 과학도시로 발돋움하기 위해 진정한 과학도시의 위상과 역할을 찾아 나서야 한다.

두 번째 선입견: 세종시는 대전시에 득이 된다

지난 십수 년 동안 세종시만큼 대전 지역에 갈등과 고민을 안겨 준 지역의 이슈는 없었다. 신행정수도에서 행정도시로 변질되고, 결국 청와대와 국회 및 일부 정부부처를 빼고 세종시로 출범한 현실 속에서 세종시가 과연 대전에 득이 될 것인지 아니면 독이 될 것인지는 대전의 미래를 좌우하는 가장 큰 변수였다. 그러나 박근혜 정부 출범 후에 당초의 계획대로 추진하고 있다 하지만, 세종시가 수도권 과밀 해소와 국토 균형 발전의 계기를 만들어 가고 있는지는 아직도 미지수다. 만일 세종시가 현재까지 나타나고 있는 현상대로 수도권의 인구를 유입하지 못한 채 인근 대전·충남·북의 인구만을 빨아들이는 빨대 효과만 계속되면 대전 발전에 치명적인 결과가 된다. 세종시는 당초의 의도대로 수도권의 인구가 내려와서 채워져야 성공한다. 그럼에도 불구하고, 아무런 정책적 보완 조치가 없이 이대로 충청권의 인구를 빨아가기만 하면 세종시 건설이 수도권 과밀 해소는커녕 수도권과 비수도권 간의 격차와 갈등은 더욱 심각해질 것이다. 그것은 세종시의 성공적인 정착은 물론 대한민국의 발전에도 도움이 안 된다. 나아가 충청권은 동반 쇠퇴의 길로 치닫게 될 가능성이 더욱 높아질 수밖에 없다. 세종시가 잘 되면 대전시도 저절로 잘된다는 선입견을 빨리 버리고 양 도시의 상생 발전을 위한 전략을 다시 짜야 할 것이다.

세 번째 선입견: 대전은 비수도권의 시작이다

역대 정부의 수도권 규제 완화 정책으로 가뜩이나 어려운 비수도권은 침체의 늪에서 벗어나지 못하고 있다. 농·어촌의 황폐화를 비롯해서 지방 중소도시가 이미 활력을 잃은 지 오래고, 그 어두운 그림자는 지방 대도시까지 미치고 있다. 대전 역시도 날로 비대해지는 수도권의 영향을 심각하게 받고 있다. 수도권은 이미 천안·아산·당진·내포에 이어 세종시까지 내려와 있다. 하지만, 그동안 대전은 비수도권이 시작되는 곳이라는 선입견만 가지고, 비수도권으로서의 소외와 설움을 감내하면서 까지 영·호남과 손잡고 수도권 규제 완화를 소리 높여 반대해 왔다. 그런데도 오래전부터 영·호남 주민은 물론이고 전문가들조차 대전은 이미 수도권이 된 것으로 간주하고 있다는 사실을 외면해서는 안 된다. 그들은 대전이 수도권의 끝이기 때문에 수도권의 혜택을 톡톡히 보고 있다고 주장한다. 국책사업이나 국가 예산의 유치 시에도 대전을 수도권으로 보는 인식이 대전에 불리하게 작용하고 있는 것이 사실이다.

그렇다면 대전의 미래 발전 방향에 대한 근본적인 재정립이 필요하다. 즉, 계속 비수도권의 입장에서 획기적인 지역 발전 정책을 모색할 것인지 아니면 차라리 대전이 수도권에 진입 내지 연계될 수 있도록 노력하고, 이에 부합하는 지역 발전 전략을 새로 짤 것인지 진지하게 고민해 봐야 한다. 아직 제 기능을 발휘하고 있지 못한 세종시와 대전의 새로운 관계 설정에도 이 문제는 중요한 전제 조건이 된다.

요약컨대, 대전은 점점 심각해지는 이 위기를 기회로 바꿔야 한다. 지난 기간 대전에 대해 막연하게 가지고 있는 선입견을 과감하게 버리고, 발상의 대전환을 통해 재도약의 기회로 삼아야 한다. 따라서, 지금은 미래를 보는 혜안과 전략 그리고 새로운 리더십이 절실히 필요한 때다.

제5장

안타깝지만, 성공해야 해! 세종시야

1. 행정수도 세종시 정략적 희생 안 된다

2017년 10월 26일, 행정안전부가 문재인 정부 5년 동안 추진할 '자치분권 로드맵'을 발표했다. 5대 분야 30대 과제의 로드맵 내용에는 중앙 권한의 획기적 지방 이양, 강력한 재정분권 추진, 자치단체의 자치 역량 제고, 풀뿌리 주민자치의 강화, 네트워크형 지방행정 체제 구축 등이 포함돼 있다. 문재인 대통령도 이날 여수컨벤션센터에서 열린 '제5회 지방자치의 날' 기념식에서 "지방이 튼튼해야 나라가 튼튼해지고, 수도권과 지방이 잘살 수 있도록 지방분권형 개헌을 추진해서 강력한 지방분권 공화국을 만들겠다"고 선언했다.

이는 문 대통령의 대선 공약이자, 취임 100일에 발표한 '국정운영 5개년계획'에 담겨 있는 내용으로서 지방자치와 분권의 의지를 재확인한 것이다. 동시에 최근 다소 지지부진한 개헌 추진 상황에 힘을 실어 주는 의미로 해석된다. 하지만, 문제는 세종시를 행정수도로 완성하겠다는 국민과의 약속은 빠졌을 뿐만 아니라, 세종시와 제주특별자치도를 분권 모델로 완성하겠다고 선포한 국정과제도 이번에 쏙 빠져 있다는 점이다.

문 대통령이 대선 전후 국민들, 특히 충청 지역 유권자들에게 수차례 약속했던 핵심 내용들을 현실화하는 데 꼭 필요한 로드맵에서 제외함으로써 충청민들이 갖는 실망감과 허탈감은 또다시 세종시가 정쟁과 정략의 수단으로 전락하는 것이 아닌가 하는 불안감으로 나타나고 있다. 이러한 충청 민심은 대통령의 국정 지지도가 하락하고 집권여당인 더불어민주당의 지지도가 급락하고 있는 것으로 벌써 나타나고 있다. 자치분권 로드맵 발표 이후 여론조사기관 '리얼미터'의 조사 결과에 의하면, 대전·충청·세종에서의 대통령의 지지도가 지난 주보다 3.1%p 하락했고, 민주당 지지도는 무려 13.4%p나 큰 폭으로 떨어졌다. 지역민들의 성난 민심이 그대로 반영된 결과이며, 앞으로 정부의 세종시 정책이 진정성있게 진행되지 않으면 대전·충청·세종 지역의 민심이 2018년 지방선거에서 어떻게 폭발할지 알 수 없는 결과다.

"수도 서울은 중앙이다"는 해괴한 관습헌법에 의해 행정수도가 위헌 판결을 받은 실패를 더 이상 되풀이하지 않으려면 이 문제를 반드시 헌법적으로 해결해야만 한다. 그렇지 않고는 세종시의 완성이 불가능하기 때문이다. 청와대 제2집무실 설치를 비롯해서 행안부, 미래부 및 법무부와 여성가족부 등의 이전도 다시 발목이 잡힐 수 있다. 만일, 세종시가 행정수도가 되지 않으면 세종시가 반드시 수행해야 할 수도권 과밀 해소와 국토의 균형 발전은 수포로 돌아간다. 오히려 국정의 이원화로 인한 비능률만 초래해 국가적으로 엄청난 손실이 될 수밖에 없다.

게다가 세종시 출범 이후 세종시 인구는 나날이 증가하고 있는 반면, 주변 충청 지역의 인구는 오히려 크게 감소하면서 쇠퇴의 조짐들이 나타나고 있는 점을 주목해야 한다. 실제로 지난 5년간 세종시로 이전한 주민 중 수도권 인구는 30%에 불과하고 충청권에서 이주한 주민들이 60%에 이르고 있다. 세종시가 행정수도가 되지 않으면 이러한 현상은 지속돼 결국 세종시는 세종시대로 기형적으로 변질되고, 인근 도시들은 도시들대로 쇠퇴하고 말 것이다.

이런 엄중한 상황들을 놓고 볼 때, 지금부터 해야 할 일은 분명해졌다. 우선 세종시가 개헌 시 행정수도로 명문화하기 위한 정부의 세종시에 대한 재인식과 로드맵의 수정을 촉구한다. 그뿐만 아니라, 세종시가 위기에 직면할 때마다 충청권의 공조가 큰 힘이 됐듯이 행정수도 세종시의 완성을 위해서는 다시 한 번 충청권의 단합과 결집이 필요하다. 그것이 충청권 상생의 길이다. 지금은 세종시를 행정수도로 명문화하는 개헌에 주력하기 위해 모든 역량과 에너지를 모아야 할 때다. 세종시가 더 이상 정쟁의 대상이 되거나 당리당략의 희생물이 돼서는 결코 안 될 것이다.

2. 행정수도 세종시 완성의 마지막 기회

세종시가 신행정수도로 국민들 앞에 처음 등장한 것이 2002년 12월 8일이다. 노무현 당시 대통령 후보가 대선공약을 확정한 날이다. 그후 「신행정수도 건설특별법」의 위헌 판결, 행정중심복합도시로 재정리, 그리고 교육·과학 중심의 경제도시로의 수정 움직임과 국회 부결이라는 숱한 우여곡절을 겪으면서 결국 세종시로 정착됐다. 2017년 7월로 세종시가 건설의 첫 삽을 뜬 지 벌써 10주년, 그리고 출범 5주년을 맞았다.

세종시는 출범 이후, 40개 중앙행정기관과 15개 국책연구기관의 이전을 완료하고, 약 1만 9천여 명의 중앙공무원들이 행정 기능을 담당하고 있다. 출범 당시 약 10만여 명의 인구도 현재 30만 명에 이르고 있다. 17개 시·도 중 인구 순유입률이 7년째 1위를 달리고 있다. 이대로 가면, 2030년 당초의 목표인 50만 명을 넘어 80만 명이 거주하는 21세기 대표 도시가 되는데에도 무리는 없을 것이다.

세종시와 관련해 주목해 볼 부분은 지방분권과 지역 균형 발전에 대한 약속들이다. 세종시를 제주도와 더불어 분권 모델로 완성시키기 위해서 행안부와 미래부의 추가 이전, 국회 분원 설치, 서울–세종 간 고속도로 조기 구축 등이 포함돼 있다. 세종시의 성공을 위한 새 정부의 강력한 의지가 엿보인다. 따라서, 세종시가 다시 한번 행정수도로 진입하는 데 일단 기대를 걸 만하다.

그러나, 여전히 안심할 단계는 아니다. 문재인 정부가 사실상의 행정수도를 이번에 국정 과제화했다지만, 행정수도 세종시를 가로막는 악마는 디테일에 숨어 있다. 우선, 세종시를 행정수도로 명문화하는 '행정수도 개헌'이 빠진 점이다. 외국의 사례를 보면, 호주는 1900년 헌법에 수도를 규정해 캔버라로 수도를 이전했다. 브라질도 1946년에 브라질리아로 수도 이전을 할 수 있었던 것은 헌법 개정의 결과다. 반면에, "수도 서울은 중앙이다"는 해괴한 관습헌법에 의해 행정수도가 위헌 판결을 받은 실패를 되풀이하지 않으려면 우리도 세종시 문제를 헌법적으로 해결해야만 한다. 그렇지 않고는 세종시의 완성이 불가능하기 때문이다. 청와대 제2집무실 설치를 비롯해서 행안부, 미래부 및 법무부와 여성가족부 등의 이전도 디테일의 악마에 의해 다시 발목이 잡힐 수 있다.

그 증거가 2017년 7월 17일 제헌절, 국회의장실에서 내놓은 대국민 의식조사의 결과에서 이미 나타난 바 있다. 개헌을 통해 세종시에 청와대와 국회를 이전하는 것에 대해 49.9%의 국민들이 찬성하고 있다. 하지만, 여전히 절반에 가까운 44.8%가 반대하고 있다는 사실이다. 세종시가 자리 잡아 간다고들 얘기하지만, 국민들의 절반은 이를 보는 시선이 곱지 않음을 말해 주고 있다. 이 점은 세종시를 행정수도로 반드시 명문화시켜야 하는 내년의 개헌을 위한 국민투표에서 극복해야 할 큰 난관이 아닐 수 없다. 특히, 서울시민 60.7%가 아직도 행정수도 세종시에 대해 반대하고 있다는 사실에 주목해야 한다. 그들은 국정을 이원화시킨 세종시의 건설이 잘못된 정치적 산물이라고 굳게 믿고 있다.

그러나, 그보다 더 심각한 문제는 세종시를 보는 충청민들의 의식 변화다. 충청민들의 절반 이상(58.5%)은 세종시의 행정수도를 찬성하고 있지만, 응답자의 1/3이 넘는 34.8%가 반대로 돌아섰다는 사실이다. 세종시는 그간 충청민들의 단합된 힘과 눈물겨운 투쟁의 산물이다. 그럼에도 불구하고, 현재 충청민들의 상당수가 세종시를 부정적으로 보고 있는 데에는 그만한 이유가 있다.

세종시를 둘러싼 대전·충남·북 주민들은 세종시의 건설이 충청권 상생발전에 크게 기여할 것으로 기대했었다. 그러나 세종시 출범 이후 세종시 인구는 나날이 증가하고 있는 반면, 주변 충청지역의 인구는 오히려 크게 감소하면서 쇠퇴의 조짐들이 나타나고 있는 점을 크게 우려하기 시작했다. 실제로 지난 5년간 세종시로 이전한 주민 중 수도권 인구는 30%에 불과하고 충청권에서 이주한 주민들이 60%에 이르고 있다. 대전과 공주시의 인구 감소는 도시의 미래가 걱정될 정도다. KTX 세종역 건설을 두고 세종시와 충청북도가 갈등을 빚은 점도 결코 바람직한 일이 아니었다. 이와 같이 당초의 기대와 달리 세종시의 블랙홀 현상이 나타나면서 충청민들의 불안이 가중된 결과가 의식조사에 반영된 것으로 해석된다.

이런 상황들을 놓고 볼 때, 지금부터 해야 할 일은 분명해졌다. 세종시가 개헌 시 행정수도를 명문화하기 위해서는 국민적 공감대 형성에 다시금 주력해야 한다. 많은 건설비용과 국민적 에너지의 소모에도 불구하고 이 도시를 반드시 완성해야 하는 이유는 수도권 과밀 해소와 국토의 균형 발전을 위해서다. 행정중심복합도시는 국정의 이원화로 인해서 부득이 낭비와 비효율이 발생하지만, 대한민국의 국가와 지역경쟁력 강화, 그리고 수도권과 비수도권의 상생 발전을 위해서는 당분간 불가피하다는 사실을 수도권 주민들에게 설득해서 공감대를 얻어야 한다.

그뿐만 아니라, 세종시가 위기에 직면할 때마다 충청권의 공조가 큰 힘이 됐듯이 행정수도 세종시의 완성을 위해서는 다시 한번 충청권의 단합과 결집이 필요하다. 세종시가 자족 기능의 확보에만 너무 몰두해서 주변 지역의 경계심을 유발하는 것은 바람직하지 않다. 헌법 개정 이후에 추진해도 늦지 않다. 앞으로 세종시와 인근 대전·충남·북은 제로섬(zero-sum) 게임이 아니라, 각 지역 간 상호 역할 분담 속에 윈윈(win-win)할 수 있는 도시 미래 비전과 상생 전략을 서로 머리를 맞대고 공동으로 마련해서 함께 발전해야 한다. 세종 시민들도 특별자치 시민이자 광역시민으로서 높은 시민 의식으로 깨어 있어야 한다. 세종 지역 언론들도 세종시가 지향하는 목표와 당면 과제들을 충분히 인식하고, 높은 전문성과 자치 의식으로 지역을 선도해 주길 기대한다.

지금은 세종시를 행정수도로 명문화하는 개헌에 주력하기 위해 모든 역량과 에너지를 모아야 할 때다. 이번이야말로 세종시에 관련한 숱한 논란을 종식시키고, 명실상부한 행정수도로 완성시켜야 한다. 지금이 절호의 기회이자, 더 이상 미룰 수 없는 마지막 기회다.

3. 투명과 소통, 나눔과 협력의 자치행정을 하자

세종시가 출범하고 국무총리실이 이전하면서 세종시를 중심으로 이제 새로운 국가행정이 시작된다. 각 자치단체들도 '국가행정의 세종 시대'에 걸맞은 새로운 '자치행정의 새 시대'를 펼쳐야 할 시점이다. 국가행정이나 자치행정이 함께 지향해야 할 미래 행정은 투명과 소통 그리고 나눔과 협력이 행정의 핵심이 돼야 한다.

국민이 행복한 나라 스웨덴에서 우리가 꿈꾸는 미래를 찾을 수 있다. 스웨덴은 정부부처뿐만 아니라 대학, 기업사무실까지 투명한 유리가 설치돼 있다. 밖에서도 훤히 들여다보이는 구조는 개인의 사적인 삶과 공적인 삶이 명확히 구분돼야 한다는 사회적 합의에 바탕을 두고 있다. 그중에서도 정책실명제, 모든 회의록 공개 등은 스웨덴 열린 행정의 주된 특징이다. 모든 결정 과정과 회의록은 일반 국민에게 공개돼야 한다. 거부하거나 비협조적일 경우 해당 공무원은 공무상 과실로 처벌받게 돼 있다. 이렇다 보니 정치와 행정이 깨끗할 수밖에 없다. 정책 결정 과정에 참여하는 정치인과 관료들의 생각, 언행, 소신 등은 모두 공개되기 때문에 국민들은 다음 선거에서 판단을 내리기 쉽다. 정치인의 능력과 무능력을 식별할 수 있기 때문이다. 공무원이 민원인과 골프 치며 나눈 개인적인 거래조차 공개된다. 공무원의 사사로운 행위가 공적인 결정에 영향을 미칠 가능성을 미연에 차단하기 위한 것이다.

또 한 가지 장점은 국민들의 생활양식도 공개주의에 따라 투명하게 생활하도록 영향을 준다는 것이다. 탈세, 뇌물 공세, 이권이나 인사 청탁 등이 발을 못 붙이게 함으로써 합법적이고 합리적인 생활 습관과 관행이 몸에 배게 된다.

투명한 행정을 통해서 총체적인 사회 변화가 나타나는 것이다. 이 정신은 스웨덴의 중요한 민주주의의 가치로 2백 년 이상 간직되면서 열린 행정과 책임행정의 밑거름이 됐다. 모든 것이 투명한 사회, 모든 것이 공개되는 행정 이것이 바로 중앙정부와 자치단체들이 지향해야 하는 미래 행정의 목표다. 행정 과정상의 모든 사업, 정책, 인사 등과 관련된 자료와 정보 및 회의록은 국민과 시민들의 알 권리가 충족되도록 공개의 의무를 다해야 한다.

다음, 미래 행정은 소통의 리더십을 필요로 한다. 최근 '공자(孔子)의 경영학'이 재해석되고 있는데 그 핵심은 소통이다. 즉, 공자의 경영학은 인(仁)의 실현을 목표로 하며 그것은 소통을 통해 성취될 수 있다는 것이다. 그가 보여 준 경청과 상대방에 대한 깊은 이해, 그리고 그들과 함께하는 공동체 건설이야말로 공자가 제시하는 경영학의 요체다. 지금 국가와 자치단체에서는 말하는 리더보다 듣는 리더를 필요로 하고 있다. 행정을 통해 사회를 변화시키는 것은 입이 아니라 귀다.

지방자치 시대 지방행정은 여러 사람에게 의견을 들어서 결정하는 새로운 경영 방식을 요구하고 있다. 지방자치 실시 이전의 지방행정은 행정조직 내부의 공무원들끼리 결정하는 것이 당연한 것이었다. 주민들은 그저 공무원들이 결정한 정책이 잘 집행되도록 따라가는 행정관리와 통제의 대상에 불과했다. 지방자치가 실시되고 그에 따라 주민 참여가 강조되면서 지방행정에 변화가 나타났다. 그러나 주민들의 참여는 어디까지나 전문가들의 참여에 한정했다. 일반 주민들의 참여는 여전히 정책 결정 과정에서 배제된 채 집행 과정에 협력하는 정도에 불과했다. 집단은 그 집단의 가장 우수한 개인보다 더 똑똑해진 새로운 사실을 외면하고 그저 일반 주민의 참여는 시간 낭비적이고 비효과적으로 봤기 때문이다.

따라서, 각 자치단체들이 지역 현안은 이제 관련 학자나 전문가의 의견을 모으는 데만 치중할 것이 아니라, 일반 주민들의 의견과 판단에 귀 기울이는 것이 훨씬 지혜로운 결과를 가져올 수 있다. 더군다나 일반 주민의 의견이 존중된 결정에 대해서 주민들은 집행 과정에서 아낌없는 지원과 협력을 보내 주기 때문에 정책과 제도의 성공 가능성은 더 높아진다. 이제부터 중앙정부와 자치단체들은 새로운 미래 환경에 대비해서 투명과 소통, 나눔과 협력의 미래 행정을 펼쳐 나가야 할 것이다.

4. 대전과 세종시, 이대로 가서는 안 된다

2012년 7월 1일, 세종특별자치시로 출범한 세종시가 그간 정부청사 이전과 각종 부대시설이 속속 들어서면서 최근 인구 20만을 넘어섰다. 게다가 지난달 정부는 경기 구리시에서 세종시를 잇는 '서울—세종 간 제2경부고속도로' 사업 계획을 발표한 바 있다. 2025년에 완공 예정이다. 세종 시민들을 비롯한 충청 지역민들은 수도권에서 세종시로의 접근성이 좋아져 세종시로의 인구 유입이 더욱 늘어날 것으로 전망하면서 환영하는 분위기다.

세종시는 2020년에 30만, 그리고 2030년에 50만의 인구를 목표로 하고 있기 때문에 일단 도시 규모면에서는 계획대로 순탄하게 진행되는 것처럼 보인다. 그러나 세종시는 신행정수도에서 행정중심복합도시 그리고 현재의 세종특별자치시에 이르기까지 그 숱한 우여곡절과 난관 속에서 분명한 목표와 역할을 부여받고 태어난 도시다. 즉, 세종시는 수도권의 과도한 집중에 따른 부작용을 시정하고, 국가 균형 발전에 이바지하는 것을 목적으로 의도적으로 건설되는 도시다. 당초의 신행정수도가 위헌 판결을 받음으로써 할 수 없이 서울과 세종시 간 중앙정부 부처를 나눠 분산, 배치시키도록 국회와 국민들이 어렵게 내린 결정의 산물이다. 그것은 국가 경쟁력을 강화시키기 위해 국정 운영의 비효율성보다 수도권 과밀 해소 및 수도권과 비수도권 간의 상생 발전이 더욱 중요하다고 판단했기 때문이다.

그렇다면 출범 3년을 보낸 세종시가 애초부터 부여받은 도시 목적을 구현하면서, 국민들의 열망을 담아내고 있는가를 지금쯤은 따져 봐야 한다. 지금까지의 진행 상황을 놓고 볼 때, 유감스럽게도 세종시가 국민들이 기대한 대로 제 길을 가지 못하고 있는 것으로 보인다. 그 이유는 뚜렷하다. 세종시 전체 인구는 2012년 말 10만 3천여 명에서 올 10월 말 현재 20만 5천여 명으로 3년 사이 약 100% 증가했다. 그러나 세종시 유입 인구의 전출지를 보면, 세종시를 둘러싼 대전·충북·충남이 전체 유입 인구의 50%를 차지하고 있다. 특히, 대전시민 4만여 명이 세종시로 빠져나가 전체 유입 인구의 26%에 이른다. 충남, 충북도 각각 11%, 10%나 된다. 2017년까지 세종시에 2만 이상의 신규 아파트가 공급되면 인근 지역 주민 유입이 더욱 가속화될 전망이다. 우려한 대로 세종시가 충청권 인구를 속속 빨아들이는 빨대 현상이 나타나고 있는 것이다.

최근에 서울시의 인구는 다행히 줄고 있다. 올 3/4분기(7, 8, 9월) 서울을 떠난 인구가 총 3만 7천여 명으로 최대폭을 기록했다고 한다. 환영할 만한 일이지만, 세종시 건설로 나타난 효과는 결코 아니다. 최근 3년간 서울을 떠난 인구는 30만 명을 넘어섰다지만, 그 인구는 세종시로 가지 않고 경기도와 인천으로 거주지를 옮긴 것으로 나타났다. 그 결과, 같은 기간에 경기도는 25만 2천 명, 인천은 6만 4천 명이 증가했다. 서울의 전월세 가격이 폭등하고 수도권의 교통 인프라가 더욱 확장되면서 서울의 인구가 경기, 인천으로 빠져나가고 있기 때문이다. 결국, 세종시로 이전한 관련 부처 일부 공무원들과 가족들 이외에 수도권 인구는 여전히 줄지 않고 있는 것이다.

세종시는 당초의 의도대로 수도권의 인구가 내려와서 채워져야 성공한다. 그럼에도 불구하고 아무런 정책적 보완 조치가 없이 이대로 충청권의 인구를 빨아들이는 블랙홀이 계속된다면 세종시 건설이 수도권 과밀 해소는커녕 수도권과 비수도권 간의 격차와 갈등은 더욱 심각해질 것이다. 나아가 충청권은 동반 쇠퇴의 길로 치닫게 될 가능성이 더욱 높아질 수밖에 없다. 이렇게 세종시의 성공을 장담할 수 없는 상황에서 서울–세종 간 고속도로가 연결되면 오히려 주거지는 수도권에 두고 세종시로 출·퇴근하는 수요가 증가하는 등 수도권으로의 집중화는 더욱 심화될 가능성도 고려해야 한다. 그동안 정부는 1960년대 이후 '수도권 집중 억제 및 지역 균형 발전'을 위해 그동안 수백 가지의 정책을 시도했으나 일관성을 유지하지 못한 채, 언 발에 오줌 누는 격으로 별

다른 효과를 보지 못하고 오늘에 이르렀다. 지역 간·계층 간·도농 간 불균형 문제를 하루속히 시정하지 않으면 지역의 분노가 폭발하는 절박한 국면에 접어들고 있다. 세종시 건설은 이런 문제 해결을 위한 가장 강력하고 효과가 큰 정책이다. 또 그렇게 되도록 지금부터 바로잡아야 한다. 인근 대전·충청 지역민들로 세종시 인구를 늘려가서는 절대 안 된다. 그동안 그렇게 많은 국민적 에너지와 건설비용을 들여 여기까지 온 이상 세종시가 이대로 가서는 안 된다. 지금부터 올바른 길과 방법을 다시 찾아야 할 때다.

한편, 세종시의 건설로 대전시의 침체와 쇠퇴의 징후는 더욱 뚜렷해지고 있다. 백년 전 불과 인구 5천 명의 대전면에서 시작한 대전시의 인구는 직할시가 된 1989년 1백만을 넘어선 이래 2013년까지 매년 1만 명 이상 증가하다가, 세종시가 출범하면서부터 매년 1만 명씩 줄고 있다. 앞으로 그 감소폭은 더 커질 것이다. 양 도시가 이대로 가면 상호간 상생 발전의 윈윈(win-win) 게임이 아니라 제로섬(zero-sum) 게임으로 갈 것이다. 그러면 대전이 절대적으로 불리해질 것이 틀림없다.

그 이유 또한 분명하다. 대전이 세종시와 차별화된 도시로서의 도시 정체성(city identity)을 잃어가고 있기 때문이다. 대전은 뭐니뭐니 해도 철도도시로 탄생해서 발전하기 시작했다. 1905년 경부선 철도와 1913년의 호남선 철도가 대전을 지나게 됨으로써 삼남의 관문이 되는 결정적 계기가 됐다. 이로 인해서 1932년 충남도청이 공주에서 대전으로 이전했고, 1949년 인구 12만 6천 명의 대전시가 될 수 있었다. 뒤이어 1970년 경부와 호남고속도로가 다시 대전에서 교차함으로써 대전은 명실상부한 교통도시가 될 수 있었다. 그 결과로 1973년 대덕연구단지가 조성돼 대전은 과학도시라는 새로운 도시 브랜드를 추가했다. 과학도시 대전으로 말미암아 1989년 대전직할시로 승격했을 뿐만 아니라, 1993년 대전엑스포를 성공적으로 개최해 도시 발전을 앞당기게 됐다. 그로 인해 1992년 자운대, 1997년 대전제3청사가 들어섬으로써 대전은 국방도시와 행정도시의 브랜드까지 추가할 수 있었던 것이다. 그러나, 2001년 서해안고속도로의 개통에 이어 2014년 KTX 호남선이 서대전역을 떠나고, 대전도시철도 2호선 건설이 사실상 중단된 상태에서 제2경부고속도로마저 대전을 비켜 간다면 대전은 이제 백십 년 만에 자랑스런 교통도시 간판을 내려놔야 할지 모른다. 그것은 대전의 무장 해제를 의미한다. 더 이상 대전시가 이대로 가서는 안 된다.

이제라도 쇠퇴하는 대전이 살아나려면 교통도시의 정체성을 찾는 데서부터 시작해야 한다. 최근 다시 점화된 충청권 광역철도와 함께 도시철도의 건설, KTX 시대의 호남선 서대전역 문제 해결, 그리고 대전역 역세권 개발과 충남도청사의 활용이 교통도시 대전으로서 위상과 역할을 재정립하는 차원에서 종합적·체계적으로 재검토돼야 한다. 그 결과는 '대전권 광역교통망의 구축'으로 나타나야 할 것이다.

다음으로 중요한 것이 위기를 극복하는 지도자의 리더십이다. 역사적으로 보면, 국가나 지역이 위기를 맞을 때마다 이를 재도약의 계기로 만드는 힘의 원천은 리더들의 빛나는 지혜와 용기다. 침체와 쇠퇴의 징후가 뚜렷하게 나타나고 있는 대전은 지금 도시 안정이나 과거로의 퇴행이 아니라 근본적인 변화와 개혁을 주도할 새로운 리더십을 절실히 필요로 한다. 대전이 쇠락의 늪으로 빠지느냐 아니면 재도약의 계기로 삼느냐를 결정하는 내년의 총선이 그만큼 중요한 이유가 여기에 있다.

끝으로, 지금 대전 시민들은 미래에 대한 불안, 정치에 대한 불신, 행정에 대한 불만을 느끼는 소위 '3불 시대'에 살고 있다고 한다. 그간 대전을 발전시킨 시민들의 긍지와 자부심은 사라지고 꿈과 희망을 잃은 채 도시 활력을 상실해 가고 있다. "희망이 없는 국민은 반드시 망한다"는 미국 루스벨트 대통령의 말을 다시 꺼낼 것도 없이 대전이 다시 한번 일어나려면 대전 시민들이 자신감과 일체감을 회복하는 일이 급선무다. 대전은 지난 백년 동안 대전을 교통도시, 과학도시, 국방도시, 행정도시로 만든 시민들의 저력이 있다. 이제부터 대전 도시의 정체성을 재정립하고, 새로운 리더십을 만들어 내는 동시에 도시 발전의 새 전략과 정책을 통해 대전을 반드시 중흥시켜야 한다. 그러기 위해서는 대전 시민들이 깨어나서 새로운 꿈과 희망을 갖고 변화와 개혁을 두려워 말고 밀고 나가야 할 것이다.

5. 세종시의 정착을 위한 국회와 정부 간 협력 강화 방안

국회와 정부 간 협력이 절실

2012년 7월 1일 세종특별자치시가 공식적으로 출범해 특별자치시란 기능과 위상을 지닌 광역자치치단체가 된 바 있다. 세종시는 수도권의 과도한 집중에 따른 부작용을 시정하고 지역 개발 및 국가 균형 발전과 국가경쟁력 강화를 유도하기 위해 만들어진 특수한 형태의 자치시로서, 정부의 직할로 설치되고 별도의 시와 군 및 구를 두지 않는 단층제 형식으로서 본청과 읍면동으로 구성됐다.

행정중심도시인 세종특별시는 2014년에 40개의 중앙행정기관과 함께 15개 국책연구기관이 이전했다. 출범 당시 약 10만 여명의 인구도 현재 30만 명을 넘어섰다. 17개 시·도 중 인구 순유입률이 8년째 1위를 달리고 있다. 이대로 가면, 2030년 당초의 목표인 50만 명을 넘어 80만 명이 거주하는 21세기 대표 도시가 되는 데에도 무리는 없을 것이다.

세종시와 관련해 주목해 볼 부분은 문재인 정부의 지방분권과 지역 균형 발전에 대한 약속들이다. 세종시를 제주도와 더불어 분권 모델로 완성시키기 위해서 행안부와 미래부의 추가 이전, 국회 분원 설치, 서울–세종 간 고속도로 조기 구축 등이 포함돼 있다. 세종시의 성공을 위한 문 정부의 강력한 의지가 엿보인다. 따라서 세종시가 다시 한번 행정수도로 진입하는 데 일단 기대를 걸 만하다. 그러나 여전히 안심할 단계는 아니다. 문재인 정부가 사실상의 행정수도를 이번에 국정 과제화했다고 하지만, 행정수도 세종시를 가로막는 난관이 놓여 있다. 우선, 세종시를 행정수도로 명문화하는 '행정수도 개헌'이 빠진 점이다. 외국의 사례를 보면, 호주는 1900년 헌법에 수도를 규정해 캔버라로 수도를 이전했다. 브라질도 1946년에 브라질리아로 수도 이전을 할 수 있었던 것은 헌법 개정의 결과다. 반면에, "대한민국의 수도는 서울이다"는 관습헌법에 의해 행정수도가 위헌 판결을 받은 실패를 되풀이하지 않으려면 우리도 세종시 문제를 헌법적으로 해결해야만 한다.

세종특별자치시의 정착을 위해서 다음과 같은 과제들이 이미 제시된 바 있다. 첫째, 행정 중심 도시로의 위상을 갖추기 위해서는 공공기관의 이전 정책이 성공적으로 추진돼야 한다. 둘째, 세종시로 이주하는 공무원들의 정착을 위한 주택, 교육, 교통 등 도시기반시설 확충이 시급히 이뤄져야 한다. 셋째, 세종시와 주변 자치단체와 상생 발전을 위한 광역행정이 필요하다. 마지막으로, 정부기관이 세종시로 이전함에 따라 발생될 수 있는 국정 운영의 비효율을 최소화하는 방안이 절실하다.

신행정수도의 명칭과 기능을 헌법적으로 부여받지 못한 세종시는 중앙행정부처가 나뉜 가운데 부득이 국정을 이원화해서 운영해야 하는 어려움을 안고 있다. 당분간은 국정 운영의 혼란과 비효율의 문제가 제기될 수 있다. 정부 분할이 수도 이전보다 더 나쁘다고 비판했던 반대론자의 주장도 커질 가능성이 있다. 그래서 국회 분원과 청와대 제2집무실의 세종시 설치는 신행정수도로 가깝게 가기 전에 과도기적으로 필요하다는 공감대가 충청권을 중심으로 확산되기도 했다. 그러나, 국정 운영의 효율성을 높이고 세종시 성공에 대한 국민적 공감대를 좀 더 넓혀 나가기 위해서는 물리적 시설의 이전보다 더 중요한 것이 있다. 바로 청와대와 국회에서 근무하는 대통령과 국회의원들의 의식, 그들이 일하는 방식 그리고 정치·행정문화를 바꾸는 일이다. 특히 국회의원들의 특권의식 탈피와 국정에 대한 신뢰성 확보가 중요하다. 이처럼 국회 구성원들의 의식과 일하는 방식의 변화는 그에 대응하는 행정부 공무원의 의식과 일하는 방식의 변화도 동반돼야 양자 간의 효율적이고 협력적인 거버넌스가 가능하게 된다고 볼 수 있다.

따라서, 국회와 행정부의 거버넌스에서는 전통적 의미의 통제가 아니라 상호 신뢰적이고 동반자적이며 협력적 차원의 협력 거버넌스(collaborative governance)가 요구된다. 이러한 맥락에서 문재인 정부도 개방과 공유, 소통과 협력의 정부를 상징하는 협업행정을 강조하고 있다. 이에 새로운 거버넌스 패러다임에 맞는 국회와 행정부 관계를 근본적으로 재검토해야 한다는 주장이 학문적으로나 실무적으로 증가하고 있는 것이 현실이다. 이는 제도 구성 차원의 문제일 수도 있고 또는 제도 운영 차원의 문제일 수도 있다. 이러한 국회와 행정부의 거버넌스 논의에서는 양자 간에 어떠한 동기에서 어떻게 상호작용을 통해 견제와 균형이라는 기능을 수행하는가가 중요한 과제가 되고 있다.

국회와 행정부 거버넌스에 대한 이론

지리적 차원에서 중요한 문제 제기는 국회와 행정부가 공간적 분리 상태에서 업무 효율성과 협력을 강구할 것인가 아니면 지리적 근접성 원칙에 따른 업무 효율성과 협력 방안을 모색할 것인가일 것이다. 국민의 선거에 의해 선출돼 민의를 대변하는 국회가 실적주의에 의해 충원돼 전문성을 가지고 있는 행정부를 견제하고 통제하는 것은 삼권분립의 원칙상 당연한 것이라고 할 수 있다. 이에 행정학에서 전통적으로 제기되는 질문은 "제도로서의 국회가 행정부를 또는 행정부가 국회를 통제할 수 있는 방법은 무엇인가?" 하는 것이었다. 이러한 국회의 행정부 통제 또는 행정부의 국회 통제는 정부(government) 패러다임 시대의 논의였고, 학문적으로나 실제적으로 연구가 진행돼 왔다.

그러나 오늘날 정보화와 민주화 및 효율화 등을 위해 등장한 '거버넌스(governance)' 패러다임에서의 국회와 행정부 관계는 새롭게 정립할 필요가 있다. 국회와 행정부가 기능적으로 단절됐다는 시각은 헌정주의의 규범론이나 법제적 차원에서 옳을지는 몰라도 경험계의 실상을 반영하지는 못한다. 헌법상의 기능적 분립주의는 국회와 행정부를 단절적 관계로 보는 것은 아니다. 삼권분립이 상정하는 견제와 균형은 불간섭에 의한 단절이나 기능적 분업이 아니라 간섭을 통한 경쟁과 협력 및 조정을 전제할 때 성립한다. 아무리 국가가 독립적으로 운영된다고 하더라도, 국회 운영의 결과를 정부에 보내 행정부가 이를 집행할 때 공공 서비스와 정책이 국민에게 제공되는 것이다. 그러므로 국회와 행정부의 운영 과정에서는 견제와 균형을 위해 상호작용하는 것이 요구된다. 특히 한국의 경우 국회와 정부가 법률제안권을 공유하고 있으며, 예산편성권을 정부가 갖는 대신 국회는 승인의결권을 갖고 있어 양자 간의 상호작용은 불가피하다. 한국의 국정관리(governing)에 문제가 있다면, 국회뿐만 아니라 정부, 무엇보다도 양자 사이의 상호작용 관계를 살펴봐야 한다.

1. 국회와 행정부 거버넌스의 의의

오늘날 통치 패러다임은 '정부(government)'에서 '거버넌스(governance)'로 이동하고 있다. 20세기의 정치 · 경제적 은유였던 '큰 정부'가 한계를 초래하는 상황에서 '거버넌스'가 정부를 대신해 통치 시스템을 구조화하고 운영하는 지배적인 은유로 등장했다. 21세기에 학자와 실무가들은 거버넌스를 정부에 대한 변화 압력을 묘사하는 것으로 사용하고 있다. 21세기의 정부 성과를 개선하기 위해서는 19세기의 정부모형과 조화될 것이라는 믿음을 버려야 한다고 한다. 이에 정부는 그들이 직면하는 복잡한 사회문제를 해결하기 위해 정부의 새로운 패러다임을 모색하고 있다.

케틀(Donald F. Kettl)에 의하면, 21세기의 공공행정이론은 거버넌스이론이라고 한다. 거버넌스이론은 정부와 그것의 좀 더 넓은 정치적 · 행정적 · 경제적 · 사회적 환경의 관계에 초점을 두는 것으로 국가와 사회의 분리로부터 공존적 균형으로 통치 체제를 변화시키려는 것이다. 따라서 거버넌스는 급변하는 환경에 따른 정부의 활동 영역과 제도 및 기능 변화에 따라 나타난 새로운 국정관리 체제라고 할 수 있다.

거버넌스의 개념에 대해서는 학자들마다 다양하게 정의를 하고 있는데, 서울대 정치학과 교수 공저인 『정치학의 이해』에서는 거버넌스를 정부 또는 공식기구뿐만 아니라 비정부기구가 참여하는 공공정책의 형성과 집행활동이라고 한다. 이처럼 거버넌스 패러다임 시대의 현대 국가는 다양한 제도 또는 기구들 사이의 복잡한 네트워크로 이뤄져 있으며, 전통적으로 이 네트워크는 중앙정부, 정부의 관공서들과 분야별 대표기관들, 지방정부들 그리고 이익집단이나 NGO 및 기업 등을 포함한다. 이들 기구는 정치나 공공정책 과정에서 다층 거버넌스(multilevel governance)를 형성하게 된다. 다층 거버넌스는 정부의 각층 수준과 정책 영역을 혼합하면 다양한 행위자들 간의 관계가 나타나는데, 이번 연구 대상은 국가(중앙) 수준에서 존재하는 국회와 행정부의 거버넌스다. 국회와 행정부의 거버넌스란 국회와 행정부가 국가 통치에 필요한 다양한 정책 영역에서 견제와 균형의 원칙에 따라 자신들이 가지고 있는 권한을 토대로 상호작용을 하는 것으로 정의할 수 있다.

2. 국회와 행정부 거버넌스의 이론적 토대와 분석 틀: 정책 네트워크와 협력 거버넌스

다층 거버넌스의 국가(중앙) 정부 수준을 구성하는 국회와 행정부는 정치 또는 정책활동을 하는 핵심 행위자들로서, 이들은 밀접한 상호 관계 속에서 활동하게 된다. 그러나 이러한 국회와 행정부의 활동은 '정부 패러다임' 틀 속에서 이뤄질 수도 있지만, 새로운 '거버넌스 패러다임'을 통해 국정관리의 혁신이 필요하다고 본다. 따라서, 국회와 행정부 거버넌스를 분석하기 위한 이론적 토대로는 정책 네트워크와 협력 거버넌스를 들 수 있다.

1) 정책 네트워크

오늘날 정치·행정 환경에서 나타는 주요 특징으로는 세계화와 정보화 및 민주화에 따른 개방 체제로서의 조직 관점 대두, 조직사회의 출현, 정치·경제 시스템의 부문화와 조직화된 사회적·정치적 행위자들의 출현, 국가정책 결정 영역의 증가와 이에 따른 정치적 과잉 부하(political overload), 국가의 분권화, 국가와 사회의 경계 모호 등을 들 수 있다. 이러한 정치·행정 환경 속에서 나타나는 사회문제는 복잡하고 다루기 어려운 고약한 문제(wicked problems)들이다. 이것은 서로 연관돼 있기 때문에 고립된 작은 조각들로 분리해서 다룰 수 없다는 것이다. 이러한 맥락에 기존의 통치 중심의 양대 축이었던 정부와 시장이 제대로 기능을 하지 못해 정부실패와 시장실패 그리고 총체적인 국가실패를 초래했고, 다원주의와 같은 사회중심이론이나 국가론 등의 국가중심이론이 설명력의 한계를 드러내 기존의 통치 체제와 정치행정이론에 대한 대안을 찾아야 했다.

따라서, 정치·행정 문제들이 정부적 그리고 비정부적 활동들에 의해 해결되는 것을 이해하기 위해서는 정치·행정 연구를 정부라는 좁은 초점으로부터 거버넌스라는 넓은 초점으로 확대시켜야 한다. 이러한 거버넌스 관점의 하나가 정책네트워크이론이다. 네트워크이론의 핵심은 시스템, 즉 사회조직과 거버넌스에 대한 분권화된 개념이다. 사회 시스템이란 여러 요소로 구성돼 있고, 이들 간에는 상호 연결 관계를 가지고 있으므로 더 이상 국가 등과 같은 중앙행위자에 의해 배타적으로 통제되는 것이 아니라 통치기구들은 분산돼 있고 지식은 다양한 행위자들 사이에 분포돼 있어 행위자들 간에 정보와 다른 관련 자원들을 교환하는 상호작용을 통해 어떤 결과를 산출한다. 그러므로 네트워크이론은 유기체인 시스템, 즉 국가나 정치 체제의 구체적 모습을 해부해 시스템 구성요소들(actors) 간의 관계(relationships)가 어떠한 모습을 하고 있는가를 기술하고 설명한다. 정치행정학자들은 정책 네트워크의 구성 요소에 대해 <표 5-1>과 같이 다양한 차원(변수)들을 제시하고 있다.

2) 협력 거버넌스

우리 주위에서 발생하는 중요한 사회문제들은 조직 간 영역에 위치해 어떤 단일조직 혼자만으로는 해결할 수 없고, 조직 간에 공동으로 과업을 수행하거나 문제 해결이 요구된다. 이처럼 조직 간 배열과 관련돼 나타난 이론이 협력 거버넌스(collaborative governance)라고 할 수 있다. 협력 거버넌스에 대해 학자들은 다양하게 정의를 하고 있다. 이를테면 헉스햄(C. Huxham)은 어떤 행위자가 다른 조직에 있는 행위자들과의 관계 속에서 과업을 수행하는 거버넌스의 모든 형태나 용어로, 브라이슨(J. M. Bryson), 크로스비(B. C. Crosby), 스톤(M. M. Stone)은 어느 한 부문의 조직에 의해서는 달성할 수 없는 결과를 공동으로 이루기 위해 둘 또는 그 이상의 부문들에 속하는 조직들에 의해 정보와 자원 및 활동 그리고 역량을 연결하거나 공유하는 과정이라고 한다.

〈표 5-1〉 정책 네트워크의 구성 요소

국내외 학자	구성 요소(분석 변수)
Marin & Mayniz(1991)	정책 부문, 정책행위자, 조직 간 관계로서 구조, 집합적 행동, 권력 관계, 전략적 상호작용
Jordan & Scubert(1992)	행위자, 연결, 경계
Waarden(1992)	행위자, 기능 구조, 제도화, 행동규칙, 권력 관계, 행위자전략
Knoki, Pappi, Broadent, & Tsujinaka(1996)	정책 영역, 정책행위자, 정책이익, 권력 관계, 집합적 행동, 정책 결과
배응환(2000)	정책행위자, 정책이익, 권력 관계, 연결 통로(상호작용)
송희준 · 송미원(2002)	행위자, 상호작용, 구조
김경주(2003)	행위자, 상호작용, 관계 구조
김만배 · 김성재(2003)	행위자이익, 상호작용, 관계 구조
김영종(2005)	행위자, 권력 분포, 상호작용
유영아(2006)	상호작용의 빈도, 성격, 경로
김옥일(2008)	행위자, 상호작용, 관계 구조
김순양(2009)	참여자의 수, 주도적 행위자, 정책 이해, 상호작용
진상기(2009)	행위자의 특성, 상호작용, 네트워크 구조
이광재(2010)	정책 참여자(구성원, 참여자의 이해, 권력 관계) 상호작용(상호작용의 특성, 연계 형태)

이러한 협력 거버넌스의 일반적인 특징을 정리하면 다음과 같다.

첫째, 거버넌스는 공공기관에 의해 발의된다.

둘째, 거버넌스에 참여자는 공공기관 외에 비정부 행위자들도 포함될 수 있다.

셋째, 참여자들은 정책 결정에 직접 참여한다.

넷째, 거버넌스는 공식적으로 조직화되고 집합적으로 활동한다.

다섯째, 거버넌스는 동의가 실제로 달성되지 못할지라도 합의에 의한 결정을 하는 것을 목표로 한다.

여섯째, 협력의 초점은 공공정책과 공공관리다. 그것은 복잡한 사회문제를 해결하는 방법이다.

세종특별자치시의 현황과 목적 및 취지[1]

1. 세종시의 추진 경위와 현재 상황

1) 세종시 추진 경위

세종시 문제는 지난 2002년 9월 당시 노무현 민주당 대통령 후보가 청와대를 포함한 중앙정부기관을 충청권으로 이전하는 ‘신행정수도 건설’ 공약을 발표하면서 시작됐다. 세종시 건설을 둘러싼 지루한 논란의 신호탄이었다. 노무현 대통령 당선 이후 「신행정수도건설특별법」이 마련됐고, 이후 헌법소원 등을 거쳐 여야 협상 끝에 ‘12부 4처 2청’을 충남 연기, 공주로 이전하는 「행정중심복합도시건설특별법」이 지난 2005년 3월 2일 국회를 통과했다. 탄력을 받는 듯했던 세종시 건설은 2007년 12월 행정부처 이전을 정면으로 반대하던 한나라당 이명박 후보의 대통령 당선으로 다시 한번 운명의 갈림길에 서게 된다.

〈표 5-2〉 세종시 정책 정부 · 시기별 주요 추진 과정

정부별	시기별	일자	주요 추진 내용
	창출기 (2002.9.30. ~ 2004.11.17)	2002.9.30	노무현 대통령 후보 출범식 연설에서 행정수도 이전 공약 발표
노무현 정부		2002.12.19	노무현 대통령 후보 당선
		2013.4.14	신행정수도 건설추진기획단 및 지원단 발족
		2003.4.17	신행정수도건설추진단 등의 구성 및 운영에 관한 규정 제정(제17967호)
		2003.12.29	신행정수도 특별조치법(안) 국회 본회의 의결
		2004.1.16	신행정수도의 건설을 위한 특별조치법 제정(제7062호)
		2004.10.21	제1차 헌법재판소 위헌 결정(2004헌마554 · 566)
	추진기	2004.11.18	신행정수도의 건설을 위한 특별조치법 위헌 결정에 따른 후속 대책위원회 출범
		2005.2.23	중앙행정기관 이전 범위 확정(12부 4처 2청)
		2005.3.2	행정중심복합도시 건설특별법 국회 통과
		2005.3.18	신행정수도 후속 대책을 위한 연기 · 공주지역 행정중심복합도시 건설을 위한 특별법 제정(제7391호)

1) 이 부분은 육동일의 논문(2010: 2－11)을 인용함.

	(2004.11.18. ~ 2009.9.20)	2005.6.15	제2차 행정수도 특별법 헌법소원 제출
		2005.11.24	제2차 헌법재판소 합헌 결정(2005헌마579 · 763)
		2006.1.1	행정중심복합도시건설청 개청
		2006.7.31	행정중심복합도시 건설기본계획 수립
		2006.12.21	행정도시 명칭 '세종시'로 확정
		2007.3.27	행정도시특별법 시행령 개정안 공포
		2007.7.20	행정중심복합도시 기공식 개최
이명박 정부		2007.12.19	이명박 대통령 후보 당선
	변동기 (2009.9.21. ~ 2010.3.22)	2009.9.21	정운찬 총리 후보자 국회 인사청문회 "세종시는 자족시가 되는 게 중요하다고" 발표
		2009.11.16	세종시 민관합동위원회 구성 · 운영
		2009.11.27	이명박 대통령과의 대화(방송 3사) 세종시 건설계획의 문제점과 대안 검토 방향 등 제시
		2010.1.11	교육 · 과학 중심의 경제도시로 변경하는 수정안 발표
		2010.1.27	정부, '세종시 수정안' 입법예고
		2010.2.16	'세종시 수정안' 공청회
		2010.3.16	'세종시 수정안' 국무회의 의결
	확정기 (2010.3.23. ~ 2012.7.1)	2010.3.23	신행정수도 후속 대책을 위한 연기 · 공주지역 행정중심복합도시 건설을 위한 특별법 전부개정법률안 국회 제출
		2010.6.22	신행정수도 후속 대책을 위한 연기 · 공주지역 행정중심복합도시 건설을 위한 특별법 전부개정법률안 국회 국토해양위원회 부결
		2010.6.29	본회의 부결
		2010.12.27	세종시특별자치시 설치 등에 관한 특별법 제정(제10419호)
		2012.7.1	세종시특별자치시 출범
	이행기 (2012.7.2. ~ 2016.12.9)	2012.9.15	국무총리실 세종청사 입주
박근혜 정부		2012.10.18	「세종특별자치시 설치 등에 관한 특별법 개정안」 국회 발의
		2013.2.20	세종시청사 착공
		2013.8.13	신행정수도 후속 대책을 위한 연기 · 공주지역 행정중심복합도시 건설을 위한 특별법

자료: 박용성 · 최성구 · 한승철(2012: 35-36), 육동일(2010: 2-11)에서 일부 수정 및 보완함.

세종시 수정론이 수면 위로 떠오른 것은 당시 정운찬 국무총리 후보자가 개각 발표 직후 "세종시는 경제학자인 내 눈으로 볼 때 효율적인 모습은 아니다"며 수정론에 불을 지피면서다. 정 총리는 이후 국회 인사청문회에서도 세종시 수정 방침을 거듭 밝히면서 세종시 문제는 또다시 정국의 핵으로 급부상한다. 충청권에 기반을 둔 자유선진당을 비롯한 야당은 거세게 반발한다. 여기에 수정 반대론자인 박근혜 전 한나라당 대표는 세종시 수정문제를 당 존립의 문제로 규정하면서 이른바 '원안 플러스 알파'를 요구한다. 여야 간, 여권 내 친이(친이명박)・친박(친박근혜) 간 공방은 가속화된다. 이명박 대통령은 2009년 11월 27일 '국민과의 대화'를 통해 대국민 사과를 하면서 세종시 수정안의 역사적 당위성을 역설하고 청사진을 제시한다. 정부는 세종시 민관합동위를 발족시키는 등 수정안 마련에 한층 속도를 내고, 정 총리는 충청 지역을 10여 차례 방문, 직접 충청민들의 이해와 협조를 구한다. 세종시 성격을 행정도시에서 '교육・과학 중심 경제도시'로 변경하고 삼성, 한화, 롯데, 웅진 등을 유치하는 내용으로 하는 세종시 수정 관련 5개 법안을 국회에 제출한다.

하지만, 지방선거에서 여권이 참패하자 야당은 물론 '여당 내 야당'인 친박측도 수정안 폐기를 요구하고 나선다. 이 대통령은 생방송 연설을 통해 "이제는 국회에서 결정해 줄 것을 요청한다. 정부는 국회가 표결로 내린 결정을 존중할 것"이라며 '공'을 국회로 넘긴다. 한나라당과 민주당은 우여곡절 끝에 수정안을 본회의 상정 및 표결을 통해 부결시킨다. 이어서 정부는 세종시 정부청사 공사를 본격 추진해서 당초 계획대로 2012년 이전을 시작해 2014년까지 모두 완료할 계획이라고 발표한다.

2) 세종특별자치시의 목적과 지위

세종특별자치시의 정책 목표는 국가 균형 발전을 선도하고 지속 가능한 모범도시를 건설하는 것으로, 구체적으로는 두 가지 목표로 구분할 수 있다. 하나는 국가 균형 발전 차원으로 국가 균형 발전의 구심점이 되도록 복합형 행정자족도시를 만드는 것이다. 다른 하나는 세계적 모범도시 차원으로 살기 좋은 인간중심도시, 쾌적한 친환경도시, 품격 높은 문화정보도시를 건설하는 것이다.

행정중심복합도시는 수도권의 과도한 집중에 따른 부작용을 시정하고 국가 균형 발전 및 국가경쟁력 강화에 이바지하는 것을 목적으로 하는 도시로 중앙 행정기관 및 소속기관이 이전함으로써 행정 기능이 중심이 되는 복합도시로서 세종특별자치시의 일원에 건설되고 있는 도시를 말한다. 이처럼 세종특별자치시에는 행정중심복합도시가 입지하므로 그것의 지위는 행정중심도시로서의 지위와 특별자치시로서의 지위를 동시에 가지게 된다.

첫째, 세종특별자치시는 행정중심도시의 지위를 가진다. 행정중심복합도시건설특별법 제6조에서는 세종시를 중앙행정기관 등을 이전해 행정 기능이 중심이 되는 복합도시로 규정하고 있다. 6개 부처를 제외한 모든 중앙행정기관은 세종시로 이전토록 하고 있다. 따라서 세종특별자치시는 행정중심복합도시로서의 발전을 지속해 나가야 한다. 둘째, 세종특별자치시는 특별자치시의 지위를 가진다. 행정중심복합도시건설특별법 제1조(목적)에서 "이 법은 국가경쟁력의 강화에 이바지함을 목적으로 한다"고 규정하고 있다. 세종특별자치시를 설치하는 것은 특별자치시로의 위상을 정립과 동시에 지방분권 확산의 전진기지로서의 역할을 요구하는 것이다. 세종특별자치시의 설치는 「세종특별자치시 설치 등에 관한 특별법」에 법적 근거를 두고 있다. 동법에 의하면 세종특별자치시는 정부의 직할로 설치되며, 관할구역에는 별도의 시군구를 두지 않는 단층제 형식이다. 즉, 세종시 본청과 읍면동으로 구성되는 행정 체제를 가지게 된다. 따라서 세종특별자치시는 모범적인 자치도시로서의 발전을 도모해야 한다.

3) 세종특별자치시의 중앙행정기관 현황

위의 세종특별자치시의 목적과 지위에서 설명한 바와 같이, 세종특별자치시는 행정중심복합도시로 발전시키기 위해 행정중심복합도시건설특별법 제16조에서 중앙행정기관 등의 이전계획을 구체적으로 명시하고 있다. 행정중심복합도시건설특별법 제16조의 규정에 따라 세종시로 이전할 정부부처는 총 36개이며, 이 중 중앙행정기관이 16개, 그 소속기관이 20개다. 이들 기관의 소속 공무원은 총 10,452명에 이른다.

정부부처 이전에 따른 국회와 행정부의 업무 비효율성과 협력 부재 실태

1. 환경 차원: 지리적 분산과 지방분권

균형 발전과 지방분권을 우리나라에 적용하면, 공간적으로 두 가지의 중대한 불균형이 존재하는데, 하나는 과도한 중앙집권에 따른 중앙과 지방 간의 수직적 권력 불균형(정치적 불균형)과 집중 개발에 따른 지역 간의 수평적 불균형(경제적 불균형)이다. 문제는 두 가지 불균형이 지방자치와 지역 균형 발전에 중대한 장애 요인으로 작용한다. 따라서 이의 해소를 위한 노력이 필요하다. 이는 지방분권과 균형 발전의 문제로 등장했다. 노무현 정부에서는 분권과 균형 발전을 주요한 정책 과제로 제시하고 균형 없는 집권－집중모델에서 성장과 균형이 병행하는 새로운 분권－분산모델로의 전환을 모색했는데, 이의 실현을 위한 여러 정책적 방안 중의 하나가 지방분권특별법과 국가균형발전특별법 및 신행정수도의 건설을 위한 특별조치법을 만들어서 추진한 세종시로의 행정수도 이전이었다.

거버넌스의 공간적 차원의 균형성 문제에 직접적으로 연관되는 세종특별자치시의 건설과 공공기관의 혁신도시로 이전정책은 국토공간 전체에서 경제사회적 가치를 인위적으로 분산시켜 지역 균형 발전과 지방분권을 시키려는 노력의 일환이었다. 그러나 처음에 의도했던 세종시는 완전한 집적효율성을 추구해 서울의 정치・행정적 기관을 모두 이전하는 것이었다. 그러나 이러한 시도는 국민적 공감대를 얻지 못한 결과 헌법재판소의 부분 위헌 판결로 다시 결정이 이뤄지게 돼 반쪽짜리 행정수도가 되는 형국이 됐다. 따라서 세종시에서 국회와 행정부 간 지리적 분산으로 인해 당분간은 양 기관 간 협력이 불가능한 측면이 존재하는 바 업무 비효율성을 최소화하기 위한 단・중・장기적 대응 방안 모색은 세종시의 성공적인 정착을 위해서 필수적이다.

이처럼 세종시로의 행정기관 이전은 부분 집적에 불과해 국정관리의 효율성이 저하될 것이라는 것이 여러 전문연구기관이나 학자들에 의해 공통적으로 지적돼 왔다. 전영평에 의하면, 거버넌스적 관점에서 제시될 수 있는 행정기관의 환경으로는 청와대, 정당, 국회, 다른 행정기관, 고객(정책 수요자), NGO, 언론, 외국 기관(정부나 기업 등)을 제시하고, 국정관리의 효율성은 당연히 특정행정부처를 중심으로 8개 환경 요소와의 유기적이고 효율적인 협력이 가능한가의 차원에서 검토할 필요가 있다고 하면서, 대다수의 행정기관이 세종시로 이전할 경우 행정기관들을 둘러싼 다양한 환경적 요소들이 큰 불편을 겪게 될 수 있다고 가설화한다.

[그림 5-1] 행정중심도시를 둘러싼 과업환경

한국행정학회·한국행정연구원에 의하면, 지리적 분산 측면에서 세종특별자치시와 서울특별시 사이의 거리는 120km로 약 2시간이 소요될 것으로 보고, 행정 비효율의 유형을 협의의 행정 비효율과 광의의 행정 비효율 및 통일 후 재이전비용 등으로 구분해서 비용을 산정해 세종시로의 행정기관 이전이 막대한 업무 비효율을 초래할 것이라고 주장한 바 있다.

〈표 5-3〉 중앙행정기관 분산 이전에 따른 행정 비효율 현황

행정 비효율의 범주	내용	비용 추계
협의의 행정 비효율	공무원 출장비용	230억 원
	서울사무소 설치비용	86억 원
	행정수요자 방문비용	992억 원
광의의 행정 비효율	정책품질 저하비용	3.65조 원
	성장잠재력 저하비용	1.03억 원
통일 후 재이전비용		8~17조 원
행정 비효율 총계		약 12~21조 원

자료: 한국행정연구원・한국행정학회(2009: 18-29).

이상의 분석과 같이 세종시로의 행정기관 이전에 따른 비효율성의 주장은 여러 가지 문제점이 있음을 알 수 있고, 세종시로의 행정기관 이전문제를 새로운 시각과 이념적 틀에서 보는 것이 필요하다고 본다.

첫째, 효율성이라는 큰 틀에서 봐야 한다. 기존의 업무 비효율성을 강조하는 연구들은 너무 단기적이고 기계적인 경제성과 능률성(성과는 주어진 것으로 보고 비용만 생각)을 강조해 부분집적으로 인한 거리비용의 막대함을 주장하고 있다. 효율성을 경제성 외에 능률성과 효과성을 포함하는 개념으로 본다면, 행정기관 이전문제는 비용 외에 그것이 미치는 효과까지도 고려해야 하는 중장기적 차원의 논의가 필요하다. 그러나 세종시에 행정기관만 내려와 있고 청와대와 국회가 서울에 있는 상태에서 거리비용은 존재하는 것이므로 단기적인 비효율성에 대한 해결 방안과 중장기적 차원의 효율성 증진 방안을 모색해야 하는 과제를 안고 있다.

둘째, 민주성과 균형성을 고려하는 사고가 필요하다. 너무 단기적인 경제성 차원에서의 업무 비효율성 주장은 민주성과 균형성을 소홀히 할 수 있다. 세종시로의 행정기관 이전이 비효율성을 가져온다는 주장들은 독일 사례를 인용해 거리비용이 막대하다고 한다. 그러나 지리적 분산으로 인한 비효율성이 일부 있더라도 민주성과 균형성이라는 가치를 충족시키기 위해서는 행정기관의 세종특별자치시로의 이전은 타당하다고 본다. 민주성과 균형성(균형 발전과 지방분

권)을 무시하는 효율성, 특히 비용의 경제성 차원의 논의는 잘못된 것이다. 궁극적으로 세종시특별자치시의 문제는 효율성과 민주성 및 균형성이라는 세 개의 일치된 영역을 보고 이에 수렴하는 정책 대안을 모색하는 것이 요구된다.

2. 제도 차원: 국회와 행정부의 정책 네트워크

1) 국회와 행정부의 제도 구성

우리 헌법은 권력 분립의 원칙을 토대로 국가 제도를 구성하고 있는데, 국가 권력을 입법·행정·사법의 세 가지 기능으로 나눠 이들 각 기능을 독립된 국가기관인 국회와 행정부 및 사법부에 맡겨 견제와 균형의 원리에 의해 활동하게 하고 있다. 특히 제도로서의 국회와 행정부는 국정관리의 핵심에 있는 행위자들로서 정치나 정책 과정의 중심에서 활동하고 있다.

2) 제도 구성상의 비효율성

위에서 살펴본 바와 같이, 국회와 행정부는 삼권분립의 원칙에 의해 제도적 분리가 돼 있고 상호 연계 속에서 활동하게 하는 제도적 연결을 하고 있지만, 제도 구성에서 나타나는 문제점을 보면 다음과 같다.

첫 번째 문제는 정부의 제도 구성과 그 운영에서 나타나고 있다. 현행 우리 헌법 구조 하에서 실행되는 국정관리 시스템은 청와대 중심의 집권형 체제로 볼 수 있다. 우리 헌법 구조는 대통령제를 기본으로 하나 내각제적 요소 또한 가지고 있다. 대통령제는 국정 운영에서 대통령을 국정의 중심에 두고 있기 때문에 총리의 역할은 대통령을 보좌하는 것으로 한정할 수밖에 없다. 제도적으로 양자의 관계는 상호 보완적이기보다는 상하 종속 관계로 봐야 한다. 이처럼 대통령제 하에서는 대통령 중심의 국정 운영이 그 제도의 속성상 필연적인 것으로 보인다. 지금까지 제도상으로는 하나의 주요 국가정책의 공식적인 심의기관으로 국무회의가 있었지만 행정의 운영이나 관행상 청와대에 의해 주요 정책이 결정됐다. 이러한 상황에서 주요 정책은 청와대 수석비서관들을 중심으로 정책독점이 이뤄지고, 이 과정에서 제도상 공식적인 내각인 국무총리와 국무회의는 유명무실해지는 결과를 낳았다.

두 번째 문제는 정부조직 구성이 변화함에 따라 국회조직도 변화를 해 왔다는 점이다. 요컨대, 정권 변화에 따른 정부조직의 빈번한 개편으로 이에 대응하는 국회의 상임위원회의 변화가 이뤄져 왔다는 점이다. 1공화국 이래 박근혜 정부까지 행정부의 제도 구성은 환경 변화에 따라 크게 증가해 왔다. 이는 행정부가 수행하는 정책과 예산이 크게 증가해 왔음을 의미한다. 행정부의 구성 변화에 따라 의회 상임위원회의 구성도 변화를 해 왔다. 상임위원회의 수와 과업은 증가해 왔다고 볼 수 있다. 이처럼 행정부와 의회의 빈번한 제도 개편은 양자 간의 유기적이고 일관성있는 제도적 연결을 저해할 수 있으며, 궁극적으로는 제도 운영의 문제를 야기할 수도 있다. 세 번째 문제는 국회와 행정부의 정책 네트워크에서 정책 영역별 행정부와 국회의 업무 관장이 어긋나는 점이다. 이러한 원인은 행정부의 부처는 많은데, 이를 견제하는 국회의 상임위원회는 적기 때문이다. 네 번째 문제는 국회를 구성하는 제도가 단일 지역에 집적돼 있는데 비해, 행정부는 여러 지역에 제도가 분산돼 있다는 점이다. 예컨대, 청와대는 서울에 있고, 행정부처는 서울시와 세종시 및 대전시 등 세 곳에 분산돼 있다.

여기서 지리적 분산을 통한 행정부 구성의 비효율성은 국회와 행정부 간의 제도적 연계의 비효율성을 가져올 수 있다는 문제가 있다. 이러한 문제는 주로 제도 운영 과정과 연관되는 것으로, 청와대와 행정부처 간의 여러 가지 회의나 행정부와 국회 간의 협의(당정협의회나 상호 접촉 등) 등에서 나타날 수 있다. 따라서 국회와 행정부 간의 제도적 연계의 비효율성을 해결하는 방안을 모색하는 것이 요구된다.

3. 과정 차원: 국회와 행정부의 상호작용

1) 국회와 행정부의 상호작용

행정부와 국회의 정책 네트워크는 양자 간의 정책을 매개로 권한상의 상호작용을 통해 작동하게 된다. 헌법에서 보장된 행정부와 국회 사이에 상호작용이 이뤄지는 권한으로는 입법권과 재정권(정책과 예산권) 및 통제권(국정감사와 조사권) 등을 들 수 있다. 첫째, 입법권은 행정부와 국회가 제안한 법률을 국회가 심의·의결하는 것을 말한다. 둘째, 예산심의권은 행정부가 제출한 예산안(정책)을 국회가 심의·의결하는 것을 의미한다, 셋째, 국정감사조사권은 국회가 국정 통합을 이룩하고 입법, 예산 심의, 행정감독 등 국회에 속하는 권능을 유효하게 행사하기 위해 국정에 관한 일반적인 사항을 감사하거나 필요한 사항을 조사할 수 있는 권한을 말한다. 여기서 국정이란 국회 고유의 권한인 입법작용을 포함해서 행정과 사법 전반에 걸친 국가작용을 말한다. 국회는 국정감사와 조사를 통해 국정 운영의 실태를 정확히 파악하고 입법과 예산 심의를 위한 자료를 수집하며, 국정의 잘못된 부분을 적발·시정함으로써 입법과 예산 심의 및 국정 통제의 효율적인 기능을 수행하게 된다.

2) 운영상의 비효율성

함성득 등이 연구과제로 제시한 바와 같이, 국회 운영상의 효율성을 측정하기 위해서는 행정부와 국회의 권한상의 상호작용에서 효율성 개념을 토대로 국회의 의정활동을 분석하는 것이 요구된다. 국회와 행정부의 권한에 대해 개별적으로 여러 연구가 축적돼 왔다. 기존의 선행 연구들은 국회와 행정부의 권한 행사 활동을 파악하기 위해 각각의 국정활동의 결과물을 중심으로 분석했다. 이를테면 입법권은 법률안의 발의 수와 가결 수로, 예산권의 경우 예산안의 증액 및 삭감 비율, 심사 일수, 정책 질의 수를 그리고 국정감사와 조사권의 경우 처리 건수, 자료 요구 수, 감사와 조사기간을 기준으로 했다. 이들 선행 연구의 분석상의 문제점은 결과만을 검증하는 효과성 평가에 치중하고 있고, 진정한 의미의 효율성 평가를 하고 있지 못하다는 점이다. 왜냐하면 투입된 비용 대비 결과(성과)를 분석하지 않았기 때문이다. 이에 함성득, 임동욱과 오승용은 효율성(생산성) 개념을 '투입된 비용과 산출된 산출물(결과물)의 비율'이라는 능률성에 가까운 개념으로 파악하고, 국회의 효율성 평가를 비용편익분석을 적용해 평가 범주로 법안심사, 예산심사, 국정감사의 세 가지로 나눠, 이러한 세 가지 범주의 산출물을 국회의원에게 투입된 비용(범주별 가중치 적용)으로 나눈 결과를 통해서 한다.

그리고 이들은 국회의 효율성 측정의 변수 및 측정지표를 다음과 같이 제시하고 있다. 입법권의 비효율성을 초래하는 요인으로는 크게 행정부 요인과 국회 요인으로 나눌 수 있는데, 행정부 요인보다는 국회 요인이 압도적으로 많이 지적되고 있다. 그리고 국회 차원의 요인으로는 제도적 요인과 기능적(운영적) 요인으로 나눌 수 있는데, 제도적 요인보다는 운영적 요인이 커다란 문제점으로 나타나고 있다. 첫째, 입법권의 비효율성을 가져오는 제도적 요인으로는 의회 통제를 위한 인프라 미비(법제전문인력 및 입법지원기구의 취약), 상임위의 행정입법 집중제도 문제, 입법평가제도의 부재, 제한된 공청회와 청문회 등을 들 수 있다. 둘째, 운영적 요인으로는 법률과 예산 간의 괴리, 국가재정 건전성을 고려하지 못한 법률, 의원입법의 양적 증가(유사 법안, 인기 영합적 법안 등), 의원입법의 낮은 가결률, 의원의 이해관계(개별적 특수성과 특정 이익 대변), 상임위원회 간 중복 · 충돌 입법, 의원의 전문성 부족, 자율성 부족(행정부 의존), 정보 부족 등이 지적되고 있다.

4. 문화 차원: 국회와 행정부의 문화

1) 국회와 행정부의 문화적 특성

과거부터 우리나라의 정치 · 행정문화의 특징으로 지적돼 온 것은 권위주의 문화다. 국내 학자들의 권위주의에 대한 개념 정의를 보면, 김광웅은 복종이 마땅하고 옳다는 신념 위에 정당화된 권력의 행사를 믿는 것으로, 백완기는 다른 사람의 상이한 의견에 대해서 관용적인 태도를 취하지 않고 다른 사람을 늘 지배하려고 하며 후배나 연하자가 늘 자기에게 복종적인 태도를 취하는 것을 좋아하는 복합적인 성향으로 정의한다.

이러한 권위주의 개념에서 나타나는 공통 속성은 다음과 같다. 첫째 인간관계를 강자와 약자, 상위자와 하위자 간 계층 관계로 파악한다. 둘째, 지배와 굴종의 내면화와 무비판성에 기초해 상위자에 대한 무조건적인 굴종을 요구한다. 셋째, 인습과 절차에 대한 집착성을 기초로 한다. 넷째, 경직성과 파괴성을 기초로 한다. 다섯째, 불신과 냉소성에 기초한다. 이러한 정치나 행정의 조직문화가 그 조직의 효율성에 영향을 준다는 것은 여러 학자가 동의하고 있다. 특히 권위주의 문화는 공무원의 행태와 조직의 성과를 좌우하는 중요한 요인이 되며, 정부혁신의 바탕이 된다.

2) 문화상의 비효율성

권위주의 문화는 다음과 같은 역기능을 가지는 것으로 인식되고 있다.

첫째, 책임성의 부재다. 권위주의가 만연된 사회에서 일반 국민들은 행정의 위법성과 부당성에 대해 책임을 물을 생각을 하지도 않고 공무원의 입장에서도 자기의 행위에 대해 책임을 질 생각을 하지 않는다.

둘째, 의결 일치의 허구성이다. 의견의 통일과 일치는 자유로운 토론 속에서 도출된 결과라기보다는 상급자의 견해에 하급자가 반대하지 않은 행태에 기인한 측면이 많다.

셋째, 정책 결정의 집권화다. 권위주의 사회에서 권력의 집중은 너무나도 당연한 현상으로 결정 과정상의 상향성은 존재하지 않는다. 형식적으로 상향 과정을 밟는 것 같지만 그러한 과정은 형식적일 뿐이다. 그리고 정책 결정은 고위층의 정책철학이나 세계관에 의해 강하게 영향을 받게 된다. 이러한 경우 정책은 즉흥적이고 폐쇄적이며 중앙집권적인 결정의 산물이 된다.

넷째, 위임의 거부다. 윗사람들은 아랫사람들에게 권한을 위임하는 것을 싫어한다. 또한 아랫사람들도 권한을 위임받는 것을 두려워하거나 꺼리는 경향이 있다. 이것은 바로 책임을 회피하려는 속성에 기인한다.

다섯째, 정책 결정이나 문제 해결에서 점진적 접근 방식의 거부다. 권위주의적 속성을 가진 조직 혹은 사람들은 극단적 결정 혹은 흑백 논리에 의해 결정하려고 한다. 이들은 양 극단을 이어 주는 연속선상에 무수한 단계와 정도의 차이가 존재하고 있다는 것을 인정하려고 하지 않는다. 이러한 양 극단적 태도는 독단적 판단에 빠질 위험성이 있다.

이러한 권위주의 행정문화의 역기능은 실제적으로 중앙행정부처에 근무하는 360명의 공무원을 대상으로 권위주의 문화 분석을 한 결과에서 나타나고 있다(<표 5−4> 참조). 이는 권위주의적 행정문화가 행정의 비효율성을 야기하는 주 요인임을 암시하는 것이다.

〈표 5−4〉 각 부처의 권위주의 조직문화 실태

정부 부처	권위주의 조직문화 내용
기획 예산처	• 공직의 폐쇄성 • 서열화된 계층구조로 정보 독점 • 정책 결정이 직권적, 정치적으로 결정 • 규제 위주의 권력적 행정 유지
금융감독 위원회	• 공직사회에 대한 고압적 행태
재정 경제부	• 정책 결정 과정에 일반 국민 소외
교육 인적 자원부	• 유교주의적 상명하복의 엄격한 계층제적 행정문화 관행의 잔존 • 관존민비의 특권 의식 잔존
국방부	• 지배 복종의 상하 관계 잔존 • 권한 집중 • 하향적 정책 결정
행정 자치부	• 지시 위주의 일방적 의사전달 • 보수적 통제 위주의 조직관리 (자기 변화의 억제) • 조직구성원의 변화에 대한 저항 • 폐쇄적 행정문화 • 비합리적 의식
농림부	• 계급 중심의 업무 분장 • 하향식 의사전달 체계(행정의 효율성 저하)
정보 통신부	• 상의하달 위주의 행정문화 • 적극적이 비판과 토론의 미비 • 전례답습적 행정 운영 • 통제 위주의 행정 운영
여성부	• 일방적 지시문화 • 창의적 아이디어의 부재 • 낮은 고객만족도 • 원활한 의사소통의 부재
병무청	• 정부 내 권위주의문화가 행정 혁신의 장애
문화 관광부	• 수직적 계층문화
환경부	• 권위적 · 비능률적 행정문화
중소 기업청	• 대민 관계에서의 불친절

자료: 박광국(2004: 154−155).

국회와 행정부의 업무 효율성 증진 및 협력 강화 방안

정부부처 이전에 따른 국회와 행정부의 업무 비효율성과 협력 부재 실태분석을 토대로 향후 개선 방안을 제시하면 다음과 같다.

1. 국정관리의 근본적 전환

1) 국정관리의 이념적 변화 : 효율성과 민주성 및 균형성의 조화

세종특별시로 대부분의 중앙행정기관이 이전하는 상황에서 국정관리의 이념은 효율성과 같은 특정한 가치에 치중하는 것이 아니라 효율성 외에 민주성과 균형성을 조화시키는 방향으로의 변화가 요구된다.

① 세종시와 국정 효율성

중앙부처가 행정중심복합도시로 일부 분산 배치될 경우 청와대, 잔류 중앙부처, 국회와의 관계에서 다소의 행정 비효율이 발생한다고 수정론자들은 문제를 제기한 바 있다. 그러나 이러한 비효율은 헌법재판소의 판결문에서 이미 적시했듯이 첨단정보 체계와 고속교통 체계의 발전에 따라 상당 부분 해소될 수 있다. 그럼에도 불구하고 비효율의 문제가 남는다면 정부의 종래 정부 운영 관행을 혁신하고, 대(對)국회 운영 방식을 개선함으로써 문제점도 해결하고 동시에 선진적 정부 운영 체제를 구축하는 기회로 활용할 수 있을 것이다. 실제로 우리나라와 같이 정부부처가 분산 배치돼 있는 독일의 경우 베를린과 본 사이에 우리나라보다 5배나 긴 600km의 공간적 거리로 우리와는 직접 비교가 안 된다. 실용성과 효율성을 중시하는 독일이 정부부처를 일시적으로 나눈 것은 통일 후의 불균형 문제를 시정하고자 하는 의지의 표현이고 효율성보다 균형성을 좀 더 상위의 가치로 봤기 때문이다. 따라서 국토의 불균형성이 심각한 우리의 경우 행정 비효율의 문제가 다소 나타나더라도 세종시의 건설로 인한 국가 균형 발전 효과에 비하면 감당해야 할 입장이다.

오히려 세종시 건설을 통해 낡은 행정 체계를 쇄신해 행정의 효율성을 제고

하는 기회로 삼아야 하겠다. 국정감사 기간이나 국회의 대정부 질문 시에 행정 관료들이 국회에 상주하다시피 하는 관행은 이제 바꿔야 한다. 또한 미래 행정에 대비해서 전자통신을 통한 업무 처리가 급속도로 진전됨에 따라 행정 업무 처리에 혁신이 일어나고 있고, 이러한 변혁은 앞으로 더욱 가속화될 것인 바 중앙부처를 세종시로 이전하면서 중앙행정 업무에 최첨단 정보기술의 접목을 이뤄야 한다. 그렇게 함으로써 행정중심복합도시에서 중앙부처 업무가 시작되면서부터는 우리나라 행정 시스템에 일대 변혁이 일어날 것으로 기대한다.

가. 세종시는 효율적인 행정을 위한 정책

세종시는 성공한 제2의 대전 정부청사 모델이 될 것이다. 1990년 노태우 정권 시절에 대전으로 정부기관 이전을 할 때에도 행정 비효율의 문제가 제기됐으나, 수도권의 인구 분산과 국토 균형 발전 차원에서 이전을 확정해 김영삼 정부 시절 완공된 바 있으며, 현재 성공적으로 운영 중이다. 그리고 정보통신의 고도화에 따라 비효율 문제를 해결할 수 있다고 본다. 2005년 11월 23일 헌법재판소는 행정중심복합도시건설특별법 위헌 확인 소송에 대해 각하 결정을 내리며, 첨단 정보기술을 이용해 행정 비효율 문제를 해결할 수 있음을 판결문에 명백하게 적시했다. “최근 정보통신기술의 급속한 발전으로 인해 화상회의와 전자결재 등 첨단의 정보기술을 활용하면, 장소적으로 서로 떨어져 있는 불편을 충분히 극복할 수 있으므로, 행정중심복합도시에 상당수의 중앙행정기관이 위치해 있다는 점만으로 대통령의 정책 결정 권한에 영향을 미칠 수 없다”고 판시한 것이다.

또한, 행정적 비효율 문제는 이미 정부계획에서 검토해 방안을 마련한 바 있다. 대통령–총리의 분권적 국정 운영, 전자 업무 · 화상회의 도입, 국가정보공유 시스템과 행정정보 공유 데이터베이스 구축, 테마 국정감사, 예비조사제, 국회 출석 공무원의 최소화, NGO단지 마련, 민원처리 인터넷공개제도, 정부종합콜센터 운영 등으로 충분히 극복 가능하다며 보완 방안을 마련한 바 있다. 지금부터는 그 실천이다.

나. 중앙정부기관 분산 배치의 사례

정부 및 공공기관의 분산 배치는 국토 균형발전정책 차원에서 해외 사례에서도 폭넓게 추진돼 왔고, 최근까지도 추진되고 있다. 해외 여러 나라의 경우에도 국토 균형 발전을 위해 정부 기능의 분산 배치를 추진해 왔다. 대표적으로 독일, 남아프리카공화국, 말레이시아가 행정부처를 분산 배치하고 있거나 행정・입법・사법 기능을 공간적으로 분리해 운영하고 있다. 이 밖에 칠레, 스위스 등도 행정과 입법 또는 사법 기능이 분산 배치돼 있다.

다. 국정관리 시스템의 획기적 전환이 행정의 효율성을 제고

세종시 건설로 인한 중앙행정기관의 지리적 분리는 어떤 의미에서든 행정의 비효율성을 수반할 수밖에 없다. 국정 운영에서 지리적 분리가 효율성에 미치는 영향은 의사소통의 문제로 귀결되며, 이는 크게 행정 내부, 중앙과 지방의 의사소통, 행정부와 입법부의 의사소통 등으로 구분될 수 있다.

첫째, 행정 내부의 의사소통 문제는 극복될 수 있다. 국정관리라는 큰 틀에서 대통령과 총리는 적절한 업무 분장을 시도할 수 있으며, 이는 이미 분권적 국정 운영이라는 형태로 나타나고 있다. 분권적 국정 운영은 총리가 대통령의 부담을 덜고 적절한 수준의 자율적 국정관리를 하도록 함으로써, 대통령이 좀 더 중요한 국정에 더 큰 에너지와 시간을 활용하도록 하는 것이다. 따라서 분권적 국정 운영은 사실상 선택과 집중의 원리를 국정에 적용하는 것이다.

정부부처 간 조정과 소통의 문제는 지리적이고 물리적인 거리에서 오는 문제만은 아니다. 하나의 건물 안에 있는 부처라고 해서 조정과 협력이 원활하고, 서울과 대전 혹은 과천으로 분리돼 있다고 해서 조정과 협력이 원활하지 못하다고 예단하기 어렵다. 이 문제 역시 협력 조정의 제도, 문화와 행태, 시각과 마인드의 문제와 밀접히 관련돼 있기 때문에 이에 대한 개선책을 아울러 마련하면 될 것이다.

둘째, 디지털 시대 정보 공유 네트워크가 형성되면 세종시 내 행정부처와 입법부와의 의사소통도 효율적으로 이뤄질 수 있다. 다음은 행정부와 입법부

간의 의사소통 문제다. 현실적인 차원에서 세종시로의 정부기관 이전이 국정관리 시스템에서 미칠 가장 큰 영향은 입법부와의 관계에서 발생할 가능성이 있다. 입법부는 행정부에 대한 견제와 감시를 주된 존재 이유로 하는 조직이기 때문이다. 국정관리라는 좀 더 큰 시각에서 본다면, 새로운 관행과 문화 정립, 그리고 정보통신기술 활용이 증대될 경우, 국회와 행정부의 관계는 좀 더 일상적이고 체계화된 정보 공유가 가능하게 됨으로써 행정부와 국회 간 물리적 거리의 부담을 크게 덜게 될 것이다. 그리고 국회와 행정부 간의 일상화된 정보 공유는 IT 기반의 정보 시스템 구축 과정에서 충분히 구현될 것이다. 국정감사 등과 같이 직접적인 대면 접촉을 필요로 하는 경우에도, 세종시에 위치한 정부기관들을 대상으로 한 별도의 일정을 만들어 국회가 현지에서 감사를 수행하면 비효율은 크게 줄어들 수 있다.

셋째, 세종시 건설은 중앙부처를 집단적으로 국토 중심부로 이전함으로써 지방분권 시대 중앙과 지방 간의 의사소통 시간과 비용을 절감함으로써 국정의 효율성을 높이는 역할을 할 수 있다. 지방분권 시대의 전개에 따라 지방자치단체의 자율 권한이 커지면서 중앙정부와 지방자치단체 간의 긴밀한 의사소통과 협력의 필요성은 오히려 커진다. 지방분권 시대 전국의 모든 도시로부터 정부기관의 접근성이 향상돼 수도권에 비해 통행거리와 시간비용이 크게 줄어들 수 있다.

② 세종시와 지방분권

세종시는 우리나라 현대사에서 그 건설의 타당성과 효율성을 놓고 극명하게 이분되는 갈등구조를 만들어 냈지만, 지방분권과 지역 균형 발전을 실현하기 위한 정책으로 탄생했다. 세종시는 정부부처와 공공기관을 이전해서 균형 발전을 추진하는 것뿐 아니라 세종시를 거점으로 지방분권을 확산시키려는 정책의 산물이기도 하다. 따라서 지방분권 측면에서 보면 세종시 건설은 그동안 사회구조적으로 유착돼 왔던 경제와 정치 권력 간의 기능적 분리를 실현할 수 있는 하나의 계기가 될 수 있다. 이러한 의미에서 세종시의 건설은 중앙에 집중된 권력구조를 개편할 수 있는 계기를 마련함과 동시에 지방분권이라는 발전적 구조를 마련할 수 있는 방향으로 추진돼야 한다. 요컨대, 세종특별자치시는 단일국가 체제 내에서 국가의 통일성과 지방자치단체의 다양성을 함께 추구하려는 대한민국의 지방분권 논리에 맞는 방향에서 추진돼야 한다.

③ 세종시와 균형 발전

우리나라는 세계에서 수도권 집중도가 가장 높은 나라에 속한다. 전체 국토면적의 12%에 불과한 땅에 절반의 국민, 그 이상의 경제활동이 집중되다 보니 수도권은 과밀로 인한 폐해가 이만저만이 아니다. 반대로 지방은 인구와 산업의 공동화, 고령화로 성장 기반 자체가 무너져 내리고 있다. 산업화의 초기 단계에서는 어느 정도의 불균형 성장이 불가피한 측면이 있다고 하겠지만, 산업화가 이미 상당한 기반을 구축한 다음에는 균형 발전이 당연한 국가적 목표가 돼야 한다. 이미 선진화된 국가들이 이 같은 길을 거쳐 왔고, 심지어 세계에서 가장 균형 발전이 돼 있다는 독일에서조차 균형 발전은 지속 가능한 발전을 추구하는 국가의 최우선 목표다. 그러나 우리나라에서는 수도권과 비수도권 간의 불균형 성장이 산업화의 초기 단계나 지금이나 같은 형태로 지속되고 있다. 결과적으로 수도권과 비수도권의 양극화가 심화돼 수도권은 과밀로, 지방은 과소로 계속해서 생산성이 떨어지고 있고, 이런 가운데 양자 간의 갈등은 증폭되고 있다. 이것을 근본적으로 치유하지 않고서는 우리나라는 선진국 진입은커녕 현상 유지조차 어려울 것이다.

이런 상황에서 수도권이 비수도권을 또는 비수도권이 수도권을 이해시키고 설득시켜서 각자의 이익을 관철하려는 꿈은 거의 불가능하게 됐다. 그만큼 양자의 입장은 각각 평행선을 달리는 가운데 국토 불균형 문제를 보는 시각, 그리고 그 원인과 해결책을 전혀 달리 하고 있기 때문이다. 또 그간 수도권과 비수도권을 상생시킨다는 역대 정부의 정책들이 일관성과 신뢰성을 완전히 잃은 것도 주요한 이유가 됐다. 현 정부도 이 문제를 섣불리 다루게 되면 과거의 전철을 밟지 않을 수 없는 것이 자명한 사실이다. 이제부터는 수도권과 비수도권이 서로의 입장만을 고수하고 상대방을 감정적으로 비난하는 자세에서 탈피해서 상호 입장을 인정하는 가운데 대타협을 통해 해결의 단서를 찾아내야 할 시점에 이르렀다. 균형은 결과의 평등을 의미하지 않는다. 비수도권이 경쟁을 외면하고 수도권과 동등한 결과를 요구하는 것이 아니다. 현격한 차별 상태에 놓여 있는 비수도권이 수도권과 최소한의 공정한 경쟁을 하려면 발전의 계기와 기회를 마련해 줘야 한다는 것이다.

정부도 오래전부터 이러한 상황을 직시해 균형발전 정책을 추진해 왔으나 우리나라의 뿌리 깊은 수도 지향적 국민 의식으로 인해 기대했던 성과를 거두지 못했다. 세종시 건설은 이러한 교착된 상황을 근본적으로 타개하기 위한 강력한 정책 수단이자 상징적인 사업이다. 이는 중앙부처를 지방으로 일부 이전해 지방 발전의 동력으로 삼는 한편, 서울과 수도권은 과체중을 줄이면서 국제경제 금융 등의 중심지로 육성해 상생하는 가운데 전 국토의 생산성을 높이고자 하는 것이다.

세종시가 건설되면 정부부처의 지방 분산에 따라 인구와 산업의 지방 분산이 촉진될 것이며, 이에 따라 과밀로 인한 삶의 질 악화는 완화될 수 있다. 아울러 지방은 세종시와의 접근성이 크게 개선되면서 발전의 탄력을 받게 될 것이고, 따라서 수도권에 대한 규제 완화도 더욱 용이하게 이뤄질 수 있을 것이다. 다시 말해서 세종시의 건설은 국가 균형 발전, 지방분권, 혁신도시 건설 등과 연계돼 유기적으로 추진돼야 할 패키지 정책이 돼야 한다.

2) 국정관리의 제도와 과정적 변화: 정책 네트워크와 상호작용

위의 업무 비효율성과 협력 부재에 대한 실태분석에서 나타나듯이, 현재 국회와 행정부의 관계가 선진화돼 있지 않다. 현재의 국회와 행정부 간의 관계만을 갖고 효율성을 따지면 문제가 있으므로 근본적인 혁신이 필요하다. 세종특별자치시를 통해서 행정부와 국회의 혁신과 양자 간의 관계 혁신이 필요한 상황이다. 따라서 세종특별시로 대부분의 중앙행정기관이 이전하는 상황에서 정부의 국정관리는 그 기조와 방식을 전면 전환해야 한다(<표 5-5> 참조).

〈표 5-5〉 국정관리의 기조와 방식의 전환

• 과거와 현재 ➜ 미래 중심 • 수도권 ➜ 국가 전체 중심 • 분열, 갈등 ➜ 통합, 화합 중심 • 효율성의 단일 가치 ➜ 다양한 가치의 조화 중심 • 정치에 대한 불신, 외면 ➜ 정치를 통한 설득, 타협, 협상 • 대통령과 정부 ➜ 국민(시민)과 시민사회 중심 • 중앙정부 중심 ➜ 지방정부 중심, 중앙정부는 지원 · 조정 • 명령, 통제, 지휘 ➜ 유도, 협력, 흥정 • 계층제, 권위 ➜ 네트워크, 파트너십 • 세종시에 대한 불신, 폄하 ➜ 세종시의 필요성과 중요성에 대한 인식 전환

그러면 행정부와 국회는 어떻게 유기적 네트워크와 협력 속에서 활동할 것인가? 특히 세종특별자치시로 대부분의 행정기관이 이전된 상황에서 효율적이고 협력적인 행정부와 국회의 상호 관계 정립에 대한 처방책이 필요하다고 본다. 이러한 측면의 처방책을 제시하면 다음과 같다.

3) 국정관리의 환경적 변화: 지리적 분산 문제 해결

① 단기적 차원: 세종시의 국회활동 강화

지방에서는 중앙부처 세종청사 이전 후 이뤄지는 국정감사는 세종시에서 계속 진행돼야 한다. 지역균형발전사업의 상징적 사업인 행정도시 건설의 취지를 살리기 위해서는 여의도가 아닌 세종청사에서 국감을 진행해야 하는 것이다. 세종청사 부처들은 여의도에서 국감을 수행하면 수십 명의 공무원이 출장을 하느라 업무가 마비될 것이라며 세종청사 개최를 바라고 있다. 일부 부처의 경우 세종청사 개최가 맞는 이야기지만 교통이나 식당, 숙박 등 기반시설 자체가 열악하다고 하더라도 최대한 짧게 당일치기로 진행해야 한다는 의견을 내놓고 있다.

이러한 정부부처의 공무원들의 희망이 이뤄지게 됐다. 국회사무처는 2013년 7월 국회와 정부 간 업무 효율성 제고를 위해 세종청사 내에 상임위 회의장을 설치해 줄 것을 요청했고, 이후 안전행정부와 회의장 설치 관련 협의를 진행해 정부세종청사에 국회 상임위원회 회의장이 문을 열었다. 세종청사 2동 공정거래위 건물 4층에 마련한 회의장은 236m^2 규모로 본회의실(31석), 소회의실(14석), 위원장실, 위원실, 전문위원실, 보좌관실, 정책연구위원실 등 10개 실로 구성돼 있고, 회의 상황을 인터넷과 방송으로 중계할 수 있도록 의사 중계 시스템도 갖추고 있다. 이제부터 세종청사에서의 국정감사의 활성화가 요구되는데, 이는 국회의원들의 의식과 행태에 달려 있다고 볼 수 있다. 비록 여러 상임위원회가 동시에 국정감사를 실시할 수 있는 공간은 부족하지만 순차적으로 회의장을 활용하는 방안을 생각하고, 회의장이 부족하다면 상임위 회의장을 확대하는 방안을 모색해야 한다. 세종시에 설치된 국회 상임위에서의 국정감사 대상기관은 세종청사의 중앙행정기관과 대전시의 중앙행정기관 그리고 혁신도시로 이전하는 공공기관 등을 생각할 수 있다.

② 중기적 차원(과도기): **청와대 제2집무실과 국회 분원**

세종시에서 국정감사를 실시하면서 정치권에서는 세종시가 행정중심복합도시로서의 위상을 정립해야 한다는 주장이 설득력을 얻어 가고 있다. 국회의원들의 이러한 인식은 세종시로 청와대 제2집무실과 국회 분원을 설치할 명분을 축적하고 있음을 암시한다. 또한 세종특별시로 이전한 공무원들의 업무 효율성 개선 의견에서도 국회 운영 필수 기능은 세종시 확충이 82.1%로 가장 높게 나타났는데, 여기에는 행정안전부를 비롯한 전 중앙부처의 이전과 청와대 제2집무실 설치 및 국회 이전 및 분원 설치가 포함돼 있다.

우선, 지리적 분산으로 인한 대통령과 정부부처 간의 업무 비효율성과 협력 부재를 해결하기 위해서는 세종시에 청와대 제2집무실을 설치하는 것이 필요한데, 그 이유로는 다음과 같은 것을 들 수 있다. 첫째, 대통령은 행정수반으로서의 지위를 가지고 정부부처를 통치해야 한다. 둘째, 대통령은 정부의 2인자인 국무총리와 긴밀한 상호작용을 해야 한다. 셋째, 대통령은 국무회의와 각종 장관회의를 주재해야 한다.

다음으로 국회와 정부부처 간의 업무 비율성과 협력 부재를 해결하기 위해서는 세종시에 국회 분원을 설치하는 것이 요구된다. 대부분의 중앙행정기관이 세종시에 입주하고 혁신도시의 건설을 통한 정부산하기관이 지방으로 이전하는 상황에서 정부부처와 그 산하기관을 상대로 의정활동을 하는 국회가 지리적으로 가까운 곳에 위치하는 것이 지리적 근접성의 원칙에 의하면 당연하기 때문이다. 세종참여자치시민연대는 "국회가 세종청사에 상임위를 설치한 것에 대해 환영하고 세종시 정상 추진과 조기 정착에 기여하길 기대한다"고 전제한 뒤 "국회 상임위 회의장 설치가 행정의 효율성 제고를 위한 시발점이지만 임시방편에 불과한 것이므로 근본적인 대책이 될 수 없다"고 하면서 국회의 국정감사와 상임위의 상설적 개최 등 본연의 업무를 수행하기 위해서는 세종청사에 국회 분원을 설치하는 근본적인 대책이 필요하다고 지적했다. 한편, 문재인 정부도 그 필요성을 공감하고 그에 대한 계획을 가지고 있다. 즉 '정부 세종청사 시대'를 맞아 세종시가 명실상부한 행정 중심 기능을 할 수 있도록 민주당이 지난 총선과 대선공약으로 제시했던 세종시에 국회 분원 설치를 검토해 줄 것을 다시 한번 당부한다고 강조한 바 있다.

③ 장기적 차원: 신행정수도 건설(청와대와 국회 이전)

지역 간 정의 차원에서 논의되는 진정한 의미의 분산과 분권정책은 특정한 지역에 제도와 권한 및 자원을 집중시키는 것이다. 이를테면 세종특별자치시에는 대부분의 중앙행정기관이 이전되므로 여기에 청와대와 국회를 지리적으로 집중시키는 것이다. 현재 수도의 역할을 수행하고 있는 서울특별시는 경제문화수도로 위상을 정립해 나가고, 세종특별자치시는 정치행정수도로의 발전을 모색하는 것이다. 장기적 차원에서 지리적 분산으로 인한 국회와 행정부의 업무 비효율성과 협력 부재를 해결하는 방안으로는 신행정수도 건설을 통한 청와대와 국회의 세종특별자치시로의 이전을 생각해 볼 수 있다. 그러나 청와대와 국회의 세종시로의 완전한 이전을 위해서는 헌법재판소 판결이 명시한 바와 같이, 헌법 개정 사항에 해당하므로 국민적 합의와 국민투표를 통한 헌법 개정이 필요하다.

④ 중앙정부와 지방정부 간: 책임단체장제

실질적인 지방자치를 정착시키고 중앙정치로부터의 자치단체의 독립성과 자율성을 확보하기 위해서는 책임자치장제가 필요하다고 본다. 책임자치장제란 자치단체장이 자신의 관할 영역에서 자율적으로 조직과 인사 및 정책활동을 수행하고 이에 대한 책임을 지는 것을 말한다. 책임자치장제를 도입하면 그만큼 중앙정부의 업무 부담이 감소하는 효과를 가져온다. 이를 실현하기 위해서는 조직과 인사 및 재정권의 확립도 중요하지만 무엇보다도 자치사무의 확대가 필요하다.

일반적으로 국가사무와 자치사무는 중앙정부와 지방정부의 역할 분담 기준이다. 그러나 현행법상 국가사무와 자치사무의 구분이 용이하지 않을 뿐 아니라 자치사무의 종류와 범위가 입법자에 의해 정해지고, 국가사무 또한 위임해 지방자치단체가 수행하고 있는 경우가 많다. 기관위임사무는 지방정부의 사무를 국가에 유보하면서 그 지휘와 감독 아래 지방정부의 기관을 통해 집행한다고 하는 중앙집권적 성격이 강한 제도이며, 현재까지고 변화하지 않고 있다. 따라서 현행 기관위임사무는 폐지 내지 축소하고 지방자치의 취지에 맞게 자치사무를 확대해 중앙정치의 개입을 줄이는 방향으로 나가야 한다. 이를테면 일본에서는 1999년 기관위임사무를 폐지하고 지방정부가 수행하는 사무를 자치사무와 법정수탁사무로 이원화했다.

4) 국정관리의 문화적 변화: 정치·행정문화 개선

정부부처의 분리는 외견상 보이는 장·차관 및 중앙부처 공무원의 잦은 출장에 따른 업무 공백과 정부기관 간의 의사소통 문제만의 문제에 그치지 않는다. 대통령과 국회 입장에서는 면대면 회의는 장·차관과 하고, 공무원과는 화상회의와 전자 업무를 통해 수행한다는 대안으로 일부 문제가 해결될 것으로 생각할 수도 있다. 하지만 청와대와 국회의 이런 노력만으로는 해결되기 어렵다. 청와대와 국회에서 공무원의 대면보고가 줄어들지는 않을 것이다. 대면보고를 원하는 측은 보고를 받는 청와대와 국회보다는 보고를 하려는 공무원 입장이 더 절실하기 때문이다. 정부부처의 분리는 출장으로 인한 업무 공백의 문제에 대해 국무총리의 각 부처 장관에 대한 리더십과 각 부처 장관들의 부처 장악력을 약화시키고, 부처 공무원의 사기와 업무 태도에도 문제를 발생시킨다. 이러한 문제는 우리 정부조직의 정치·문화적 상황과 깊이 연결돼 있다(박희봉, 2013. 18).

세종시는 최첨단 시설뿐만 아니라 세종시가 본래 지향하던 국가의 경쟁력 강화와 국토의 균형 발전 그리고 지방분권이라는 목표하에 미래 환경 변화에 맞는 새로운 국정 방향과 방법에 주안점을 둬야 한다. 따라서 시설과 건축물 등 가시적이고 물리적인 건축을 형성하는 것보다는 그 속에서 일하는 사람들의 의식과 역량 그리고 운영하는 일의 내용과 운영 방식에 중점을 둬야 하는 것이다. 국회 분원과 청와대 제2집무실 설치는 단순히 건축물을 올리는 것이 아닌 국정 효율성을 높이고 세종시 성공에 대한 국민적 공감대를 넓히기 위한 것이다. 청와대와 국회에서 근무하는 대통령과 국회의원들의 의식, 그들이 일하는 방식 그리고 정치·행정문화를 바꾸는 일인 것이다.

2. 정부와 국회와의 관계 혁신

1) 정부와 국회 간의 협업정치

국회와 행정부의 거버넌스 분석에서 살펴본 바에 의하면, 국회와 행정부는 업무 효율성과 협력을 강화하기 위해서 협업정치가 필요함을 알 수 있다. 우선, 국화와 행정부는 지리적으로 집중돼 있거나 분산돼 있거나 간에 양자 간의 상호의존성은 헌법상의 삼권분립의 원칙에 의해 필연적이다. 그리고, 제도적으로 국회와 행정부는 상호 밀접하게 연결돼 구성돼 있다. 이를테면 정부부처의 소관 업무와 정책에 대응해 국회의 상임위원회가 구성돼 있다. 정책 유형에 따라 국회와 행정부는 제도적으로 연결돼 있는 것이다. 다음, 운영상에서도 국회와 행정부는 입법권이나 예산(정책)심의권 및 국정감사와 조사권을 토대로 상호작용을 지속적으로 수행하고 있다. 끝으로, 국회와 행정부 간의 상호작용을 통해 만들어진 산출물이 정책과 예산이다.

2) 정부와 국회 간 정책조정 시스템

세종시는 최첨단 시설뿐만 아니라 세종시가 본래 지향하던 국가의 경쟁력 강화와 국토의 균형 발전 그리고 지방분권이라는 목표하에 미래 환경 변화에 맞는 새로운 국정 방향과 방법에 주안점을 둬야 한다. 따라서 시설과 건축물 등 가시적이고 물리적인 건축을 형성하는 것보다는 그 속에서 일하는 사람들의 의식과 역량 그리고 운영하는 일의 내용과 운영 방식에 중점을 둬야 하는 것이다. 국회 분원과 청와대 제2집무실 설치는 단순히 건축물을 올리는 것이 아닌 국정 효율성을 높이고 세종시 성공에 대한 국민적 공감대를 넓히기 위한 것이다. 청와대와 국회에서 근무하는 대통령과 국회의원들의 의식, 그들이 일하는 방식 그리고 정치 · 행정문화를 바꾸는 일인 것이다.

박광국의 정부 공무원의 권위주의 문화의 하위 변인(조직구조, 공무원 행태, 문화와 환경)이 조직 성과에 미치는 영향에 대한 분석에 의하면, 정부 공무원들은 조직구조 측면에서의 권위주의 문화가 조직 성과에 가장 큰 영향을 미치는 것으로 나타났다. 이것은 공무원들이 권위주의 문화가 청산되기 위해서는 자신들의 행태가 반드시 변화돼야 한다고 보고 있음에도 불구하고, 실제적으로는 그러한 권위주의 문화 형성의 주요 원인은 조직구조적 측면에 있다고 보는 것이다. 조직구조 변인 다음으로 조직 성과에 영향을 미치는 요인은 공무원 행태 변인으로 나타났다. 조직 및 집단을 구성하는 개체는 개인의 다양한 행태에 의해 조직 및 집단은 어떤 모습을 가지게 되고 어떤 성과를 산출하게 된다.

따라서 정부와 국회의 집권적이며 폐쇄적이고 권위주의적 문화를 청산하고 개방적이고 포용적이며 참여형 문화로 발전적이며 합리문화로 개선하기 위해서는 조직구조적 측면에서 야기되는 권위주의 문화 못지않게 조직구성원인 공무원과 의원의 행태적 측면에서 야기되는 권위주의 문화도 반드시 중요하게 고려돼야 하며, 조직구성원의 행태를 변화시키기 위한 다양한 노력이 요구된다.

3. 국정관리의 협력 체계 구축

1) 제도설계 차원의 협력 체계

재도설계 차원에서 행정부와 국회 간의 협력 부재의 다양한 원인을 발견할 수 있었는데, 양자 간의 협력을 강화하기 위해서는 그 원인을 제거하거나 개선하는 것이 요구된다. 무엇보다, 예산 심의나 국정감사와 조사 등 국정활동에 모든 관련인을 참석시키는 것은 시간과 비용 및 활동의 효율성이라는 측면에서 문제가 있다. 따라서 국정활동에 참여가 필요한 이해관계자는 쟁점이 되는 사안을 주도면밀하게 검토해 선정하는 것이 바람직하다. 나아가, 행정부와 국회가 정책활동을 하는 데 협력하기 위해서는 헌법과 국회법, 국가재정법, 국정감사 및 조사에 관한 법률 등에서 정한 행동규칙을 충실히 지키는 것이 요구된다. 예컨대, 국회 의사일정과 예산주기 및 국정감사 기간을 준수하는 것이다.

또한, 과정 투명성은 이해관계자들로 하여금 공공 협상이 실질적이고 협력 과정이 밀실 거래가 아니라는 것을 신뢰할 수 있게 하는 것을 의미한다. 이를테면 상임위와 본회의 심사 등 국회의 입법과 예산 및 국정감사 과정이 일반대중에게 투명하게 공개될 때, 의원들이 좀 더 큰 관심과 주의를 기울이며 국회 활동을 성의있고 신중하게 하는 효과가 있을 수 있다, 의정 과정의 공개는 입법활동의 활성화뿐만 아니라 정치와 정책정보의 대국민 전달 및 여론 조성 그리고 원자화된 대중의 정치사회화를 위해서도 중요하다. 국민은 상임위 및 본회의에서 의원들 간의 자유로운 토론을 투명하게 지켜보며 무엇이 중요한 쟁점이고, 어떤 다양한 입장들이 있으며, 그중 어떤 입장이 바람직한 것인지를 판단하는 데 도움을 줄 수가 있다.

2) 협력 과정 차원의 협력 체계

행정부와 의회 간의 협력 부재는 협력 과정을 구성하는 여러 요인에서도 나타나고 있으므로 이에 대한 개선이 요구된다. 민주적 리더십은 이해관계자들을 협력 테이블에 모이게 하여 조정하는 중요한 요소다. 특히 민주적 리더십은 이해관계자들이 서로 협력정신으로 활동하게 하는 데 중요하다. 협력을 위해서는 공식적·비공식적 리더의 다양한 역할을 설정해야 한다. 그리고 이해관계자들 간의 진실한 대화는 상호 이득의 기회를 확인하게 하고, 의사소통에서 고정관념과 다른 장애를 제거해 준다. 이것은 신뢰와 상호 존경, 공유된 이해 그리고 과정 몰입의 과정의 중심에 위치한다.

또한, 신뢰는 협력의 작동을 촉진시키고 협력하게 하는 윤활유나 접착제다. 신뢰는 상호의존적 행동, 조직 역량에 대한 확신, 기대된 성과 그리고 공동 유대 등을 포함한다. 협력은 어느 정도의 신뢰와 함께 시작되고 그것은 성공적인 협력을 위한 지속적인 필요 조건이다. 나아가, 협력 과정에서 이해관계자들은 공동으로 어떤 결과를 성취할 수 있다는 공유된 이해를 발달시켜야 한다. 공유된 이해는 공통 임무, 공통 영역, 공동 목적, 공유된 비전, 공유된 이념, 명확한 목표, 명료한 전략, 핵심 가치의 공유, 문제 정의에 대한 동의, 문제를 해결하기 위해 필요한 지식 등으로 다양하게 묘사되고 있다.

제 6 장

말은 못 했지만, 고마워! 충남대야 그리고 자치행정학과야

1. 충남대는 잃어버린 충남을 되찾아야

곰탕과 붕어빵 그리고 충남대의 세 단어에는 한 가지 공통점이 있다. 곰탕에는 곰이 없고, 붕어빵에는 붕어가 없으며, 충남대에는 충남이 없다는 사실이다. 이것은 충청 지역의 거점 국립대학인 충남대학교의 정체성에 관한 문제로서 개교 이래 최대의 위기를 맞고 있음을 의미한다. 이 위기를 슬기롭게 극복해서 지역 거점대학으로서의 제 역할을 회복하느냐, 아니면 위기를 위기로 인식하지도 못한 채 우리 대학이 추락하느냐는 충남대 전체 구성원들의 판단과 의지에 달려 있다.

충남대는 6 · 25 전쟁의 와중에 200만 충남도민의 열망이 모아져 12명의 교수와 첫 신입생 220명으로 문을 연 충청 지역의 첫 종합대학이다. 도민 매 호당 가마니 한 장과 겉보리 한 말 모으는 의지와 정성으로 시작돼 범도민적 운동으로 결실을 맺은 애틋한 지역 대학이기도 하다. 충남대는 앞으로도 충남 도민이 눈물겹게 보내 준 이 사랑과 은혜를 대학이 존재하는 한 영원히 감사하고 보답해야 한다. 그런데 지금은 충남대가 충남과 갈수록 멀어지고 있다. 즉, 충남의 인재가 충남대를 오지 않고 있다. 충남대 교수들이 충남도의 정치와 행정, 역사와 문화, 경제와 산업 분야에서 활동하는 영역과 기회는 점점 사라지고 있다. 그렇다면 앞으로 충남대라는 자랑스런 교명을 지킬 명분과 의미도 사라질지 모른다.

오는 5월 25일, 충남대학교는 개교 66주년을 맞는다. 지난 반세기 동안 충남대는 나름대로 비약적인 발전을 통해 충청 지역민의 열망과 기대에 부응하기 위해 한껏 노력했다고 할 수 있다. 현재 전임교수는 9백 명을 넘고 신입생은 대학원생 포함 3천 6백 명이나 된다. 그러나, 전쟁의 포화 속에 끼니를 아끼고 열악한 국민학교 교실에서 강의를 받던 당시 충남 도민의 희생과 지극 정성을 생각하면 최선을 다했다고 하기에는 충남대 구성원으로서 여전히 부끄러운 것이 현실이다. 물론 그동안 충남대는 대전과 충남을 아우르면서 발전할 수 있는 여러 번의 기회가 있었다.

우리에게 처음 찾아온 기회는 1990년대 중반 지방자치 시대의 개막이다. 1995년 자치단체장의 주민 직선으로 부활된 지방자치는 충남대가 지역 거점대학으로 자리 매김 할 수 있는 절호의 기회였다. 그러나 충남대는 캠퍼스가 자리 잡고 있는 대전에만 안주하려 했을 뿐 충남도의 자치단체들과 긴밀한 네트워크를 새롭게 구축하는 데 소홀했다. 충남에 거주하는 수많은 충남대 동문에 대한 봉사와 사후관리도 미흡했다. 충남도와 시군에 근무하는 충남대 출신 동문들에 대해서도 교류와 협력에 소극적이었다. 그들은 더 이상 충남대 출신 동문이라는 자부심과 모교 사랑이 식은 지 오래다.

심지어 당시 공식 행사에 참석했던 충남대 모 총장은 "국립대 총장은 장관급인데 차관급인 도지사보다 자리 배치가 뒷전이다"며 행사장을 박차고 나갔다는 웃지 못할 일화도 있다. 지방자치 시대 달라진 환경 변화를 읽지 못한 촌극으로 볼 수 있다. 지방자치 시대에 대비해 지역 특성화 학과로 전국 최초로 설립된 자치행정학과도 그 높게 쌓은 경쟁력을 외면한 채, 교육부에서 예산 지원 좀 받는다고 어느 날 졸지에 학과를 통·폐합시키는 어리석은 우를 범하기도 했다. 지방자치 시대에 반드시 필요한 지역 인재 육성과 학문적 수요를 포기한 셈이다.

지역 인재를 육성해서 배출하는 지역 최고의 교육기관으로 거듭 태어날 수 있는 두 번째 기회는 IMF 직전인 1990년대 중반에 찾아왔다. 당시 경제가 최악으로 치닫기 시작하며 지역 경제도 타격을 받자 지역의 우수한 인재들이 서울로의 유학을 포기하고 충남대의 문을 두드리기 시작했다. 대학이 소재한 대전시의 정주 여건이 획기적으로 개선되면서 교수 지망생들도 충남대가 한강 이남에서 제일 가고 싶은 대학으로 꼽히기도 했다. 그러나 충남대는 그 기회를 당연한 것으로 생각하고 철저히 관리하는 데 소홀했다. 당시 입학한 우수한 인재들은 졸업 후 눈부신 성과를 냈지만 그 명맥이 오래가지 못한 채, 지역 인재를 수도권에 다시 뺏기고 있으며 우수한 교수진도 지금은 수도권에 남기를 선호하고 있다.

세 번째 기회와 위기를 맞은 것도 90년대 중반이다. 대전 지하철이 개통된 지 3년이 넘었다. 그러나 지하철 충남대 역사 입지가 결정된 것은 1995년이다. 학교 교문에서 상당히 떨어져 버린 충남대역은 충남대가 비약적으로 발전할 수 기회를 앗아갔다. 모두가 무관심하고 소홀히 대처해서 자초한 결과다. 아쉽고 후회막심하다.

이 잘못된 판단과 처신들의 결과, 충남대의 절대적인 지지 기반인 충남권역에서의 역할을 상실했을 뿐만 아니라 점점 쇠퇴해 가는 대전에서의 위상도 흔들리고 있다 하니 실망스럽지 않을 수 없다. 부산대, 전남대, 경북대 등의 국립대학들이 지방자치 시대 이후 대학 간 통합과 연합 캠퍼스 구축으로 지역에서 위상과 역할을 더욱 강화해 간 반면, 충남대는 정체성과 지역성의 정립에서 실패했다고 본다. 이제부터라도 충남대는 개교 이념과 지역 거점대학으로서의 위상과 역할을 재정립하면서 모든 것을 바로잡고 새로 시작해야 한다. 그것이 충남대가 충청 지역민들에게 보답하는 길이요, 지방자치 시대에 지역 국립대학으로서 살아남는 길이다.

2. 지방분권 개헌, 우리 대학이 앞장서야

2017년 7월 19일, 문재인 정부 5년 동안 추진될 국정 운영 로드맵이 발표된 바 있다. 이 '국정운영 5개년계획'에는 국민이 주인인 정부, 더불어 잘사는 경제, 내 삶을 책임지는 국가, 고르게 발전하는 지역, 평화와 번영의 한반도의 5대 국정 목표와 20대 국정 전략, 그리고 100대 국정 과제가 담겨 있다. 1987년 이후의 앞선 정부들이 국가 중심의 만주주의의 확장에 치중했다면, 문재인 정부는 '국민 중심의 민주주의'라는 촛불 시민혁명의 정신을 확고히 받들겠다는 국민에 대한 약속으로 볼 수 있다. 나아가 이제는 더 이상 제왕적 대통령의 실패를 되풀이해서는 안 되겠다는 의지의 표현이기도 하다.

1987년 헌정 체제는 국민이 국가의 주인임을 망각한 군사 독재정치를 종식시키기 위한 국민들의 희생과 열망에 따라 대통령 직선제를 골자로 한 헌법 개정으로 출범했다. 그러나 그 이후에도 정치권과 역대 대통령은 여전히 국민의 여망을 무시하고 권력 분립과 국민기본권을 명시한 헌법을 존중하지 않는 가운데 청와대 중심의 중앙집권적 통제 방식의 국가 운영을 지속해 왔다. 그 결과는 정권과 국정의 실패로 나타났다. 세월호 사고와 메르스 사태는 종전의 국정 운영 방식이 더 이상 재난관리와 국가 위기에 통하지 않음을 보여 줬다. 그뿐만 아니라, 권력의 집중에서 비롯된 비선 실세들에 의한 국정농단은 급기야 대통령의 탄핵과 구속이라는 비정상적인 정권 종말의 불행한 결과를 초래했다.

물론, 지난 30년간 민주화 과정을 거치면서 초집중화된 권력 체제를 꾸준히 완화시켜 온 것은 사실이다. 그러나 그 중심은 입법·사법·행정 등 중앙 권력의 수평적 분산에 한정됐다. 그 결과 대통령의 권력을 견제하는 명분으로 국회와 국회의원들의 특권과 특권 의식은 한없이 비대화되는 부작용을 낳았다. 지금 우리의 헌정 체제가 직면한 중요하고 시급한 과제는 중앙정부와 지방정부 간 국회와 지방의회 간 그리고 관과 민 간의 수직적 권력 분립을 재정립하는 일이다. 다행히 '고르게 발전하는 지역'의 국정 목표를 수행하기 위한 세부 실천 과제에는 획기적인 지방분권 추진과 주민 참여의 실질화, 지방재정 자립을 위한 강력한 재정분권, 교육자치의 강화, 제2국무회의 도입 등이 포함돼 있다.

그러나, 여전히 갈 길이 멀다. 문재인 정부가 국민 주권적 개헌과 자치분권을 이번에 국정 과제화했지만, 지방자치와 분권을 가로막는 난관들이 곳곳에 숨어 있다. 지방자치와 분권을 거부하거나 두려워하는 세력이 여전히 존재하기 때문이다. 지방자치와 분권의 길은 힘들고 고단한 과정이지만, 대한민국이 반드시 가야 할 길이다. 특히, 우리 대학도 지역거점 대학으로서 지방자치와 분권으로 가는 이 길에 앞장서서 지역민들을 이끌어 가야 한다.

우리 대학은 1995년 민선 단체장의 주민 직선과 함께 부활된 지방자치 시대에 여전히 적응하지 못하고 있다. 충남대는 우리 대학의 뿌리이자 주요 시장인 충청남도와 긴밀한 네트워크를 구축하는 데 소홀했다. 그 결과, 우리 대학의 절대적인 지지 기반인 충남권역에서의 역할은 축소되고, 충남 출신 인재들을 적극 유치하는 데도 소극적이었다. 그저 우리 대학이 지니고 있는 자원과 역량을 다 활용하지 못한 채 좁은 대전에서 다른 대학과 1/n에 머물러 있는 안타까운 실정이다. 부산대, 전남대, 경북대 등이 지방자치 시대에 그 지역에서 거점 대학의 역할을 왕성하게 하는 것을 보면 우리 대학은 위기라고 보지 않을 수 없다. 이제부터라도 우리 대학은 지방자치 시대에 적극 적응하며, 지방분권을 추진하는 데 앞장서길 바란다.

3. 충남대 총장선거 제도를 바꿔야 한다

현대 조직은 공조직이든 사조직이든 다음의 다섯 가지 요소가 성패를 가름한다. 즉, 비전(Vision), 시스템(System), 네트워크(Network), 리더십(Leadership) 그리고 조직 구성원의 결속력(Solidarity)이다. 학교 조직도 여기서 예외일 수 없다.

이상의 다섯 가지 성공 조건을 놓고 볼 때, 지금의 충남대는 심각한 위기 상황에 놓여 있다. 따라서, 이를 슬기롭게 극복해서 재도약의 발판을 마련하느냐 아니면 끝이 보이지 않는 나락으로 떨어지고 마느냐의 중대 기로에 놓여 있다고 볼 수 있다. 물론 이 위기 징후마저 감지하지 못하거나 인정하지 않으려 한다면 문제 해결의 실마리를 찾는 것은 당분간 불가능할 것이다.

그럼 다섯 가지의 조건을 놓고 충남대가 안고 있는 그동안의 문제점과 향후 발전 방안을 생각해 보기로 한다. 먼저, 성공적인 조직은 비전을 정립해서 제시해야 한다. 충남대는 충남대 구성원은 물론 전 충청 지역민의 꿈과 희망이 담긴 올바른 비전을 제시해야 한다. 비전은 총장선거 과정에서 후보자가 급조한 것이 아니라 충남대 전 구성원과 지역 주민들에게 꿈과 희망을 주면서 같이 공감하고 또 실현 가능한 것이어야 한다.

충남대가 지향하는 비전, 즉 세계 100대 우수대학, 아시아의 교육·연구 허브대학, 대한민국 대표대학, 충청지역 거점대학은 현재로선 공허하게 들릴 뿐이다. 세계적으로 그리고 아시아에서 충남대가 갖고자 하는 꿈은 고사하고 충청 지역에서의 위상도 크게 흔들리고 있는 실정이다. 충청남도를 기반으로 충남 도민의 지원 속에 설립된 충남대는 현재 충남도에서의 역할과 활동이 거의 중단된 상태다. 충남대의 실질적인 고향이자 교육시장이 되는 대단히 중요한 거점을 스스로 포기하고 활동무대를 축소시킨 꼴이다. 전국의 국립대학들 중 유일하게 충남대만이 자초한 예외적 현상이다.

다음 조건은 학교 조직관리의 시스템이다. 현대 조직은 뛰어난 지도자의 역량만으로 관리되는 것이 아니라 조직 내에 다양하고 견고한 공적 시스템이 구축되고 그를 통해 조직이 관리돼야 한다. 그동안 충남대는 이 부문이 대단히 취약했다. 의사 결정의 구조가 공식 라인보다 비선 라인에 좌우되는 경우가 많았다. 다양하고 창의적인 여론과 아이디어를 수용해서 활용하는 시스템을 구비하지도 못했다. 대학을 이끌어 가는 본부 보직자들은 늘 선거에 기여한 사람들로 채워졌기 때문에 그 대표성과 전문성을 인정받지 못했다.

또 다른 조건이 학교를 중심으로 한 네트워크다. 현대 조직은 그 조직을 둘러싼 다양한 집단들과 튼튼한 협력 체계가 형성돼야 경쟁력을 갖출 수 있다. 충남대는 특히 지역사회와의 단단한 네트워크 구축에 성공적이지 못했다. 그 책임은 지역사회에 있는 것이 아니라 당연히 충남대에 있다. 특히, 빈약한 총장의 네트워크가 늘 걸림돌이 됐다.

그뿐만 아니라, 현대 조직은 조직구성원과 결정권이 공유되는 협동적 리더십, 의사소통과 갈등 조정 능력을 갖춘 통합적 리더십을 요구하고 있다. 그러나 충남대 총장의 리더십은 여전히 정립되지 못하고 있다. 그렇기 때문에 지역사회에 대해 모범적인 리더십 모델도 제시하지 못하고 있는 것이다. 그 주된 이유는 아직도 정상이라 보기 어려운 충대 총장선거 제도와 왜곡된 선거문화에 있다. 현 선거 관행과 행태가 계속되는 한 쉽게 치유되기 어려운 문제다. 끝으로, 충남대 가족은 물론 충청 지역민 모두가 충대에 대해 갖는 관심과 참여, 격려와 비판 그리고 결속력이 충대 발전의 마지막 조건이다. 하지만, 지금 충남대는 이들 모두로부터의 관심과 사랑을 놓친 지 오래됐다. 위기는 곧 기회다. 그러나 이번이 마지막 기회가 될지 모른다. 기로에 선 충남대가 바른 길을 향해 나가도록 충남대 구성원은 물론 지역민 모두의 지혜와 역량을 모아야 한다. 왜냐하면 지역거점 대학인 충남대의 발전이 지역의 미래 운명을 좌우하기 때문이다.

이제는 충남대 총장선거 제도를 바로잡아야 한다. 임명제, 직선제, 간선제를 다 도입해 봤다. 그 장·단점도 드러났다. 다음에 실시될 충남대 총장선거를 앞두고 미리미리 구성원들의 의견을 수렴하고 대학의 미래 발전과 지역사회에서의 역할을 염두에 두면서 최선의 총장이 선출될 수 있도록 제도 개선에 지혜를 모아야 할 것이다.

4. 불평등과 이생망의 절규

대한민국은 지난 반세기 동안 눈부신 성장을 해왔다. 경제 성장이 부국강병의 토대요, 국민 행복의 지름길이라 믿었다. 그 결과, 1960년 1인당 국민소득 79달러의 최빈국에서 3만 달러 달성을 목전(2만 8,338달러, 세계 28위)에 둔 경제 중진국(GDP 1조 4,351억 달러, 세계 11위)으로 성장했다. 국민소득 3만 달러, 인구

5천만이 가입한다는 '3050선진국 클럽'에 세계 7번째 주인공이 될 날도 멀지 않았다고 한다. 대한민국은 정말 거침이 없었고, 세계적인 찬사와 부러움에 한동안 취해 있었다. 그런데 이 성장의 과실을 온 국민, 특히 젊은이들과 함께 나누지 못하고 있는 것이 서글픈 현실이다. 최근 성장마저 곤두박질치고 있으니 더 말할 나위가 없다.

오히려, 단군 이래 가장 많이 공부시켜서 제일 똑똑하고 유능한 2·30대 청년, 그중에서 대학 졸업생들의 태반은 백수가 되서 세상을 원망하고 있다. 지난달 청년실업률이 12.5%로 역대 최고를 기록했다. 여기에 취업을 포기한 청년이나 장기간 취업준비생 그리고 한 시간이라도 일한 청년까지 포함하면 실질 실업률은 30%에 육박하고 있다. 이 절박한 상황을 놓고 청년들은 연애, 결혼, 출산은 물론 취업, 그리고 꿈과 희망까지 포기한 '다포세대'라고 스스로를 한탄하며 기성 세대들을 향해 분노한다. 그들은 헬조선에다 '이생망(이번 생은 망했다)'이라며 대한민국을 자랑스러워하지도 않는다.

지금 선진국들도 계층 간 불평등과 격차 문제가 최대의 이슈로 부각되고 있다. 미국에서 진행되고 있는 대통령선거에서도 최대 쟁점은 1%가 독점하고 있는 부(富)의 불평등 문제에 대한 99%의 분노와 저항이다. "많이 먹었으니 이제 그만 먹어라(Enough is enough)"고 외치는 샌더스 후보의 돌풍이 이를 말해 주고 있다. 우리나라도 예외가 아니다. 상위 10%의 부자가 전체 부의 45%를 차지하고 있고, 그 부는 금수저를 물고 태어난 자신들의 자녀들에게 거리낌없이 세습된다. 고소득층의 교육비는 저소득층의 7.8배를 넘기 때문에 가난은 흙수저 아이들에게 그대로 대물림되고 있다. 이제 가난한 부모들은 아무리 발버둥쳐도 개천에서 용을 키울 수가 없다. 도대체 그동안의 경제 성장이 '누구를 위한 성장이었는가'라는 그들의 물음에 우리 체제와 정치권은 답을 내놓지 못하고 있다.

그러면 우리 사회에 이제 희망은 없는가. 그렇지는 않다. 우리는 뒤늦게나마 경제의 양적 성장만으로 국민 개개인이 결코 행복해지지 않는다는 사실을 깨닫기 시작했다. 성장이 저절로 불평등을 시정해 주지 않는다는 사실도 알았으니 그것만도 다행이다. 지금부터는 성장제일주의 집착에서 벗어나 열심히 일한 만큼 대접받는 공정한 사회, 경쟁하다 실패해도 기회를 다시 주는 복지사회, 격차와 소외가 없는 균형사회를 만드는 데 주력해야 한다. 이 중요한 목표의 실현을 위한 정치, 경제, 사회의 개혁이 이뤄지지 않는다면 북한의 핵보다도 더 위험한 상황들이 우리 사회와 체제를 총체적 위기로 몰아넣을 수 있다.

각 정당들은 2016년 4·13총선을 앞두고 격차 해소, 경제민주화와 포용적 성장, 공정 성장의 구호를 내세우면서 관련 공약들을 내놓고 있다. 그러나, 아무리 근사한 수식어로 포장한다 해도 갈수록 악화되고 있는 불평등과 격차를 해소하고, 젊은이들의 고민과 분노를 해결해 주지 못한다면 대한민국은 안보는 물론 성장까지 한꺼번에 다 잃을 수 있다. 정치권은 계층 간, 지역 간, 세대 간 기회의 평등을 높이고, 결과의 불평등은 줄이는 근본적인 대책을 내놓고 국민의 심판을 받아야 한다. 특히, 이번 선거는 불평등 문제의 심각성과 젊은 청년들의 좌절과 분노를 해결하는 절호의 기회가 돼야 한다.

제 7 장

짧았지만, 정말 행복했어! 사랑하는 제자들아

1. 사랑하는 제자들에게 행복한 강의를 하다

충남대학교에서 교수 발령을 받고 강의를 시작한 지 2018년 2월이면 꼭 33년이 된다. 30여년이 굉장히 짧게 지나간 것 같다. 정이 든 이 좁은 개인 연구실에도 많은 책과 자료들로 쌓이게 됐다. 2006년부터 3년간 대전발전연구원장으로 시청에 나가 근무한 기간을 제외하곤 대부분의 시간을 이 연구실에서 보냈다. 그동안 이 좁은 연구실에서 수없이 많은 연구와 생각을 했고, 또 학생과 제자들을 많이 만났다. 사실 많은 업적과 성과들이 이 연구실에서 이뤄졌기 때문에 지금도 연구실에 있는 시간이 세상에서 제일 편안하고 행복하다.

그런데 한 2년 전 어느 날인가부터 갑자기 학생들을 가르치고 준비하면서 교수로 있었던 그 오랫동안에 도대체 뭘, 왜 가르치려고 했나에 대해서 회의와 고민에 빠지기 시작했다. 물론, 학생들보다 조금 앞서서 알고 있던 지식과 정보를 전달하는 단순한 지식의 전달자같이 느낀 적이 더러 있었다. 그 때문에, 지난 30여년 동안 만난 많은 제자는 물론 나를 만났던 사회인들 그리고 여러 외부 강의와 다양한 언론활동을 통해서 내가 전달하고 가르치려고 했던 것은 무엇이고 무슨 의미가 있는지에 대한 나름대로의 정립이 필요했던 것이다. 많은 고민과 생각을 통해 정리한 결과가 크게 나눠서 세 가지다. 즉, 가르침과 배움의 목표와 의미에 관한 세 가지를 말한다.

우리가 교육을 통해 배우고 또 가르치는 목적은 지식과 정보를 전달하는 것이지만 더 근본적인 목표와 의미가 있다. 그것은 나 자신이 얼마나 잘 모르는지를 정확히 알기 위함이다. 이를 위해 첫째, 진지하고 보람있는 삶에 대한 열정을 가르치고 배우는 것이다. 왜냐하면 배운 사람들만이 삶에 대해서 열정을 지속해서 갖게 되기 때문이다. 특히, 요즘 우리 모두는 평생교육 시대에 살고 있다. 이 새로운 시대에는 평생 배우고 또 평생 가르칠 때 삶에 대한 애정과 열정이 생겨난다. 대부분의 사람은 더 진지하게 삶을 살아가려고 한다는 것이다. 그러니까 우리가 배우는 것을 쉬거나 멈추면 열정은 사라지고 말 것이다.

두 번째 교육의 목표는 겸손을 배우는 것이다. 우리 인간도 격이 있다. 인간을 격으로 나누는 기준은 바로 인격이다. 그런데 요즘 젊은이들은 사람을 격으로 나누는 것을 대부분 외모를 가지고 격을 나누는 것이 대부분이다. 그것은 외적인 아름다움에 불과하고 인간의 격을 나누는 가장 중요한 기준은 내적인 아름다움, 즉 교양이다. 그래서 교양을 가진 사람이 진정으로 아름다운 사람이다. 외모는 우리가 성형 수술을 해서 한순간에 변경시킬 수 있지만, 이 교양이라고 하는 것은 끊임없는 배움을 통해서만 연마되는 것이다. 그래서 교양을 함양시키게 되면 겸손해진다는 것이다.

다산 정약용 선생의 여러 가르침 중에 "자상자인하지요, 자하자인상지(自上者人下之 自下者人上之)"라는 글귀를 제일 좋아한다. 그 의미가 "자기 자신을 자기가 스스로 높이면 남이 깎아내릴 것이고, 자기 자신을 낮출 줄 알면 남이 높여 줄 것이다"라는 것이다. 이게 바로 겸손한 마음이요, 배운 사람만이 겸손해질 수 있는 것을 의미한다. 강의할 때마다 강조해 온 내용이다. 겸손이라고 하는 것은 흉내를 낼 수는 있지만 그렇게 되기는 어렵다. 용기가 필요하기 때문이다. 자기를 낮출 수 있다는 것은 이미 배운 사람만이 할 수 있는 용기가 생기기 때문에 가능하다. 배우지 않은 사람은 겸손을 가장할 수는 있지만 금방 들통이 나고 말 것이다.

그 다음에 세 번째가 사랑이다. 사랑을 배우는 것이다. 그 사랑의 대상은 여러 가지로서 인간일 수도 있고 자연일 수도 있고 또 진리에 대한 사랑일 수도 있다. 그래서 교수로서 나도 사회과학, 그중에서도 지방자치나 지역 발전에 대해서 지난 30여년 동안 전공하고 연구도 하고 또 가르칠 수 있었다. 가르친다는 것은 결국 지역에 대한 사랑, 지역 주민에 대한 사랑 또 그것과 관련된 진리에 대한 사랑 가능한 것이다. 또한 그 사랑이 있어야 좋은 교육으로 될 수 있다고 믿으면서 그런 자세 속에서 가르치려고 노력을 해 왔다. 그러니까 우리가 아무리 많이 배워도 그것을 사랑할 줄 모르면 그 지식은 별로 유용하지 않다고 믿고 교육에 임했다.

지역을 발전시키려면 지역에 대한 사랑이 있어야 하고, 지역 주민의 복지를 향상시키는 연구를 하려면 지역 주민에 대한 사랑이 있어야 된다. 그렇지 않으면 진정으로 그 대상을 변화시키기가 어렵기 때문이다. 그것이 교육의 가장 기본적인 목적이라고 생각하면서 30여년 동안 노력했고 또 앞으로 남은 기간 동안 교육을 계속한다면 나는 열정과 겸손과 사랑을 가르치고, 느끼고, 전해 주고 싶다는 생각을 가지고 있다.

그런 의미로 가유삼성(家有三聲)이라는 맹자(孟子)의 말씀이 있다. 다시 말해서 집안이 잘 되려면 다음의 세 가지 소리가 크게 들려야 된다는 것이다. 먼저 해성(孩聲)이라고 하는 것은 어린 아이 우는 소리다. 즉, 집안에 어린 아이의 울음소리가 크게 들려야 집안이 번성한다는 의미로서 출산율이 높아야 된다는 얘기다. 그 다음에 기성(機聲)이라고 해서 베틀 짜는 소리를 말한다. 그러니까 옛날에는 베틀을 짜서 집안의 경제를 지키는 것이기 때문에 베틀 짜는 소리가 크게 들려야 집안의 경제가 잘 돌아간다는 의미다. 마지막으로 독성(讀聲)이라고 하는 것은 글을 읽는 소리다. 글을 읽는 것은 바로 교육을 말한다. 그래서 글을 읽는 소리가 담 밖으로 크게 넘어가야 그 집안이 번성한다는 의미인데 사실은 가유삼성만 아니라 지유삼성(地有三聲)으로 지방도 마찬가지이고, 국유삼성(國有三聲)으로 국가도 마찬가지 의미로 통할 것이다. 그래서 우리가 배우는 것은 결국 자기 자신과 집안 그리고 지역과 국가의 번영을 위해서 배우게 되는 것이다.

그런가 하면, 가르치는 사람도 분명한 목적을 가지고 가르치지만 배우는 사람들도 좋은 자세가 있어야 한다. 교육이라는 것은 가르치는 사람만 잘 가르쳐서 되는 것이 아니라 배우는 사람도 좋은 자세와 마음가짐을 가져야 좋은 교육이 이뤄진다. 배우는 것은 꼭 새로운 것을 얻는 것만이 배우는 것이 아니다. 즉, 새로운 것을 얻어서 자기 속에다 집어넣는 것만 배우는 것이 아니라 버리는 것도 중요하다. 자기가 배운 것 중에는 이미 쓸모가 없게 되고, 시대에 맞지 않아서 더 이상 효용 가치가 없는 지식과 정보가 많이 있다. 문제는 이것은 과감하게 버리고 폐기할 줄 알아야 한다는 점이다. 그러니까 "버려야 채워진다"는 말이 있는 것이다. 세기의 과학자인 아인슈타인(Albert Einstein)은 "우리가 직면한 중요한 문제들은 그 문제가 발생한 시기의 지식과 정보로는 해결할 수 없다"면서 늘 새로운 지식과 정부가 필요함을 역설했다. 반면에, 노벨상 수상 경제학자 케인스(John M. Keynes)는 "새로운 아이디어를 얻는 것보다 기존의 아이디어에서 벗어나는 것이 훨씬 더 어렵다"면서 이른바 폐기학습이론의 중요성을 일찍이 설파한 바 있다.

정보의 홍수 시대에는 지식과 정보가 끊임없이 바뀐다. 지금 우리가 알고 있는 최고, 최신의 지식과 정보라고 하는 것도 시간이 지나면 쓸모없는 지식과 정보가 되기 때문에 계속해서 배울 수밖에 없다. 그런데 사람들은 대개 한 번 자기 머릿속으로 들어온 지식과 정보를 잘 버리지 않으려고 한다. 입력된 지식과 정보를 계속 소유하면서 새로운 지식과 정보는 잘 받아들이지 않으려고 하는 속성이 있다. 더 이상 유용하지 않은 기존의 지식과 정보만 가지고 활용해서 쓰려고 하면 그것은 편견과 독단이 되고 만다. 그것은 배움의 자세가 아니다.

배우려고 하면 모든 것을 비우고 내려놔야 한다. 이것이 가장 중요한 배움의 자세다. 다시 말해서 오픈마인드를 가지고 열어 놓고 남의 얘기를 귀 기울여 듣고, 또 채워서 자기 것으로 만들고 또 주기적으로 이것이 유용하지 않으면 과감하게 버리는 자세가 배움의 자세로서 상당히 중요한 것이라고 생각한다.

그뿐만 아니라, 공자(孔子)는 "지지자부여호지자, 호지자부여락지자(知之者不如好之者 好之者不如樂之者)"라는 말을 『논어(論語)』에서 했다. "아는 사람은 좋아하는 사람만 못 하고, 좋아하는 사람은 즐기는 사람만 못 하다"는 의미로서, 우리 모두는 배우는 것이 즐거운 일이기 때문에 즐겁게 해야 한다는 것이다. 이 지식과 정보를 꼭 내가 배워서 활용함으로써 돈을 벌고 하는 어떤 목적을 가지고 배우는 것도 있지만, 이 배움 자체를 즐길 줄 아는 그것이 가장 좋은 군자의 자세라는 것이 공자의 가르침이다.

그래서 공자의 수많은 가르침을 한마디로 정리하라면 권학(勸學), 즉 "배워라. 학문을 배워라"다. 배운다는 자체가 그냥 즐거움이라고 생각하면 된다. 따라서, 우리는 평생교육을 통해서 배움으로써 삶에 대한 즐거움을 갖게 되고, 그 다음에 행복해질 수 있다고 생각한다. 철학자 칸트(Immanuel Kant)도 행복의 조건을 세 가지로 얘기한 바 있다. 인간이 행복해지기 위해서는 세 가지 조건이 충족돼야 한다는 것이다. 즉, 어떤 일을 할 것인가, 어떤 사람을 사랑할 것인가, 그리고 어떤 일에 희망을 가질 것인가에 대한 조건으로서 공자와 맥을 같이한다.

이런 조건이 최소한 충족돼야 행복한데, 이 세 가지 조건이 충족되기 위해서는 교육을 통해서 배우는 것이다. 그래서 진정으로 우리가 배워야 즐거워질 수 있음과 동시에 행복해질 수 있다고 생각하며 지난 30여년 동안에 교단을 지켰다. 지난 시간들이 짧았지만 정말 행복했다. 또 앞으로도 이것을 가르치기 위해서 노력할 것이다. 그동안은 주로 대학에서 가르치는 일에 주력했지만, 앞으로는 많이 배울 계획을 가지고 있다. 취미생활에 대한 것도 배우려고 하고 또 남의 좋은 강의도 배움으로써 내 자신도 행복해지고 즐거워지려고 한다. 더 궁극적으로는 배움을 통해 여러 가지를 더욱 사랑하고자 하는 목적을 이루기 위해서다. 아무튼 사랑하는 제자 여러분도 끊임없이 평생 배우고 익히고 즐길 수 있는, 그래서 행복해지는 그러한 삶을 적극적으로 추천하고 싶다.

2. 내 마음을 다스린 세 권의 책

2018년 올 여름은 유난히 무덥다. 우리 모두가 처음 겪는 엄청난 무더위다. 이번 휴가철에 마음에 드는 책과 함께 사색의 시간을 갖는다면 더위쯤은 잠시 잊을 수 있을 것이다. 대학에서 학생들을 가르치고 학문적인 연구를 직업으로 하는 필자는 책을 읽는 것이 일상생활이다. 좋은 책 속에는 세상을 바르게 그리고 즐겁게 살아가는 지혜가 있다. 세상의 이치를 다양하고 균형있게 이해할 수 있는 진리도 담겨 있다. 책을 읽는 궁극적인 목적은 내가 얼마나 무지한가를 정확히 아는 동시에 학생들을 잘 가르치기 위함이다.

책을 읽는 방법과 습관은 사람마다 다르다. 필자 역시 독특한 방법으로 책을 읽는다. 보통 대여섯 권의 책을 동시에 읽는다. 읽을 책들의 내용이 당장 궁금해서도 그렇다. 또 어떤 책은 내용이 부실하기 때문에 중도에 독서를 중단하기 위해서도 그렇다. 그래서 여러 책을 동시에 대략 읽고 난 후, 좋은 책은 다시 정독한다. 또한, 책을 읽고 난 뒤에는 주요 내용과 교훈점을 반드시 정리해 기록해 둔다. 기록 없는 독서는 착각과 편견을 가져올 수 있기 때문에 읽지 않는 것보다 오히려 위험할 수 있다.

우선, 실의에 빠진 젊은 청년들에게 활력을 주고 인생의 의미를 다시 깨닫게 해 주는 책으로 『논어(論語)』를 추천하고 싶다. 서양의 이론과 전략이 판을 치는 현 시점에서 왜 하필 그 어려운 공자 얘기를 다시 끄집어 내느냐고 하겠지만, 고전 속 지혜는 시대와 공간을 뛰어넘고 모든 사람의 공감을 끌어내는 힘이 있다. 뭐든지 변하고 있는 세상에서 한 사람의 사상이 2천 년을 넘게 살아남아서 후세 사람들에게 회자되고 있다는 사실만으로도 놀라운 일이다.

공자 사상을 집대성한 『논어』에는 인간의 삶에 영향을 미치는 인(仁)과 예(禮) 그리고 중용(中庸)의 도(道)가 담겨 있다. 직장생활의 지혜와 성공의 이치도 숨어 있다. 즉, 공자의 한 마디 한 마디는 우리들 각자의 인생의 목표, 삶의 자세, 직업정신, 근무 태도를 돌아보게 하고, 난세에서 살아남는 생존 전략을 일깨워 준다. 최근 출간된 『공자가 다시 쓴 자본주의 강의』에서도 공자는 냉혹하고 탐욕스러운 현 자본주의 병폐를 치유하기 위해서는 인(仁), 의(義), 기(氣)를 살리는 인간적 자본주의가 그 해답임을 제시하고 있다. 읽으면 읽을수록 새로운 깨달음을 얻을 수 있는 공자의 사상은 오늘의 위기를 헤쳐 나가는 새로운 이정표가 되고 있다.

두 번째 책은 『추기경 김수환 이야기』다. 이 책은 한 개인의 단순한 회고록이 아니라, 한국 사회 격동기의 굵직한 사건들과 한국 천주교회 발전사가 기록돼 있다. 특히, 어느 누구도 엄두조차 내기 어려운 무거운 십자가를 지고 한국의 교인과 국민들을 위해 교회를 이끌어 온 큰어른의 솔직 담백한 고뇌와 간절한 기도가 담겨 있다. 이 책을 통해서 종교계 큰 어른의 인간 사랑과 한국 사랑의 기도를 듣게 됐을 뿐만 아니라, 인간의 고독과 외로움, 번민과 갈등은 어느 누구하고나 함께하고 있음을 깨닫게 한다. "결혼해서 처자식과 오순도순 살면 얼마나 좋을까"라는 생각도 해 봤다는 고백에서 한 인간으로서의 애절한 연민의 정을 느꼈으며, 보일 듯 말 듯한 목자(牧者)의 눈물까지 보게 됐다. 그분의 겸손과 남을 위해 늘 자신을 희생하는 위대한 사랑을 배우는 책이 아닐까 생각한다.

세 번째 책은 법정스님의 『무소유』다. 처음 읽은 지 10년이 넘었는데도 마음 깊은 곳에 남아 있다. 이 책을 보면, 인간의 역사는 어떻게 보면 소유사(所有史)처럼 느껴진다. 소유욕에는 한정도 없고 휴일도 없는 듯하다. 인간의 역사가 소유사에서 무소유사로 방향이 바뀐다면 아마 싸우는 일이 거의 없을 것이다. 법정은 소유욕이 집착과 범죄를 가져온다고 말한다. 우리들의 소유 관념이 때로는 눈을 멀게 하기 때문이다. 언젠가 우리 모두는 빈손으로 돌아간다. 스님은 크게 버리는 사람만이 크게 얻을 수 있다고 강조한다. 아무것도 갖지 않을 때 비로소 온 세상을 갖게 된다는 것은 무소유의 또 다른 의미라는 것이다. 추천한 책들을 통해 만나게 될 인본, 희생, 무소유라는 성인들의 삶의 가치가 무더위에 지친 우리들에게 시원한 청량제처럼 느껴질 것이다.

3. 공자가 제시한 공무원의 이정표

전국의 많은 공무원을 대상으로 강의를 맡아 오면서 공직사회의 문화와 행태들을 좀 더 가까이 접하고 있다. 대부분의 공무원은 어려운 여건 속에서 시민을 위해 많은 땀을 흘리고 있다. 때로는 시민들로부터 박수를 받고 보람을 찾지만, 때로는 따가운 질책과 과중한 업무 그리고 승진 경쟁 때문에 직장에서의 소외감과 인생의 좌절감을 느끼기도 하는 것 같다. 특히, 그동안 우수한 제자들이 어렵게 노력해서 공무원이 됐지만, 얼마 후 그들을 만나 보면 정작 공직에 큰 보람과 자부심을 느끼고 있지 못하고 있는 것 같아서 안타까울 때가 많았다. 공무원 스스로가 만족하고 즐겁지가 않으면 그들이 봉사해야 할 시민들은 더더욱 즐겁고 만족할 수가 없을 것이다.

이러한 공무원들에게 직장인으로서 활력을 주고 인생의 의미를 다시 깨닫게 해 주는 지혜로운 이야기책으로 리우웨이리(劉爲禮)가 엮은 『직장논어』를 추천하고 싶다. 공자는 이 책 전편에 걸쳐 "지위가 없음을 걱정하지 말고 그런 자리에 설 수 없음을 걱정하라. 자신을 알아 주지 않음을 걱정하지 말고, 알려질 수 있기를 구하라"고 여러 번 강조한다. 그것은 실력이 뛰어난 사람은 남들의 평가에 연연해 하지 않고, 누군가가 자신의 능력을 제대로 평가해 주지 않는다 하더라도 군자는 자신의 실력이 부족하다고 생각한다는 것이다.

아무쪼록, 이 책을 통해 많은 직장인, 특히 공무원들이 올바른 직업정신을 갖고 성공하는 직장인으로 거듭나기를 바란다. 그리고 자신의 이익만을 중시하는 소인배가 아니라 인자함과 예의, 신뢰를 중시하는 군자다운 인간으로 다시 태어나기를 희망한다. 읽으면 읽을수록 새로운 깨달음을 얻을 수 있는 공자의 사상은 오늘의 위기를 헤쳐 나가는 새로운 이정표가 되고 있다.

끝으로, 지방자치와 지방행정을 전공하는 학생들은 공무원이 되는 데만 주력하지 말고 지방자치 시대에 주역이라 할 수 있는 단체장과 지방의원에 도전해서 인자함과 예의, 신뢰를 중시하는 군자다운 리더십으로 지역의 발전과 주민들의 삶의 질을 개선하는 데 앞장서 주기를 강력히 권장한다.

제 8 장

강의는 끝나지만, 도전은 멈출 수 없어! 육 교수야

1. "시민 여러분, 용기를 내십시요"*

존경하는 기자 여러분! 이 자리에 함께 해 주신 시민 여러분!

저는 2018년 지방선거에 대전시장으로 출마하고자 합니다. 제가 이번 대전시장 선거에 출마하는 이유는 대전시장이 갖는 권력이나 명예를 얻기 위한 것이 아닙니다. 저는 자유민주주의 체제의 정통성을 지키고 동시에 대한민국이 올바른 방향으로 갈 수 있도록 지방자치를 바르게 정립하기 위해 출마합니다. 그리고 무엇보다도 저는 제 가족과 존경하는 시민들이 살고 계신 자랑스런 이 대전을 위기에서 구하기 위해 용기를 내서 대전시장 출마를 결심했습니다.

쇠퇴하고 있는 대전을 재도약하는 대전으로 새롭게 만들기 위해서는 보수와 진보, 좌와 우, 여와 야, 영남과 호남의 출신 지역을 한가하게 따질 때가 아닙니다. 우린 너무 절박한 현실에 놓여 있습니다. 민선 7기가 시작되는 2018년

---

* 대전광역시장 출마 기자회견문, 2018.2.7.

7월 1일부터 대전 시민 모두 저와 함께 힘찬 변화를 시작해야 합니다. 그 변화의 중심에 새롭고, 깨끗하고, 능력 있다고 자신하는 대전 위기 해결사 바로 육동일이 서 있을 것입니다. 저는 지방자치의 전문가로서 우리 대전시를 대한민국 최고의 지방자치 모델도시로 만드는 것이 제 일생 동안 키워 온 꿈입니다.

저는 최근에도 많은 시민을 만나 뵈었습니다. 교수로서 늘 만나는 대학생은 물론 시장에서 상인, 택시사업자와 기사분, 연구단지 종사원, 복지센터 어르신 등 한 분 한 분마다 말씀하시는 방법이나 어조는 달랐습니다. 그러나 그분들이 저에게 간절히 전하고자 하는 내용은 모두 같았습니다. 한마디로 "장사가 너무 안 된다, 대전에서는 구할 일자리가 없다, 살기가 너무 힘들다"였습니다. 그런데도 "대전에 대한 미래 희망이 안 보이니 대전을 어떻게든 바꿔 달라"는 간곡한 부탁의 말씀이었습니다. 그리고, "대전시를 이끌던 옛 사람들은 이제 식상하고 기대가 안 가니 제발 새 사람들로 바뀌었으면 좋겠다"는 탄식의 말씀도 빼놓지 않았습니다.

저는 그 절절한 말씀에 전적으로 공감합니다. 지금 우리 국민은 너나 할 것 없이 매우 힘든 시기를 보내고 있습니다. 단군 이래 가장 좋은 교육을 시켜서 제일 똑똑하고 유능하다는 2·30대 청년, 그중에도 대전의 지방 대학을 나온 대학생들의 태반은 백수가 돼서 세상을 원망하고 있습니다. 지난달 청년실업률이 9.9%로 사상 최고를 기록했습니다. 지난해 정부는 11조 원 규모의 일자리 추가경정예산으로 공공일자리를 확대한다고 큰소리쳤지만, 청년층(15~29세) 취업자 비중은 역대 가장 낮은 수준인 14.96%를 기록했습니다. 지난 4년간 유지됐던 15%대가 무너진 것입니다.

그래서 청년들은 '청백전'과 '이생망'이란 신조어에다 오죽하면 자신들 대부분이 실업과 신용불량자가 되는 '청년 실신 시대'에 살고 있다고 개탄할 정도입니다. 취업을 포기한 청년들은 연애, 결혼, 출산은 물론 인간관계와 내 집 마련 그리고 꿈과 희망까지 포기한 '7포 세대'라고 스스로를 한탄하며 대한민국을 헬조선으로 보고 있습니다. 그들은 지금 평창올림픽 여자하키 남북 단일팀 구성 그리고 가상화폐의 일방적 규제에 대해 불공정하고 정의롭지 못한 결정이라며 정부를 비판하고 있습니다.

그런가 하면, 한참 가족을 부양해야 하는 4·50대 가장들은 실직과 폐업을 걱정하면서 매일 밤 잠을 못 이루고 있습니다. 500만 명에 이르는 자영업자들은 장기 불황에 임대료 그리고 최저임금제로 인한 인건비 상승으로 벼랑 끝으로 내몰려 있습니다. 그간 허리띠를 졸라매고 국가와 가족을 위해 노후 대비도 못한 채 평생을 바친 6·70대 이상의 어르신들은 국가와 젊은 세대로부터 존경과 대접은커녕 빈곤, 질병, 외로움과 사투하면서 하루하루 힘들게 버텨 가고 있습니다. 그러나, 높은 기대와 신뢰 속에 출범한 새 정부는 이 국민들의 절실한 고민과 요구를 충족시키지 못하고 갈팡질팡하고 있습니다.

사랑하는 시민 여러분!

저는 문재인 정부가 성공하기를 간절히 바랍니다. 야당이 된 자유한국당도 더 뼈저린 반성과 함께 깊은 성찰과 개혁이 필요합니다. 지금 대한민국은 새 정권에서도 큰 혼돈과 갈등에 놓여 있기 때문입니다. 우선 우리 국가 사회가 지향하는 자유민주주의 체제가 위협받고 있습니다. 체제를 지탱하는 시장경제, 대의민주제 그리고 개개인의 자유와 권리가 보장되는 개인주의가 무분별한 사회주의식 계획경제, 포퓰리즘적 직접참정제 그리고 특정적 집단주의로 무조건 대체하려는 무리한 시도가 계속되고 있습니다. 이 과정에서 국가와 국민들은 큰 혼란에 빠지고 있습니다.

평창올림픽의 주최국인 대한민국은 태극기도 들 수 없고 애국가도 부를 수가 없다고 합니다. 국민적 자부심과 일체감을 갖고자 어렵게 올림픽을 유치한 것인데 북한의 도를 넘는 무리한 요구를 일방적으로 들어 주기 위해 우리 국민들이 상처받는 상황이라면 이 올림픽을 개최할 이유가 어디에 있는지 모르겠습니다. 도무지 신뢰가 안 가는 북한이 올림픽 후에 과연 달라질 것인가에 대해서도 의구심을 품지 않을 수 없습니다.

게다가, 대한민국은 새 정권이 출범한 지 1년이 되지 않았는데도 총체적인 난국을 향해 가고 있습니다. 우리 국민의 목숨과 재산이 달린 북한 핵문제를 다루는 우리 외교가 국제무대에서 패싱당하고 있습니다. 정치는 여·야 협치는 외면한 채 야당을 적폐 세력으로만 보고 있기 때문에 국민 화합과 통합이라는 궁극적 목표는 실종되고 있습니다. 오히려 북한과의 소통과 화합에만 매달리고 있습니다. 우리 국민과 이해당사자와의 진정한 소통과 부처 간 조율을 생략한 채 설익은 정책들(가상화폐, 영·유아 영어교육, 최저임금제와 부동산정책 등)을 중구난방으로 제시했다가 즉시 취소되는 우를 반복하고 있어서 경제, 복지, 교육정책들은 국민들을 실망시키고 있습니다. 눈만 뜨면 화재사고가 일어나 수많은 생명이 화마에 사라져 가고 있는데도 속수무책입니다. 이 위태로운 국정을 지켜보는 국민들은 대한민국이 체제와 이념과 정책의 혼돈 속에 하루하루를 불안하게 살고 있습니다.

존경하는 시민 여러분!

대한민국과 국민 전체도 어렵지만, 대전의 위기는 더 심각해서 대전 시민들의 고통과 고민이 이만저만이 아닙니다. 대한민국 제2의 수도다, 중부권의 거점도시다 해서 마냥 잘나가는 줄로 알고 있었던 우리 대전도 근래에 와서 곳곳에서 침체와 쇠퇴 조짐의 급격하게 나타나고 있습니다. 잘 아시다시피, 조선시대 인구 3천 명에 불과했던 대전시는 지난 백년 간 눈부시게 성장해 150만 명에 이르는 대도시가 됐습니다. 그러나 2000년대 들어와서 대전 발전의 심장은 멈춰 버렸습니다.

그 사이에 자기부상열차, 로봇랜드, 첨단의료복합단지 등 국책사업 유치에 계속 실패하면서 대전이 위축되기 시작했습니다. 게다가 대책도 없이 2012년 구 도청사 이전과 2014년 서대전역의 붕괴도 대전의 침체를 가중시키고 말았습니다. 반면에, 우리와 경쟁하던 인천광역시는 이 무렵부터 송도·청라·영종지구 개발 등으로 국제적인 도시로 비상하기 시작했습니다. 우리는 기껏해야 나무심기와 3대 하천 정비에 머물고 말았습니다. 그러는 동안 원도심의 공동화, EXPO 과학공원의 방치, 도시철도 건설, 유성복합터미널 등의 현안 문제들을 놓고 우왕좌왕하는 가운데 도시 재도약의 골든타임을 다 놓치고 말았습니다.

지금은 시장도 부재 중인 비상 상황이니 두고두고 가슴을 칠 일입니다. 전 시장을 공천해서 대전을 이 지경으로 만든 더불어민주당은 대전 시정의 난맥상과 무책임성을 시민들께 사죄하기는커녕 이번 지방선거에 앞다퉈 서로 출마하는 데 혈안들이니 실로 개탄하지 않을 수 없습니다. 지난 민주당 산하의 시정 실패와 지금의 어지러운 국정 운영 상황을 놓고 볼 때 대전 시정이 민주당으로 다시 넘어가면 대전은 세종시의 베드타운으로 전락함으로써 도시는 영원히 쇠퇴할 것이 너무나 분명합니다.

사랑하는 시민 여러분!

세종시의 정착은 대전에 발전의 기회보다 대전의 인구와 경제력을 빨아들이는 블랙홀 현상으로 작용할 가능성이 점점 크게 나타나고 있습니다. 2012년 세종시 출범 이후 2017년 말까지 대전에서 세종으로 유출된 인구는 총 7만 명이 넘어서 세종시 전체 유입 인구의 3분의 1을 차지하고 있습니다. 대전에서 유일하게 인구가 증가한다고 자랑해 왔던 유성구도 작년 말부터 인구가 감소세로 돌아섰습니다. 작년 12월 유성의 인구는 출산율 저하와 세종시로의 인구 이동으로 621명이 감소했습니다. 유성의 미래를 내다보지 못하고 아무 대책도 마련하지 못한 채 구청의 홍보와 축제에 치중한 결과는 이제 참담한 쇠퇴의 부담만 전체 대전 시민들에게 떠넘길 것입니다.

많은 시민은 오래전부터 대전이 미래 일거리와 먹거리를 준비하지 못한 것에 대해 걱정하며 불안해 왔습니다. 이렇게까지 대전이 쇠퇴의 위기와 시장 부재의 비상 상황으로 치닫게 된 근본 원인은 우리에게 이미 10년 전부터 예견된 일임에도 불구하고 대전의 정치와 행정을 책임진 어느 지도자들도 미래를 내다보지 못하고 철저하게 대비하지 않았기 때문입니다. 그들은 대부분 대전 시민들을 위해 대전의 미래를 멀리, 넓게, 깊이 그리고 시민들과 함께 보지 않고, 오로지 선거의 승리만을 위해 편 가르고, 졸속적으로, 단편적으로, 근시안적으로, 그때그때 미봉책을 가지고 문제를 해결하려 했기 때문입니다. 그 결과 지역 발전의 가장 큰 원동력인 시민들의 자신감 그리고 일체감과 결속력이 상실됐습니다.

이제 대전은 또 다른 백년을 준비하면서 당장의 현안 문제들을 향후 10년 안에 해결해야 할 중대한 전환기에 놓여 있습니다. 다시 한번, 우리 대전 시민들이 저력을 발휘해 시민들의 심장이 다시 뛰게 하면서 대전 중흥의 신화를 창조하려면 대전은 변해야 합니다. 아니 모든 것을 바꿔야 합니다. 대전 시정은 능력있는 시장의 새로운 리더십으로 철저한 개혁을 통해 침체에서 번영으로, 과거에서 미래로, 분열에서 하나로, 관 중심에서 시민 중심으로 가야만 대전이 위기를 극복하고 심쿵한 대전으로 재도약하게 됩니다.

현명하신 기자 여러분!

지난 2017년 12월 19일, 저는 기자간담회를 통해 대전이 재도약하느냐 아니면 쇠퇴하느냐의 중대한 전환기에 놓여 있다고 강조했습니다. 이에 따라, 대전의 총체적 위기를 극복하는 동시에 시민들의 긍지와 자부심을 회복하는 데 필요한 '2025 대전 발전의 새 비전과 전략 및 10대 발전정책' 그리고 '2025 대전경제 중흥 4대 비전과 6대 정책'을 발표해서 많은 시민으로부터 공감과 지지를 얻은 바 있습니다.

요약하면, 대전의 비전은 도시정체성의 재확립으로 시민들의 심장이 다시 뛰는 '심쿵 대전'으로 제시하고, 세계 10대 과학기술도시 진입, 지역총생산 60조 원과 1인당 GRDP 4,000만 원 달성으로 전국 10위권 진입, 도시 브랜드 가치 국내 3위 진입을 대전 발전의 구체적인 목표로 삼았습니다. 대전 경제 중흥을 위해서는 4차 산업혁명의 전진기지로서 ICBMA 산업경제, 과학벨트, 문화관광을 연계한 스마트 도시 대전으로 발전시켜 시민 소득 증대, 지역 인재 육성, 새로운 양질의 일자리 30,000개 창출을 목표로 제시한 바 있습니다.

저는 이를 실현하기 위해

하나, 오는 2023년에 대전에 '대전엑스포 2023'을 유치해서 대전 시민들이 다시 한번 하나 되는 발전의 계기를 만들겠습니다. 대전엑스포는 과학비즈니스벨트의 성공적 조성으로 인한 성과물을 전시하는 장으로서의 효과뿐 아니라,

안산국방산단과 함께 유성구 대동·금탄동 산업단지를 4차 산업혁명의 전진기지로 자리 매김 하는 결정적 계기가 될 것입니다.

하나, 대전국립현충원 일대를 미국 워싱턴의 웰링턴 국립공원처럼 교육·문화·관광·힐링 벨트화하고 유성온천지역을 서구와 연계해서 건강특화거리로 조성, 휴양형 의료관광단지로 만들어서 대전 경제에 기여토록 하겠습니다.

하나, 대덕연구개발특구와 과학비즈니스벨트를 중앙정부 주도에서 중앙과 지방정부, 지역 대학과 지역 기업이 협력하는 '지역 거버넌스 체제'로 재정립시켜 지역의 일자리 창출, 시민의 소득 증대, 대전형 창의 융합 인재 육성 및 지역 대학 발전 등 지역 발전과 반드시 연계시킬 것입니다.

하나, 대전시와 세종시는 궁극적인 대·세통합시를 목표로 함께 초광역 상생 전략을 실행하고, 대전 인근 지역인 금산, 옥천과도 통합을 목표로 지역 경제, 교통, 교육, 환경 등 대전과의 상생 발전을 적극 추진해 나가겠습니다.

하나, 지하철 2호선 건설과 유성복합터미널 문제는 시장 임기 시작과 동시에 '대전공론화위원회'를 조속히 구성해서 모든 내용을 재검토한 후, 최종안을 시장 취임 후 90일 이내에 시민들 앞에 내놓고 동의를 받아 내겠습니다.

하나, "원도심의 서민과 소상인이 살아야 원도심이 살고, 원도심이 살아야 대전이 산다"는 굳은 신념으로 원도심 재창조 사업에 승부를 걸겠습니다.

하나, 대전 시정을 올바로 이끌 공무원들이 시민들의 신뢰를 회복하기 위해서 파벌을 청산함으로써 성실하고 청렴한 공무원들이 시정을 맡아 시민들에게 무한봉사할 수 있도록 시정의 시스템, 관행, 공직문화를 혁신해 나갈 것입니다.

제가 이렇게 시민들께 약속드리는 대전 발전의 비전과 정책들은 지난 30여 년간 연구·검토하고, 많은 전문가와 시민들과의 소통을 통해 정리하고 다듬은 것들이어서 제가 시장에 취임한 90일 이내에 그 실행이 대부분 가능한 사업들입니다. 시민 여러분들께서 앞으로 더 많은 조언과 아이디어를 주신다면 그 성공 가능성은 더욱 높아질 것입니다. 저는 중앙의 다양한 네트워크를 활용해서 대전 발전을 위해 중앙의 지원과 협력을 최대로 확보할 수 있는 자신이 있습니다. 한마디로 저는 오랫동안 철저히 준비했고, 실력을 키워 왔으며, 내공을 쌓으면서 때를 기다려 왔습니다. 지금 대전은 기존 정치인이나 좁은 식견과 낡은 사고에 젖어 있는 행정가가 해야 할 역할이 많지 않습니다. 그들은 이 대전의 위기를 극복하는 데 있어서만큼은 저를 따라오지 못할 것입니다.

용감한 기자 여러분, 오늘 이 자리를 함께 해 주신 시민 여러분!

대전시의 주인은 바로 대전 시민입니다. 대전 시민들이 대덕특구와 과학벨트의 주인입니다. 상인과 서민들이 원도심의 주인이고, 젊은 청년들이 미래 대전의 주인입니다. 저는 이 대전 시민들의 저력을 믿습니다. 2018년 7월 1일부터는 그간의 근심과 걱정, 한숨과 눈물을 내던지고 우리 모두 대전 발전의 새로운 꿈과 희망을 안고 모두 함께 힘차게 달려 나갑시다. 저는 할 수 있습니다. 여러분이 저와 함께해 주신다면 자신 있습니다. 저는 새로운 비전과 리더십을 갖춘 구원투수로서 대전을 위기에서 구하겠습니다.

지난 아시아축구연맹(AFC) U-23 축구대회에서 베트남 대표팀을 이끈 박항서 감독에게서 우리는 지도자의 능력이 어떻게 위기에서 벗어나게 하는지를 지켜봤습니다. 대전의 이 쇠퇴 위기와 비상 상황을 극복할 가장 큰 힘의 원천은 새 시대의 질서를 만들어 낼 새 리더의 빛나는 지혜와 시민들의 용감한 용기입니다. 지금 대전은 새로운 전문가의 지혜가 절실히 필요합니다. 멈춰 버린 대전의 심장을 다시 뛰게 만들어야 하기 때문입니다. 지금이야말로 대전 시민들이 용기를 내고 다시금 저력을 발휘해서 맥박이 힘차게 뛰는 심쿵한 대전을 만들어야 합니다. 우리는 할 수 있습니다.

끝으로, 대전은 하나입니다. 우리도 하나입니다. 그리고 우리는 새로워져야 합니다. 우리 모두 하나가 돼서 대전 발전의 새 길을 찾아 나섭시다. 우리가 가는 길이 가시밭길이라면 제가 앞장서겠습니다. 그 길이 꽃길이 되면 시민 여러분이 앞장서십시요. 제가 뒤에서 따르겠습니다. 낙오자가 있다면 제가 일으켜 세워서 함께 뛰도록 하겠습니다. 사회적 약자는 앞에서 뛰도록 해서 공정과 정의로운 대전을 만들겠습니다. 저는 머리로, 가슴으로, 몸으로 착실히 준비해 왔습니다. 이제 여러분을 믿고 뛰겠습니다. 위기 해결사로서 저는 자신있습니다! 여러분과 제가 함께 하나가 되면 우리는 이 위기를 극복할 수 있습니다! 우리 한번 만들어 봅시다! 우리 후손들을 위해서 반드시 해내야 합니다.

다시 한번, 이 자리를 빛내 주신 시민 여러분, 그리고 언론인 여러분!

변화를 위한 위대한 용기를 내 주십시요!

2018년 2월 7일, 대전시청

2. "세종시, 수도권보다 충청 인구 빨아들여…상생 아닌 공멸"*

[출처: 중앙일보] "세종시, 수도권보다 충청 인구 빨아들여 … 상생 아닌 공멸"

문재인 대통령이 발의한 개헌안이 24일 사실상 폐기됐다. 헌법 제1조에서부터 "대한민국은 지방분권국가를 지향한다"고 천명한 문 대통령의 개헌안이 국회를 통과하지 못하고 좌초되면서 지방분권의 미래는 더욱 깜깜해졌다. 지방분권과 세종시 행정수도 완성의 중요성을 꾸준히 강조해 온 육동일 충남대 자치행정학과 육동일 교수를 지난 2018년 5월 15일 만났다.

현 정권의 지방분권 정책에 대해 어떻게 생각하나?

"문재인 정부는 지방분권에 대한 강력한 의지를 표명했다. 국정 과제로 자치분권의 실현을 강조하고 '내 삶을 바꾸는 자치분권'이라는 비전까지 제시했다. 문제는 이러한 의지가 얼마나 현실화될 수 있느냐는 것이다. 노무현 정부도 지방분권에 대한 의지가 상당했다. 그러나 국민적 공감대를 형성하지 못했고 지방자치를 거부하는 세력을 설득하지 못해 결국 실패했다. 마찬가지로 문 정부도 의지만 갖고서는 안 된다. 노무현 정부 때의 교훈을 살려야 한다."

---

* 중앙일보 인터뷰, 2018.5.29.

개헌 논의가 한창 진행될 때에는 지방분권 실현에 대한 기대가 많았겠다.

"많았다. 지방분권이 현실화되지 않던 중요한 이유 중 하나가 헌법에서 보장받고 있지 못하다는 점 때문이었다. 우리나라가 지방자치를 지향하는 국가라는 강력한 내용이 헌법 제1조에 담기길 기대했지만 결국 실현되지 못했다. 정치권도 문제지만 국민도 개헌 논의의 과정에서 중앙의 권력구조에 관해서만 관심을 가지지 지방분권에 대해 높은 관심이 없었다."

행정부처가 서울시와 세종시로 이원화되면서 국정의 비효율만 커졌다는 비판이 있다.

"세종시는 원래 수도권의 인구 과밀 문제를 해소하고 균형 발전의 거점도시로서 역할을 하기 위해 탄생한 도시다. 그러나 신행정수도가 위헌 결정을 받은 뒤에는 서울이 수도라는 관습헌법을 존중해 행정부처를 서울과 세종에 이원화하고 청와대와 국회를 서울에 남겨둘 수밖에 없었다. 이원화의 비효율성을 우려했지만 그럼에도 국토 균형 발전이라는 거대한 목표를 위해 세종시를 강행했다."

현재 세종시가 수도권 인구 과밀을 해소하는 균형발전의 거점 역할을 하고 있나?

"아직은 아니다. 인구의 규모는 커졌지만, 수도권보다는 충청권의 인구를 빨아들여 균형 발전의 역할은 시작도 못 하고 있다. 상생이 아니라 공멸이다. 막대한 비용을 들여 만든 세종시가 인근 지역을 텅 비게 하는 기형적인 도시로 가면 안 된다. 세종시가 지방분권의 거점으로서 역할을 할 수 있도록 힘을 더욱 부여해 줘야 한다."

개헌이 좌초된 현 상황에서 지방분권을 위해 세종시에 힘을 줄 현실적인 대안은 무엇인가?

"원래 청와대를 내려보내고 국회도 분원한다고 말이 많았는데 최근에는 대통령도 광화문 시대를 연다고 하며 말이 달라졌다. 세종시가 많이 위축되고 혼란스러운 상황이다. 한 번에 모든 문제가 해결될 수는 없다. 국회 이전은 어려우니 국회 분원을 계기로 변화가 있어야 한다. 분원을 통해서 세종시가 더욱 기형화되는 것을 막고 국정 운영의 비효율을 줄여야 한다."

지방분권이 성공하려면 세종시를 거점으로 인근 지역도 상생할 수 있다는 공동의 인식이 있어야 할 것 같다.

"세종시도 열린 정책을 펼쳐야 한다. 현재 세종시는 자족 기능이라는 명분으로 모든 것을 세종시 안으로만 끌어들이려는 폐쇄적인 사고를 하고 있다. 국회 분원은 세종시에 오더라도 경제, 교통, 환경 등 다양한 분야에서 인근 지역과 함께할 수 있어야 한다. 공동의 이익을 협력적으로 만들어야 한다."

지방분권에 대한 목소리가 점차 축소되고 있는 상황이다. 세종시가 비효율적이니 서울로 환원시켜야 한다는 논의도 있다.

"독일도 통일이 되면서 서독과 동독의 균형 발전을 위해 본에서 베를린으로 수도를 이전했다. 본에 일부 부처를 남겨 두고 베를린으로 이전해 이원화시켰다. 본과 베를린 사이의 거리는 400~500km로 우리보다 더 조건이 안 좋았다. 우리도 세종시가 국토균형 발전의 역할을 제대로 할 수 있도록 만들어야 한다. 서울로 환원한다는 것은 말도 안 된다. 지금까지 진행된 상황을 고려한다면 환원은 더욱 비효율적이고 엄청난 사회적 갈등을 야기하는 선택지다."

대전=이지윤 · 우아정 인턴기자

3. "위기의 대전 반드시 구해 내겠다"*

육동일 충남대 교수(자치행정학)가 지난 2018년 2월 7일, 6 · 13지방선거 자유한국당 소속 대전시장 후보 출마를 선언했다. 이번이 세 번째 도전이다. 해박한 지식과 논리 정연한 화술로 언론의 조명을 받아 폭넓은 인지도를 가지고 있다. '지방분권' 전도사를 자임하는 육 교수가 이번 선거에 출마하는 각오와 비전 등을 들어 본다(이번 인터뷰는 육동일 교수가 2018년 3월 15일 아시아뉴스통신 대전 · 세종 · 충남본부 사무실을 방문해 이뤄졌으며, 이날 기준 예비후보 등록을 하지 않아

* 아시아뉴스통신 인터뷰, 2018.3.15.

'교수'로 호칭한다—편집자 주).

지난 7일 출마를 공식 선언했는데, 출마하게 된 동기는?

"대전시장의 도전이 세 번째다. 시장이란 권력을 이용해 보고 싶다거나 명예를 누려 보고 싶다는 생각은 추호도 없다. 행정학을 전공한 학자로서, 지금의 대전 위기 상황을 보고만 있을 수 없다. 대전 시민의 한 사람으로서 쇠퇴하는 대전을 구하고 싶은 간절함이 출마의 자리로 이끈 것 같다. 또 그동안의 학문적 이론과 다양한 현장 경험 등을 지방자치에 접목해 대전을 최고의 지방자치 모델도시로 만들고 싶은 게 평소 꿈이자 마지막 목표이기도 하다."

대전의 현재를 위기 상태로 진단하고 이를 해결하겠다고 밝혔는데, 무엇이 위기란 것인지?

"위기를 진단하는 여러 지표가 있다. 가장 대표적인 것이 인구다. 이미 150만 선이 무너졌다. 해마다 인구가 줄고 있다는 건 심각한 위기이지 쇠퇴의 징표이기도 하다. 경제지표에서도 대전은 계속 떨어지고 있다. 대전 시민들의 삶이 어려워지고 있다. 특히 대전에서 창업을 하는 자영업자 등 소시민들이 고통을 호소하고 있다. 이러고도 위기가 아니라고 할 수 없지 않나?

이 같은 위기와 쇠퇴는 하루아침에 닥친 것이 아니다. 이미 10여년 전부터 진행되고 있었다. 대전은 전국에서 대표적인 교통과학도시다. 그러나 KTX 호남선 서대전역 패싱, 도시철도 2호선 지지부진 등 교통도시로서의 위상이 무너졌다. 대덕연구단지도 93대전엑스포 이후 방치되면서 연구단지 전국 분산으로 그 정체성마저 모호해졌다. 두 번째로 대전 리더십 부재다. 대전시장이 중도에 하차하고, 그에 따른 공직사회의 흔들림 등이 위기를 자초했다는 분석이서. 셋째는 대비책 마련 실패다. 행정은 미래를 내다보고 대비해야 하는 데 전혀 그렇지 못했다. 일자리 문제만 해도 이렇다할 대비책이 보이지 않는다. 넷째는 시민들의 자신감 상실이다. 과학도시로서의 자부심이 흔들리고 있다. 사회의 구성원이 자신감을 잃으면 그 도시는 쇠퇴하고 만다. 지금, 대전은 총체적으로 위기 상태라는 것이 전문가적 시각에서의 냉정한 진단이다."

대전시 행정에는 문제가 없는지?

"가장 크고 심각한 게 '파벌주의'다. 그동안의 시정 책임자들이 자신의 파벌을 중심으로 운영했다. 능력보다는 끼리끼리이다 보니 행정이 잘 될 리 있겠는가? 능력있는 사람들을 적재적소에 배치해도 모자랄 판에 파를 나누는 것은 스스로 쇠퇴를 자초하는 것이다. 분파주의를 철저히 타파하고, 공무원들의 줄서기를 단호히 근절시키겠다. 오직 능력이 있거나, 능력이 모자라면 성실한 사람 중심의 새로운 공직사회 분위기를 만들어 나갈 것이다."

대전시정이 성공하기 위해선 무엇이 필요한지?

"정책이 성공하려면 세 가지가 충족돼야 한다. 첫째는 디자인이다. 기존의 정책과 연계돼야 하고, 현 시점에 정확히 맞아야 한다. 그렇지 못한 것은 재디자인해 성공 가능성을 높여야 한다. 둘째는 시민과의 소통이다. 지금까지는 소통한다고 했지 실은 요식행위에 그쳤다. 시민들이 피부로 느낄 수 있는 진정한 소통 중심의 정책으로 바꿔야 한다. 셋째는 타이밍이다. 아무리 좋은 정책이라도 이른바 골든타임을 놓치면 허사가 되고 만다. 유성복합터미널, 도시철도 2호선, 상·하수도 문제 등이 뒷북만 쳤다.

결국은 리더십의 문제로 귀결된다. 정책을 성공으로 이끌 역량 있는 지도력이 절실하다. 리더가 모든 걸 다 할 수는 없지만, 시정의 시스템과 공무원들의 자세를 바꾸면 얼마든지 가능하다. 지금껏 그런 변화의 시도가 부족했다."

어떤 걸 바꿔야 한다는 것인가?

"리더를 바꿔야 한다. 그래야 다른 부분의 변화를 이끌 수 있다. 이전의 시정 책임자들이 능력이 부족하다는 게 아니다. 지금까지의 리더십으로는 새로운 시대를 이끌기 어렵다는 것이다. 쉽게 말해 낡고 구태의연한 리더십에서 새롭고 미래 지향적 리더십으로의 탈바꿈이다. 대전이 위기에서 벗어나기 위해서는 시민 의식이 바뀌어야 하는데 이를 위해 리더가 바뀌는 게 가장 중요하다.

또 한가지는 소통과 변화를 위해 '시민공론화위원회'를 만들겠다. 정책적 구상을 이 위원회에 내놓고 진정한 소통이 되도록 할 것이다. 짚을 건 짚고, 밝힐 건 밝히며 어떠한 뒷거래도 용납하지 않으면서 시민적 공감대를 형성하는 리더십으로 시정을 이끌어야 한다."

청년 실업문제가 심각하다

"많은 고민 끝에 대덕연구단지를 통한 해결책을 모색하고자 한다. 다양한 연구 성과들의 사업화를 적극 추진해야 한다. 연구물이 산업 현장으로 나오면 당연히 일자리는 창출되고, 그러한 인력을 양성하기 위한 대학의 교육 또한 활성화될 것이다. 연구자들의 사기도 높이고, 산업 현장 일자리를 창출하며, 지방 대학의 인재 양성을 통한 글로벌화 등 일석삼조의 효과를 기대할 수 있다.

또 대전현충원을 추모의 굴레에 가둘 것이 아니라 힐링과 휴식으로 이어지는 관광벨트화로 외지인들이 대전에 머물 수 있도록 유도하고, 대전역 공간을 전시와 회의 등과 연계해 유동객을 늘리는 등 대전의 장점을 살리는 세밀한 정책이 필요하다. 대기업 유치 등 외부적 요인도 중요하지만 대전만이 가지고 있는 내부로부터의 일자리 창출이 좀 더 현실적인 해결책이라고 본다."

미투 확산이 사회적 이슈로 확대되고 있는데?

"시대적으로 피할 수 없는 현상이다. 그동안 사회가 외면했었고 묵인했었던 게 문제였다. 이제는 중대한 사회적 이슈로, 이번 선거에서도 핵심적 변수로 작용할 가능성이 매우 높다. 최근 들어서는 대학 행정학과에도 여학생 비율이 70~80%로 높다. 비상한 관심을 갖고 조심스럽게 바라보고 있다."

그렇다 보니 여성에 대한 사회적 관심도 높다. 여성에 관한 정책은 무엇인가?

"지방자치의 여성 참여 비율을 높여야 한다. 단순히 여성들의 권익을 보장하는 목적이 아니라 지방자치가 여성 참여 없이는 뿌리내리기 힘들기 때문이다. 육아, 가정, 노인, 장애, 보건 등 여성과 관련된 업무들이 상당하다. 여태껏 행정이 여성을 외면해 아직까지도 지방자치가 정착되지 않은 것이다. 다행히 여성 참여율이 늘어가고 있으나 아직도 많이 부족하다. 물론 여성들의 적극적인 참여와 목소리도 필요하다. 가능한 한 여성들을 정치, 행정, 경제 등 다양한 분야에 최대한 많이 끌어들이는 노력을 게을리하지 않을 것이다."

지방분권에 대한 강한 의지를 갖고 있는데?

"지방분권은 우리가 가야 할 길이다. 모든 게 중앙집권으로 인해 세월호, 메르스 등 급기야 국정농단까지 벌어졌다. 중앙의 권력을 나눠야 하고 지방분권적 협력 체제로 가야 한다. 그러려면 분권을 감당할 수 있는 능력과 그에 상응하는 책임 자세를 가져야 한다. 지방에서 받기만 하려 하기 때문에 분권이 이행되지 못하는 것이다.

이처럼 지방분권에 대한 정확한 이해와 뚜렷한 의지를 가진 리더여야만 중앙에 강력히 요구하며 실행에 옮길 수 있을 것이다. 새로운 시대는 좀 더 심도있는 지방분권 달성으로 대전의 발전을 이끌 수 있는 리더를 요구한다는 판단이다."

4월 말 남북정상회담이 예정됐다. 남북관계 개선이 기대된다. 통일 한국을 향하면서 자치단체의 역할은 무엇이라 생각하는지?

"우선은 이번 남북대화가 잘 되길 바란다. 다만, 정치에 이용되서는 결코 안 된다. 통일에서 가장 중요한 건 도시 간 교류다. 독일이 그랬다. 여건이 형성되면 대전과 상응하는 북한의 도시와 교류하는 방안을 강구하겠다. 북한과 소통할 수 있는 창구가 필요하기 때문이다. 미래의 젊은이들이 통일에 다양한 역할을 하도록 이끌어야 한다. 지자체에서도 북한 전문가를 육성해 미래에 대비하는 자세가 중요하다."

이번 선거에 임하는 시민들에게 하고 싶은 말은?

"유권자가 선거만 한다고 민주주의가 되는 게 아니다. 유권자들의 판단 의식 역시 중요하다. 유권자들이 깨어 있을 때 좋은 지도자를 뽑을 수 있다. 정치 의식 수준은 유권자 의식과 같다고 한다. 정치를 경멸하는 유권자는 정치로부터 경멸받게 된다. 악순환이다. 이제 대전 시민 의식이 깨어날 때가 됐다. 이번 6·13지방선거에 반드시 성숙한 대전 시민 의식이 표출되길 기대한다."

대담: 김원배 국장

정리: 김예솔 기자

4. "대전 중흥 원동력은 시민의 용기와 리더의 지혜"*

[대전=일요신문] 육심무 기자 = 충남대 사회과학대학장과 행정대학원장 및 한국지방자치학회 회장을 지낸 육동일 충남대 교수는 대전발전연구원장으로 대전 시정의 두뇌 역할을 했고, 국가의 지방자치 전문위원으로 오랫동안 활약해 명실상부한 지방자치 전문가라는 데 이견이 별로 없다.

지방자치에 대한 해박한 지식과 경륜에도 불구하고 그는 지난 지방선거까지 소속 정당의 공천 혹은 경선이라는 정치적인 1차 관문을 넘지 못해 꿈을 펼칠 기회를 얻지 못했다.

"권력이나 명예를 얻기 위한 것이 아니라 자유민주주의 체제의 정통성을 지키고 지방자치를 바르게 정립하기 위해 대전시장에 출마한다"고 선언한 육동일 교수에게 어떻게 대전을 새롭게 만들 구상인지를 들어 본다.

먼저 시민들의 심장이 다시 뛰는 '심쿵 대전'을 비전으로 제시하면서 '대전엑스포 2023' 유치를 강조한 이유는 무엇인지요?

"대전 시민들이 다시 한번 하나 되는 발전의 계기를 만들고자 대전엑스포 2023 유치를 추진하겠습니다.

대전 엑스포는 과학비즈니스벨트의 성공적 조성으로 인한 성과물을 전시하는 장으로서의 효과뿐 아니라 안산 국방산업단지와 함께 유성구 대동과 금탄동 산업단지를 4차 산업혁명의 전진기지로 자리 매김 하는 결정적인 계기가 될 것입니다.

아울러 대덕연구개발특구와 과학비즈니스벨트를 중앙과 지방정부, 지역 대학과 기업이 협력하는 지역 거버넌스 체제로 재정립시켜 지역의 일자리 창출과 시민의 소득 증대, 대전형 창의 융합 인재 육성 및 지역대학 발전 등 지역 발전과 반드시 연계시킬 것입니다."

---

* 일요신문 인터뷰, 2018.2.19.

출마 선언 당시 대전을 위기에서 구하기 위해 용기를 냈다고 하셨는데?

"국가 전체도 어렵지만 대전의 위기는 더욱 심각합니다.

대전의 대학을 나온 대학생들의 태반은 백수가 돼 힘들어하고 있는데 지난달 실업률이 9.9%로 최고치를 경신했고, 청년층 취업자 비중은 15%대가 무너졌습니다.

청년들이 스스로를 N포세대, 조국을 헬조선이라고 좌절하는 상황에서는 대전은 물론 국가의 미래가 암울할 수밖에 없습니다.

서비스업의 비중이 높은 대전에서 지금 자영업자들은 장기 불황으로 인해 매출이 반토막 난 상황에서 임대료와 재료비의 상승에다가 최저임금 인상에 따른 부담이 가중돼 벼랑 끝으로 몰리고, 노년 세대는 젊은이들의 존경과 대접은 고사하고 빈곤과 질병에 시달리고 있습니다.

제가 문재인 정부의 성공을 간절히 바라고, 자유한국당에 뼈저린 반성과 함께 깊은 성찰과 개혁을 요구하는 것은 국가와 국민들이 희망을 가지고 미래로 나갈 수 있는 토대를 만들자는 것입니다.

특히 쇠퇴하고 있는 대전을 재도약시키기 위해서는 보수와 진보, 여와 야, 영남과 호남의 출신 지역을 따질 때가 아닙니다."

대전 발전의 동력이 쇠퇴한 이유는 무엇이라고 생각하는지?

"대전은 자기부상열차, 로봇랜드, 첨단의료복합단지 등 국책사업 유치에 계속 실패하면서 위축되기 시작했고 원도심 공동화, 엑스포 과학공원 방치, 도시철도 건설과 유성복합터미널 등의 현안 문제를 놓고 우왕좌왕하는 가운데 도시 재도약의 골든 타임을 다 놓치고 말았습니다.

대전은 제2의 수도이며 중부권의 거점도시라며 마냥 잘나가고 있는 줄 알았지만, 2000년대 들어와서 대전 발전의 심장이 멈춰 버렸습니다.

대책도 없이 충남도청이 이전했고, 서대전역의 붕괴도 대전의 침체를 가속화시키고 있습니다.

호남고속철도 노선 계획 당시 선견지명이 있는 지역의 행정 책임자들은 대전에 인접한 박정자에 대전-공주 역사를 확정하려 했지만 당시 계룡산의 정기를 훼손한다는 일부 시민단체 등의 극렬한 반대에 무산됐습니다.

결국 지금 고속철 역사 중 가장 승객이 없는 역을 충남에 만들었고, 서대전역을 거쳐 가던 호남선 열차는 거의 사라졌습니다.

많은 시민이 이미 10년 전부터 대전의 쇠퇴 위기를 예견하고 대비를 촉구했음에도 대전의 정치와 행정을 책임진 누구도 이를 심각하게 받아들여 대비하지 않았기 때문에 지금의 위기에 봉착했습니다."

대전과 세종, 대전과 옥천 및 금산의 통합을 제시했는데?

"세종시의 정착은 대전에 발전의 기회보다 지역의 인구와 경제력을 빨아들이는 블랙홀 현상으로 작용할 가능성이 점점 크게 나타나고 있습니다.

대전 자치구 가운데 유일하게 인구 증가를 자랑하던 유성구도 작년 말부터 감소세로 돌아섰습니다.

미래를 내다보지 못하고 아무 대책도 마련하지 못한 채 구정 홍보와 축제에 치중한 결과는 이제 참담한 쇠퇴의 부담으로 다가오고 있습니다.

대전시와 세종시는 궁극적인 대-세통합시를 목표로 함께 초광역 상생 전략을 실행하고, 금산·옥천과도 통합을 목표로 지역 경제, 교통, 교육, 환경 등 상생 발전 방안을 적극 추진해야 합니다.

지하철 2호선도 지금의 좁은 시야로, 대전만으로 한정해서는 미래가 없습니다.

최소한 세종과 인접한 시군 주민들의 편익까지를 고려한 초광역권 운행을 준비해야 합니다."

대전의 쇠퇴 위기를 극복할 방안은?

"대전의 쇠퇴 위기와 비상 상황을 극복할 가장 큰 원동력은 시민들의 용기와 새 시대의 질서를 만들어 낼 새로운 리더의 지혜입니다.

지역 발전의 가장 큰 힘은 시민들의 자심감과 일체감 그리고 결속력입니다. 대전 시민들의 저력을 이끌어 내서, 시민들의 심장이 다시 뛰고, 대전 중흥의 신화를 창조하려면 대전은 변해야 합니다.

새로운 리더십으로 철저한 개혁을 통해 침체에서 번영으로, 과거에서 미래로, 분열에서 하나로, 관 중심에서 시민 중심으로 가면 위기를 극복하고 심쿵한 대전으로 재도약할 수 있습니다.

모두가 하나가 돼서 후손들을 위해, 이 위기를 극복하고 대전 중흥을 이루기 위해 지혜와 역량을 모아 줄 것을 당부드립니다."

ilyo08@ilyo.co.kr

5. "대전시장 출마, 새 리더십 발휘하는 시장되겠다"*

교수님께서는 오래전부터 지방행정을 연구·분석해 오셨는데요. 우리나라 지방행정의 현주소와 지방분권이 정착하기 위한 전제 조건은 무엇인지?

"지난 1991년 부활된 지방자치가 이제 성년이 된 겁니다. 지난 기간 지방자치를 통해 우리 사회는 엄청나게 변화했습니다. 우선, 지방자치를 통해 지역 주민이 진정한 지역의 주인이 되기 시작했습니다. 20여년 전까지만 해도 지역의 주인은 주민이 아니라 관이었습니다. 관과 민은 주종 관계였습니다. 이제 지역의 주인은 주민이고 관은 주민을 만족시키기 위해 존재하는 서비스기관으로 그 관계에 혁명적인 변화가 일어나고 있습니다. 또한 지방자치 실시를 통해 지역이 안정됨으로써 중앙 정국의 혼란과 갈등을 최소화하면서 지역 발전에 매진할 수 있었던 것도 지방자치제도 정착의 효과라고 평가합니다.

그러나 문제점도 아직 많습니다. 무엇보다 지방선거가 아직 자리 잡지 못한 채 왜곡돼서 제 기능을 제대로 못 하고 있습니다. 지방재정도 여전히 취약해서 지방자치가 2할자치 수준을 벗어나지 못하고 있습니다. 그 밖에도 지방의회가 본궤도에 이르지 못하고 있고, 주민들의 자치 의식도 여전히 미흡합니다. 그러나, 지방자치는 대한민국이 지역경쟁력을 강화해서 진정한 선진국이 되기 위해 어렵지만 반드시 가야 할 길입니다.

지방자치와 분권이 정착하기 위해서는 무엇보다 대통령과 현 정부의 지방자치와 분권에 대한 인식과 의지를 확고히 하고 중앙집권적 국정 운영 체계를 지방분권형 체계로 전환하는 것입니다."

---

* 대전투데이 인터뷰, 2017.11.26.

교수님께서는 그동안 정당공천제 폐지를 줄곧 주장해 오셨는데요. 특별한 이유라도 있으신지?

“지방자치를 부활해서 지금까지 여섯 차례의 지방선거를 치렀습니다. 특히, 2006년 지방선거부터는 지방선거에 정당공천제가 전면 허용됐습니다. 그 결과 지방선거는 본연의 기능을 하지 못하고 중앙정당의 대리전, 정권의 중간평가 형식으로 일관해 왔습니다. 그렇기 때문에 지역의 대표를 제대로 배출하지 못한 채 지방선거에 대한 주민들의 불신과 무관심이 좀처럼 해소되지 않고 있습니다.

게다가, 정당 공천 과정에서 공천 헌금이니 공천 장사 같은 비리와 부패가 근절되지 않고 있습니다. 선거 과정에서 자행되는 부패와 비리는 나중에 지방자치 출범 후에도 이어져서 그간 중도하차하는 단체장과 지방의원들이 증가해 왔습니다. 그로 인한 재보궐 선거비용도 고스란히 주민들이 부담하고 있습니다. 그래서 저는 그동안 지속적으로 지방선거에서 기초단체장과 기초지방의원만큼은 정당 공천을 배제해야 한다고 일관되게 주장해 왔습니다. 올바른 지방선거를 통해 지방자치를 정착시키기 위한 이유입니다.”

지역민들의 새로운 정치에 대한 갈망이 어느 때보다도 높은데요. 교수님께서는 어떠한 정치철학을 갖고 계신지?

“정치는 무엇보다 지역 주민들에게 꿈과 희망을 줘야 합니다. 꿈과 희망을 잃은 국가와 지역은 반드시 멸망한다고 했습니다. 정치지도자는 희망을 파는 상인이라는 말도 있습니다. 지금 우리 지역은 경제적으로 굉장히 어렵습니다. 지역은 총체적으로 정체와 쇠퇴의 징후가 뚜렷이 나타나기 시작했고 지역민들은 불안해 하고 있습니다. 특히, 그동안 정치와 행정의 지도자들이 지역의 다음 세대들이 무슨 일을 하면서 어떻게 살아가야 하는지에 대해서 철저히 준비하는 데 소홀했습니다. 따라서, 지역민들은 정치에 대해 크게 불신하고 있고, 미래에 대한 확신을 갖지 못하고 있습니다. 저는 이러한 시민들의 기대에 부응하기 위해서 우선 지역의 정치는 지역이 앞으로 가야 할 방향, 즉 비전을 제시해서 희망을 제시해야 합니다. 그러기 위해서는 지역민들과 더 많이 소통해야 합니다.

정치는 시민여상(視民如傷)과 같이 하라는 선현의 가르침이 있습니다. 정치는 백성을 다친 사람처럼 여기고 정성껏 돌보고 어루만져야 한다는 말입니다. 요즘 정치인들이 새겨들어야 할 교훈이요 정치철학입니다."

내년 대전시장 유력 후보로 물망에 올랐는데요. 출마한 배경과 앞으로 언제쯤 공식적으로 출마를 선언할 것인지 궁금합니다.

"대전은 지금 중대한 전환기에 놓여 있습니다. 세종시의 발전, 충남도청의 이전, 원도심의 공동화 등 심각한 환경 변화로 시민들이 크게 고통받고 있습니다. 이러한 상황이 오래전부터 예상돼 왔음에도 불구하고 지난 20년간 근시안적이고 안이한 대전 시정으로 말미암아 지금은 총체적인 난맥상이 드러나고 말았습니다. 이제 대전은 변해야 합니다. 시장의 리더십이 변해야 하고 시 공무원들의 시각과 자세가 변해야 합니다. 대전은 이제부터 철저한 변화를 통해 시민과 함께 더 멀리, 더 넓게, 그리고 더 깊이 가야 합니다. 저는 지난 20년 동안 대전 발전과 변화를 지켜보면서 대전이 앞으로 가야 할 비전과 목표, 전략과 정책들을 철저히 준비했습니다. 이제 대전이 처한 이 어려운 상황을 그대로 묵과할 수가 없습니다. 저는 대전 중흥의 신화를 다시 한번 창조하기 위해 나설 때가 됐다고 판단했기 때문에 용기를 내서 출마하기로 결심했습니다. 공식적인 출마 선언은 연말 전에 서두르지도 그렇다고 늦지고 않게 할 예정입니다."

대전시장이 갖춰야 할 덕목과 자질은 무엇이라고 생각하시는지?

"다음 대전시장은 매우 중요합니다. 어려움에 놓여 있는 대전시와 시민들을 이끌 대전시장은 최소한 다음 네 가지의 덕목과 자질이 절대적으로 필요합니다. 첫째, 대전시장은 대전의 새로운 비전과 발전 전략을 제시할 수 있는 미래 지향적 리더십이 필요합니다. 그리고 그 비전이 시민들과 공감할 수 있어야 합니다. 둘째, 대전은 그동안 여러 번의 어지러운 선거 과정을 거치면서 출신 지역 간 · 세대 간 · 계층 간 분열과 갈등이 심각합니다. 대전시장은 이제 대전을 하나로 이끌 수 있는 화합과 통합의 리더십을 갖춰야 합니다. 그러려면 과거의 구태와 관행에 물들지 않은 새로운 리더십이 필요합니다. 셋째, 소통과 참여의 리더십입니다. 대전의 정책이 성공하지 못하고 있는 주 요인 가운데 하나가 시민과의 소통 부재입니다. 소통은 일방적인 공보나 홍보가 아닙니다. 시민과 함께 시정을 공동 결정할 수 있는 제도와 문화가 있어야 합니다. 마지막으로 대전과 시민들이 기대하는 대전시장은 깨끗하고 참신한 시장입니다. 그래야만 활력을 잃고 침체된 대전에 변화를 불러일으킬 수 있는 힘을 갖습니다."

대전 시민들은 경제 불황과 맞물려 오랫동안 경제난을 겪고 있는 게 사실입니다. 대전지역 경제 활성화를 위한 근본적인 대책을 구상한 것이 있다면?

"대전의 경제난은 심각합니다. 주 요인은 대전의 경제 구조에 있습니다. 대전 경제의 80% 이상은 서비스산업에 의존하고 있습니다. 그것도 도·소매, 요식업 등 부가가치가 높지 않은 서비스산업이 주류를 이루고 있기 때문에 경기에 민감하고 단기적으로 경제 불황을 탈피하기도 어렵습니다. 저는 대전을 진정한 과학도시로 완전 탈바꿈해서 지역 발전, 특히 경제 발전에 연계시키려 합니다. 연구단지가 대전에 있고 앞으로 과학벨트의 거점지구가 된다 해서 과학도시가 되는 것은 아닙니다. 명실상부한 과학도시는 연구단지와 과학벨트를 통해 대전에 과학과 관련한 일자리가 창출돼야 합니다. 과학과 관련된 첨단산업과 지식서비스산업이 발전돼 시민들의 소득이 증대돼야 합니다. 지역대학에서 육성한 지역의 인재들이 연구단지와 과학벨트에 들어가서 주인이 돼야 합니다. 저는 대전을 2030년까지 세계 10대 과학도시로 발전시킬 원대한 꿈을 가지고 있고, 세계적인 과학도시 대전이 대전의 지역 발전과 함께 시민 행복으로 연계되도록 하는 정책과 전략을 마련하고 있습니다."

현재 민선 5기 대전 시정의 가장 큰 딜레마라면 도시철도 2호선 건설과 과학벨트 추진이라고 보는데요. 앞으로 이러한 주요 현안을 어떻게 풀어 가야 한다고 생각하시는지?

"도시철도 2호선이나 과학벨트사업이 큰 딜레마에 빠진 이유는 두 가지입니다. 첫째, 대전 발전의 큰 비전과 밑그림 없이 대전시의 모든 사업을 단편적이고 졸속적으로 추진하려 했기 때문입니다. 도시철도 2호선은 그 노선과 건설 방식이 대전교통은 물론 대전 경제, 대전 교육·관광·문화 등 대전 도시 발전과 직결돼 있습니다. 따로 떼어 봐서도 안 되고 대전의 행정구역 내에서만 보려고 해서는 안 됩니다. 더 멀리, 더, 넓게, 더 깊이 봐야 합니다. 다시 한번 종합적으로 철저하게 분석해서 신중하게 접근해야 합니다. 둘째, 시민과의 소통 부재로 시민적 공감대 형성을 생략했기 때문입니다. 아무리 좋은 정책도 이제는 시민들의 공감대가 마련되지 않고서는 성공할 수 없습니다. 사업 결정 전에 시민들에게 늘상 정확한 정보를 제공하고, 의견 수렴을 충분히 거친 다음 공감대를 형성하고 설득해야 합니다. 시민이 대전시의 주인임을 잊지 말아야 합니다."

그동안 교육자로서 가장 행복했던 순간과 아쉬운 점이 있다면?

"저는 교수로서 그리고 교육자로서 매 순간이 행복했습니다. 내년이면 제가 충남대 강단에 선 지가 30년이 됩니다. 지난 기간, 저는 많은 훌륭한 제자를 배출했고, 많은 제자로부터 과분한 존경과 신뢰를 받아 왔다고 자부합니다. 또 그렇게 되기 위해 정말 최선을 다해 연구하고 가르쳤습니다. 좋은 연구를 하면서 잘 가르치기 위해 다양한 도전을 통해 다양한 경험을 쌓았습니다. 대학 상아탑에만 머물지 않고 지방자치와 지방행정의 현장에 나가 소통하고 체험하는 것을 게을리 하지 않았습니다. 언론과 방송에도 참여해서 국민과 시민들과의 소통도 마다하지 않았습니다. 그러는 과정에서 많은 것을 배우고 얻을 수가 있었습니다. 교수로서 모든 것이 보람이고 행복이었습니다. 그러나 저는 지금 행복감에만 젖어 있을 수 없습니다. 제가 그동안 받은 존경과 신뢰를 이제 봉사를 통해 되갚아야 할 의무가 있습니다. 그것은 바로 지역 발전을 위해 제가 해야 할 역할입니다. 아쉬운 점이 있다면 열심히 노력하면서 살아오는 과정에서 가족들과 많은 시간을 하지 못한 점입니다. 가족들이 고맙고 미안할 뿐입니다."

교수님만의 강점은 무엇이며 앞으로의 계획은?

"저는 강점보다 약점이 많은 사람이지만 굳이 물으신다면, 저는 그동안 쌓아온 전문성과 다양한 경험을 통해 냉찰한 판단력과 균형 감각을 갖추고 있다고 생각합니다. 그리고 대한민국을 사랑하고 대전을 정말 사랑하고 대전 시민들을 좀 더 사랑하는 열정을 제 가슴에 항상 가지고 있습니다. 마지막으로 저는 매사에 철저히 준비하고 신중하게 생각하지만, 기회가 되면 단호하게 결단을 내리는 것도 제 강점으로 생각합니다.

앞으로 할 일이 많습니다. 제가 설립한 미래지방자치발전연구원도 개원식과 함께 활동을 시작해야 하고, 교수 30주년을 기념하는 출판회도 계획하고 있습니다. 또한 선거를 위한 준비도 착실히 해나갈 계획입니다. 앞으로도 많은 성원과 격려를 부탁드립니다. 최선을 다해 시민들의 기대에 부응해 나가겠습니다. 감사합니다."

6. 자치분권대학 교수진 인터뷰*

자치분권대학

자치분권대학 강의를 하며 가장 기억에 남는 캠퍼스가 있다면?

"광주시 광산구청과 양평군이 기억에 남습니다. 광산구청은 피교육생들의 열의와 반응이 좋았고, 양평군은 자치분권대학 개강이자 제 첫 강의가 시작되는 날이라 긴장감과 함께 행사에 대한 느낌이 기억에 남습니다. 특히, 주관 단체에서 친절하게 안내해 주고, 해당 단체장이 신경 써 주는 캠퍼스가 아무래도 좋은 인상으로 남습니다."

가장 기억에 남는 수강생이 있다면?

"역시 날카로운 질문을 하는 수강생이 기억에 남습니다. 특히, 용인 캠퍼스에서는 제가 준비한 PPT 자료상의 오·탈자를 지적해 준 수강생의 성의와 전문성에 놀란 적도 있었습니다. 그런가 하면, 충남대 출신 제자 및 동향분을 만나는 즐거움도 있었습니다."

강의를 하며 가장 아찔했던 순간은?

"처음 강의 시 수강생들에 대한 정확한 정보가 없는 가운데 강의를 진행하다 보니 강의 수준과 방법을 선정하는 데 애로 사항이 있었습니다. 수강생 중에는 특정 분야에 대한 전문성이 높은 분들이 있어서 굉장히 수준 높은 질문 내지 강의 요구가 있어서 당황스러웠는데 사전에 알았다면 좋았겠다는 생각을 가진 적이 있습니다."

강의를 할 때 가장 싫은 학생은?

어느 강의나 마찬가지지만, 수업 중간에 나가는 학생들입니다. 물론 사정이 있겠지

---

* 자치분권대학 교수진 인터뷰, 2017.10.20.

만, 강의의 결론을 못 듣고 가니 아쉬움이 큽니다. 표정이 무관심한 학생들도 좋진 않고요. 그렇지만 표정이 밝고 진지한 학생들이 훨씬 많아서 힘들지는 않습니다."

자치분권대학만이 가진 강점 혹은 장점은 무엇이라고 생각하시는지?

"지방자치와 분권이 활성화되려면 주민들의 자치 의식이 높아져야 합니다. 우리나라는 지방자치가 부활해서 26년이 지나 성년이 됐지만, 지방자치에 대해 주민들의 대부분은 여전히 무관심합니다. 지방자치 선진국들은 주민들에 대한 자치교육을 지속해 오고 있습니다. 자치분권대학이 이 중요한 역할을 시작하고 있습니다. 그래서 저도 동참한 거구요."

강의 후 아쉬움이 남는 강의나 캠퍼스가 있다면, 그 이유는?

"아무래도 수강생이 적거나 열의가 없는 캠퍼스이지요. 밝히기는 어렵지만, 몇몇 캠퍼스는 마지못해 하는 느낌을 받았습니다. 애로 사항이야 이해하지만, 이왕에 중요한 역할을 하고 있느니 만큼 단체장과 관계자들이 조금 더 신경 써서 주민들에게 좋은 평가를 받았으면 합니다."

자치분권에 관해 좀 더 심도있는 공부를 하고 싶어 하는 학생들에게 추천하고 싶은 책은?

"제가 지방자치에 대한 사전 지식 없이도 독자들이 쉽게 읽을 수 있는 책을 쓴 바 있습니다. 2016년 대영문화사가 출판한 『자치펀치』입니다. 그리고 전문서적으로 충남대출판문화원이 출판한 『지방자치와 국가 · 지역발전론』(2015), 『한국지방자치행정론』(2017)이 있습니다."

교수라는 직업을 선택하게 된 계기와 이유는?

"저는 교수가 제 인생의 목표는 아니었습니다. 특히, 행정학이나 지방자치를 전공할 생각도 아니었습니다. 그저 지적 호기심이 좀 있었고, 견문을 넓히기 위해서 유학도 하다 보니 교수의 길로 가게 됐습니다. 잠시 경험만 하려 했는데 직업이 됐고, 최선을 다하다 보니 여기까지 오게 됐습니다. 후회 없는 선택이었습니다."

교수를 하지 않았다면 어떤 직업을 택했을 것 같은지, 그 이유는?

"부친의 사업을 이어받아 경영관리자 또는 기업가가 됐거나 아니면 정치가를 향해 도전하지 않았을까 싶습니다.

여러 직업을 해 보고 싶었는데 세월이 너무 빨리 가버렸습니다. 이제 다시 남은 인생을 향해 준비해 볼까 합니다."

요즘 자주 듣고 있는 노래는?

"저는 비틀스(The Beatles)의 노래를 좋아합니다. Yesterday, Let It Be, Hey Jude 같은 명곡을 들으면 지금도 설렙니다.

그런데 최근에는 KBS「가요무대」도 보게 됩니다. 부모님이 자주 보시던 프로인데 이제 저도 아는 가요가 많이 나오더라고요. 그리고 그전에는 유치하다고 생각했던 가사들이 지금은 공감이 가더라고요. 나이가 먹긴 먹었나 봅니다."

즐겨 보는 예능 프로그램이나 드라마가 있다면?

"저는 코미디 프로를 좋아합니다. 지금도 지속적으로 보고 있는 프로그램이「개그콘서트」와「코미디 빅리그」입니다. 재미있어서 스트레스 해소도 되지만, 대학생들과 원활한 소통을 위해서도 봅니다. 그런데 최근에는 좀 식상하고 재미가 없더라고요. 드라마는 계속 봐야 재미있을 텐데 쉽지 않고요. 오히려 다큐멘터리를 즐겨 봅니다. 요즘 방송국 파업으로 다큐멘터리 프로그램을 많이 해서 오히려 좋던데요."

가 봤던 여행지 중 꼭 추천해 주고 싶은 곳이 있다면?

"아무래도 제가 어렸을 때 외국 유학 가서 처음 접한 곳이 늘 기억에 남아 그곳을 추천하고 싶습니다. 미국 뉴욕 시 맨해튼 센트럴 파크(Central Park)와 할렘(Harlem)가, 플로리다 주 올랜드에 있는 디즈니 월드(Disney World) 그리고 여행 중에 경이로웠던 브라질의 이과수 폭포와 코파카바나 비치, 그리고 민족의 영산 백두산을 추천합니다. 우리나라는 단연 제주도지요."

내 인생의 영화라고 꼽을 만큼 감동받거나 감명받았던 영화가 있다면?

"저는 영화를 자주 봅니다. 최근 「택시운전사」와 「남한산성」이 뭉클했습니다. 그러나, 초등학교 때 본 「80일간의 세계일주」가 평생 잊혀지질 않고 늘 저의 꿈과 외지에 대한 동경심을 키워 줬습니다. 김찬삼 교수의 세계 여행과 함께 저에게 큰 감동과 영향력을 주었습니다. 그 후 청소년 시기에는 「사운드 오브 뮤직」과 「바람과 함께 사라지다」가 감동적이었습니다."

학생들에게 불리는 교수님의 별명이나 애칭이 있다면?

"특별히 불리운 별명이나 애칭은 없었습니다. 지금 생각하니 좀 아쉽네요. 학생들한테 특징적으로 각인이 안 됐다는 의미니까요. 제가 처음 대학교수를 시작할 때가 1980년대 중반이라서 학생들이 매일 데모하고 수업 거부하던 시절이었습니다. 지방자치보다 사회 이념 서적을 놓고 격론을 벌이는 시간이 더 많았습니다. 격세지감이 듭니다. 그나마 그 어려운 상황에서도 학생들이 저를 신뢰하고 존중했던 사제 관계가 지금도 지속되고 있어서 다행스럽고 보람을 느낍니다."

교수님은 학창 시절 어떤 학생이었는지?

"당연히 범생이었지요. 저희 때는 초·중·고 다 입시를 볼 때였습니다. 대전중학교 시절에는 공부도 제법 잘했고 학생회장도 하고 해서 동창들이 저를 많이 기억하지요. 경기고등학교로 일찍 유학을 가서는 힘들었습니다. 서울과 지방의 격차가 너무 커서 적응하는 데 어려움이 많았습니다. 연세대 대학 시절도 원하던 과 선택(행정학과)이 아니라 재미가 없었습니다. 그런데 행정학을 가르치는 교수가 됐으니 아이러니하지요. 인생은 마음대로 안 된답니다."

자치분권대학 수강생들에게 하고 싶은 말을 자유롭게 적어 주세요.

"저는 자치분권대학에서 만난 수강생들을 고맙고 반갑게 생각합니다. 그리고 수강 선택의 용기를 높게 평가하고요.

대학에서 배운 내용을 잘 정리해서 주위 분들께 전파해 줌으로써 지방자치와 분권이 반드시 우리 사회에 뿌리내리도록 역사적 사명감을 갖고 앞장서서 적극적인 역할을 해 주기 바랍니다. 그동안 부족한 강의를 열심히 들어 주셔서 감사합니다.”

7. 대한민국 시도지사협의회 대학생 SNS홍보단 인터뷰*

저희 지방분권 대학생 SNS홍보단 3조는 지난 10월 13일 지방분권과 관련해 좀 더 자세한 정보를 생생하게 듣기 위해서 충남대학교 자치행정학과 육동일 교수님을 만나 뵙고 왔습니다. 많은 질문을 통해서 유익한 정보를 듣고 오게 된 시간이었는데요. 저희 조가 인터뷰한 질문과 그에 대한 답변을 많은 사람과 나누고자 이렇게 블로그에 올리게 됐습니다. 그러면 지금부터 인터뷰 내용을 자세히 알아볼까요?

지방자치의 본질을 자율성/직접선거/경쟁과 협력/권력 이양/형평성과 능률성을 abcde로 쉽게 정리해 주셨는데요(자치분권대학 강의 발췌). 그에 대해서 좀 더 자세히 알 수 있을까요?

“우선 자율성에 대해서 설명하자면 자치입법권, 자치단체가 스스로 입법권 조례 제정, 자치행정권 등을 지방 자치에서 능률적으로 처리하는 것이라도 생각을 하면 돼요. 현재 지방자치권이라는 제도가 만들어져 있으나 권한의 보장이 잘 돼 있지 않아요. 재정권만 해도 중앙 8에 지방 2로 2할 자치라는 말을 많이 들어 봤죠? 이런 면에서 지방자치를 통해 이런 문제점을 해결해야 하기 때문에 첫째로 자율성을 꼽았어요. 그 다음으로는 직접선거입니다.

지방자치는 선거로 시작해서 선거로 끝난다고 말해도 과언이 아니에요. 현재 전면 정당공천제 속에서 진행되고 있는데 지방선거 같은 경우에는 전국에서 동시다발적으로 이뤄지며 정당 공천을 하지 않는 교육감선거까지 한꺼번에 하고 있습니다. 돈이 많이 드는 가운데 제 기능을 수행하지 못하고 아직까지도 비리를 감출 수 없다는 것이 가장 큰 문제이지요. 다음으로는 경쟁과 협력에 대해 말해 줄게요. 우선 우리 지역이 잘살고 중앙과 지방 사이에 복리 향상과 지역 발전을 위한 이야기를 나누다 보면 갈등

* 대한민국 시도지사협의회 대학생 SNS홍보단 인터뷰, 2017.10.17.

과 경쟁을 피할 수 없는 일이지요. 나쁜 일이 절대로 아닙니다. 하지만 아직 우리나라가 갈등을 해결하고 헤쳐 나가는 데 충분한 역량과 문화를 가지고 있지 않습니다. 꾸준한 교육과 토론으로 이 문제점을 해결해 나가야 한다고 생각해요. 그리고 협력 부문에서 말하자면 한 행정구역에서 문제가 생긴다면 힘을 모으는 것이 아니라 정해져 있는 틀 속에서만 해당 행정구역에서만 해결하려는 경향이 큰데 협력이 이뤄진다면 어떠한 문제든 조금은 쉽게 풀어 나갈 수 있지 않을까라는 생각이 드네요.

그리고 권력 이양, 이것은 좀 쉽게 말하자면 중앙에서 지방으로, 위에서 아래로, 그리고 관에서 민으로라고 간단히 설명할 수 있을 것 같네요. 그리고 마지막으로는 형평성입니다. 많은 사람이 우리나라가 민주주의이기 때문에 지방자치를 실현하려 한다는 생각과 지방분권은 낭비적이고 비효율적이라는 생각을 합니다. 하지만 지방분권과 지방자치의 큰 목적을 지금보다 좀 더 좋은 서비스를 그 지역에 맞게 제공하자는 것이지 민주주의이기 때문에 어쩔 수 없이 생겨난 제도가 아님을 말하고 싶군요."

지방자치는 왜 중요하며 왜 필요한 것일까요?

26년이라는 시간 동안 지방자치가 이뤄지면서 비리랑 부패가 없었다고는 할 수 없지만 우리는 가장 큰 일을 이뤄냈습니다. 바로 우리 지역의 주인이 우리가 된 것이라고 할 수 있는데요. 예를 들자면, 옛날에는 한 지역에 관리가 파견되고 그 관리가 지역주민들까지 통제하고 관리하는 일을 맡았습니다. 하지만 지방자치가 이뤄지면서 우리들이 진정한 지역의 주인으로 자리 잡았으며 유권자이자 소비자, 그리고 파트너가 돼 주민들의 위상과 역할이 강화됐습니다. 약 20년이라는 짧다면 짧은 세월 동안 정말 큰 변화가 이뤄진 것이죠. 이렇게 우리가 주인이 되면서 중앙정치의 혼란과 불안 속에서 정권 교체와 안정을 유지할 수 있었던 것은 지방자치 때문이었다고 말할 수 있습니다. 앞으로 지방자치와 지방분권이 안전하고 아름답게 만들어지려면 충분한 토론과 토의 그리고 교육이 이뤄져야 된다고 생각해요.^^"

주민 참여의 핵심은 결정 과정에 참여하라는 거라고 말씀해 주셨습니다. 절실히 동감하는 부분입니다. 그렇지만, 주민으로서의 정치 참여는 아직 생소한 부분인데요. 교수님께서 추천해 주실 만한 주민의 참여활동에는 어떠한 예시가 있는지 알고 싶습니다.

“우선 가장 중요한 것을 관심을 가지는 것 자체가 중요하다고 생각해요. 지금 당장 관련이 없다고 해서 신경을 안 쓰는 것보다 그래도 우리나라에 변화가 생기는 정책이 만들어진다 하면 관심을 가지는 것이 가장 중요하며, 그 내용에 대해 배우려는 의지도 중요하다고 생각해요. 외국 같은 경우를 예로 들어도 현재 학교에서 지방자치에 대해서 또 지방분권에 대해서 교육을 하고 있는 상황이라고 해요, 이 시점에서 우리도 교육을 받고 또 토의를 하고 강연을 듣고 하는 노력이 필요하지 않을까 생각되네요.”

최근 교수님께서 세종시가 행정수도가 되려면 대전과 충청권 주민들의 설득이 우선이라고 하셨는데, 그 이유를 알고 싶습니다.

현재 세종시는 신행정수도 위헌 판결 행정중심복합도시로 수정되고 경제과학중심 교육도시를 시도했다가 우여곡절 끝에 세종시가 다시 됐습니다. 행정수도로 만들면서 또한 수도권에 과밀된 인구를 끌어내리고 수도권과 비수도권의 격차를 해결하기 위해 생겨난 곳이었지만 현재 유동인구 중 60%가 충청권 사람들이라고 나타나며 기대했던 결과와는 매우 달랐죠. 이렇게 되면서 대전권과 충청권 사람들이 행정수도로 바뀌는 것에 대해 적극 찬성 의견을 내지 않아 큰 어려움을 겪고 있다고 해요. 이 문제점을 해결하기 위해서는 상생발전정책이 생겨야 된다고 생각해요 주변 지역과 상생을 통해 같이 발전한다면 이 문제점이 해결되지 않을까 생각합니다.”

지난 4월부터 대한민국시도지사협의회의 지방분권특별위원회 위원장에 선임되면서 어떤 목표를 가지고 활동을 하시는지, 그리고 각계 전문가들의 의견을 청취, 통합하는 데 어려움이 있을 텐데 이는 어떻게 극복해 나아가고 있으신지 알고 싶습니다.

“시도지사가 원하는 정책이나 의견 수렴하는 것이 나의 가장 큰 일이에요. 11월에 울산에서 토론회 그리고 자치단체에 특강을 가서 시도지사위원회 특별위원회 입장을 정리하며 설득도 하고 했습니다만 이상적인 것만 앞서서 끌고 갈 수는 없어요. 여론과 의식에 앞서서 어느 정도 조정도 필요하고, 헌법 개정 시 국민들의 적극적인 지지를 끌어내기 위해서 설명과 설득을 해야 한다고 생각해요. 국민들의 의견이 다양하기 때문에 그 의견들을 반영할 수 있는 정책이나 대안을 다듬어야 합니다.

민주주의나 지방자치가 무질서하고 방종하게 이해하는 사람이 많은데 지방자치는 분명히 낭비와 비효율이 있고 부패와 비리가 있지만, 지방자치의 장점 약화나 지연으로 풀면 안 되고 문제를 해결하기 위해 많은 노력과 투자 그리고 연습이 필요하다고 생각해요."

마지막으로 저희가 지방분권을 홍보하면서 사람들에게 강조하고 유념했으면 하는 사항이 있나요?

"가장 중요한 것은 지방자치와 분권에 대한 정확한 이해가 필요한 것 같아요. 강의를 접하지 못했거나 참여하지 않은 사람들이 많은데 대학생들이 지방자치에 관심과 애정을 가지고 목소리를 낼 수 있어야지 자치분권 시대에 여러분들이 잘살 수 있죠. 지방자치에 주역이 될 대학생들이 뛰어다니고 토대를 만들어야 지방분권형 헌법과 지방자치에 대한 관심과 지지 목소리를 정확하게 낼 수 있다고 생각해요. 이왕 여러분들이 대학생 SNS홍보단의 일을 맡았으니까 사명감을 가지고 1차 목표는 헌법 개정이고 그다음 어떻게 하면 지방분권을 현실화시키는 데 도움이 될까라는 사명감을 가지고 활동했으면 좋겠어요. 여러분들의 파이팅을 기대합니다.^^"

이렇게 저희는 좋은 얘기들을 교수님을 통해 많이 듣고 왔습니다.

앞으로 기회가 된다면 교수님께서 많은 이야기를 더 나누고 싶다고 하셨는데요.

인터뷰에 응해 주신 육동일 교수님께 감사드립니다.^^

8. 중도일보 자치편치 인터뷰*

1. 2018년의 계획

2018년 6·13지방선거는 대단히 중요한 선거다. 쇠퇴하고 있는 대전이 바닥을 치고 다시 재도약하느냐 아니면 나락으로 영영 떨어지느냐가 내년 선거로

* 중도일보 자치편치 인터뷰, 2017.9.26.

결정된다. 그야말로 대전과 대전 시민들의 미래 운명을 좌우하는 중차대한 선거가 될 것이다. 저는 그동안 쉼없이 대전 침체의 문제를 이슈화하고 그 극복을 위한 전략과 정책을 준비하는 데 최선을 다해 왔다. 그 노력의 과정에서 현재 저의 의지, 능력, 경륜, 체력 등이 최고 정점에 이르렀다. 이 모든 것을 대전시의 재도약과 시민 행복 증진에 다 바칠 계획이다. 저는 모든 준비가 됐기 때문에 저를 지지하고 기대하는 많은 시민의 명령에 따라 움직일 것이다. 국가적 그리고 지역적으로 이 위기 상황이 제가 사명감을 가지고 오랫동안 갈고 닦은 역할을 할 수 있는 절호의 마지막 기회로 인식하면서 지방선거 출마를 무겁게 받아들이고 있다.

2. 보수 세력의 위축과 전망

박근혜 대통령의 탄핵 이후 보수 세력이 위축된 건 사실이다. 보수를 지지했던 많은 국민이 실망하고 보수당과 보수 세력에 대한 지지를 철회했기 때문이다. 아직은 돌아올 의사가 없어 보인다. 그러나 대한민국이 이 막중한 안보위기 상황에서 정상적인 방향으로 균형있게 날아가려면 좌우 날개가 힘차게 날갯짓을 해야 한다. 지금 우리는 오른쪽 날개가 부러진 채 왼쪽 날개로만 날려다 보니까 앞으로 나아가지 못하고 제자리만 맴돌 뿐이다. 진보와 보수는 서로 상대방을 적폐와 제거의 대상으로 몰고 갈 게 아니라 국리민복을 위해 상호경쟁과 협력을 하는 자세로 가야 한다. 특히 보수는 개혁적 보수, 깨끗한 보수, 따뜻한 보수로 완전 탈바꿈해야만 떠난 민심이 돌아올 것이다. "새 희망(new hope)은 새 인물(new blood)에 의해 만들어진다"는 진리를 되새겨야 한다. 보수당은 새 피를 수혈받아서 새로 태어나야 내년 선거를 경쟁적으로 치를 수 있을 것이다. 자유한국당이 새 비전, 새 인물, 새 정책으로 다시 태어나길 기대한다. 제가 그 변화에 중심에 서겠다.

3. 대전 현안 과제 중 시급히 해결할 과제

대전의 제일 시급하고 중요한 과제는 대전 시민들의 먹거리와 일거리를 만드는 일이다. 지금 대전의 경제 상황은 전국 특·광역시 중 최하위권을 계속 맴돌고 있다. 지역총생산 규모는 서울과 경기의 10분의 1에 불과하고, 1인당 지역총생산은 울산의 3분의 1, 충남의 절반밖에 안 된다. 게다가 2012년 세종시의 출범으로 세종시의 인구는 기하급수로 늘고 있는데 비해 대전은 2013년 이래 4년째 인구가 줄어서 150만 명의 붕괴를 앞두고 있다. 세종시로 유입되는 전체 인구의 3분의 1이 대전 시민들이다. 그야말로 쇠퇴의 징후가 뚜렷하게 나타난 대전의 위기가 아닐 수 없다. 시민들도 이러한 도시 침체 위기를 피부로 체감하면서 대전의 미래를 걱정하며 동요하고 있는 분위기다. 그런데도 대전시는 이 위기에 적절히 대처하지 못하고 있다. 하루속히 대전 도시 비전을 재정립하고 세종시와의 상생 발전 전략을 모색하는 등 적극적인 노력을 기울여서 시민들의 불안감을 해소시켜 줘야 할 것이다. 그동안 준비해 온 대전시와 세종시와의 적극적이고 획기적인 상생 발전 전략은 적절한 시점에 시민들께 제시할 예정이다. 아무튼 대전은 철저한 변화와 개혁이 절실한 시점이다.

4. 대전시장의 덕목

민선자치 시대 지역의 대표이자, 광역자치단체의 수장으로서 시장의 역할은 매우 중요하고 그 영향력이 크다. 따라서, 시장의 리더십과 자질은 선거 과정에서 철저하게 검증돼야 한다. 그동안 대전시장의 리더십이 정립되지 못한 아쉬움과 안타까움이 크다.

가장 중요한 리더십은 미래를 보는 혜안과 시민들을 올바른 미래로 인도하는 미래 지향적 리더십이다. 그동안 대전시장들은 멀리 내다보지 못하고 단기적이고 단편적으로 대전 시정을 다루다 보니 잘나가던 대전이 이 쇠퇴의 갈림길에 서게 된 것이다.

다음, 지역의 화합과 통합을 이뤄내는 리더십이다. 대전은 삼남 사람들이 모여 사는 평화로운 도시다. 그런데 최근 대전 시민들이 지역 출신별, 이념별, 세대별로 나뉘어 정치적으로 이용됨으로써 분열과 대립이 생겨났다. 대전시장은 '대전은 하나'라는 기치 아래 대전의 화합과 통합에 주력해야 한다. 또한, 위기에 놓인 대전은 지금 정치인보다 이를 극복할 전략과 지식을 갖춘 전문적 리더십이 필요하다.

끝으로, 정치·행정의 지도자는 윤리적이고 도덕적인 측면에서 시민들은 높은 잣대를 가지고 있음을 항상 잊어서는 안 된다. 내년 지방선거에서는 새 리더십 덕목과 역량을 갖춘 지역의 리더들을 반드시 선출해 내야만 위기에 놓인 대전을 구할 수 있을 것이다.

5. 대전시의 미래상

대전은 1905년 경부철도선이 통과하고, 1973년 대덕연구단지가 조성됐으며, 1998년 정부 제3청사가 내려왔고, 1992년 자운대가 입지함으로써 교통도시, 과학도시, 행정도시, 국방도시로서의 탄탄한 도시 정체성을 가지고 있었다. 그러나 지금은 이 자랑스런 도시 브랜드를 다 내려놔야 할 상황에 이르렀다. 대전은 그동안 대전역사 개발을 중심으로 한 원도심 활성화에 소홀히 했을 뿐만 아니라, 서대전역에 호남선 KTX가 패싱하는 등 교통도시의 간판을 내려놔야 할 지경이다. 과학도시도 전국에 분원을 내는 등 선택과 집중의 기본 원리에 벗어나고 있는 동시에 그간의 대덕특구는 대전 발전에 기여하지 못했다. 즉, 연구단지는 대전에서 시민 소득 증대, 일자리 창출, 지역 대학 발전, 인재 육성과 무관했다는 사실이다. 그뿐만 아니라, 대전은 행정도시와 국방도시로서의 인프라도 제대로 활용하지 못했다.

이제 새로 시작해야 한다. KTX와 경전철 시대에 걸맞은 미래의 교통도시로 재탄생해야 하며, 국제과학비즈니스벨트와 제4차 산업혁명특별시가 되려면 과학도시 대전의 위상과 역할을 바로잡고, 과학단지가 대전 발전과 반드시 연계

되도록 근본적인 패러다임의 전환이 있어야 할 것이다. 국방 인프라도 활용해서 대전 발전에 기여토록 해야 한다. 이를 위해 대전 시민들이 다시 한번 저력을 발휘해서 자부심을 회복할 수 있도록 저에게 주어진 시대적 역할에 최선을 다할 계획이다.

에필로그(epilogue)

미래를 멋지게 창조하면 과거는 아름답게 정리될 거야!

2018년 6·13지방선거를 앞두고 나는 대전광역시장 도전의 꿈을 또다시 접게 됐다. 공천을 받지 못했기 때문이다. 너무 허탈하고 아쉽다. 그동안 뛰어다니던 가벼운 발걸음이 하루새 천근만근이 됐다. 피곤에 지쳐 단잠을 자던 짧은 밤들이 이제는 많은 생각 속에 길고 지루해졌다. 그동안 지지자들이 환호하며 박수쳐 주던 손들이 금세 차가운 손가락으로 변해 나를 향해 지탄하고 있는 것 같은 느낌도 든다. 아무튼 속상하고 힘이 든다.

많은 분은 나보고 교수로서 존경과 신뢰를 받으면 되지 왜 힘든 길을 가느냐고 물어 왔다. 교수나 전문가들은 현실정치와 선거에서 살아남기 어렵다고 하면서 그 냄새 나는 시궁창에는 가지 말라고 적극 만류하기도 했다. 또 선거에 나서는 교수들을 권력에 기생하려는 폴리페서(polifessor)라고 일방적으로 매도하면서 삐딱한 시선으로 보기도 했다. 그런데 나는 이런 지적에 동의하지 않는다.

민주주의 국가에서 선거는 대단히 중요하다. 선거를 하느냐 마느냐도 민주주의 존재를 가르는 기본적인 기준이다. 하지만, 유권자가 직접 선거를 통해 대표를 선출한다고 해서 민주주의와 지방자치가 저절로 보장되는 것은 절대 아니다. 직접선거를 하되 어떻게 하느냐가 민주주의 그리고 지방자치의 성패를 좌우한다. 대통령과 국회의원을 뽑는 중앙선거든 단체장과 지방의원을 뽑는 지방선거든 우리나라의 선거는 선거가 수행해야 할 제 기능들이 여전히 수행되지 않고 있다. 때문에 올바른 대표도 선출을 못 하고 있을 뿐만 아니라 고비용·저효율의 선거를 여전히 되풀이하고 있는 것이다.

교수나 전문가가 그동안 올바른 선거의 방향과 기능을 아무리 주장해도 우리의 선거는 크게 달라지지 않고 있다. 공천에서부터 본선거에 이르기까지 어두운 관례가 깨지지 않고 있기 때문이다. 기존 정치권의 벽은 높기만 하고, 당내 민주화는 요원하며, 공천 헌금은 근절되지 않고 있다. 유권자들은 혈연·지연·학연 그리고 이념의 프레임에 갇힌 채 영혼 없는 선거를 반복하고 있을 뿐이다. 언론들은 아직 선거 기능보다 당선 가능성에만 치중하고 후보자 인지도 조사에만 몰두하고 있다. 그러니 선거나 정치가 달라지지 않고 있다. 이런 선거를 계속 치르다 보니까 국민들 그리고 시민들은 하나같이 정치와 선거를 경멸한다. 유권자들은 선거 기간 동안만 잠시 대접받지 선거가 끝나면 다시 정치적 노예 상태로 돌아간다. 당선자에게는 하루속히 줄서서 머리를 조아려야 한다. 공천과 본선거 과정에서 정책과 공약 경쟁은 생략되고 있기 때문에 당선 후 국가와 지역을 위해 펼쳐야 할 발전정책과 계획은 다시 성급하게 짜야 하고 정책 소통을 새로 시작해야 한다. 그 결과는 예산 낭비와 정책의 실패로 나타날 뿐이다.

정치를 경멸하는 국민은 경멸받는 정치밖에 소유할 수 없다. 그 나라의 정치 의식 수준은 그 국민들의 의식 수준과 똑같다고 한다. 지방자치는 선거만 계속하면서 경험만 쌓아 간다고 해서 발전하지 않는다. 국민들의 정치 의식 수준이 높아져야 하고 유권자들의 판단력을 높여야 한다. 그러기 위해서는 살아있는 정치 의식 교육이 필요하다. 교육 내용과 방법이 달라져야 한다. 교육 담당자도 육성해야 한다. 상아탑 속에서만 머물고 있어서 현실을 바꾸지 못하는 사회과학 지식은 죽은 지식이다. 전문가가 잘못된 현실을 지적하고 변화를 위한 도전과 행동을 회피한다면 세상은 달라지지 않는다. 선거는 위험하고 더러운 곳이니 깨끗한 사람들이 가서는 안 된다고 계속 외면한다면 결코 정화되지 않을 것이다. 이 점은 더러운 기득권을 고수하려는 부패 정치인들이 바로 바라는 바다. 지방선거에 깨끗하고 유능한 후보들이 잘못된 선거 때문에 선출되지 못한다면 지방자치는 절대로 발전하지 못할 것이다.

나는 지방자치를 전공하고 가르치는 교수로서, 학생들에게 졸업 후 지방선거에 도전해서 지방자치의 주역이 되라고 강의실에서 강조해 왔다. 나 자신도 무모할지 모르지만, 현실정치에 뛰어들어 현실에 놓인 문제점과 난관들을 직접 체험하면서 현실 문제 제기와 그 해결 대안 그리고 변화를 촉구하는 것이 중요한 역할이자 사명감으로 여기고 노력해 왔다. 미흡하고 왜곡된 지방자치의 문제점을 지적하고 개선 대안을 끊임없이 제시해 왔다. 위기에 놓인 지역을 구할 새 비전과 발전 목표 그리고 정책 대안을 제시해서 후보자 간 공약 대결로 이어지기를 기대했다. 이러한 노력과 도전이 아직은 성공하지 못했지만 우리가 가야 할 길이라고 믿고 있다. 가는 길이 두렵기도 하지만 누군가는 가야 할 길이기 때문에 사명감을 가지고 묵묵히 걸어왔다. 비록 선거 과정에서 시민들께 제시했던 대전 발전의 전략과 정책들은 내가 직접 입안하고 관리하지는 못하게 됐지만, 누가 시장이 되든 반드시 검토해서 채택되기를 희망한다. 그 과정에 도움이 필요하면 언제든 도울 생각이다. 내가 평생 연구하고 다듬은 내용으로 대전 발전에 꼭 필요할 뿐만 아니라, 그동안 성원을 보내 준 대전 시민들에 대한 최소한의 도리라고 생각하기 때문이다.

아무튼 이번 대전광역시장에 대한 내 도전은 여기서 멈췄다. 그러나 대전 발전을 위한 도전은 멈출 수 없다. 내가 평생 사랑한 대전은 반드시 쇠퇴에서 재도약으로, 과거에서 미래로, 분열에서 하나로 가야 하기 때문이다. 그 사랑이 짝사랑일지라도 후회하지 않는다. 변화를 위한 도전에 더 많은 시간이 필요해도 아깝지 않다. 누군가는 앞장서서 해야 할 일이라서 그렇다. 이제부터 그동안 많은 분으로부터 받은 과분한 기대와 관심에 보답하기 위해 대전 발전과 지방자치 발전에 더욱 정진할 계획이다. 그리고 나의 도전이 밀알이 돼 지방자치와 지방행정을 공부하는 많은 제자가 지방자치단체장과 지방의원 등에 용기를 내서 도전해 주기 바라며, 반드시 승리해서 지방자치의 주역이 돼 주기를 간절히 기원한다. 정치를 경멸하고만 있으면 좋은 정치로 발전할 수 없고, 선거를 두려워하거나 기피만 한다면 지방자치의 주역이 될 수 없다. 그래야만 그동안 나하고 함께 배우고 익힌 지식과 지혜를 활용할 수 있고, 태양 아래 미래를 멋지게 창조하면 과거는 아름답게 정리될 것이다.

이제 고별 강의를 접을 시간이 온 것 같다. 영화 「바람과 함께 사라지다(Gone with the Wind)」에서 주인공 스칼렛 오하라는 바람과 함께 사라진 과거를 돌아보지 않고, 새로운 태양 아래 새로운 미래를 향해 도전하려는 의지 표현의 명대사 "내일은 내일의 태양이 뜬다(After all, Tomorrow is another day.)"는 말이 이 책의 마지막을 정리하며 내가 하고 싶은 말이다. 끝으로, 어렸을 때 한없는 꿈과 동경심을 일으켰던 음악영화 「사운드 오브 뮤직(Sound of Music)」에서 주인공 마리아가 폰 트랩 대령에게 건넨 명대사 "주께서는 한쪽 문을 닫을 때, 다른 창문을 열어 놓으신다(When the Lore closes a door, somewhere he opens a window.)"를 나 자신과 제자들에게 이제 지나온 길의 문을 닫으면서 새로운 창문을 통해 새 길로 나서자는 마지막 말을 전하며 부족한 강의를 여기서 마치고자 한다.

▎참고 문헌 ▎

1. 칼럼과 기고문

강원일보, 자치경찰제 도입 시급하다, 2018.7.4.
공공정책, 이번 지방선거, 정당공천제 바로 세워야, 공공정책연구원, 2017.12.
______, 새 정부, 수도권과 비수도권 간 격차 반드시 시정해야, 공공정책 연구원, 2017.5.
굿모닝충청, 지방분권 개헌해야만 국민이 진정한 주인 된다. 2017.7.30.
______, 지방소멸 위기, 남의 얘기가 아니다, 2017.7.2.
______, 문재인 정부, 지방자치와 분권 강화로 새 국정 열어야, 2017.6.9.
______, 충청대망론에 고함, 2017.1.20.
______, '최순실' 국정농단 위기의 지방자치 산물인가?, 2016.12.8.
______, 새 대통령, 새로운 리더의 조건, 2016.10.13.
______, 지방의회의 필요성, 국민들에게 보여줘야, 2016.9.8.
______, 대전이 버려야 할 세 가지 선입관, 2016.1.14.
금강일보, 지방의회의 필요성을 시민들에게 보여 달라, 2018.7.30.
______, 민선 7기는 지방분권 성공 절호의 기회, 2018.7.2.
______, 대선주자들의 의사소통 능력이 관건, 2017.3.29.
내일신문, 만일 대통령의 탄핵이, 2017.2.15.
______, 충청대망론의 허와 실, 2017.1.16.
______, 촛불혁명, 지방자치로 완수해야, 2016.12.18.
______, 재난위기와 예방행정, 2016.11.25.
______, 국가와 지역을 이끌 새 리더십이 절실해, 2016.10.7.
______, 지방자치는 헌법으로 보장해야, 2016.8.2.
______, 지역언론이 살아야 지방자치가 산다, 2016.6.19.
______, 정부가 성공하려면 미래를 봐야, 2016.6.1.
______, 알파고와 현명한 정부, 2016.4.1.
______, 불평등은 북한 핵만큼 위험하다, 2016.3.2.
______, 을들의 한 표가 세상을 바꾼다, 2016.2.1.

대전일보, 보수, 솟아날 구멍은 있다, 2018.6.19.
______, 충남대에는 충남이 없다, 2018.5.8.
______, 행정수도 가로막는 악마의 디테일, 2017.7.26.
______, 분권과 자치로 국정틀 개조해야, 2016.11.16.
______, 휴가철에 권하는 세 권의 책, 2016.8.3.
대전투데이, 한국의 지방자치는 이제 주민자치로 가야, 2016.7.13.
동아일보, 민선 7기 지방자치 성공의 'CVID' 원칙, 2018.7.3.
디트뉴스24, 보수가 살아나려면 필요한 3가지 새 역할, 2018.6.19.
______, 대전 발전을 위한 도전을 멈출 수 없습니다, 2018.3.21.
______, 이제 다시 시작이다, 대전의 꿈이여, 2017.11.14.
______, 종편방송이 지방자치에 대한 인식을 바꿔야, 2017.9.26.
______, 행정수도 세종시 완성, 마지막 기회, 2017.8.1.
______, 문재인 정부 성공 여부는 90일 이내에 판가름, 2017.6.9.
______, 대전 아시안게임 유치 헛꿈 버려라, 2017.3.20.
______, 대전시장 이제 진짜 리더십 발휘해야, 2016.8.29.
______, 지방의회 의장단 선출이 주목되는 이유, 2016.6.7.
______, 국회의원 특권 새누리당이 먼저 내려놔야, 2016.5.4.
______, 4·13 총선 을들의 반란 주목, 2016.1.15.
______, 대전과 세종시 이대로 가서는 안 된다, 2015.12.7.
______, 이완구 총리가 명심해야 할 국민의 뜻, 2015.2.21.
시도뉴스레터, 한국 자치분권 정책의 평가와 민선 7기의 과제, 대한민국시도지사협의회, 2018.7.
울산매일, 울산광역시는 민선 7기 성공으로 시민에 보답해야, 2018.7.15.
______, 보수가 먼저 내려놓아야 새로 채워진다, 2018.6.17.
______, 지방분권 개헌으로 국민주권시대 열자, 2017.7.31.
______, 울산매일이 바로 서야 지역이 바로 선다, 2016.7.19.
자치발전 시론, 자치경찰제 도입, 중요하고 시급하다, 2018.5.
______, 성년이 된 지방자치, 주민자치시대 열어야, 2017.10.
자치의정, 중앙집권적 정치·행정문화의 혁신적인 분권, 2017.11/12.
______, 지방의회 의장단 구성의 문제점과 바람직한 해결 방안, 2016.5/6.
중도일보, 중앙정치의 완승은 지방자치 성공의 덫, 2018.6.15.
______, '행수' 세종시 정략적 희생 안 된다, 2017.11.3.
______, 문재인 정부, 석 달 이내 성패 결정난다, 2017.6.13.
______, 정치 발전의 핵심은 정당개혁, 2017.5.4.

______, 선거 징크스 이번에는 깨지나, 2017.4.27.
______, 마지막 승부, TV토론, 2017.4.20.
______, 대선 승부 가를 네 가지 요소, 2017.4.12.
______, 대통령이 갖춰야 할 진짜 리더십, 2017.4.6.
______, 네 가지를 보면 19대 대선 판세가 보인다, 2017.3.29.
______, 사이비 민주주의를 탄핵시키자, 2017.3.22.
______, 선거만 한다고 민주주의는 아니다, 2017.3.15.
______, 대전·충청민들의 고민 깊어져, 2017.3.7.
______, 대선주자들의 의사소통 능력, 2017.3.1.
______, 충청권의 현명한 판단과 결단이 필요, 2017.2.22.
______, 대선 관전 포인트, 2017.2.14.
지방자치, 지방소멸 위기에 따른 지방행정 체제 개편의 방향과 과제, 미래한국재단, 2017.6.
충대신문 사설, 곰탕, 붕어빵 그리고 충남대, 2018.5.
______, 지방분권개헌 우리 대학이 앞장서야, 2017.9.
______, 예방행정이 위기관리의 핵심이다, 2017.1.
______, 분권과 자치로 국정을 개조해야, 2016.11.
______, 불평등과 이생망, 2016.3.
행정포커스, 지방의회 활성화와 주민에 대한 책임성 제고 방안, 한국행정연구원, 2018.6.

2. 인터뷰와 발표 자료

대전광역시장 출마 기자회견문, 2018.2.7.
중앙일보 인터뷰, 2018.5.29.
아시아 뉴스통신 인터뷰, 2018.3.16.
일요신문 인터뷰, 2018.2.19.
기자간담회 발표문, 2017.12.19.
대전투데이 인터뷰, 2017.11.26.
자치분권대학 교수진 인터뷰, 2017.10.20.
대한민국 시도지사 협의회 대학생 SNS홍보단과의 인터뷰, 2017.10.17.
중도일보 자치편치 인터뷰, 2017.9.26.

3. 참고 문헌과 논문

가상준, 17대 국회의원들의 입법행태 평가, 「의정연구」, 12(1): 55−78, 2006.
강문희·최창수, 지방의회 의장단 및 위원회 구성의 문제점과 개선 방안: 서울특별시의회를 중심으로, 「한국지방자치연구」, 14(4): 209－234, 대한지방자치학회, 2013.
구우회, 지방의회 제도 개선에 관한 연구: 대전광역시 서구의회를 중심으로, 배재대 석사 학위논문, 2013.
국정기획자문위원회, 「문재인정부 국정운영 5개년계획」, 2017.7.
권강웅, 국회와 지방의회 간의 유기적 협력체제 구축에 관한 연구, 「2004년도 국회연구용역과제 연구보고서」, 한국의회발전연구회, 2004.
김병찬 역(Bob Dole 저), 「대통령의 위트(*Great Presidential Wit*)」, 아테네, 2013.
김선기, "인구구조 변화 대응을 위한 신지역균형발전 방안", 제27회 지방자치실천로럼 세미나 기조 발제, 한국지방행정연구원, 2017.4.
김성호, "지방자치의 위기와 6 · 4 지방선거", 「공공정책」, 101, 공공정책연구원, 2014.3.
김인지 역(리우웨이리 엮음), 「직장논어」, 청년정신, 2009.
김정희 · 조원영 역(Roland Berger 저), 「4차 산업혁명: 이미 와 있는 미래(*The Fourth Industrial Revolution*)」, 다산, 2017.
김진희 외 역(Klaus Schwab 외 저), 「4차 산업혁명의 충격(*The Fourth Industrial Revolution*)」, 흐름출판, 2016.
김현욱, 「리더에겐 반드시 위기가 찾아온다」, 마인드탭, 2015.
대전시, 「2017년도 저출산 고령사회정책 시행계획」, 2017.3.
______, 「대전시 인구관리 추진 방안」, 2015.12.
______, 홈페이지 통계자료.
박광국, "권위주의 문화 청산을 위한 행정문화 개선", 「한국거버넌스학회보」, 11(2): 147－175, 2004.
박기현, 「왕의 리더십」, 원앤원북스, 2011.
박석희, 국회 예산심의 과정의 실태와 특징, 「2009년 한국행정학회 비정기학술발표논문집」, 2009.
박승규, "일본의 지방창생전략으로 본 인구 감소 대응 사례", 「지방자치 이슈와 포럼」, Vol. 13: 79－82, 한국지방행정연구원, 2017.6.
박정수 · 신혜리, 거시예산 개혁과 재정개혁 이후 예산 심의 과정에서 나타난 행태분석: 국회 예산결산특별위원회를 중심으로, 「의정연구」, 19(1): 73－109, 2013.
박종흡, "국정감사", 「의정연구」, 9(2): 47－79, 2002.
박진경 · 김선기, "인구감소시대의 지역발전정책 방향과 추진 체계", 「정책연구」, 한국지방행정연구원, 2017.
박희봉, "세종시 조기 정착을 위한 정부효율 극대화", 「행정포커스 7/8월」, 104: 14－19, 2013.
배병삼, 「공자, 경영을 논하다」, 푸르메, 2012.

배응환, “정책네트워크모형의 행정학 연구에 적용 탐색”, 「한국행정연구」, 10(3): 258-298, 2001.

서민, 「서민적 정치」, 생각정원, 2017.

서울대학교 교수 공저, 「정치학의 이해」, 박영사, 2002.

서준교, “도시재생전략에 대한 비판적 고찰: Baltimore와 Glasgow의 도새재생을 중심으로”, 「한국지방자치학회보」, 26(4), 한국지방자치학회, 2017.3.

안성호, 「왜 분권국가인가」, 박영사, 2016.

안성호 · 배응환, 「지방 거버넌스와 지방정책: 네트워크 관점에서 본 지방정책 사례」, 도서출판 다운샘, 2004.

______, “지방의회 의장단 선출을 둘러싼 갈등의 원인과 해결 방안: 대전광역시 의회의 사례를 중심으로”, 「사회과학논집」, 17(2): 117-130, 대전대 사회과학연구소, 1998.

육동일, “대전시 인구 감소에 따른 도시침체의 실태와 문제점 및 극복 방안”, 「인구 증가 방안 마련을 위한 정책토론회」 주제발표 논문, pp. 3-28, 대전광역시의회, 2017.9.

______, “지방의회의 성과평가와 발전과제”, 「의정회보」, 126호: 18-21, 대전광역시의정회, 2017.7.

______, “지방 소멸 위기에 따른 지방행정 체제 개편의 방향과 과제”, 「월간 지방자치」, 152(345): 100-102. 미래한국재단, 2017.6.

______, “한국 지방자치의 성과평가와 발전과제에 대한 실증적 연구: 대전시민들의 인식조사를 중심으로”, 「한국지방자치학회보」, 29(1): 29-55, 한국지방자치학회, 2017.3.

______, “지방의회 의장단 구성의 문제점과 바람직한 해결 방안”, 「자치의정」, 19(3): 23-35, 지방의회발전연구원, 2016.5/6.

______, “지방자치의 활성화를 위한 지역언론의 방향과 과제”, 「현대사회와 행정」, 26(1), 한국국정관리학회, 2016.3.

______, “지방자치와 지방분권 20년의 성과평가와 발전과제”, 지방자치 20주년 토론회 주제 발표 논문, 전국시도지사협의회 등, pp. 31-67, 2015.3.

______, 「대전교육의 목표 체계와 혁신전략 수립에 관한 연구」, 대전광역시교육청, 2015.1.

______, “다시 짚고 가야 할 지방선거 정당공천제 문제”, 「자치의정」, 2014/9 · 10: 8-22, 지방의회발전연구원, 2014.10.

______, “지방자치와 교육자치의 연계를 위한 교육감 선거제도 개선에 관한 연구”, 「한국지방자치연구」, 14(2), 대한지방자치학회, 2012.8.

______, 「한국지방자치행정론」, 충남대출판문화원, 2017.

______, 「자치펀치」, 대영문화사, 2016.

______, 「지방자치와 국가 · 지역발전론」, 충남대출판문화원, 2015.

______, 「국민행복시대 지방분권과 자치행정」, 충남대출판문화원, 2013.

______, “세종시의 성공적 건설 방향과 과제”, 「유성포럼」, 10월: 1−29, 2010.
______, 「행정도시가 희망이다」, 충남대출판문화원, 2005.
이덕희, 「공자가 다시 쓴 자본주의 강의」, 센추리 원, 2015.
이영탁, 「미래와 세상」, 미래를 소유한 사람들, 2010.
이용우, “지방의회 의장단 선출 방식의 개선 방안.” 「자치발전」, 21(1, 2, 3), 한국자치발전연구원, 2015.
이용일, “지방소멸 위기 극복을 위한 지역자생 발전전략과 과제”, 「지방자치 이슈와 포럼」, Vol. 13: 72−78, 한국지방행정연구원, 2017.6.
이진원 역(Edward D. Glaeser 저), 「도시의 승리(*Triumph of the city*)」, 해냄, 2011.
이창길 외, 「대한민국 정부를 바꿔라」, 올림, 2015.
임병호 외, “대전광역시 인구변화 대응 방안”, 「정책연구보고서」, 대전발전연구원, 2015.
자치분권위원회, 「자치분권로드맵(안)」, 2018.4.
전광희, “대전광역시의 최근 인구 변동과 변동 요인의 특징”, 「사회과학연구」, 28(2): 41−58, 충남대 사회과학연구소, 2017.
전대욱, “저출산・고령화에 따른 지방재정의 영향과 향후 대책”, 「지방행정연구」, 31(11), 한국지방행정연구원, 2017.
전영평, “행정중심도시와 국정관리의 효율성”, 「2005년 한국행정학회 제1회 국정토론회 발표 논문」, 2005.
조선일보 미래기획부, 「미래를 읽는 리더」, RHK, 2015.
조정주 역(Ilkka Taipale 저), 「핀란드 경쟁력 100(*100 Social Innovations From Finland*)」, 비아북, 2010.
조정진・김태훈 역(John F. Stossel 저), 「왜 정부는 하는 일마다 실패하는가(*No, They can't: Why Government Fails−But Individuals Succeed*)」, 글로세움, 2012.
지방자치발전위원회, 「한국 지방자치 발전과제와 미래」, 박영사, 2016.
______, 「지방이 살아야 나라가 산다」, 2015.
최연혁, 「우리가 만나야 할 미래」, 쌤앤파커스, 2012.
최완규 역(Daron Acemoglu, James A. Robinson 공저), 「국가는 왜 실패하는가(*Why Nations Fail*)」, 시공사, 2017.
최용환, “세종시의 국정효율성 확보 방안”, 「충북발전연구원 2011년 세종시 국정 운영의 효율화와 사회통합 토론회」, 2011.
최진혁, “정부부처 세종시 이전에 따른 문제와 과제”, 「2013 뉴스1 세종포럼 발표 논문」, 2013.
______, “국가균형발전축으로서의 세종시”, 「지방행정(SPECIAL ISSUE)」, 6: 30−33, 2012.
하혜영, “세종특별자치시 출범의 의의와 향후 과제”, 「이슈와 논점」, 491: 1−4, 2012.

KAIST 미래전략대학원, 「대한민국 국가미래전략 2016」, 이콘, 2015.
한국능률컨설팅협회, 「세종시 이전에 따른 행정효율성 진단 및 지원 방안 연구」. 행정안전부, 2013.
한국지방행정연구원, 「해외 지방정부에서 배운다」, 매일경제신문사, 2009.
______, 「지방행정체제 개편 선진 사례에서 길을 찾다」, 매일경제신문사, 2010.
한국행정연구원 · 사회조사센터, 「행정기관의 세종시 이전에 대한 공무원 인식조사」, 한국행정연구원, 2013
한국행정연구원 · 한국행정학회, 「중앙행정기관 분산 이전에 따른 행정효율성 분석」, 한국행정연구원, 2009.
함규진 역(Nick Ragone 저), 「대통령의 결단(*Presidential Leadership: 15 Decisions That Changed Nation*)」, 미래의창, 2012.
홍민경 역(왕하이산 저), 「하버드 협상 수업(*Havard Program on Negotiation*)」, 이지북, 2016.
황희연, 신행정수도 건설, 지역균형발전과 지방분권의 견인차로, 「도시문제」, 38: 39-41, 2003.

Acemoglu, Daron & James Robinson, *Why Nations Fail*, Crown Business, 2012.
Agranoff, Robert & Michael McGuire, *Collaborative Public Management*, Georgetown University Press, 2003.
Ansell, C., & A. Gash, Collaborative Governance in Theory and Practice, *Journal of Public Administration Research and Theory*, 18: 543-571, 2007.
Appleby, Joyce, *A History of Capitallism*, Norton & Company, 2010.
Bryson, J. M., Crosby, B. C., & M. M. Stone, The Design and Implementation of Cross-Sector Collaborations: Propositions from the Literature. *Public Administration Review*, 26 Special Issue, 44-55, 2006.
Daly, Peter H., Michael Watkins, & Cate Reavis, *The First 90 Days in Government*, Harvard Business School Publishing, 2006.
Goldsmith, Stephen & Susan Crawford, *The Responsive City*, Jossey-Bass, 2014.
Harvey, David, *Rebel Cities*, Verso, 2013.
Huxham, C., The Challenge of Collaborative Governance, *Public Management*, 2(3): 337-357, 2009
Jacobs, Jane, *The Death And Life Of Great American Cities*, Vintage Books, 1992.
Jessop, B., The Governance of Complexity and the Complexity of Governance:

Preliminary Remarks on Some Problems and Limits of Economic Guidance. In A. Amin & J. Hauser (eds.), *Beyond Market and Hierarchy*, Cheltenham: Edward Elgar, 1997.

Kennis, P. & V. Schneider, Policy Networks and Policy Analysis: Scrutinizing a New Analytical Analysis. In. B. Marin & R. Mayntz (eds.), *Policy Networks: Empirical Evidence and Theoretical Considerations*, Campus Verlag: Westview Press, 1991.

Kettl, Donald F., *The Transformation of Governance: Public Administration for Twenty−First America*, Baltimore & London: The Johns Hopkins University Press, 2002.

______, Managing Boundaries in American Administration: The Collaboration Imperative. *Public Administration Review*, 64(3): 363−371, 2006.

Montgomery, Charles, *Happy City*, Farrar, Straus and Giroux, 2013.

Pastor, Manuel & Peter Dreier, *Regions That Work: How Cities and Suburbs Can Grow Together*, University of Minnesota Press, 2000.

Peters, B. Guy, *The Future of Governing*, University Press of Kansas, 2001.

Rich, Michael & Robert Stoker, *Collaborative Governance For Urban Revitalization*, Cornell University Press, 2014.

Sams, Gregory, *The State Is Out Of Date−We Can Do It Better*, Disinformation Books, 2013.

Schuck, H. Peter, *Why Government Fails So Often: And How It Can Do Better*, Princeton University Press, 2014.

Sharon, Zukin, *Naked City: The Death and Life Of Authentic Urban Places*, Oxford University Press, 2010.

Townsend, Anthony, *Smart Cities*, Norton & Company, 2014.

Trist, E., Referent Organizations and the Development of Inter−Organizational Domains. *Human Relations*, 36(3): 269−284, 1983.

[부록 1]

현실 지방자치를 바꾸고자 갈망했던 육지 동쪽에 유일한 학자
-동료 교수가 보는 육동일 교수-

자치행정학자로서 특별히 학과 선배 교수로 소중한 만남을 통해 귀한 인연을 이어가던 육동일 교수께서 벌써 정년을 맞이해 일곱 번째 강의서(『힘들지만, 반드시 성공해야 할 한국의 지방자치』)를 발간한다고 하니 세월의 빠름과 덧없음에 못내 아쉬운 마음이 앞서면서도 34여년의 대학 강단에서 남다른 열정과 책임감으로 '지방자치 전도사'로서 학자와 교육자의 본을 보였던 한결같은 자세에 경의를 드리게 됩니다. 그리고 영육이 건강하게 맡은 바 공직의 소임을 다하고 평생 고민하셨던 대한민국 자치분권의 성공적 정착에의 한없는 애정을 담아 역서를 발간하게 됨을 무한히 축하드립니다.

학회에서의 수많은 학술 세미나, 대학에서의 강의를 통해 자치분권으로 국가 발전을 견인해 내야 한다는 확고한 신념으로 분명한 자기 주장을 내세우셨던 육 교수님은 그동안 지방자치의 요체인 지방선거의 파행을 지켜보면서 현실 지방자치의 모순된 제도적 문제를 지적하시어 "현실을 바꾸지 못하는 사회과학 지식은 죽은 지식이다"며 현장 지방자치에 적극적으로 계도한 강한 의지를 가진 분으로 기억하고 있습니다. 지역 발전을 책임지는 대전발전연구원장으로서 그리고 자치분권과 관련한 정부위원회 위원(지방분권촉진위원회, 지방자치

발전위원회, 자치분권위원회)으로서 활동해 오면서 지방자치행정은 "민주성과 형평성을 기본 이념으로 주민의 입장에서, 주민의 관점을 통해서, 주민을 위해 이뤄지는 행정"을 본질적 가치로 수행돼야 한다는 기본 전제 위에 자치분권의 설계를 도모하는 논리적 주장을 펼쳐 오셨습니다. 그런 맥락에서 한국 자치분권 행정을 총괄하는 한국지방자치학회의 회장으로서도 자치분권을 뒷받침하는 이론적인 논의의 장을 확대해 대한민국의 자치분권 관련 과제들을 집대성함으로써 분권 로드맵 등 정책 어젠다로 활용할 수 있게 했던 것입니다.

그런 면에서 자치분권 분야에서 현실 정치를 바꿔보자 했던 간절한 바람이 어쩌면 이름명에 그대로 투영(投影)돼 나타난 것이 아닌가 싶습니다. 육지(陸)동(東)쪽에 유일(一)한 현실 지방자치를 바꾸고자 갈망했던 학자로서 말입니다. 교육자로서, 자치행정학자로서 자치분권이 이 한반도 동쪽 땅에 잘 정착되기를 바라는 간절한 마음으로 지방민주주의의 확장을 위해 헌신한 대표적 인물로 볼 수 있기 때문입니다.

그동안 학술활동과 지방자치 현장에서 깊이 고민한 연구과제들을 집대성해서 제시한 일곱 번째 강의서는 오늘 현재를 넘어서 앞으로도 여전히 후학들이 깊이 있게 되새기며 완성해 나아가야만 하는 우리나라 자치분권 시대의 중요한 논제들을 담고 있다고 할 것입니다. 다만, 육 교수님께서 강조했던 통제 중심의 중잉집권직 국징 체제에서 경쟁 중심의 지빙분권적 국정 체제로 근본적인 국정 개조를 통해 지역과 국가 발전을 이루기 위해서는 과거의 관치행정 내지 발전행정의 시각에서 논의됐던 문제 의식과 연구 주제들이 21세기 정치행정환경에 맞는 지방자치행정의 논거에 따라 재설계돼야 할 것입니다.

그런 배경에서 그동안 자치행정, 자치분권의 연구 주제로 논의됐던 수많은 논의의 학문적 자산을 기반으로 이제 자치행정학 후학들이 육 교수님의 학문적 고민과 가치를 발전적으로 계승해야 하는 당위성이 존재하는 것입니다. 특히 우리나라 자치행정의 올바른 방향 내지 대안 모색에서 영미 지방자치행정에 해박한 육 교수님께서 고민하셨던 자치행정 연구가 새롭게 재조명돼 적실성 높은 자치분권의 연구가 이어져 가야 될 것으로 보입니다.

이제 곧 교단을 떠나는 서운함이 있지만 "내가 선한 싸움을 마치고 나의 달려갈 길을 마치고 믿음을 지켰으니……"라는 사도 바울의 고백이 육 교수님의 고백이기를 진심으로 바라며, 앞으로 하나님께서 열어 주신 새로운 창문으로 계속 연구, 봉사하는 모습을 보여 주시기를 기원드립니다. 그동안 깊은 애정으로 함께 학술활동을 펼쳤던 우리 한국지방자치학회에서도 건강한 모습으로 자주 뵐 수 있기를 바랍니다.

그리고 때에 따라서 감내하기 어려운 환경에서도 온전하게 내조해 주시고, 오늘의 영광스런 날을 맞이하기까지 함께 하셨던 사모님께 좋은 날을 마음껏 선물해 주시고, 홀로 되신 아버님께 더욱 자랑스런 아드님이길 간구드리며, 하나님 주시는 평강이 가득한 가정 이루시기를 기도드립니다.

2018년 8월
최진혁(충남대학교 자치행정학과 교수,
한국지방자치학회 회장)

[부록 2]

인생의 '서핑 포인트'로 함께 해 주신 분
-제자들이 보는 육동일 교수-

육동일 교수님은 지방자치와 지역 발전에 관심 있는 분이라면 모르는 사람이 없을 정도로 유명한 분이다. 대전·충청 지역보다도 오히려 전국적으로 더 알려진 분이다. 그 이유는 지방자치와 지역 발전에 관련된 분야에서 우리나라 최고 권위자 중 한 분이기 때문이다. 지금도 전국 지방자치단체에서 육 교수님의 특강을 듣고자 섭외가 많은 것으로 알고 있다.

교수 재직 기간 동안 중앙은 물론 우리 대전·충청 지역의 TV나 신문에서 사회자로, 토론자로 그리고 칼럼리스트로 전문적이고 비판적인 말씀과 함께 명쾌하게 문제점을 진단하고 대안을 제시하는 글솜씨로 정평이 나 있다. 현재도 지방자치와 지역 발전을 위해 끊임없이 왕성한 활동을 하고 계셔서 우리 제자들은 물론 지역민들로부터 큰 사랑과 신뢰를 받고 있다.

특히, 육동일 교수님은 대학이라는 상아탑에 편하게 머물지 않고 침체하고 있는 우리 지역의 위기를 해결하고자 어려운 현실 정치에도 적극 참여해 왔다. 그동안 여러 정당으로부터 시장, 교육감, 국회의원 등의 출마를 권유받았지만, 줄곧 미뤄 오다가 최근 지방자치와 지역 발전의 위기를 더 이상 방치해서는 안 된다는 신념과 사명감으로 용기를 낸 것으로 알고 있다. 육 교수님이 일생 동안 연구하고 실제 경험한 생생한 지방자치 발전의 지혜와 지역 발전의 전략들을 실제 지방정치와 행정 현장에 접목할 수 있기를 제자들은 한결같이 두 손 모아 기대하고 있다.

육동일 교수님은 우리 지역이 배출한 최고 인재 중 한 분이다. 충북 옥천에서 출생했지만, 대전에서 성장했다. 대전중앙초등학교, 대전중학교를 졸업하고 일찍이 전국의 최고 인재가 모인다는 서울 경기고등학교로 유학을 갔고, 그 후 연세대와 미국의 뉴헤이븐대학교(University of New Haven) 경영대학원, 뉴욕 시의 컬럼비아대학교(Columbia University) 국제 및 정책대학원을 졸업하고 고향 대전의 충남대 자치행정학과 교수로 돌아와서 많은 제자를 길렀을 뿐만 아니라 지방자치와 지역 발전을 위해 자신의 모든 것을 바쳤다.

충남대에서는 사회과학대학 학장, 행정대학원 원장을 역임하고, 학계에서는 한국지방자치학회 회장, 한국행정학회 부회장 그리고 역대 정권마다 대통령 소속 지방자치발전위원회 위원을 맡아 왔고, 지금 정부에서도 그 실력을 인정받아 자치분권위원회 위원으로 활동하고 있다. 이와 같이 지방자치 분야 발전에 평생 기여한 공적을 인정받아 대통령 '근정포장'과 '홍조근정 훈장'을 받았으며, 지방자치학계에서 최고 권위가 있다는 '고주 지방자치상'도 수상한 바 있다.

우리 지역의 발전에도 크게 기여해 왔는데 2006년부터 3년간 대전발전연구원 원장을 맡아 연구원을 전국 최고의 연구원으로 키웠음은 물론, 대전 발전을 위한 정책과 전략을 개발하고 제시해서 대전시 발전에 크게 기여했다. 세종시가 우여곡절 끝에 특별자치시로 자리 잡는 데도 큰 역할을 한 바 있어서 세종시에서도 그 공로를 인정하고 있다. 연구원장 재임 중에는 전국시도연구원협의회 회장도 맡아 전국의 지방자치와 균형 발전 과제를 주도하기도 했다. 이로 인해 대전개발위원회로부터 '대전개발대상'을 수상하기도 했다.

지금도 대전중학교 총동창회 회장, 연세대 대전·세종 총동문회 회장, 대륙산악회 회장, 재전(在田)옥천향우회 회장 등을 역임하면서 지역민들과 꾸준히 소통하며 봉사하고 계시다. 이렇게 짧게 소개한 경력을 통해서도 알 수 있듯이 육 교수님의 지방자치와 지역 발전을 위한 대단한 열정과 제자 사랑의 마음을 읽을 수가 있다. 그런데 늘 청년 같기만 하던 육 교수님이 벌써 정년을 앞두게 됐다는 사실이 정말 실감이 나지 않지만, 우리 제자 일동은 변함없이 육 교수님께 진정한 존경과 경의를 표하고 있다.

따라서 육 교수님은 평생에 걸쳐 축적한 경험과 노하우로 적어도 정치 · 행정 분야에서 '서핑 포인트(surfing point)'를 만들어 주고 함께해 인생의 변곡점을 만들어 주셨다는 점에서 무엇보다 사람을 통한 지역과 국가의 변화를 중시한 학자이자 정책가임이 분명하다.

비록 정들었던 충남대를 떠나시더라도 지방자치를 우리 사회에 뿌리내리고 지역의 재도약을 위해 더욱 큰 역할과 활동을 해 주시길 기대하면서 저희들과 우리 제자 일동은 육동일 교수님께 감사와 격려의 힘찬 박수를 드린다. 특히, 그렇게 바쁜 와중에도 틈틈이 강의서를 출간해 왔는데 이번에도 「힘들지만, 반드시 성공해야 할 한국의 지방자치」 저서를 일곱 번째로 출간하게 됨을 진심으로 축하드린다. 육 교수님의 땀과 열정이 배어 있는 이 책이야말로 고별 강의서라는 아쉬움은 크지만, 후학들과 우리 제자들 그리고 많은 독자에게 지방자치와 지역 발전을 위한 소중한 길라잡이로 길이 남을 것으로 확신한다.

고맙습니다! 육동일 교수님, 그간 너무 수고 많으셨습니다!

교수님과 함께해서 영광이었습니다. 그리고 함께 나눈 소중한 추억 영원히 잊지 않겠습니다. 남은 교수생활 잘 마무리하시고 더 멋진 모습을 기대하겠습니다. 부디 건강하십시오!

2018년 8월

정명조(자치행정학 학사, 90입),

조신형(자치행정학 박사, 12졸) 외 제자 일동

저자 소개

육동일(陸東一)

1954.6.12. 충북 옥천 출생

[학력]

- 대전중앙초, 대전중, 경기고 졸
- 연세대 정법대 행정학과 및 대학원 졸(BA & Ph.D)
- 미국 뉴헤이븐대학교(University of New Haven) 경영대학원 졸(MBA)
- 미국 컬럼비아대학교(Columbia University) 국제 및 정책대학원 졸(MPA)
- 행정학 박사(지방 및 도시행정 전공)

[주요 경력]

- 충남대 자치행정학과 교수(1986.2~현재)
- 대통령직속 자치분권위원회 위원(2018.1~현재)
- 대한민국 시도지사협의회 지방분권특별위원회 위원장(2017.4~현재)
- 전국시도의회의장협의회 정책자문위원회 위원장(2017.5~현재)
- 중국 강소성 진강시 국제투자촉진 고문(2016.7~현재)
- 한국여성단체협의회 자문위원(2015.11~현재)
- 해군 군 책임운영기관 심의위원회 위원(2012.3~현재)
- 중소기업청 및 산림청 자체평가위원회 위원(2009.9~2014.9)
- 문화재청 자체평가위원회 위원장(2012.9~2014.9)
- 대통령직속 지방자치발전위원회 위원(2013.9~2015.9)
- 대통령직속 지방분권촉진위원회 위원(2009.5~2013.5)
- 대전발전연구원장(2006.9~2009.9)
- 전국시 · 도 연구원협의회 회장(2008.12~2009.9)
- 한국지방자치학회 회장(2006.2~2007.2)
- 충남대 사회과학대 학장 및 행정대학원 원장(2002.8~2004.8)

- 대전중학교 총동창회 회장(2014.12~현재)
- 연세대학교 대전·세종 총동문회 회장(2015.1~현재)
- 대륙산악회 회장(2011.1~현재), 재전옥천향우회 회장(2012.1~2015.12)
- 대전KBS(계룡전망대), 대전MBC(지방시대 열린마당), TJB (일요초점) 시사토론 사회자 역임

[연구 저서 및 논문]

- 『한국지방자치행정론』(2017), 『자치편치』(2016), 『지방자치와 국가·지역발전론』(2015), 『국민행복시대 지방분권과 자치행정』(2013), 『육동일 교수와 함께 지방자치의 길을 찾다』(2009), 『행정도시가 희망이다』(2005) 등의 저서
- 세종시의 정착을 위한 국회와 정부간 협력 강화 방안(2018), 한국 지방자치와 분권 26년의 성과평가와 과제(2017), 지방자치의 활성화를 위한 지역언론의 방향과 과제(2016) 등 다수 논문

[상훈]

- 대통령 홍조근정훈장(2013)
- 대통령 근정포장(2008)
- 고주 노융희 지방자치상(한국지방자치학회, 2017)
- 세종시 발전 공로패(세종시, 2012)
- 대전개발대상(대전시개발위원회, 2011)

힘들지만, 반드시 성공해야 할 한국의 지방자치

펴낸날 제1판 제1쇄 2018년 8월 30일

지은이 육동일
펴낸이 임춘환
펴낸곳 도서출판 대영문화사
주소 서울특별시 용산구 청파로 61길 5(청파동 1가) 제일빌딩 2층
등록 1975년 12월 26일 제3-16호
전화 (02)716-3883, (02)714-3062
팩스 (02)703-3839
홈페이지 http://www.dymbook.co.kr

ISBN 978-89-7644-718-0
값 20,000원